西樵历史文化文献丛书

何梦瑶评传

荀铁军 著

广西师范大学出版社
GUANGXI NORMAL UNIVERSITY PRESS
· 桂林 ·

图书在版编目（CIP）数据

何梦瑶评传 / 荀铁军著. —桂林：广西师范大学出版社，2014.6

（西樵历史文化文献丛书）

ISBN 978-7-5495-4964-1

Ⅰ. ①何… Ⅱ. ①荀… Ⅲ. ①何梦瑶（1693～1764）—评传 Ⅳ. ①K826.2

中国版本图书馆 CIP 数据核字（2013）第 308160 号

广西师范大学出版社出版发行

（广西桂林市中华路 22 号 邮政编码：541001
网址：http://www.bbtpress.com）

出版人：何林夏

全国新华书店经销

广西大华印刷有限公司印刷

（广西南宁市高新区科园大道 62 号 邮政编码：530007）

开本：890 mm × 1 240 mm 1/32

印张：12.25 字数：290 千字

2014 年 6 月第 1 版 2014 年 6 月第 1 次印刷

定价：46.00 元

《西樵历史文化文献丛书》编辑委员会

丛书总序

温春来　梁耀斌

呈现在读者面前的，是一套围绕佛山市南海区西樵镇编修的丛书。为一个镇编一套丛书并不出奇，但为一个镇编撰一套多达两三百种图书的丛书可能就比较罕见了。编者的想法其实挺简单，就是要全面整理西樵镇的历史文化资源，探索一条发掘地方历史文化资源的有效途径。最后编成一套规模巨大的丛书，仅仅因为非如此不足以呈现西樵镇深厚而复杂的文化底蕴。丛书编者秉持现代学术理念，并非好大喜功之辈。仅仅为确定丛书框架与大致书目，编委会就组织七八人，研读各个版本之西樵方志，通过各种途径检索全国各大公藏机构之古籍书目，并多次深入西樵镇各村开展田野调查，总计历时六月余之久。随着调研的深入，编委会益发感觉到面对着的是一片浩瀚无涯的知识与思想的海洋，于是经过反复讨论、磋商，决定根据西樵的实际情况，编修一套有品位、有深度、能在当代树立典范并能够传诸后世的大型丛书。

天下之西樵

明嘉靖初年，浙江著名学者方豪在《西樵书院记》中感慨："西樵者，天下之西樵，非岭南之西樵也。”[1]此话系因当时著名理学家、一代名臣方献夫而发，有其特定的语境，但却在无意之间精当地揭示了西樵在整个中华文明与中国历史进程中的意义。

西樵镇位于珠江三角洲腹地的佛山市南海区西南部，北距省城广州40多公里，以境内之西樵山而得名。西樵山由第三纪古火山喷发而成，山峰石色绚烂如锦。相传广州人前往东南罗浮山采樵，谓之东樵，往西面锦石山采樵，谓之西樵，“南粤名山数二樵”之说长期流传，在广西俗语中也有“桂林家家晓，广东数二樵”之句。珠江三角洲平野数百里，西樵山拔地而起于西江、北江之间，面积约14平方公里，中央主峰大科峰海拔340余米。据说过去大科峰上有观日台，鸡鸣登临可观日出，夜间可看到羊城灯火。如今登上大科峰，一览山下鱼塘河涌纵横，阛阓闾阎错落相间，西、北两江左右为带。

西樵山幽深秀丽，是广东著名风景区。然而更值得我们注意的，是以她为核心的一块仅有100多平方公里的土地，在中国历史的长时段中，不断产生出具有标志性意义的文化财富以及能够成为某个时代标签的历史人物。珠江三角洲是一个发育于海湾内的复合三角洲，其发育包括围田平原和沙田平原的先后形成过程。西樵山见证了这一过程，并且在这一片广阔区域的文明起源与演变的历史中扮演着重要角色。作为多次喷发后熄灭的古火山丘，组成西樵山山体的岩石种类多样，其中有华南地区并不多见的霏细岩与燧石，这两种岩石因石质坚硬等原因，成为古人类制作石器的理想材料。大约6000年前，当今天的珠江三角洲还是洲潭遍布、一片汪洋的时候，这一片地域的史前人类，就不约而同地汇集到优质石料蕴藏丰富的西樵山，寻找制造生产工具的原料，留下了大量打制、磨制的双肩石器和大批有人工打击痕迹的石片。在著名考古学家贾兰坡先生看来，当时的西樵山是我国南方最大规模的采石场和新石器制造基地，北方只有山西鹅毛口能与之比肩，因此把它们并列为中国新石器时代南北两

---

① 方豪：《棠陵文集》（收入《四库全书存目丛书》集部第64册），卷3，《记·西樵书院记》。

大石器制造场[①]，并率先提出了考古学意义上的“西樵山文化”[②]。以霏细岩双肩石器为代表的西樵山石器制造品在珠三角的广泛分布，意味着该地区“出现了社会分工与产品交换”[③]，这些凝聚着人类早期智慧的工具，指引了岭南农业文明时代的到来，所以有学者将西樵山形象地比喻为“珠江文明的灯塔”[④]。除珠江三角洲外，以霏细岩为原料的西樵山双肩石器，还广泛发现于粤西、广西及东南亚半岛的新石器至青铜时期遗址，显示出濒临大海的西樵古遗址，不但是新石器时代南中国文明的一个象征，而且其影响与意义还可以放到东南亚文明的范围中去理解。

不过，文字所载的西樵历史并没有考古文化那么久远。尽管在当地人的历史记忆中，南越王赵佗陪同汉朝使臣陆贾游山、唐末曹松推广种茶、南汉开国皇帝之兄刘隐宴游是很重要的事件，但在留存于世的文献系统中，西樵作为重要的书写对象出现要晚至明代中叶，这与珠江三角洲在经济、文化上的崛起是一脉相承的。当时，著名理学家湛若水、霍韬以及西樵人方献夫等在西樵山分别建立了书院，长期在此读书、讲学，他们的许多思想产生或阐释于西樵的山水之间，例如湛若水在西樵设教，门人记其所言，是为《樵语》。方献夫在《西樵遗稿》中谈到了他与湛、霍二人在西樵切磋学问的情景：“三（书）院鼎峙，予三人常来往，讲学其间，藏修十余年。”[⑤]王阳明对三人的论学非常期许，希望他们珍惜机会，时时相聚，为后世儒林留下千古佳话，他致信湛若水时称：“叔贤（即方献夫）志节远出流俗，渭先（即霍韬）虽未久处，一见知为忠信之士，乃闻不时一相见，何耶？英贤之生，何幸同时共地，又可虚度光阴，容易失却此大机会，是使后人而复惜后人也！”[⑥]西樵山与作为明代思想与学术主流的理学之关系，意味着她已成为一座具有全国性意义的人文名山，这正是方豪“天下

---

① 贾兰坡、尤玉柱：《山西怀仁鹅毛口石器制造场遗址》，《考古学报》，1973 年第 2 期。

② 贾兰坡：《广东地区古人类学及考古学研究的未来希望》，《理论与实践》，1960 年第 3 期。

③ 杨式挺：《试论西樵山文化》，《考古学报》，1985 年第 1 期。

④ 曾骐：《珠江文明的灯塔——南海西樵山考古遗址》，中山大学出版社，1995 年，第 30—42 页。

⑤ 方献夫：《西樵遗稿》，康熙三十五年（1696）方林鹤重刊本，卷 6，《石泉书院记》。

⑥ 王阳明：《王文成全书》，四库本，卷 4，《文录 · 书一 · 答甘泉二》。

之西樵"的涵义。清人刘子秀亦云:"当湛子讲席,五方问业云集,山中大科之名,几与岳麓、白鹿鼎峙,故西樵遂称道学之山。"[①]方豪同时还称:"西樵者,非天下之西樵,天下后世之西樵也。"一语道出了人文西樵所具有的长久生命力。这一点方豪也没有说错,除上述几位理学家外,从明中叶迄今,还有众多知名学者与文章大家,诸如陈白沙、李孔修、庞嵩、何维柏、戚继光、郭棐、叶春及、李待问、屈大均、袁枚、李调元、温汝适、朱次琦、康有为、丘逢甲、郭沫若、董必武、秦牧、贺敬之、赵朴初等等,留下了吟咏西樵山的诗、文,今天我们走进西樵山,还可发现140多处摩崖石刻,主要分布在翠岩、九龙岩、金鼠塱、白云洞等处。与西樵成为岭南人文的景观象征相应的是山志编修。嘉靖年间,湛若水弟子周学心编纂了最早的《西樵山志》,万历年间,霍韬从孙霍尚守以周氏《樵志》"夸诞失实"之故而再修《西樵山志》,清初罗国器又加以重修,这三部方志已佚失,我们今天能看到的是乾隆初年西樵人士马符录留下的志书。除山志外,直接以西樵山为主题的书籍尚有成书于清乾隆年间的《西樵游览记》、道光年间的《西樵白云洞志》、光绪年间的《纪游西樵山记》等。

晚清以降,西樵山及其周边地区(主要是今天西樵镇范围)产生了一批在思想、艺术、实业、学术、武术等方面走在中国最前沿的人物,成为中国走向近代的一个缩影。维新变法领袖康有为、一代武术宗师黄飞鸿、民族工业先驱陈启沅、"中国近代工程之父"詹天佑、清末出洋考察五大臣之一的戴鸿慈、"岭南第一才女"冼玉清、粤剧大师任剑辉等西樵乡贤,都成为具有标志性或象征性的历史人物。

事实上,明代诸理学家讲学时期的西樵山,已非与世隔绝的修身之地,而是与整个珠江三角洲的开发联系在一起的。西樵镇地处西、北江航道流经地域,是典型的岭南水乡,境内河网交错,河涌多达19条,总长度120多公里,将镇内各村联成一片,并可外达佛山、广州等地。[②] 传统时

---

① 刘子秀:《西樵游览记》,道光十三年(1833)补刊本,卷2,《图说》。

② 《南海市西樵山旅游度假区志》,广东人民出版社,2009年,第188—192页。

期，西樵的许多墟市，正是在这些水边兴起的。今镇政府所在地官山，在正德、嘉靖年间已发展成为观（官）山市，是为西樵有据可查的第一个墟市。据统计，明清时期，全境共有墟市78个。[①] 西樵山上的石材、茶叶可通过水路和墟市，满足远近各方的需求。一直到晚清之前，茶业在西樵都堪称举足轻重，清人称“樵茶甲南海，山民以茶为业，鬻茶而举火者万家”[②]。当年山上主要的采石地点、后由于地下水浸漫而放弃的石燕岩洞，因生产遗迹完整且水陆结合而受到考古学界重视，成为继原始石器制造场之后的又一重大考古遗址。

水网纵横的环境使得珠江三角洲堤围遍布，西樵山刚好地处横跨南海、顺德两地的著名大型堤围——桑园围中，而且是桑园围形成的地理基础之一。历史时期，西、北江的沙泥沿着西樵山和龙江山、锦屏山等海湾中岛屿或丘陵台地旁边逐渐沉积下来。宋代珠江三角洲冲积加快，人们开始零零星星地修筑一些“秋栏基”以阻挡潮水对田地的浸泛，这就是桑园围修筑的起因。[③] 明清时期在桑园围内发展起了著名的果基、桑基鱼塘，使这里成为珠江三角洲最为繁庶之地。不难想象仅仅在几十年前，西樵山还是被簇拥在一望无涯的桑林鱼塘间的景象。如今桑林虽已大都变为菜地、道路和楼房，但从西樵山山南路下山，走到半山腰放眼望去，尚可看见数万亩连片的鱼塘，这片鱼塘现已被评为联合国教科文组织保护单位，是珠三角地区面积最大、保护最好、最为完整的（桑基）鱼塘之一。

桑基鱼塘在明清时期达于鼎盛，成为珠三角经济崛起的一个重要标志，与此相伴生的，是另一个重要产业——缫丝与纺织的兴盛。联系到这段历史，由西樵人陈启沅在自己的家乡来建立中国第一家近代机器缫丝厂就在情理之中了。开厂之初，陈启沅招聘的工人，大都来自今西樵镇的

---

① 《南海市西樵山旅游度假区志》，第393页。

② 刘子秀：《西樵游览记》，卷10，《名贤》。

③ 曾少卓：《桑园围自然背景的变化》，中国水利学会等编《桑园围暨珠江三角洲水利史讨论会论文集》，广东科技出版社，1992年，第51页。

简村与吉水村一带,而陈启沅本人,也深深介入到了西樵的地方事务之中。[①] 从这个层面上看,把西樵视为近代民族工业的起源地或许并非溢美之辞。但传统缫丝的从业者数量仍然庞大,据光绪年间南海知县徐赓陛的描述,当时西樵一带以纺织为业的机工有三四万人。[②] 作为产生了黄飞鸿这样深具符号性意义的南拳名家的西樵,武术风气浓厚,机工们大都习武,并且围绕锦纶堂组织起来,形成了令官府感到威胁的力量。民国初年,西樵民乐村的程姓村民,对原来只能织单一平纹纱的织机进行改革,运用起综的小提花和人力扯花方法,发明了马鞍丝织提花绞综,首创具有扭眼通花团的新品种——香云纱,开创莨纱绸类丝织先河。香云纱轻薄柔软而富有身骨,深受广州、上海、南京等地富人喜欢,在欧洲也被视为珍品。上世纪二三十年代是香云纱发展的黄金时期,如民乐林村程家一族600人,除1人务农之外,均以织纱为业。[③] 随着化纤织物的兴起,香云纱因工艺繁复、生产周期长等原因失去了竞争力,但作为重要的非物质文化遗产受到保护。西樵不仅在中国近代纺织史上地位显赫,而且其影响一直延续至今。1998年,中国第一家纺织工程技术研发中心在西樵建成。2002年12月,中国纺织工业协会授予西樵"中国面料名镇"称号。[④] 2004年,西樵成为全国首个纺织产业升级示范区,国家级纺织检测研发机构相继进驻,纺织产业创新平台不断完善。[⑤] 据不完全统计,西樵整个纺织行业每年开发的新产品有上万个。[⑥]

除上文提及的武术、香云纱工艺外,更多的西樵非物质文化遗产是各种信仰与仪式。西樵信仰日众多,其中较著名者有观音开库、观音诞、大

---

① 陈天杰、陈秋桐:《广东第一间蒸汽缫丝厂继昌隆及其创办人陈启沅》,载《中华文史资料文库》第12卷《经济工商编》,中国文史出版社,1996年,第784—787页。

② 徐赓陛:《办理学堂乡情形第二禀》,载《皇朝经世文续编》,近代中国史料丛刊本,卷83,《兵政·剿匪下》。

③ 《南海市西樵山旅游度假区志》,第323页。

④ 《南海市西樵山旅游度假区志》,第303—304页。

⑤ 《西樵纺织行业加快自主创新能力》,见中国纺织工业协会主办、中国纺织信息中心承办之"中国纺织工业信息网",http://news.ctei.gov.cn/zxzx-lmxx/12495.htm。

⑥ 《开发创新走向国际　西樵纺织企业年开发新品上万个》,见中国纺织工业协会主办、中国纺织信息中心承办之"中国纺织工业信息网",http://news.ctei.gov.cn/zxzx-lmxx/12496.htm。

仙诞、北帝诞、师傅诞、婆娘诞、土地诞、龙母诞等。据统计，全镇共拥有105处民间信仰场所，其中除去建筑时间不详者，可以明确断代的，建于宋代的有3所，即百西村六祖庙、西边三帝庙、牌楼周爷庙；建于元明间的有1所，即河溪北帝庙；建于明代的有2所，分别是百西村北帝祖庙和百西村洪圣庙；建于清代的庙宇有28所；其余要么是建于民国，要么是改革开放后重建，真正的新建信仰场所寥寥无几。[1] 除神庙外，西樵的每个自然村落中都分布着数量不等的祠堂，相较于西樵山上的那些理学圣地，神灵与祖先无疑更贴近普通百姓的生活。西樵的一些神灵信仰日，如观音诞、大仙诞，影响远及珠江三角洲许多地区乃至香港，每年都吸引数十万人前来朝圣。

传统文化的基础工程

上文对西樵的一些初步勾勒，揭示了岭南历史与文化的几个重要面相。进而言之，从整个中华文明与中国历史进程的角度去看，西樵在不同时期所产生的文化财富与历史人物，或者具有全国性意义，或者可以放在中华文明统一性与多元化的辩证中去理解，正所谓“西樵者，天下之西樵，非岭南之西樵也”。不吝人力与物力，将博大精深的西樵文化遗产全面发掘、整理并呈现出来，是当代西樵各界人士以及有志于推动岭南地方文化建设的学者们的共同责任。这决定了《西樵历史文化文献丛书》不是一个简单的跟风行为，也不是一个随便的权宜之计。丛书是展现给世界看的，也是展现给未来看的，我们力图把这片浩瀚无涯的知识宝库呈现于世人之前，我们更希望，过了很多年之后，西樵的子孙们，仍然能够为这套丛书而感到骄傲，所有对岭南历史与文化感兴趣的人们，能够感激这套丛书为他们做了非常重要的资料积累。根据这一指导思想，经过反复讨论，编委会确定了丛书的基本内容与收录原则，其详可参见丛书之“编撰

① 梁耀斌：《广东省佛山市西樵镇民间信仰的现状与管理研究》，中山大学2011年硕士学位论文。

凡例”，在此仅作如下补充说明。

丛书尚在方案论证阶段，许多知情者就已半开玩笑半认真地名之为“西樵版四库全书”，这个有趣的概括非常切合我们对丛书品位的追求，且颇具宣传效应，是对我们的一种理解和鼓舞。但较之四库全书编修的时代，当代人对文化与学术的理解显然更具多元性与平民情怀，那个时代有资格列入“四库”的，主要是知识精英们创造的文字资料，我们固然会以穷搜极讨的态度，不遗余力地搜集这类资料，但我们同样重视寻常百姓书写的文献，诸如家谱、契约、书信等等，它们现在大都散存于民间，保存状况非常糟糕，如果不及时搜集，就会逐渐毁损消亡。

能够体现丛书编者的现代意识的，还有邀请相关领域的专业人士以遵循学术规范为前提，通过深入田野调查撰写的描述物质文化遗产、非物质文化遗产的作品。这两部分内容加上各种历史文献，构成了完整的地方传统文化资源。目前不管是学术界还是地方政府，均尚未有意识地根据这三大类别，对某个地域的传统文化展开全面系统的发掘、整理与出版工作。在这个意义上，《西樵历史文化文献丛书》无疑具有较大开拓性、前瞻性与示范性。丛书编者进而提出了“传统文化的基础工程”这一概念，意即抛弃任何功利性的想法，扎扎实实地将地方传统文化全面发掘并呈现出来，形成能够促进学术积累并能够传诸后世的资料宝库，在真正体现出一个地方的文化深度与品位的同时，为相关的文化产业开发提供坚实基础。希望《西樵历史文化文献丛书》的推出，在这个方面能产生积极影响。

高校与地方政府合作的成果

西樵人文底蕴深厚，这是丛书能够编撰的基础；西樵镇地处繁华的珠江三角洲，则使得丛书编撰有了充足的物质保障。然而，这样浩大的文化工程能够实施，光凭天时、地利是不够的，一群志同道合的有心者所表现出来的“人和”也是非常关键的因素。

2009年底，西樵镇党委和政府就有了整理、出版西樵文献的想法，次年1月，镇党委书记邀请了中山大学历史学系几位教授专程到西樵讨论此事。通过几天的考察与交流，几位镇领导与中大学者一致认定，以现代学术理念为指导，为了全面呈现西樵文化，必须将文献作者的范围从精英层面扩展到普通百姓，并且应将物质文化遗产与非物质文化遗产的内容也包括进来，形成一套《西樵历史文化文献丛书》。为了慎重起见，决定由中大历史学系几位教授组织力量进行先期调研，确定丛书编撰的可行性与规模。经过6个多月的努力，调研组将成果提交给西樵镇党委，由相关领导与学者坐下来反复讨论、修改、再讨论……，并广泛征求西樵地方文化人士的意见，与他们进行座谈。历时两个多月，逐渐拟定了丛书的编撰凡例与大致书目，并汇报给南海区委、区政府与中山大学校方，得到了高度重视与支持。2010年9月底，签定了合作协议，组成了《西樵历史文化文献丛书》编辑委员会，决定由西樵镇政府出资并负责协调与联络，由中山大学相关学者牵头，组织研究力量具体实施丛书的编撰工作。

值得一提的是，《西樵历史文化文献丛书》是近年来中山大学与南海区政府广泛合作的重要成果之一，并为双方更深入地进行文化领域的合作打下了坚实基础。2011年6月，中山大学与南海区政府决定在西樵山共建“中山大学岭南文化研究院”，康有为当年读书的三湖书院，经重修后将作为研究院的办公场所与教学、研究基地。岭南文化研究院秉持高水准、国际化、开放式的发展定位，将集科学研究、教学、学术交流、服务地方为一体，力争建设成为在国际上有较大影响的岭南文化研究中心、资料信息中心、学术交流中心、人才培养基地。研究院的成立，是对西樵作为岭南文化精粹所在及其在中华文明史中的地位的肯定，编撰《西樵历史文化文献丛书》也顺理成章地成为研究院目前最重要的工作之一。

在已超越温饱阶段，人民普遍有更高层次追求，同时市场意识又已深入人心的中国当代社会，传统文化迎来了新一轮的复兴态势。这对地方政府与学术界都是新的机遇，同时也产生了值得思考的问题：如何在直接的经济利益与谨严求真的文化研究之间寻求平衡？我们是追求短期的物质收获还是长期的区域形象？当各地都在弘扬自己的文化之际，如何将本地的文化建设得具有更大的气魄和胸襟？《西樵历史文化文献丛书》或许可以视为对这些见仁见智问题的一种回答。

丛书编撰凡例

一、本丛书的“西樵”指的是以今广东省佛山市南海区西樵镇为核心、以文献形成时的西樵地域概念为范围的区域，如今日之丹灶、九江、吉利、龙津、沙头等地，均根据历史情况具体处理。

二、本丛书旨在全面发掘并弘扬西樵历史文化，其基本内容分为三大类别：(1)历史文献（如志乘、家乘、乡贤寓贤之论著、金石、档案、民间文书以及纪念乡贤寓贤之著述等）；(2)非物质文化遗产（如口述史、传说、民谣与民谚、民俗与民间信仰、生产技艺等）；(3)自然与物质文化遗产（如地貌、景观、遗址、建筑等）。扩展内容分为两大类别：(1)有关西樵文化的研究论著；(2)有关西樵的通俗读物。出版时，分别以《西樵历史文化文献丛书·历史文献系列》、《西樵历史文化文献丛书·非物质文化遗产系列》、《西樵历史文化文献丛书·自然与物质文化遗产系列》、《西樵历史文化文献丛书·研究论著系列》、《西樵历史文化文献丛书·通俗读物系列》命名。

三、本丛书收录之历史文献，其作者应已有盖棺定论（即于2010年1月1日之前谢世）；如作者为乡贤，则其出生地应属于当时的西樵区域；如作者为寓贤，则作者曾生活于当时的西樵区域内。

四、乡贤著述，不论其内容是否直接涉及西樵，但凡该著作具有文化文献价值，可代表西樵人之文化成就，即收录之；寓贤著述，但凡作者因在西樵活动而有相当知名度且在中国文化史上有一席之地，则其著述内容无论是否与西樵有关，亦收录之；非乡贤及寓贤之著述，凡较多涉及当时的西樵区域之历史、文化、景观者，亦予收录。

五、本丛书所收录纪念乡贤之论著，遵行本凡例第三条所定之盖棺定论原则及第一条所定之地域限定，且丛书编者只搜集留存于世的相关纪念文字，不为乡贤新撰回忆与怀念文章。

六、本丛书收录之志乘，除此次编修丛书时新编之外，均编修于 1949 年之前。

七、本丛书收录之家乘，均编修于 1949 年之前，如系新中国成立后的新修谱，可视情况选择谱序予以结集出版。地域上，以 2010 年 1 月 1 日之西樵行政区域为重点，如历史上属于西樵地区的百姓愿将族谱收入本丛书，亦从其愿。

八、本丛书收录之金石、档案和民间文书，均产生于 1949 年之前，且其存在地点或作者属于当时之西樵区域。

九、本丛书整理收录之西樵非物质文化遗产，地域上以 2010 年 1 月 1 日之西樵行政区域为准，内容包括传说、民谣、民谚、民俗、信仰、仪式、生产技艺及各行业各战线代表人物的口述史等，由专业人员在系统、深入的田野工作基础上，遵循相关学术规范撰述而成。

十、本丛书整理收录之西樵自然与物质文化遗产，地域上以 2010 年 1 月 1 日之西樵行政区域为准，由专业人员在深入考察的基础上，遵循相关学术规范撰述而成。

十一、本丛书之研究论著系列，主要收录研究西樵的专著与单篇论文，以及国内外知名大学的相关博士、硕士论文，由丛书编辑委员会邀请相关专家及高校合作收集整理或撰写而成。

十二、本丛书组织相关人士，就西樵文化撰写切合实际且具有较强可读性和宣传力度的作品，形成本丛书之通俗读物系列。

十三、本丛书视文献性质采取不同编辑方法。原文献系线装古籍或契约者,影印出版,并视情况添加评介、题注、附录等;如系碑刻,采用拓片或照片加文字等方式,并添加说明;如为民国及之后印行的文献,或影印出版,或重新录入排版,并视情况补充相关资料;新编书籍采用简体横排方式。

十四、本丛书撰有《西樵历史文化文献丛书书目提要》一册。

目　录

第一章
何梦瑶生活的社会环境

第一节　康乾盛世下的珠三角社会

珠江三角洲地处岭南，南濒大海，西、北江汇合于此，历经数百年沉积，形成复合三角洲。地理上与北京、中原相距辽远，然海路与东南亚地区较近，是一个相对独立的地理单元。清代以来，三角洲平原面积不断扩大，可供围垦土地越来越多，人口大量增加[①]，地区开发进入高潮。这时有大量土地被开垦利用，耕地面积扩展至3290

① 据王跃生统计，自顺治十八年(1661)至康熙二十九年(1690)，广东省总的人口数增长了约11%，而这只是全省的均数，珠江三角洲地区应当远不止此数。参见王跃生《清代科举人口研究》，《人口研究》1989年第3期。

万亩之多[①]，“桑基鱼塘”进一步发展成熟，日益成为华南地区专业化、蚕桑商业性农业的生产基地，把三角洲传统农业推向空前高水平。[②] 经济作物的发展，专业化农业区的出现，使三角洲成为我国商品农业基地之一。手工业尤其是造船业、陶瓷业、冶铁业、棉丝织业、制糖业，则在商品农业和技术进步的基础上获得长足发展，产业聚集促使若干城市成为手工业生产中心，如佛山的冶铁业、石湾的陶瓷业、南海的丝织业、番禺的榨糖业等。持续发展的商业性农业与手工业源源不断地提供各种商品，加上此地背山靠海、水网密布的自然地理优势，使得清代珠江三角洲日益成为与江南并立的全国性核心经贸区。可以说，发达的农工业基础与优良的区位优势使得珠江三角洲商品经济日益繁荣，与邻近的广西、湖南、江西诸省乃至江南等地构成区域性市场体系。更为重要的是，对外贸易得到进一步的发展，丝绸、瓷器、茶叶由广州源源不断地出口至东南亚、欧洲等地区，逐渐形成以“行商”为主导的对外贸易新格局——“广州体系”。“四口通商”时期，即雍正七年至乾隆二十一年（1729—1756），粤海关在贸易总值、关税收入上均占全国总数的六成多。乾隆二十二年（1757），实行广州“一口通商”后，粤海关贸易总值和关税收入大幅度增加，超过原四海关的总和。乾隆二十三年至道光十七年（1758—1837），粤海关贸易总值平均每年约 5284 万两，为“四口通商”时期四海关年平均贸易额的 3.6 倍。[③] 如此长期的巨额贸易活动以及地方开发，为珠江三角洲地区的社会经济带来持续的

① 马立博：《清代前期两广的市场整合》，叶显恩《清代区域社会经济研究》下册，北京：中华书局，1992 年，第 1043 页。

② 穆素洁：《商业性农业与变化的限度：1644 年—1834 年珠江三角洲的甘蔗种植业》，叶显恩《清代区域社会经济研究》下册，北京：中华书局，1992 年，第 363 页。

③ 徐德志等：《广东对外经济贸易史》，广州：广东人民出版社，1994 年，第 95 页。

繁荣。

经济的发展必然联动社会组织、文化习俗、思想观念发生一系列变化。

首先，地方宗族组织与功能进一步强化。长时间和平与繁荣的社会环境推动了地方社会围绕土地资源、市场控制权以及地方影响力的争夺，客观上刺激了地方家族组织的聚拢与整合。家族模式的整合与扩张一方面强化以祠堂、族谱、祖墓为中心的文化载体传承共同记忆、汇聚社会群体的功能与作用，另一方面也催生出家族公产、家族机构等承担公共功能载体的机制与诉求。清代广东（特别是珠江三角洲地区）宗族沿袭明嘉靖时期霍韬对宗族组织的整合重构模式（设立族产、创建大宗祠、创置考功与会膳制、创立社学书院、制定家训家规）。清初广州大族建祠祭祖已相当普遍。清初屈大均《广东新语》有记载称："其土沃而人繁，或一乡一姓，或一乡二三姓，自唐宋以来，蝉连而居，安其土，乐其谣俗，鲜有迁徙他邦者。其大小宗祖祢皆有祠，代为堂构，以壮丽相高。每千人之族，祠数十所；小姓单家，族人不满百者，亦有祠数所。"[①]雍正年间，张渠宦粤时所作《粤东闻见录》亦说："粤多聚族而居，宗祠、祭田家家有之。如大族则祠凡数十所；小姓亦有数所……大族祭田数百亩，小姓亦数十亩……吾乡乃邦畿之地，以卿大夫而有宗祠者尚寥寥无几，其尊祖睦族之道，反不如瘴海蛮乡，是可慨也。"[②]岭南地方基层社会利用建祠祭祖的文化手段，既强化了地方宗族的整合力，同时也提高了地方文化的正统性。在强化家族势力的过程中，修建祠堂、修纂族谱、修缮祖墓成为追寻宗族共同记忆、形成宗族历史记述的重要

① 屈大均：《广东新语》，北京：中华书局，1985 年，第 464 页。

② 张渠：《粤东闻见录》卷上《宗祠祭田》，程明校点，广州：广东高等教育出版社，1990 年。

手段。

其次，促进了广东官府与地方社会对教育的重视。有清一代，广东的书院发展后来居上，先后修复兴建书院达531所，其数量之多堪称全国之冠。雍正十一年(1733)，清世宗诏令督抚大臣于省会建书院，“简士之文行兼优者，读书其中，所以树人储材用，宏万世太平之基业”。这道诏令进一步激起广东修建书院的热情，“于时，粤东有粤秀书院，在肇庆者为端溪书院，移檄所属令，各举其邑之俊良而肄业焉”[①]。此后书院建设进入了快速发展期，广东各地相继修复、兴建一批书院，形成官办、官员捐办、官倡民办、民办等不同形式的多元办学态势。与此同时，地方大族在获得较大经济力量后，出于巩固乃至增强宗族势力的需要，着力培养族人参加科考，这样就为以“族”为单位的“私学”教育的发展奠定了基础，如佛山霍氏家族、李氏家族。经济、社会(包括宗族)、文化的综合作用，共同促进了珠江三角洲教育与科举的兴盛。

第三，康乾时期珠江三角洲地区的文化观念也发生了不容忽视的变化。这一变化主要表现在地方的士大夫越来越认同正统文化的价值取向，极力摆脱被视为蛮荒之地的成见。但他们自幼在家乡接受的文化传承，是一种在长期历史过程中由多元文化融合而成的一种具有地方特色的传统，与国家正统文化实有不少疏离和隔膜。所以，出身江南的经学家惠士奇于康熙末年督学广东后，很快感觉到岭南地方文化的粗陋和与国家正统文化的差距，于是刻意营造经学学习与传播的氛围。而商品经济的发达以及本地民众与市场日益密切的联系，又为他们提供改变原有规范的需要和资源。对地方文化传统的继承，认同国家正统规范的要求，适应社会经济新环境

① 道光《广东通志》卷138《建置略十四》，第2335页上。

的需要，使他们十分积极地致力于创造一种新的传统。他们在文化上的种种创制，对以后珠江三角洲的社会变迁影响颇深。[①]

最后，商业经济的发展深刻地影响了清代广东的社会环境，尤其使士商之间的社会交往愈发频繁、紧密。商品经济的发展深刻地改变着士人观念，康乾时期珠三角地区一时形成“人多务贾与时逐”[②]的局面，士大夫对市场关系和市场机制已经开始有越来越深的认识，商人和商业活动的地位和作用受到广泛的重视。工商业的发展虽然没有彻底改变士大夫在文化上的主导地位，但思想观念的变化同样联动社会整体环境的变迁。广东士绅一般都不会歧视商业活动，清代珠三角地区许多商人的传记，或者特别强调传主“弃儒就贾”、“熟习经史”的经历，或者称颂传主好善乐施的德行，或者赞扬传主助子弟读书仕进的贡献。虽然无论是社会整体还是商人本身，都把士大夫文化的道德规范作为衡量个体的价值标准，但士农工商之间似乎并不存在难以逾越的鸿沟。相反不少广东商人在取得经济地位后，积极参与地方公共事务，与士绅一道在地方社会上发挥着重要作用。乾隆二十年(1755)，广州诸商捐建越华书院，就是个极好的例子。[③] 因此，经济的发展带来观念的变化，并深刻地改变了广东尤其是珠江三角洲地方社会的社会结构与交往模式。

何梦瑶故里乃清广东南海县云津堡大沙村(今广东省佛山市南海区西樵镇崇北村)。南海作为明清广东省城、广州府的附郭县，毗邻广州的地理优势，使之处于以广州为中心的珠江三角洲经济发达

① 刘志伟:《在国家与社会之间:明清广东地区里甲赋役制度研究》，北京:中国人民大学出版社，2010 年，第 27 页。

② 屈大均:《广东新语》卷 14《食语》，北京:中华书局，1985 年，第 371 页。

③ 道光《广东通志》卷 137《建置略十三》，广东省地方史志办公室《广东历代方志集成》，广州:岭南美术出版社，2007 年影印本，第 2329 页下 -2330 页上。

地区的副中心，尤其是下辖的佛山镇成为明清陶瓷业、制造业的名镇。经济的快速发展造成地方社会风习的改变，据康熙《南海县志》卷六《风俗志·习尚》记载："广郡称海滨，邹鲁而南邑为首，衣冠文献埒于中州。自濂溪过化以后，有陈去华师事陆子静而道学兴，多士刚直信义，妇女罕出闺门，较异他郡。……衣冠宴会，后辈轻佻，日趋于侈，崇信左道礼僧薙发者有之。城西一带异省商人杂处，闽产尤多，斗讼繁兴，为居民害。邑中大魁蝉联名卿鼎峙，殆衣冠之薮也。陶冶之良亦甲天下。海洲、镇涌、金瓯、绿潭、沙头、大同、九江鱼桑为业，尚气健讼，钱粮易逋。佛山地广人稠，俗杂五方；白沙多烟皮为生；官窑、瓦窑、雷冈逐末者众；平洲、张槎、山南则富室；西樵山顶十三村稍近淳朴而弦诵稀闻，其他非儒则农，间作工贾，渔稻随处俱饶，家无积金，用度自裕。"[①]由此可见，南海地方社会经济发达，外省商人和商品云集，百姓生活日益富庶"趋侈"。与经济社会日益发达互为表里的是，明清时期南海始终是珠江三角洲地区教育与文化的中心之一。明代理学家湛若水曾长期寓居南海西樵山授徒讲学，同时期倡导理学的名士方献夫、霍韬均为南海人，其家乡皆靠近西樵山，由此南海特别是西樵山成为明清时期岭南理学重镇。与此同时，据康熙《南海县志》卷八《学校》载，全县共有书院14所、社学157所、义学2所，在广州府位居前列，更领先于省内其他县。[②]

而何梦瑶出生地云津堡恰处于南海县中部，与西樵山西北一江之隔，交通比较便利，清初商业颇为繁荣。康熙《南海县志》卷一《舆地志》载："云津堡村九，曰大沙，曰上林，曰涡村，曰华夏，曰上

---

① 康熙《南海县志》卷6《风俗志·习尚》，第120页上。

② 康熙《南海县志》卷8《学校》，第155页下－156页上。

下新村，曰东岸，曰林村，曰草尾，曰百滘。”[①]其中，大沙村现更名为崇北村。据崇北村现任（2011 年）村委主任何春华（下坊村人）介绍：崇北村现辖国泰、上坊、下坊三个自然村。上坊村曾名深巷，因有一大巷长约400 米得名；下坊村曾名大沙三社，何氏先祖在此隆起的沙洲上定居开发，故名大沙。崇北村沿北江水道呈条形分布，坐北朝南，北江支流南沙涌按北至南走向，可达佛山、广州、中山、珠海，樵北路按北至南走向，从村后通过，可达丹灶、官山、佛山、广州。[②] 从康熙《南海县志》“习尚”所言，此地方“多士刚直信义”，“非儒则农”，儒与农成为最常见的职业。

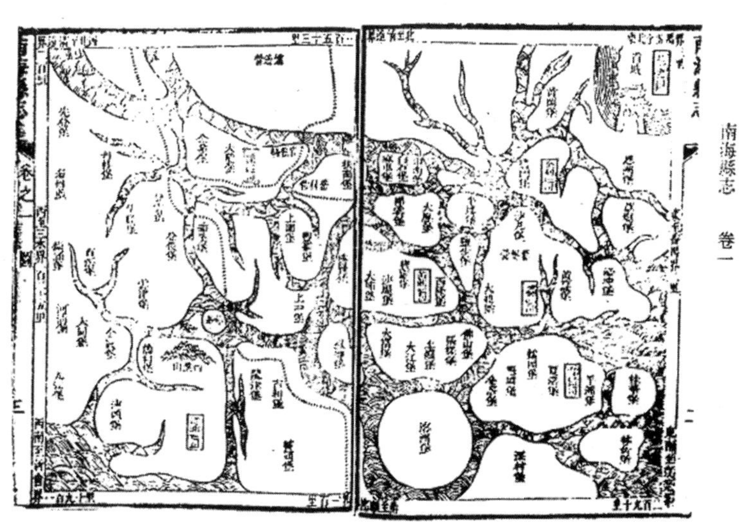

图 1.1　康熙时期广东南海县总图[③]

① 康熙《南海县志》卷 1《舆地志》，第 43 页下－44 页上。

② 笔者于 2011 年 3 月曾到下坊村，访问了崇北村委主任何春华及何富贵等人，了解何梦瑶及下坊村的有关历史。

③ 选自康熙《南海县志》卷 1《新旧县治儒学各图》，《日本藏中国罕见地方志丛刊》，北京：书目文献出版社，1992 年，第 26 页上。

美国学者韩书瑞指出："岭南社会有着高度发展的结构和复杂的社会组织。三角洲地区是自我意识极强的父系家族堡垒，有少数家族能将其居住地的开基始祖追溯到宋代，但大多数只能追溯到明代和清初。"[①]何梦瑶家族开基始祖据说是南宋初年自江西南来避乱的何熙和，出于敬宗收族的需要，后世族人便逐渐形成所谓"吾祖宗以一人之身分衍而为千万人之身，而千万人之身实合而出于一人之身"[②]的说法。以《大沙深巷何氏族谱》为中心，我们可以简单重构南宋以来的何氏家族史。[③]

大沙何氏据说在宋建炎年间为躲避战乱，其祖先何熙和由江西南迁广东，其子何靖夫则卜居番禺大石，靖夫子何道成即生于番禺，后再次西迁定居南海西樵大沙，大沙何氏宗族繁衍汇聚，自此"洎而族矣"[④]。入明以降，生齿繁衍，支派旁生，宗族势力日趋强盛。嘉靖五年(1527)，十一世族人何一阳倡建大宗祠，大宗祠在深巷西，坐亥向巳兼乾巽。雍正元年(1723)重修，乾隆三十年(1765)增建后楼。清末谱族修撰者指出：早期大沙何氏流传着一部承载家族共同记忆

---

① 韩书瑞、罗友枝：《十八世纪中国社会》，陈仲丹译，南京：江苏人民出版社，2008年，第176页。

② 何星炜：《重修何永思堂家谱序》，宣统《大沙深巷何氏族谱》卷1《序》，第1页b。

③ 值得注意的是，清末修谱何氏族人业已指出：早期大沙何氏流传着一部承载家族共同记忆的旧谱，后来不幸散佚，"旧谱之作创于何人，今不可考"。及至十三世何闻(湛一公)曾对旧谱加以重修，"自是而后多历年所，其中有无修纂未得其详"，晚至嘉庆年间才再次重修族谱。依照世系计算，如自南宋高宗起始，至十三世何闻时期约在明代中期，与同时期珠三角强化宗族建设与宗族士绅化大体同步。何闻重修的族谱成为后世寻找共同记忆、重构家族史的源头。从历史编纂学意义上而言，何氏族谱修撰断断续续，相隔时间较长，严重削弱了族谱文字的精确性和可信度。族谱序言有云："旧谱语多朴直之语，则是先世原有宗谱，但作始者无从考，且继修者谅亦有人，然谱具不备载。"另一方面，正由于旧谱散佚，文字记载缺失，难以系统梳理世系，"派别支分不有谱以联之，将涣而不萃"，宗族联结的文书基础松散，族人身份认同意识模糊；清季族人何容舒感慨"迄有明初叶，厥后克昌，支派繁衍，然统系既远，数典或忘思厥先人"。为强化宗族内部的感情纽带，何氏族人自十三世何闻以来四修族谱，本研究所依据的正是宣统年间重修的族谱。

④ 何容舒：《重修何永思堂族谱序》，宣统《大沙深巷何氏族谱》卷1《序》，第4页b。

的旧谱，后来不幸散佚，“旧谱之作创于何人，今不可考”。及至十三世何闻（湛一公）曾对旧谱加以重修，“自是而后多历年所，其中有无修纂未得其详”，晚至嘉庆年间才再次重修。何闻重修的族谱成为后世寻找共同记忆、重构家族史的源头。有学者已经指出，明代中后期，在地方社会与王朝国家整合的驱使下，地方广泛修撰族谱、建造祠堂，共同促成明代宗族建设的规范化与制度化。在这种背景下，嘉靖以来珠三角地区兴建起众多祠堂。宗族成为明中后期以来整合华南乡村社会的主要制度形式之一。[①] 由此可知，十三世何闻重修族谱，嘉靖五年倡建大宗祠，既是这一社会潮流席卷下的产物，反过来也印证了明代宗族制度规范化的影响范围与效应。大宗祠永思堂内曾有对联一副，题作“奇勋铭石岭，雅望镇庐山”[②]，可算是对大沙何氏家族千百年播迁史的勾勒。

南迁后的何氏宗族至何梦瑶，共历十六世。[③] 检阅族谱可以看出，南海何氏宗族颇有崇儒重教、推重诗文的家风，虽然从未出现名宦大儒，但博取功名者历来不乏其人。何梦瑶先辈获得庠生资格者数名，如何益谦（郡庠生）、何士诚（郡庠生）、何胤荣（郡庠生）、何埏（郡庠生）、何方荣（香山前山寨守备）、何玉枚（恩贡生，叙选儒学教谕）、何玉瑶（肇庆府庠生）。据说九世孙何贵（西庵公）博闻强识，精通五经，曾赴江门从陈白沙游，然而甫及陈门先生即逝，转而受业于陈氏好友门下。后世族人特别提及何贵学业愈进，“以染恙不出

① 参见科大卫《皇帝和祖宗：华南的国家与宗族》，卜永坚译，南京：江苏人民出版社，2009年，第149－156页。

② 据何春华提供的手写复印资料。

③ 据《大沙深巷何氏族谱》所收录何梦瑶《壬午联寿序》载：“吾族之聚居本乡者凡五：自北而南，曰四甲，曰西族，曰东族，曰二社，曰三社。著籍皆数百年。生齿当日滋，而西族称蕃衍。……瑶时与青松叔、东郊弟同受业卜俞师。”同谱还称：“十六世东郊公，讳迎春，字昌时，广振公次子。”故何梦瑶与何迎春为同辈兄弟，由此可确定何梦瑶为大沙何氏的第十六代。

应世”，暗示其效仿陈白沙厌弃功名、终身不仕、矢志讲学、鼓吹文教的人生志趣。因是之故，何氏家族大宗祠永思堂门额相传即为陈白沙题书。[①] 十三世何铎（二华公）十岁能文，长贯群籍，有诗名，与劳太冲兄弟及陆锡苍等为文社，互相唱酬，共成诗集《覆瓿录》，所著诗文皆堪传世。[②] 当然，这种家风传统与明清宗族重视教育不无关系。宗族试图通过教育科考，培养更多族人入仕，以达到显族扬威的目的。一方面，努力发展以“族”为单位的包括义学、族学等形式的“私学”教育，另一方面给予大量经济支持，资助族人读书科考。针对族内子弟参加科举的资助奖励措施，大沙深巷何氏宗族作出明文规定：

一、应试至道考例给卷金银一两，不及道考者不与。

二、入科不论生监，例给卷金银四两。

三、县府批首进庠后，加卷金银十两。

四、进庠谒祖书金银二十两；举人书金银四十两；解元六十两；进士书金银八十两；会元一百两；点中书加书金银二十两；点部属加书金银三十两；点翰林加书金银五十两；点鼎甲加书金银一百两；点知县不加，如在京未及回乡书金许其先领。

五、新旧科会试每人程仪银六十两，留京再试亦照例送。

六、恩岁贡书金银一十五两，副贡书金银二十两，优拔贡书金银三十两。

七、优拔贡朝考程仪银三十两；得一等，花红银五十两；用小京官，回京程仪银五十两；用知县，赴任程仪银二十两；用教

① 宣统《大沙深巷何氏族谱》卷1《艺文》，《重修大宗祠序》，第78页b。

② 宣统《大沙深巷何氏族谱》卷1《善录》，第50页a－52页b。

职，花红银二十五两，赴任程仪银十两。

八、进士任京官赴京供职程仪银五十两，举人、进士分发外任程仪银二十两，教职程仪银十两。其余捐纳议叙。实授赴任外省者程仪银二十两。

九、武生花红银十两，武举花红银二十两。会试程仪银三十两。武进士花红银三十两。点侍卫加花红银十两，点鼎甲加花红银五十两。若由武举、武进士实授赴任程仪银二十两。

十、进庠及恩优拔副岁贡，在祠庆酌本人同祖亲属免份金。举人以上同曾祖亲属免份金。

十一、举人、进士不论文武任外官者，俱要偿还书金。若候补及甫到任者免，如任满及超秩，宦囊丰厚，除还回书金外，本人仍须义举以厚尝项。[①]

与明清珠江三角洲众多宗族一样，何氏宗族形成并延续着“读书、科考、仕进”的文人传统。何梦瑶生于此，长于此，死于此。康乾时期珠江三角洲的发展与变化，无疑是塑造其人生经历与思想观念的社会土壤，反过来何梦瑶的学行思想也折射出康乾时期珠江三角洲地区的“一般知识、思想与信仰世界”。[②]

① 《大沙深巷何氏族谱》卷1《条例》，第44页a－45页a。

② 此语出自葛兆光《中国思想史》，上海：复旦大学出版社，1999年。

第二节　何梦瑶的早期经历

一、生卒年与字号考

关于何梦瑶,《清史稿》、《清史列传》均有专传。《清史稿》卷四八五《列传二七二》记载:

> 何梦瑶,字报之,南海人。惠士奇视学广东,一以通经学古为教。梦瑶与同里劳孝舆、吴世忠,顺德罗天尺、苏珥、陈世和、陈海六,番禺吴秋一时并起,有惠门八子之目。雍正八年成进士,出宰粤西,治狱明慎,终奉天辽阳知州。性长于诗,兼通音律、算术。谓蔡元定《律吕新书》本原《九章》,为之训释。更取《御制律吕正义》研究八音、协律、和声之用,述其大要,参以曹廷栋《琴学》,为书一编。时称其抉择精当。又著《算迪》,述梅氏之学,兼阐《数理精蕴》、《历象考成》之旨。江藩谓:近世为此学者,知有法,不知法之所以然。知之者,惟梦瑶也。[①]

《清史列传》记载与之相仿[②],后来研究者大抵以此作为何梦瑶研究的起点。需要指出的是,《清史稿》关于何梦瑶的记述仍显单

① 《清史稿》卷485《列传二百七十二·文苑二》,北京:中华书局,1977年点校本,第13375页。

② 王钟翰点校:《清史列传》第18册,第5847页。

薄，存在不少亟待修正、补述与完善之处。一方面，《清史稿》所谓："何梦瑶，字报之，南海人。"此语概出自道光朝《广东通志》卷二八七《列传二十》[①]，其他后出地方志记载与之相似。如道光《南海县志》卷三九《列传八》[②]，光绪《广州府志》卷一二八《列传十七》[③]。诸种官方史志文书记载只不过进一步绍介何梦瑶的乡里，由"南海县"具体至"堡""村"等基层政权范围，记载仍过于简略，且有陈陈相因之嫌。另一方面，时人后学文集笔记与私人修史记载则较为完备。基于此，本研究兼采官私多方记载，对何梦瑶之生卒年、字号、家世等基本信息加以补正。

（一）关于何梦瑶生卒年的各种说法及考证

关于何梦瑶生卒年，据笔者目力所及，学界共有四种不同说法：第一种观点认为何梦瑶生卒年分别为康熙三十一年（1692）、乾隆二十九年（1764），如广州中医药大学刘小斌教授等；[④]第二种观点认为何梦瑶生卒年分别为康熙三十二年（1693）、乾隆二十九年（1764），

---

① 道光《广东通志》卷287《列传二十》，第4600页下。

② 道光《南海县志》卷39《列传八》，广东省地方史志办公室《广东历代方志集成》，广州：岭南美术出版社，2007年，第722页上。

③ 光绪《广州府志》卷128《列传十七》，第1991页下。

④ 分别见刘小斌《何梦瑶生平及著作考》，《新中医》1987年第1期；刘小斌、郭世松《〈景岳全书〉对岭南医学之影响》，《新中医》1988年第2期；刘小斌《岭南名医何梦瑶研究》，《中华医学会医史学分会第12届1次学术年会论文集》2008年；同一内容另见刘小斌《岭南医学史（上）》，广州：广东科技出版社，2010年，第348页；马小兰《浅论何梦瑶〈医碥〉之脉学成就》，《中华医史杂志》2001年第4期；王崇存《岭南医家何梦瑶〈伤寒论近言〉辑残本整理及相关研究》，广州中医药大学硕士学位论文，2008年，第34页。

如张荣华、沈英森、曾时新、李宝峰、李安民、严峻峻和吕平波；[①]第三种说法认为何梦瑶生卒年分别为康熙三十三年(1694)、乾隆二十九年(1764)，如张志斌；[②]第四种说法则认为何梦瑶生卒年分别为康熙三十二年(1693)、乾隆二十八年(1763)，如长青。[③] 需要说明的是，以上研究者除刘小斌外均未标明史料出处，而刘小斌所言乃依据道光《南海县志》，然其推测方法有误。道光《南海县志》卷三九《列传八》记载：何梦瑶年"二十九，康熙辛丑岁试，惠公士奇籍于庠"，"卒年七十二。"[④]此处辛丑年即康熙六十年(1721)。文内所谓年二十九、年七十二当为传统纪年的虚龄，刘小斌可能误以为周岁，故而其推测结果生年1692年有误。

笔者试从何梦瑶多种自述史料对其生卒年进行再次考证。据乾隆十一年(1746)七月何梦瑶所呈递履历折称："臣何梦瑶，广东广州府南海县进士，年五十四岁。由广西思恩县知县烟瘴五年俸满，乾隆十年六月分籤升奉天府辽阳州知州缺。敬缮履历，恭呈御览谨奏。乾隆十一年七月二十八日。"[⑤]

由此可知，乾隆十一年(1746)，何梦瑶时年虚龄五十有四，因此可以推算出何梦瑶当生于康熙三十二年(1693)。又据何梦瑶所著《壬午联寿序》称："曾几何时，老成凋谢，儿童渐长。青松叔、东郊

---

① 分别见张荣华、沈英森《何梦瑶》，毛庆耆主编《岭南学术百家》，第410页；曾时新《岭南名医何梦瑶》，《新中医》1981年第1期；李宝峰《〈医碥〉论痰思想初探》，《江苏中医》1993年第8期；李安民《清代名医何梦瑶的医学成就》，《中医杂志》1998年第11期；严峻峻《岭南医家妇科学术源流及临证经验整理研究》，广州中医药大学硕士学位论文，2001年，第15页；吕平波《何梦瑶对气血生成来源的学术见解》，《中医研究》2001年第4期。

② 张志斌：《何梦瑶〈医碥〉的岭南特色》，《广西中医药》1989年第5期。

③ 长青：《何梦瑶》，《山西中医》1990年第2期。

④ 道光《南海县志》卷39《列传八十一》，第722页上–723页上。

⑤ 秦国经：《清代官员履历档案全编》下册，卷16，上海：华东师范大学出版社，1997年影印本，第333页上。

臣何夢瑤廣東廣州府南海縣進士年伍拾肆歲由
廣西思恩縣知縣烟瘴伍年俸滿乾隆拾年陸月分
薦陞奉天府遼陽州知州缺敬繕履歷恭
呈
御覽謹
奏
乾隆拾壹年柒月　貳拾捌　日

图 1.2　何梦瑶履历折

弟俱六十以上，瑶亦倏跻古稀矣。今年季春贱辰日，承各房诸父兄，携朋罇过饷，皤皤黄发，又复植杖成林，恍然前日之盛。”[①]寿序落款时间为“乾隆二十七年壬午冬月彀旦”，即乾隆二十七年（1762）冬。是年何梦瑶刚满七十虚龄，此亦可证明其生年当为康熙三十二年（1693）。又据光绪《广州府志》称何梦瑶卒年七十二[②]，故可确认何的卒年当为乾隆二十九年（1764）。即何梦瑶生于康熙三十二年

① 何梦瑶：《壬午联寿序》，宣统《大沙深巷何氏族谱》卷 1《艺文》复印件，[出版时间不详]，原件藏崇北村上坊自然村，第 66 页下 -67 页下。

② 光绪《广州府志》卷 128《列传十七》，第 1992 页上。

(1693),卒于乾隆二十九年(1764),享年七十有二,恰处于清康乾时期。

(二)关于何梦瑶字号的补证

何梦瑶以名行,字赞调,一字报之,号西池,晚年自号砚农。[①] 其中"报之"一字于史料中较为常见。如前引道光《南海县志》、道光《广东通志》、光绪《广州府志》、《清史稿》等官方史志文书均记曰"何梦瑶,字报之"。而乾嘉时期粤东名儒陈仲鸿在《粤台徵雅录》中的记载则更为完备,称:"何西池,名梦瑶,字赞调,一字报之。"[②]晚清顺德学者梁廷枏《粤秀书院志》亦称:"何报之先生梦瑶,字赞调,一字西池。"[③]由此可知,何梦瑶除"报之"一字外,仍有一字"赞调"。关于"赞调"一字,除《粤台徵雅录》、《粤秀书院志》和罗天尺、劳孝舆等少数诗文提到外,其他诗文集、方志诸书均未提及。惠门八子中以罗天尺与何梦瑶的关系最为密切,罗在其诗集《瘿晕山房诗删》和一些序文中,"赞调"和"报之"经常互用,称之"赞调"者共有八处[④],

---

① 《粤台徵雅录》称:"(何梦瑶)晚又自称研农。"但何之蛟在《乐只堂人子须知序》言:"先君解组投林,舌耕糊口,取号砚农。"因何之蛟乃何梦瑶次子,其说更为可信,故采"砚农"。参见罗元焕撰,陈仲鸿注《粤台徵雅录》,第9页;何之蛟《乐只堂人子须知序》,何梦瑶《乐只堂人子须知》,广州:广东科技出版社,2011年,第13页。

② 罗元焕撰,陈仲鸿注:《粤台徵雅录》,第9页。

③ 梁廷枏:《粤秀书院志》卷14《传一》,赵所生、薛正兴《中国历代书院志》第3册,南京:江苏教育出版社,1995,第199页下。

④ 分别是:《答何赞调》、《次胥江驿忆雍正丙午十一月与何赞调陈海六苏瑞一陈圣取奉送惠夫子归舟至此》、《冬日送陈海六荐优北上》、《秋日送何赞调十弟试用桂林》、《寄何十赞调岑溪官署》、《送何十赞调知辽阳州》、《羊城晤何十赞调归自辽阳因柬苏二瑞一》和《须言次何赞调原韵同张柏园作》。

称之“报之”者有十处[①]。从罗天尺的写诗时间来看,使用“赞调”的时间不仅跨度很大,而且用“赞调”较“报之”要早,如提到雍正四年(1726)奉送惠士奇归京之事的《次胥江驿忆雍正丙午十一月与何赞调陈海六苏瑞一陈圣取奉送惠夫子归舟至此》。而用“报之”的诗基本上是何梦瑶退居之后的事。罗天尺在提到惠门八子其他同学或者关系比较密切的张汝霖的时候,多用“赞调”,而提到何梦瑶的官职或者社会职务“山长”的时候多用“报之”。此外,劳孝舆在为《瘿晕山房诗钞》作的序中也是用“赞调”。劳孝舆在序中并没有落款时间,但是序中提到“圣取薄宦于江浙,赞调虽捷,去将卑栖于桂林。”[②]文中的圣取即陈世和,卒于雍正九年(1731)[③],即此序的写作时间最迟不会超过雍正九年。更为重要的是,何梦瑶胞弟字宣调[④],故而,笔者认为“赞调”乃按家族排行而取的字,应为何梦瑶最早采用的字,而“报之”应为成进士之后,甚至是弃官退居之后才用之字,因此更为时人与后学所熟知,以至于众多研究者只提到“报之”,而没有提及“赞调”一字。有人认为“报之”可能源自《诗经·卫风·木瓜》:“投我以木桃,报之以琼瑶。匪报也,永以为好也!”[⑤]

---

① 分别是:《春杪梅苍枝招同太史辛北村刺史何报之司马冯石门国博耿湘门冯同文陈祝三高于天黄仝石秋畹文学雨三弟集育青堂赋观孔雀开屏歌》、《春日过粤秀书院访何报之因伤劳孝舆郭月坡用集梅园韵》、《壬申上巳梁采山李镜江何报之卢深潮钟铁桥何青门耿湘门朱皋闻舍弟雨三舟驻张槎候潮联句再送张司马继成长歌》、《双榕社为何十报之赋》、《春日病中寄祝何报之七十》、《何十报之罢官贫甚三郎佣于粤西为酷吏诬陷以死作此伤之》、《览外孙冯学胜游鼎湖诗作此示之兼柬何报之山长》、《寄端溪山长何报之索坑砚》、《匊芳园诗钞·罗天尺序》和《阮斋文集·罗天尺序》。

② 劳孝舆:《瘿晕山房诗钞序》,道光《广东通志》卷198《艺文略十》,第3287页上。

③ 据何梦瑶《读罗履先丁卯冬得劳孝舆凶问作感赋次原韵》之原注:“辛亥,漓江舟中得孝舆书,知陈圣取卒于官。”雍正辛亥乃雍正九年(1731);然而《粤东诗海》标注“陈世和(1696—1733)”不知所依何据;参见温汝能纂辑,吕永光等整理《粤东诗海》卷75,广州:中山大学出版社,1999年,第1426页。

④ 何梦瑶:《哭宣调弟》,《匊芳园诗钞》卷6《鹤野集》,乾隆壬申镌,第3页b-4页b。

⑤ 参见吉常宏、吉发涵《古人名字解诂》,北京:语文出版社,2003年,第54页。

而张衡的《四愁诗》亦有“美人赠我金错刀,何以报之英琼瑶。”[①]后一句含“何”、“报之”、“瑶”等字。此外,清初岭南三大家之一的陈恭尹《答鲍让侯即送之之楚》有“承君惠我以瑶华,欲报之章常不卒”[②]之句,亦含有“瑶”、“报之”等字。陈恭尹于何梦瑶等惠门弟子有较大影响,且惠门八子之一的陈世和即陈恭尹之嫡孙。何梦瑶后期取字“报之”,此或为其取义的古典与今典。又据何梦瑶次子何之蛟《乐只堂人子须知序》言:“先君解组投林,舌耕糊口,取号砚农。”[③]故何梦瑶字赞调,一字报之,号西池,晚号砚农。

二、何梦瑶的家与乡

关于何梦瑶这一房支的世系与历史,因文献不足征之故难以理清。目前仅知何梦瑶祖父名亘明,父亲名体严,有一胞弟何宣调。据光绪《广州府志》卷五八《选举表二十七》:“何亘明以孙梦瑶貤赠文林郎,何体严以子梦瑶赠文林郎。”[④]文林郎乃正七品文官所授散官名,何梦瑶雍正十一年初授广西义宁知县,乾隆十年升任奉天辽阳知州。由此可知,到了乾隆十年(1745),何梦瑶乃祖乃父业已离世。乾隆十五年(1750),何梦瑶有诗《庚午腊月罗履先寄示新刻并索和桐花诗次韵》寄赠罗天尺,内称“忆昔我母年九十,高堂朝旭明金萱。诏赐玉帛贺客满,诗歌樛木辞不繁”,可知何梦瑶之母已获高

---

① 徐陵:《玉台新咏》卷9,《四部丛刊》景明活字本,上海:商务印书馆,1929年影印本,第59页。

② 陈恭尹:《答鲍让侯即送之之楚》,《独漉堂诗集》卷10,《清代诗文集汇编》编纂委员会《清代诗文集汇编》,上海:上海古籍出版社,2010年,第486页下–487页上。

③ 何之蛟:《乐只堂人子须知序》,何梦瑶《乐只堂人子须知》,广州:广东科技出版社,2011年,第13页。

④ 光绪《广州府志》卷58《选举表二十七》,第890页下。

寿。是诗自注"学使惠公揭乐只字颜堂",其时惠士奇仍在粤督学,惜不久"忽病跗肿继痟首,汤液直欲空药园"。由"我母去我二十载"可知,距乾隆十五年二十载,其母约雍正八年(1730)左右离世。[①] 何在广西任知县期间,为节省费用,曾让胞弟何宣调做自己的幕僚。何梦瑶诗集《匊芳园诗钞》中《哭宣调弟》自注有"予令粤西,委弟幕事"和"弟治簿书,必夜分乃寝"即有此情说明。[②]

遍查何梦瑶所撰文字,未见任何关于其妻的记载,仅同窗辛昌五[③]提及:"西池少时,妻子仆婢财十数人,有田数十亩,足供饘粥,意兴甚豪。"[④]可见何梦瑶早年家境也可算得上殷实,但何氏在诗文中从不提及其妻,颇与当时文人习惯相左。清初之屈大均、同学罗天尺以及稍晚一辈的黎简等广东名流,均有大量诗歌等文字提及其妻,个中缘由不得而知。

何梦瑶的后人虽然文献不足征,但也有迹可循。据罗天尺《瘿晕山房诗删》续编《苦哉行》之序:"何十报之罢官贫甚,三郎佣于粤西,为酷吏诬陷以死,作此伤之。"[⑤]可知何梦瑶至少有三子,其中第三子佣于粤西,死于酷吏诬陷。次子名何之蛟,何梦瑶去世后,何之蛟曾为父亲何梦瑶《人子须知》作序。[⑥] 有一子名鹄儿,何梦瑶乾隆

---

① 何梦瑶:《庚午腊月罗履先寄示新刻并索和桐花诗次韵》,《匊芳园诗钞》卷7《悬车集》,第10页a-10页b。此诗"忆昔我母年九十"似乎有误,如果其母雍正八年去世,而此时何梦瑶38岁,推出其母52岁生何梦瑶,似难合常理;故或"九十"有误,或"我母"可能为"祖母"。

② 何梦瑶:《哭宣调弟》,《匊芳园诗钞》卷6《鹤野集》,第3页b-4页b。

③ 辛昌五,顺德北滘人。据咸丰《顺德县志》卷25《列传五》,第621页下有:"(辛昌五)敦学行,能文章。雍正己酉乡试第一。明年登第,官检讨,工诗。与梁善长、罗天尺交契。"

④ 辛昌五:《辛序》,何梦瑶《医碥》,邓铁涛、刘纪莎点校,北京:人民卫生出版社,1994年,第52页。

⑤ 罗天尺:《苦哉行》,《瘿晕山房诗删》续编,《四库未收书辑刊》编纂委员会《四库未收书辑刊》第10辑18册,北京:北京出版社,1997年影印本,第600页下。

⑥ 何之蛟:《乐只堂人子须知序》,何梦瑶《乐只堂人子须知》,第13页。

十年(1745)除夕羁留辽阳之际,鹄儿索要压岁钱,何书一"钱"字与之,并赋诗教诲,勉励勤于读书:"孔方于我分无缘,实汝空囊别有钱。莫道充饥同画饼,须知一字值金千。"[①]有一孙阿黄,据辛昌五序《医碥》云:"予尝过其家,老屋数椽,仅蔽风雨,琴囊药里,外无长物。有数岁儿,破衣木履,得得晴阶间,遽前揖人,婉娈可爱。问之,则其孙阿黄也。"[②]有曾孙名何清臣。据王福报序《乐只堂人子须知》:"其曾孙清臣,惧其未成书者之易于散失也,于《人子须知》一集,录而存之,次为若干卷。"[③]

据道光《南海县志》记何梦瑶十三工诗,"即应童子试,屡考辄落。"[④]何梦瑶十三岁参加的童子试也称"童试",童生通过童试,入学为生员,虽然有种种的优待,比如国家免去其本身的差徭;地方官要以礼相待,非黜革,不受刑责等等,但生员尚未有做官的资格。所以,严格地说,童试只是科举考试的准备阶段。然而,一般说来,非经童试而入学,就不能参加科举考试。当然,也可以通过"捐监"而越过童试,从而获得科举考试的资格。但这是"异途",而且也不能享受官府提供的"学租"和"廪米"之类的津贴。童试为三年两考,每次童试则由县试、府试和院试三次构成。这三次考试中,院试即由学政主考的最后一次考试是决定性的,县和府的两次考试则是尽量让本县本府的考生录送院试。院试录取生员的人数根据各府、州、县学的学额而定出。清代童试录取人数是根据府、州、县的行政级别而定出的,也就是所谓大、中、小学的学额。

---

① 何梦瑶:《除夕鹄儿索金压岁书一钱字与之》,《匊芳园诗钞》卷6《鹤野集》,第1页b。

② 辛昌五:《辛序》,何梦瑶《医碥》,第52-53页。

③ 王福报:《乐只堂人子须知序》,何梦瑶《乐只堂人子须知》,广州:广东科技出版社,2011年,第6页。

④ 道光《南海县志》卷39《列传八》,第722页上。

据道光《广东通志》卷一七一《经政略十四》:"南海县学、番禺县学、东莞县学、顺德县学、香山县学各二十名,廪生二十名,增生二十名。二年一贡。雍正二年题准广东之南海、番禺、东莞、顺德、新会、香山、海丰、海阳、潮阳、揭阳、澄海十一县照府学额各取进童生二十名。"[①]而每次参加童试的人数,据侯方域说顺治时的情况:"今者大县之弟子,殆不下二千人,中小县亦各千余人。"[②]又据张仲礼的估计,清代平均一个县的童生数在1000至1500人之间。[③] 可见,童试竞争也是相当激烈的。所以,何梦瑶童试"屡考辄落"也是很正常的。功名屡考屡落,何梦瑶当时心境可谓悲凉,但仍旧要维持生计。周作人曾在《知堂回想录》中说:"前清时代士人所走的道路,除了科举是正路之外,还有几条叉路可以走得。其一是做塾师;其二是做医师,可以号称儒医,比普遍的医生要阔气些;其三是学幕即做幕友,给地方"佐治",称作"师爷",是绍兴人的一种专业;其四是学生意,但也是钱业和典当两种职业,此外便不是穿长衫的人所当做的了。"[④]而凑巧的是何梦瑶则前三种职业都做过。何氏最初的职业是做塾师。据罗天尺在何梦瑶考中进士分发广西之际,所赠诗《秋日送何赞调十弟试用桂林》中有言"廿年讲学西樵洞"[⑤],说明何梦瑶在考中进士之前,大抵教了20年左右的书。何梦瑶雍正八年(1730)成进士,时年38岁,依此逆推,何梦瑶约于康熙五十年(1711)始为塾师,时年19岁左右。从何梦瑶的宗族来看,先辈读书

① 道光《广东通志》卷171《经政略十四》,第2794页下。

② 侯方域:《重学校》,贺长龄《皇朝经世文编》卷57《礼政》,台北:文海出版社,1972年,第2099页

③ 张仲礼:《中国绅士——关于其在19世纪中国社会中作用的研究》,李荣昌译,上海:上海社会科学院出版社,1991,第90页。

④ 周作人:《知堂回想录》,台北:龙文出版社,1989年,第64页。

⑤ 罗天尺:《秋日送何赞调十弟试用桂林》,《瘿晕山房诗删》卷8,第557页上。

人中以教书课童为业者多有所见。如十一世的樵峰公、乐郊公、体明公,十二世的养吾公,十四世公侃公均好学能文,通经史之学,“下帷讲学,垂老不辍,乡之后进者多出其门”。[①] 与何梦瑶同辈并为同学的何迎春,科考失利后,亦以课徒自娱,“西宁史氏闻公才名,延至柳园训子侄十余载,造就人才皆有法则,后因年老固辞乃止”。[②]

罗天尺说:“报之家西樵山下,俗多为胥。”颇值得注意。经查宣统《大沙深巷何氏族谱》卷一《善录》胪列了从九世到十九世共 60 人的事迹,其中为掾吏幕客的就达 12 人,恰占 1/5。如:“(何闻)以家贫不克卒业,虽力稼穑,手不释卷。……壮为邑郡掾”,“(何祖荫)少工儒业,有才识,长而练习典章国故,为州县掾”,“(何帝裔)以食贫出为邑郡诸掾”,“(何简元)乃数奇不售,遂不复应试。西池公携之北上”,“(何为槐)屡试不售,弃就督掾”,“(何始昆)惜家贫,弃就掾吏”等等。[③] 此谱仅为深巷自然村之族谱,并没有包括何梦瑶所在的下坊村等其他大沙村的自然村,但足以反映出大沙村“俗多为胥”的特点。到了康熙五十八年(1719),27 岁的何梦瑶,为了获得更好的前途,经同乡介绍,到巡抚署当差“为胥”。但因其性格耿直,只做了三个月,就拂袖而去了,并作《紫棉楼词》数阙寄意。《匊芳园诗钞·罗天尺序》说:“报之家西樵山下,俗多为胥。当牵率报之给事大府中,诧傺不自得,填《紫棉楼词》数阙,遂掷笔去。”[④] 道光《南海县志》卷三九《列传八》亦载何梦瑶:“二十七充巡抚署

---

① 宣统《大沙深巷何氏族谱》卷 1《善录》,第 51 页 a –51 页 b,52 页 a,54 页 b –55 页 a,56 页 b –57 页 a。

② 宣统《大沙深巷何氏族谱》卷 1《善录》,第 57 页 a。

③ 宣统《大沙深巷何氏族谱》卷 1《善录》,第 52 页 a –60 页 b。

④ 罗天尺:《罗天尺序》,何梦瑶《匊芳园诗钞》,第 2 页 b。

掾,属三月,郁不乐,作《紫棉楼乐府》寄意,拂衣去。”[①]

三、青少年教育

(一)启蒙教育

清初,清廷对于社学的政策摇摆不定。顺治九年(1652)题准,“每乡置社学一区,择其文义通晓,行谊谨厚者,补充社师,免其差役,量给廪饩养赡。提学案临日,造姓名册申报查考。”[②]这是鼓励兴办社学的政策,但是由于广东当时正处在战乱时期,虽然有政策上的支持,但无施行的环境。到康熙二十五年(1686),由于广东各地的社学发展出现了不规范的状况,于是清政府又下谕旨下,对社学发展予以调整:“议准,社学近多昌滥,令提学严行查革”;又于康熙五十二年(1713),“议准,各省府州县,令多立义学,延请名师,聚集孤寒生童,励志读书”。[③] 广东各地的社学基本处于停顿,并有不少社学更名为义学。不过顺康期间的社学多为明代遗留,极少新建。

广东的社学出现高潮是在雍正至乾隆期间。雍正元年(1723),“议准,州县设学,多在城市,乡民居住辽远,不能到学。照顺治九年例,州县于大乡巨堡,各置社学。择生员学优行端者,补充社师,免其差役,量给廪饩。凡近乡子弟,年十二以上,二十以内,有志学文者,俱令入学肄业。仍造名册,于学臣案临之日,申报查考”。[④] 此后,广东社学进入了高潮。道光《广东通志》卷一四四《建置略二

① 道光《南海县志》卷39《列传八》,第722页上。

② 《清会典事例》第5册,卷396《礼部·学校·各省义学》,北京:中华书局,1991年,第417页下。

③ 《清会典事例》第5册,卷396《礼部·学校·各省义学》,第417页下-418页上。

④ 《清会典事例》第5册,卷396《礼部·学校·各省义学》,第418页上-418页下。

十·学校八》记载了当时各地社学数量情况，广东珠江三角洲社学的高涨就出现在雍正年间。广州府社学总数达到294个(南海112，番禺47，顺德74，东莞14，从化1，龙门3，新宁1，增城7，香山8，新安6，花县4，新会15，三水2)，而南海县达到112个，超过广州府社学总数的1/3。[①] 从经济因素上看，珠江三角洲是当时经济实力较强的地区，商业的发展与文化教育的发展相辅相成，促进了学校的兴盛。商人投资府州县学，有的分别设置了社学、义学、书院。

据康熙《南海县志》卷八《学校》记载，何梦瑶所在的云津堡有社学三所，分别是上社、莘村和永思，[②]其中永思乃大沙村何氏社学。[③] 何梦瑶有可能在永思社学接受了启蒙教育。据何梦瑶所撰《壬午联寿序》称："梦瑶少时，及见子隽公，庞眉皓首，领袖文坛巍若。公一门三代皆擅声诗，与良生、广扬诸叔争执骚坛牛耳。"[④]子隽公是指何氏第十四代何士诚。宣统《大沙深巷何氏族谱》卷一《善录》云："十四世公侃公，讳士诚，字子隽。縠冶公长子。少聪颖，醇谨深厚，年十四为文典赡沉博。十七通五经、子、史、纲目，西岸房恒泰公器重之，携之英德学署。十八补国朝韶郡诸生，后改回本郡。经九科不第，淡如也。进修教诲至老弥笃。乡之后进者多出其门，寿八十七。缵承先志，振兴后人，称两得焉。"[⑤]少年何梦瑶对祖父辈的读书人何士诚非常仰敬，亦可能受其启蒙指点。

然而何梦瑶正式入族塾的启蒙老师则是族兄何玉枚(字卜俞)。何梦瑶《壬午联寿序》自述其童年时，与族叔何青松、族弟何

---

① 道光《广东通志》卷144《建置略二十·学校八》，第2632页上。
② 康熙《南海县志》卷8《学校》，第8页a。
③ 宣统《大沙深巷何氏族谱》卷1就有《重修何永思堂家谱序》。
④ 何梦瑶：《壬午联寿序》，宣统《大沙深巷何氏族谱》卷1《艺文》，第66页下–67页下。
⑤ 宣统《大沙深巷何氏族谱》卷1《善录》，第57页下。

迎春等，一同受业于何玉枚，“得周旋侍从群公之侧，若泰山梁木之可仰，祥麟威凤之可仪也”[①]。宣统《大沙深巷何氏族谱》卷一《善录》称何玉枚：“颖悟逾常，好学工诗，博通今古。十岁能文。二十补广宁邑庠，科岁常列优等，补廪膳生。乃棘闱十载不售，至樊学宪岁试，充贡。时逢恩科考，授教职，未任而卒。乡邻后学多出其门，有掇巍科登显仕者。”[②]何玉枚为康熙四十七年恩贡生[③]，何梦瑶对其赞誉有加，称其“以制艺屈服行辈，其余齿德俱尊者，指不胜屈”[④]。除受教于族兄何玉枚外，何梦瑶还有一个启蒙老师是侄儿辈的何翰先。据《匊芳园诗钞》卷二诗《哭侄孙开将》其二自注称：“开将父翰先先生，自号横塘主人，蓄一印文曰‘钟子期菩萨’，予尝师之。儿辈亦受业开将。”[⑤]

总之，何梦瑶童年时期启蒙教育应是在家族内完成的。道光《南海县志》卷三九《列传八》赞誉说何梦瑶颖悟绝伦，“十岁能文，十三工诗”[⑥]，说明何梦瑶除天资聪颖外，启蒙教育应是成功的。然而需要说明的是，何在《医碥》自序中曾言说“瑶少多病失学”[⑦]，可知其童年时体弱多病，“失学”可能意味着没有接受到足够而连续的学业教育。

（二）师从麦易园

当时广州府一带学子到经济和教育比较发达的佛山镇就读，似

① 何梦瑶：《壬午联寿序》，宣统《大沙深巷何氏族谱》卷1《艺文》，第66页下－67页下。

② 宣统《大沙深巷何氏族谱》卷1《善录》，第56页下－57页上。

③ 道光《广宁县志》卷10《选举》，广东省地方史志办公室《广东历代方志集成》，广州：岭南美术出版社，2009年影印本，第261页下。

④ 何梦瑶：《壬午联寿序》，宣统《大沙深巷何氏族谱》卷1《艺文》，第67页下。

⑤ 何梦瑶：《哭侄孙开将》，《匊芳园诗钞》卷2《鸿雪集》，第13页a。

⑥ 道光《南海县志》卷39《列传八》，第722页上。

⑦ 何梦瑶：《自序》，《医碥》，第47页。

乎蔚为风尚。何梦瑶的同学罗天尺就有送其弟到佛山塾就读之诗《夏日送天俊弟之佛山塾》,其中有:

佛山之镇天下雄,三城百粤咽喉通。
东走瓯骆西桂邕,秦函粤鐏居其中。
挟子求师开童蒙,我弟盛年气如虹。
低头趋就如三公,为师岂得为郡同。[①]

康熙四十四年(1705),十三岁的何梦瑶开始到佛山镇跟从名士麦易园读书。麦易园,名在田,字耀三,一字宗道,香山人。[②] 康熙五十九年(1720)中举[③],此后"即绝意仕进"[④],以课徒讲学自娱。麦一生著述宏富,何梦瑶称麦氏乃"今代文章伯,当年月旦评"[⑤]。综合道光《广东通志》、道光《佛山忠义乡志》、光绪《广州府志》、光绪《香山县志》诸书记载,其著述有《易经要义》、《春秋详训》、《古文端》、《易园诗文集》、《半农山庄诗钞》等[⑥],大多作为课教的讲义或是推荐生徒学习的范文。[⑦] 麦氏本香山小榄人[⑧],后长期寄居南海县,于佛山心性书院讲学,道光《佛山忠义乡志》将其编入"流寓"卷[⑨],确

---

① 罗天尺:《瘿晕山房诗删》卷5,第535页下-536页上。

② 分别见光绪《香山县志》卷21《艺文》,广东省地方史志办公室《广东历代方志集成》,广州:岭南美术出版社,2007年影印本,第448页下;道光《佛山忠义乡志》卷8《名宦》,第5页b。

③ 光绪《广州府志》卷43《选举表十二》,第698页下。

④ 何梦瑶:《哭麦易园师》,《匊芳园诗钞》卷6《鹤野集》,第2页b-3页b。

⑤ 何梦瑶:《哭麦易园师》,《匊芳园诗钞》卷6《鹤野集》,第2页b-3页b。

⑥ 道光《佛山忠义乡志》卷8《名宦》,第5页b。

⑦ 民国《佛山忠义乡志》卷15《艺文二》,第5页a。

⑧ 光绪《香山县志》卷11《选举》有"麦愔(麦易园之父),小榄人,字礼恭"。又据《粤东诗海》卷82:"麦愔,字礼恭,号柳池,香山人。贡生,能诗。"

⑨ 道光《佛山忠义乡志》卷8《名宦》,第5页b。

认其为寄居本地的外乡名士。而民国《佛山忠义乡志》将麦易园归为"南海大沥人"[①]，由此可知麦易园留居南海时间应该不短，且已形成了一定的社会影响力。道光《佛山忠义乡志》称麦易园：

生而端重，笃志力学。读书以精熟为务，淹贯经史，领康熙庚子经魁。律己严洁，仪容整肃。开讲席于佛山心性书院，生徒云集。近而广州各邑，远而肇廉各郡，暨粤西邻界诸处，皆裹粮负笈以从。在田尽兴训迪，前后多知名士。时新会胡方以学行自高，于人少许可，独爱重在田，以女妻之。在田厚于人伦，修脯所入，赡贫弟，建祖祠，抚教犹子，兼予田宅。[②]

何梦瑶与族侄何简元等一道于佛山镇拜师麦易园求学。麦易园课徒严厉，直至晚年，何梦瑶对麦的督责仍记忆犹新。何梦瑶诗作《故山用陆放翁韵》回忆称少时从学之际，"师麦易园馆课甚严，不得弈棋、饮酒"[③]。由此，麦氏的思想和观点对于何梦瑶等生徒应有着潜移默化的直接影响。值得玩味的是，何梦瑶一生轨迹与乃师麦易园有着几分相似，正如何梦瑶记述麦易园"师登贤书后，即绝意仕进"[④]，以教书讲学自娱，何梦瑶晚年同样寄居书院自适。每每回忆麦易园，多提及麦易园教书生涯，并与自己作比，其诗作《哭麦易园师》有自注："师舌耕而富，予腰折而贫，荣辱得失不堪并论。"[⑤]与此同时，麦易园以研治经学闻名广东，有《四书辑释》、《易经要义》、

① 民国《佛山忠义乡志》卷14《人物九》，第2页a。
② 道光《佛山忠义乡志》卷8《名宦》，第5页b。
③ 何梦瑶：《故山用陆放翁韵》，《匊芳园诗钞》卷3《学制集》，第6页b。
④ 何梦瑶：《哭麦易园师》，《匊芳园诗钞》卷6《鹤野集》，第2页b-3页b。
⑤ 何梦瑶：《哭麦易园师》，《匊芳园诗钞》卷6《鹤野集》，第2页b-3页b。

《春秋详训》诸书传世，何梦瑶亦对经学颇有研究，尤其是对易经情有独钟，应与其早年追随麦易园读书不无关系。

除师生情谊外，何梦瑶与麦易园之间另有一层关系。麦易园与“惠门八子”之一的吴秋同为番禺著名学者胡方之婿。[①] 有文献称：“时新会胡方以学行自高，于人少许可，独爱重在田，以女妻之。”[②]而何梦瑶对胡方的学问尤为推崇，[③]惠士奇来粤后，遍访名士，何梦瑶遂向惠士奇举荐胡方。[④] 可以说两人亦师亦友的交谊贯穿何梦瑶一生，及至乾隆十三年何在辽阳任上，忽闻麦易园离世消息，悲痛不已，遂赋诗《哭麦易园师》[⑤]纪念，倾诉其一生“予心折高隐，白贲见幽贞”，充满对麦易园德业高行的仰慕之情。麦易园对何梦瑶的影响由此可见一斑。

---

① 何梦瑶：《哭麦易园师》其四自注有：“师与先友吴始亭皆胡婿。”《匊芳园诗钞》卷6《鹤野集》，第3页a。

② 道光《佛山忠义乡志》卷8《名宦五》，第165页下。

③ 何梦瑶：《哭麦易园师》其四：“金竹胡先辈，程朱后一人。”《匊芳园诗钞》卷6《鹤野集》，第3页a。

④ 何梦瑶：《哭吴始亭》原注：“学使惠天牧先生访广东名宿，瑶以胡公对。”《匊芳园诗钞》卷4《南仪集》，第8页a。

⑤ 何梦瑶：《哭麦易园师》，《匊芳园诗钞》卷6《鹤野集》，第2页b–3页b。

第二章
何梦瑶与广东惠门

第一节　惠士奇与康雍之际广东士风

一、惠士奇督学广东

康熙五十九年(1720),翰林院编修、江苏长洲(今苏州)人惠士奇提督广东学政。惠士奇(1671—1741),字天牧,一字仲孺,晚号半农,人称红豆先生。其父惠周惕、其子惠栋,均为清代考据学代表人物,史称“三惠”。学政是官学的负责人,代表朝廷执掌学校政令,管理本省学校事务,主要工作是巡视各地,主持岁、科考试和考核教官。清代学政一职,直接承继于明朝旧制。不过,清廷为适应统治的需要,先后几番调整学政官制。及至康熙末年,学政来源、抡选、去向、职责、地位等基本定型。[①]

惠士奇毕生倡导经学。钱大昕(1728—1804)《惠先生士奇传》载,惠士奇入粤之初,即“颁条教以通经为先,士子能背诵五经,背写三礼、左传者,诸生食廪饩,童子青其衿”[②]。杨超曾《翰林院侍读学士惠公墓志铭》亦言惠士奇视学粤东,颁行条约,以通经为先务,令诸生诵习五经三礼三传,“校士岁余,士皆凫噪雀跃,专事经书,其为文章斋皇姱丽”[③]。惠士奇曾致序学生罗天尺的《瘿晕山房诗删》,更明确吐露心声:“时余方以经学训诸生,令习三礼、三传。能通者诸生食廪饩,能习者童子青其衿。始而骇然,既而帖然,久而怡然以悦。”[④]惠士奇督学甚严,粤人学风为之一变。正如后人称道:惠士奇“毅然以经学倡”之举,广东士风“三年之后通经者渐多,文体为之一变。”[⑤]乾隆《长洲县志》甚至称颂惠士奇视学广东,教以诵习五经、三礼、三传,“士蒸蒸向学,文风丕振,为粤东数十年学臣冠”。[⑥]惠士奇倡导经学的同时,谆谆教导学子不要以科举讲章为学问,认为:“盖明伦在于讲学,兴行本乎读书。学之不讲是吾忧,书何必读恶夫佞。……孰是醇乎醇,断归大雅。二礼乃一朝之会典,损益可知。三传为列国之编年,异同互见。岂可束之高阁,亦当藏于巾箱。

① 参见安东强《清代学政沿革与皇朝体制》,中山大学博士学位论文,2010 年。

② 钱大昕:《惠先生士奇传》,《潜研堂文集》卷 38,长沙龙氏家塾重刊本,第 22 页 a – 22 页 b。

③ 杨超曾:《翰林院侍读学士惠公墓志铭》,周骏富《清代传记丛刊 · 综录类三》,《碑传集》卷 46,台北:明文书局,1986 年影印版,第 628 页。

④ 惠士奇:《原序二》,罗天尺《瘿晕山房诗删》,第 485 页下。

⑤ 钱大昕:《惠先生士奇传》,《潜研堂文集》卷 38,第 21 页 b。

⑥ 乾隆《长洲县志》卷 25,清乾隆十八年刻本,第 1274 – 1275 页。相同的内容还见于乾隆《元和县志》卷 25。因乾隆《长洲县志》是乾隆十八年刻本,而乾隆《元和县志》是乾隆二十六年刻本,有关惠士奇的内容几乎一字不差,可以推定乾隆《元和县志》是照搬了乾隆《长洲县志》的相关内容。

自昔名儒,各守通经家法。从来科举,尤多谬种流传。勿弃程朱之书,专信高头说约。毋废汉唐之注,但观近代讲章。使者切切提撕,无异酋人之木铎。谆谆劝勉,有如戒律之浮图。”①

雍正元年(1723),惠士奇任广东学政三年期满。由于其为人品高廉洁,且广东学风确有变化,同年六月二十日,广东巡抚年希尧应广东童生要求,密奏世宗,极力请求惠士奇留任:

> 署理广东巡抚事物布政使奴才年希尧谨奏为学臣清介公明据实奏闻,仰祈睿鉴事。窃奴才在京即闻广东学臣惠士奇清介自持,取士最公。及奴才到任后,细加访查,惠士奇岁科两试,果然不受贿赂,不徇情面。匪持考试文童悉秉至公,即录取武生毫无夤缘;又能剔除拾弊,细心阅卷,故所取之士多系孤寒,而十府一州莫不悦服。惠士奇以寒儒出身,能仰体皇上作养人才盛心,不受贿赂,不徇情面,文武生童秉公拔取,是诚不负圣恩。如此廉洁之员未易多得。今考试已竣,现遵部文补试加额童生。据通省生童赴奴才衙门具呈,恳请题留再任。伏思学差遵奉钦点,何敢冒昧题请,但惠士奇清介公明,奴才又不敢壅于上闻,相应具折据实奏知,伏乞皇上睿鉴。谨奏。
>
> 雍正元年六月二十日

但是,雍正似乎对年希尧密折的保荐,并不是很放心,朱批:“另差一个,保管比惠士奇更强。”②

① 陈仲鸿:《附录》,罗元焕撰,陈仲鸿注《粤台徵雅录》,第56页。

② 中国第一历史档案馆:《署广东巡抚年希尧奏广东学臣惠士奇清介公明折》(雍正元年六月二十日),《雍正朝汉文朱批奏折汇编》第1册,南京:江苏古籍出版社,1991年影印本,第551页下-552页上。

留任惠士奇的请求被雍正驳回两个月后，年希尧又在《广东巡抚年希尧奏陈王朝恩等官声折》的密折中，试图再次说服皇帝："臣自到任以来，不敢收门生，结心腹，故此不敢轻保一人。惟学臣惠士奇，公而且明实，不卖秀才。臣访之再四，知之最确，故敢于前折奏。"[①]两广总督杨琳也同时密奏世宗："广东学臣编修惠士奇校士公明，一文不取。臣初亦未敢尽信，今三年已满。现今补考特恩广额童生，亦将完毕，则其始终如一矣。臣遍历各省，所遇学臣中仅见者。有此清操特出之员，臣何敢淹没不为上闻。"鉴于广东督抚的多次请求，世宗遂允准惠士奇留任三年。[②] 又据《雍正上谕内阁》卷八一："又奉上谕。翰林院侍讲学士惠士奇，前任广东学政时，该督抚人人称扬其善。巡抚年希尧极力保荐，乞再留粤三年。是以复令其留任，嗣后督抚等亦无不交口称扬，誉言日闻于朕。"[③]由于惠士奇的口碑极好，以至于其在广东学政任上，雍正对其高看一眼，不断提拔其职务，由"四年丙午补詹事府右春坊右中允，升翰林院侍讲学士，转侍读学士"[④]。而且，根据朱批"惠士奇观其人吏治可以用得否?"雍正曾经有意想提拔惠士奇为地方大员。但是，杨琳在其奏折中言：

广东总督臣杨琳为回奏事，本年十月二十九日，奉到朱批

① 中国第一历史档案馆:《广东巡抚年希尧奏陈王朝恩等官声折》(雍正元年八月二十三日),《雍正朝汉文朱批奏折汇编》第1册,南京:江苏古籍出版社,1991年影印本,第875页下。

② 中国第一历史档案馆:《两广总督杨琳奏陈年希尧居官尽职等事折》(雍正元年八月二十三日),《雍正朝汉文朱批奏折汇编》第1册,南京:江苏古籍出版社,1991年影印本,第868页下-869页上。

③ 《雍正上谕内阁》卷81,清文渊阁《四库全书》本,第759页。

④ 杨超曾:《翰林院侍读学士惠公墓志铭》,《碑传集》卷46,周骏富《清代传记丛刊·综录类3》,第630页。

臣奏《广东学臣惠士奇清操折》内奉批："早有旨留三年矣。惠士奇观其人吏治可以用得否？钦此。"查惠士奇校士公明，臣已试之三年，是以敢为奏闻，但惠士奇虽未做过临民之官，臣与之

署理廣東巡撫事務布政使奴才年希堯謹
奏為學臣清介公明據實奏
聞仰祈
睿鑒事竊奴才在京即聞廣東學臣惠士奇清
介自持取士最公及奴才到任後細加訪
查惠士奇歲科兩試果然不受賄賂不徇
情面匪特考試文童悉秉至公即錄取武
生毫無夤緣亦能剔除積弊細心閱卷故
所取之士多係孤寒而拾府壹州莫不悅
服惠士奇以寒儒出身能仰體
皇上作養人才盛心不受賄賂不徇情面文武
生童秉公拔取是誠不負
聖恩如此廉潔之員未易多得今考試已竣現
遵部文補試加額童生據通省生童赴奴
才衙門具呈懇請
題留再任伏思學差遵奉
欽點何敢冒昧
題請但惠士奇清介公明奴才又不敢壅於
上聞相應具摺據實奏
知伏乞
皇上睿鑒謹
奏
○另是一個主張你的比惠士奇更穩
雍正元年陸月貳拾日

同日又
奏為學臣清介公明據實奏

五五一

图 2.1　署理广东巡抚布政使年希尧奏为学臣清介公明折

共事三年观其作用，惟有衡文乃其所长，恐非吏治之长材也，理合回奏。

雍正元年十一月十六日臣杨琳。

（雍正御批）："如此据实方是，知道了。"[①]

这样，惠士奇与地方大员之职失之交臂。

廣東總督臣楊琳爲回
奏事本年十月二十九日奉到
硃批臣奏廣東學臣惠士奇清操摺內奉
批早有旨留三年矣惠士奇觀其人吏治可以
用得否欽此查惠士奇校士公明臣已試
之三年是以敢爲奏
聞但惠士奇雖未做過臨民之官臣與之共事
三年觀其作用惟有衡文乃其所長恐非
吏治之長材也理合回
奏
如此據實方是知道了
雍正元年拾壹月 拾陸 日臣楊琳

图 2.2　广东总督杨琳奏覆惠士奇非吏治长材折

到了雍正五年（1727），惠士奇学政差满回京后的第二年，进见雍正，却因为奏对不实冒犯雍正，被指为"赎欺诈之罪"，罚修镇江城垣。《雍正上谕内阁》卷八一："及（惠士奇）差满来京进见时，见其举止轻佻，奏对不实。至问以地方利弊，茫然不知；问以官员贤否，亦一味含糊，惟极力袒庇方愿瑛。又荐一年迈不能出仕之人，求朕旌奖。似此居心行事，与朕前此所闻迥异，况在粤两任，未闻陈奏地方利弊一事，其为沽取虚名，视国事如膜外，谄媚督抚致令越格保

① 中国第一历史档案馆：《广东总督杨琳奏覆惠士奇非吏治长材折》（雍正元年十一月十六日），《雍正朝汉文朱批奏折汇编》第2册，第278页上。

荐也明矣。其人甚属巧诈,朕留心细加察访,其在学政任内亦并非一尘不染之人。从前将伊留任三年,竟为所欺矣。似此巧诈奸诡之风,不可不遏。着交与祖秉衡,令伊修理镇江城垣效力,以赎欺诈之罪。"[①]从这个史料可以推想,一方面,惠士奇在任内只是关心学政分内的事情,于"地方利弊、官员贤否"没有作深入思考;另一方面,可能最关键的是他为广东按察使方愿瑛说了好话。此前,王士俊揭发布政使官达向黄江矿厂库官索要规礼银一千二百余两的事。代理巡抚阿克敦令官达审理此案。阿克敦令索贿人自审其索赔贿案,王士俊觉得不符合制度,其中必有不可告人之处,故请求改员严讯,阿克敦又令按察使方愿瑛会审,而方愿瑛又是与阿克敦、官达关系密切的人。士俊遂向吏部报告此事,指控阿克敦、官达、方愿瑛朋谋徇私。吏部上奏皇帝,又值杨文乾也疏劾阿克敦、官达,上命解官达、方愿瑛职,令两广总督孔毓珣及杨文乾同审此案,并命王士俊代理布政使。经查实,阿克敦等人皆获处治。雍正登基初期,对于吏治腐败非常痛恨,方愿瑛涉及此案,并有"方愿瑛力劝士俊从宽销释"之情形[②],而惠士奇以书生之意气,为之辩护,显然激怒了雍正皇帝。至于说惠士奇"并非一尘不染之人"并无确实的证据,属于雍正的捕风捉影之词。

惠士奇从雍正五年(1727)奉旨修镇江城到雍正九年(1731)以产尽停工罢官。五年之后,到了乾隆元年(1736)才"奉旨调取来京引见,以讲读用,所欠修城银两得宽免"[③]。

由于朝廷的严格要求,以及惠士奇的廉洁自律,在其督学广东

---

① 《雍正上谕内阁》卷81,清文渊阁《四库全书》本,第759页。

② 《东华录》雍正十一,清光绪十年长沙王氏刻本,第2368页。

③ 江藩:《国朝汉学师承记》,北京:中华书局,1983年,第20页。

前后六年,上至总督巡抚,下至普通学子、平常百姓,对惠士奇的人品和廉勤无不称道。其学生杨超曾(1694—1742)总结惠士奇一生,称其大端有四:持品端严,律身孝友,取士公明,居官廉勤。[①] 为此,在朝有督抚举荐,在野有配食祭祀。钱大昕《惠先生士奇传》称:惠士奇任满还都,送行者如堵墙,"既去,粤人尸祝之,设本主配食先贤。潮州于昌黎祠,惠州于东坡祠,广州于三贤祠。每元旦及生辰,诸生咸肃衣冠入拜。其得士心如此。"[②]不仅广州、惠州、潮州三地祭祀惠士奇,嘉应、吴川、高州、儋县、海阳等边远之地亦纷纷祭祀。[③]总之,惠士奇在广东督学六年,为其推行经学提供了时间上的保障,在他的极力倡导和教诲下,广东士风为之一变,尤其是惠门弟子受经学影响日深,逐步走上官方倡导的正规化科举与学术之路。

二、增广学额

经过康熙在位几十年的励精图治,大清皇朝逐渐平息叛乱,社会逐步稳定,经济从恢复到活跃,成为清代社会发展较快的时期。由于经济的稳定发展,人口增长较快,应试科举的士子增多,民间社会一直都有增加学额的呼声和要求。由于康熙在位之时,府州县的学额一直没有明显增加,以致地方上违例以冒籍来"自我"增加学额的现象较为普遍。如,光绪《嘉应州志》卷三二载:"国初潮属有

---

① 杨超曾:《翰林院侍读学士惠公墓志铭》,《碑传集》卷46,周骏富《清代传记丛刊·综录类三》,第628页。

② 钱大昕:《惠先生士奇传》,《潜研堂文集》卷38,第22页a。

③ 光绪《嘉应州志》卷16《学校》,广东省地方史志办公室《广东历代方志集成》,广州:岭南美术出版社,2009年影印本,第258页下;光绪《海阳县志》卷20,清光绪二十六年刊本,第717页。

数县文风未盛，多有不能如额者，学使者往往以此邑之有余，补彼邑之不足。程乡一邑常取进三四十名，谓之通榜。（吾）疑不可信，后读《东华录》，康熙十八年三月，左都御史魏象枢奏学道考试十弊：二曰额外滥取童生，拨发别学；十曰将额外滥取童生，混附生员册内报部，乃知向日果有此风也。仲和案本志寓贤《惠士奇传》云：先是程乡能文士多淹滞，辛卯、癸丑间冒籍之禁未严，潮属邑通考。士奇莅岁科试，程之入泮者百余人，士气始扬。此即通榜之证。"[①]

雍正继位初期，为回应社会的呼声和皇权管理的需要，遂逐步实施"增广学额"之政。雍正二年三月谕礼部等衙门："治天下之要，以崇师重道。……直省应试童子，人多额少，有垂老不获一衿者。其令督抚会同学臣，查明实在人文最盛之州县，题请小学改为中学，中学改为大学，大学照府学额数取录。督抚等务宜秉公详查，不得徇私冒滥。"[②]根据圣旨，各地纷纷上奏增广学额。又雍正三年三月："增广东省各学取进文童额数，南海、番禺、东莞、顺德、新会、香山、海丰、海阳、潮阳、揭阳、澄海十一县，向系大学，照府学额，各取进二十名。三水、增城、保昌、英德、兴宁、长乐、龙川、程乡、饶平、儋州十州县，向系中学，升为大学，各取进十五名。新宁、和平、永安、大埔、惠来、平远、镇平、开平、吴川、东安、西宁十一县，向系小学，升为中学，各取进十二名。"[③]

广东各地因为此项惠政而对惠士奇感恩戴德。如，光绪《高州府志》卷九《建制二》："张惠二公祠在城内文昌阁右，乾隆二十五年

① 光绪《嘉应州志》卷32《丛谈》，第598页下。

② 《清实录》第7册，卷17"雍正二年甲辰，三月"条，北京：中华书局，1985年，第282页下-283页上。

③ 《清实录》第7册，卷17"雍正三年乙巳，三月"条，第448页下-449页上。

建，祀总兵张奇英、督学惠士奇。"[①]民国《儋县志》卷一五《官师宦绩》："儋州旧本中学，每榜取进只十二名。自惠提学至琼，见儋文才颇盛，特题请升为大学，岁科额取共三十名。自此儋之科甲，遂相继而起，故多士感激，设主配享东坡祠。"[②]

雍正初年的增广学额，一则顺应民间要求；二则为朝廷多选良才；三则从朝廷到地方官府亦有相应的经济能力。惠士奇督学广东，其重要事功在于传达圣意，发现和培养人才，主办科考，增广学额，正风化俗。惠士奇遵照圣旨，分别对广东各府县增广学额。此政策一施行，多得社会欢迎，顺应民心。惠士奇之所以得到广东士子感激，除了其本身的学行、廉洁、公平之外，与雍正的这个善政亦有很大关系，毕竟科举关乎士子人生之最大命运，而惠士奇正是在广东具体执行这个政策的人。惠士奇在施政方面严格秉承朝廷旨意，毫不徇私，不折不扣地施行，也为惠门弟子树立了榜样。"惠门八子"中官至知县的何梦瑶、劳孝舆和陈世和等，为官皆一丝不苟，勤政廉明，严奉旨意，与惠士奇的言传身教不无关系。

三、惠士奇与广东士人

惠士奇履任广东学政伊始，便立志整饬广东学风士风，改变文化相对落后的局面。他廉洁律己，公平取士，曾经"在粤东时，又尝惩枪手顶替之习，一日发十五人奸，粤人咸诧为神明"[③]。严惩投机

---

① 光绪《高州府志》卷9《建制二》，台北：成文出版社，1967年，第124页下。

② 民国《儋县志》卷15《官师宦绩》，广东省地方史志办公室《广东历代方志集成》，广州：岭南美术出版社，2009年影印本，第1189页。

③ 杨超曾：《翰林院侍读学士惠公墓志铭》，《碑传集》卷46，周骏富《清代传记丛刊·综录类三》，第629页。

顶替之习，整饬广东士风。除精心发掘和培养生员外，还敦学重教，广交社会名士。一方面为发现人才，醇化学风，达致“以其乡之产，疗其乡之病”[①]的目的，另一方面也为何梦瑶等惠门弟子构筑了基础广泛的学术交往平台和社会网络。

惠士奇入广东后，高度关注广东本土的名流学者，曾与何梦瑶提起，欲造访广东名宿，何梦瑶毫不犹豫即推荐了老师麦易园的岳父胡方。[②] 因何对胡方的学问几近于崇拜，赞誉“金竹胡先辈，程朱后一人”[③]。胡方，字大灵，新会金竹冈人，学者称金竹先生。生于顺治十一年（1654），卒于雍正六年（1727）。[④] 初由番禺籍补诸生，后充岁贡，致力于讲求义理之学，敦崇实行。道光《新会县志》卷九《列传二》称胡方年十二应童子试，“广州司李涂某奇其文，延与语，谓当荐之学使，方端坐不答，亦不再至。总督吴兴祚闻其名，使其客招之，方走匿，不能得也”[⑤]。四十岁后，潜心著述，杜门不出，注《周易》十卷、《四子书》十卷、《庄子》四卷，“句疏字栉，补先儒所未及，制义千首有奇”[⑥]。

惠士奇从何梦瑶处得知胡方之后，求贤若渴，曾三顾茅庐探访胡方。据道光《广东通志》卷二八七《列传二十》：“先是方侨居南海

---

① 惠士奇：《谢梁也先生文序》，嘉庆《澄海县志》卷25《艺文上》，广东省地方史志办公室《广东历代方志集成》，广州：岭南美术出版社，2009年影印本，第618页上。

② 何梦瑶：《哭吴始亭》自注有：“学使惠天牧先生访广东名宿，瑶以胡公对。”《匊芳园诗钞》卷4《南仪集》，第8页a。

③ 何梦瑶《哭麦易园师》其四有：“金竹胡先辈，程朱后一人。”《匊芳园诗钞》卷6《鹤野集》，第3页a。

④ 袁行云：《清人诗集叙录》，北京：文化艺术出版社，1994年，第533页。

⑤ 道光《新会县志》卷9《列传二》，广东省地方史志办公室《广东历代方志集成》，广州：岭南美术出版社，2007年影印本，第264页下。

⑥ 同治《番禺县志》卷44《列传十三》，广东省地方史志办公室《广东历代方志集成》，广州：岭南美术出版社，2007年影印本，第553页上。

之盐步，惠舣舟村外，遣吴生者至其家求一见。急挥手曰：学政未蒇事，不可见，不可见。出吴而扃其门。惠再至，索所著书，仅乃得之。惠试竣，仍介吴生假冠投刺。至则长揖曰：今日斋沐谢知己。方年迈，无受教地，不能执弟子礼。数语遂起。惠握其手曰：纵不肯多语，敢问先生，乡人谁能为文者？答曰：并世中无人。必欲求之，惟明季梁朝锺耳！惠遂求梁文并其文刻之，名曰《岭南文选》。惠尝语吴生曰：胡君貌似顾亭林，丰厚端伟，皆富贵福泽之象，不于其生，必享大名于身后。盖方之知己，当时一惠而已。"[①]此引路者吴生，即吴孟旦也。[②] 吴孟旦，字旭亭，雍正元年拔贡。史称其"言动必以礼，其学博采师友，闻一善趋若不及，为学使惠士奇所知"[③]。吴孟旦与胡方可谓世交。其父吴启炫（字琬若，号南塘），乃东莞籍庠生，与胡方交契。宣统《番禺县续志》卷一九称吴启炫与胡方交往甚密，"每相对忘形，谈及明季国初轶事及高人逸士之遗闻，相与欷歔不置"。吴启炫除长子孟旦外，还有一子吴秋，亦为"惠门八子"之一，恰是胡方之婿。[④] 特别是，吴孟旦对胡方学问颇为崇敬，尝"手录方著述殆遍"[⑤]。故吴孟旦成为引见惠士奇拜会胡方的最佳人选。惠士奇深感胡方之学问难得，称之为广东"白沙后第一纯儒"[⑥]。将其文章与明儒谢元汴、梁朝锺文章一道收录入《岭南文选》，使之广为

---

① 道光《广东通志》卷287《列传二十》，第4600页上。

② 光绪《广州府志》卷130《列传十九》，第2024页下。

③ 光绪《广州府志》卷130《列传十九》，第2024页下。

④ 民国《番禺县志》卷19《人物二》，第294页下。

⑤ 光绪《广州府志》卷130《列传十九》，第2024页下。

⑥ 民国《开平县志》卷45《杂录》，广东省地方史志办公室《广东历代方志集成》，广州：岭南美术出版社，2009年影印本，第436页上。

广东士人所习。[1] 雍正四年冬十二月，惠士奇学政任满。[2] 即将离任之前，上荐胡方于朝廷，称赞胡方人品端正，学术醇厚，一介不苟，五经尽通，乃广东接理学之传者，“粤人比之江门陈献章”，请求朝廷依古养老之礼，“月致羊酒以宠异之，俾士子咸知读书立品”[3]。但是，雍正认为惠士奇此举居心不正，旨在以求旌奖，况且荐举“一年迈不能出仕之人”[4]，对惠士奇留下不好之印象。由此，旌奖胡方之事不了了之。

胡方性格怪僻，交游不广，过从较密者仅释迹删、汪后来等人。[5] 据黄培芳《香石诗话》可知，惠士奇与胡方有诗词唱和。惠士奇曾以“欲学王生报廷尉，其如方厌美名高”诗句赠胡方，胡方亦有送惠公诗云：“玉皇香案旧清班，出入均劳亦载闲。仁寿孟坚须作长，承明庄忌促教还。主知预恐苍生寄，使事兼陈赤子艰。便道雁门归许白，谢公情更系东山。”[6]

翁廷资，字尔偕，号海庄，潮州海阳人。据《潮州府志》卷二九《人物中》载，翁为康熙四十八年己丑科进士，初授四川渠县令，但不久因病归里，“学使臧公赏其文，延入幕中。继受知大中丞彭公。壬午乡试许以抡元，及榜发名列第三，为之怏怏。己丑成进士，授四

---

① 道光《广东通志》、光绪《广州府志》、民国《番禺县志》、《清史稿》等文献均只列梁朝锺、胡方二名，但是其实《岭南文选》选了三家的作品，除梁、胡外，被选入的还有明代的谢元汴的著作。详见罗天尺《瘿晕山房诗删》卷6《奉送惠文宗还朝》、檀萃《楚庭稗珠录》等。

② 萧奭：《永宪录》卷4，北京：中华书局，1959年，第321页。

③ 同治《番禺县志》卷44《列传十三》，第553页上。

④ 《世宗宪皇帝上谕内阁》卷81，商务印书馆《四库全书》出版工作委员会《文津阁四库全书》，北京：商务印书馆，2005年，第759页。

⑤ 袁行云：《清人诗集叙录》，第533页。

⑥ 黄培芳：《香石诗话》卷4，《续修四库全书》编纂委员会《续修四库全书》卷1706，上海：上海古籍出版社，2002年，第178页下。

川渠县令,旋以疾罢”[①]。

雍正二年,出于诱进多士的考虑,惠士奇以为人才难得,上书要求题补翁廷资为韶州府教授。吏部以学臣无题补官员之例予以否决,谁知雍正却指出“惠士奇居官声名好,所举之人谅非徇私,着照所请补授,后不为例”[②]。次年,翁廷资正式出任韶州府教授。[③] 翁廷资离任韶州教授告归后,主持韩山书院讲席,潜心著述,留下《韩山诗笺》、《楝花小署诸草》诸种著述,成为粤东一带名儒。[④]

及至晚清,光绪皇帝再次提起惠士奇举荐翁廷资的典故,允许学政题请补缺,明确指出“如实有经明行修之儒,准学政题请补缺。从前惠士奇督学广东,将翁廷资题补韶州府教授,曾奉世宗宪皇帝特旨允准,士论荣之。今若稍予变通,将学官无惭,博士之才多士亦交修学行矣”[⑤]。由此将惠士奇“破例”之事,规范化为常态制度。

翁廷资的提拔,由于是雍正专门为惠士奇破例,所以史料记载较多。然除翁廷资外,惠士奇还专门向皇帝举荐过吴睿英。《翰林院侍读学士惠士奇奏举广东茂名知县吴睿英折》称:“翰林院侍读学士臣惠士奇谨奏,臣钦遵谕旨,举得广东茂名县知县吴睿英办事甚勤,才堪肆应,善于折狱,能察其情。臣谨奏。”由于奏折没有落款时间,我们还不能判断惠士奇上奏的准确时间,但从内容分析大概是雍正二年至四年之间,因为雍正四年冬惠士奇就任满离开广东了。吴睿英,浙江山阴人,康熙五十五年由监生任莆田县丞,康熙六

---

① 乾隆《潮州府志》卷29《人物中》,广东省地方史志办公室《广东历代方志集成》,广州:岭南美术出版社,2009年影印本,第612页上。

② 钱大昕:《惠先生士奇传》,《潜研堂文集》卷38,第22页a。

③ 同治《韶州府志》卷5《职官表》,台北:成文出版社,1966年,第102页上。

④ 乾隆《潮州府志》卷29《人物中》,第612页下。

⑤ 朱寿朋:《东华续录(光绪朝)》光绪五十三,上海:上海集成图书公司,清宣统元年,第1438页。

十一年任台湾县丞，雍正二年任茂名县知县。[①] 光绪《高州府志》卷四九还记载了吴睿英为民除虎患之事迹："六月，茂名铁炉山多虎，伤往来行人及羊牛。知县吴睿英亲往驱之，虎益横，一月内杀附近居民男女三十七口。至八月，乡民极力捕之始息。"[②]《翰林院侍读学士惠士奇奏举广东茂名知县吴睿英折》中批了"雍正元年十月升"[③]，也许雍正考虑到吴睿英被提拔的时间不长，所以没有同意惠士奇所请。

惠士奇在广东，除交结胡方、翁廷资、吴睿英等名士外，还有众多广东士人与之交往，或拜于惠门下，或雅集唱和。在粤六年间，惠士奇广交名士，栽培学子，增广学额并通过旌表节妇和耆寿，以达到淳风化俗的目的。这些活动对康乾时期广东文化起着重要的影响和作用，对惠门弟子有潜移默化之影响，也为惠门弟子构建了一个广泛交流的网络和平台。（详见表 2. 1《惠士奇广东交往表》和表 2. 2《惠士奇旌表节妇与耆寿表》）

惠士奇曾于各郡试竣，临别广东之时，以告示赠言士子：

> 照得三年已逝，正气常留。一官虽贫，多文为富。盖明伦在于讲学，兴行本乎读书。学之不讲是吾忧，书何必读恶夫佞。贯山涉猎，尚未淹通。谷永泛疏，焉能洽浃。才如子政，犹自溺于禨祥。传若康成，未免惑于图谶。猥云步亦步，谁正群言？

① 乾隆《莆田县志》卷 7《职官》，台北：成文出版社，1968 年，第 239 页上；乾隆《重修台湾县志》卷 9《职官》，《中国地方志集成》，上海：上海书店，1999 年，第 177 页下；光绪《高州府志》卷 21《职官四》，第 305 页上。

② 光绪《高州府志》卷 49《纪述二》，第 738 页上。

③ 吴睿英虽是雍正元年十月升职，但是估计雍正二年才到任茂名县知县，故各地方志均写"（雍正）二年任（茂名县知县）"。

孰是醇乎醇，断归大雅。二礼乃一朝之会典，损益可知。三传为列国之编年，异同互见。岂可束之高阁，亦当藏于巾箱。自昔名儒，各守通经家法。从来科举，尤多谬种流传。勿弃程朱之书，专信高头说约。毋废汉唐之注，但观近代讲章。使者切切提撕，无异酋人之木铎。谆谆劝勉，有如戒律之浮图。尔多士果能舍旧图新，居今稽古。明珠翠羽，个个席珍。鹤药鸾英，枝枝棹秀。恭遇皇恩广额，圣代延英，网不尽之珊瑚。更补岁科二试，栽无言之桃李。居然文武两元，真所谓鹰隼逢秋，蛟龙得雨者矣。若夫愒时玩岁，自是无能。荡检踰闲，岂非不肖。固宜三居定罪，二物收威。然而盐可洗金，丑能变好。石堪抵玉，豔亦成良。与其执法以相绳，孰若下观而自化。故枳棘不栖鸾凤，泮林未绝鸱鸮。使者所以急于求才，而缓于绌恶也。从此学如不及，日进无疆。张曲江之风度犹存，宁无兴起。邱琼山之典型未坠，尚可追攀。勉哉，为异日期。行矣，与诸生别。去如初至，行炭穴而不缁。久乃益坚，酌贪泉而仍洁。清夜之扪心不愧，下车之立誓依然。莫笑空囊，探取悉岭南名胜。休言长物，采来惟海外文章。此日心旌，方摇曳于龙楼凤阁。他年魂魄，定来往于梅岭珠江。特示。[①]

告示中惠士奇对广东学子倾注了拳拳深情，于为学为人都做出了榜样。

总之，惠士奇在粤期间严格执行朝廷“增广学额”的谕令，顺应广东社会对科举改革的强烈呼声和需求。同时，惠士奇学为人师，取士公明，廉政勤政。尤其是重视人才培养和社会教化，一方面进

① 陈仲鸿:《附录》，罗元焕撰，陈仲鸿注《粤台徵雅录》，第56–57页。

一步将清代主流文化(经学)在广东进行传播和灌输,发现和培养了一批人才,另一方面重视社会的教化,旌表化俗,褒奖符合当时社会伦理要求的人物。阮元说:"论广东士人敦崇经术,则郑晃导其先路;至惠士奇始大辟门庭,厘正文体。"[①]

可以说,惠士奇的人品和行事作风及其学术观点,深得广东士子崇拜,深深地影响了康雍之际的广东士风,更不用说对于何梦瑶等惠门弟子的直接影响了。惠士奇代表着中央文化,努力将广东地方文化正统化。其肩负改良广东社会的抱负,借助于皇权的权威、朝廷的良政和以身作则的清廉,开创了康乾时期广东文化的新气象,"之后一代的广东文人,均自视为广东学政惠士奇(1721—1725年在任)的门生,而非明遗民的门生"[②]。何梦瑶在惠士奇的言传身教之下,思想上和学术上皆以惠士奇为宗,以至于在学术兴趣方面与惠士奇亦多有重合,如在诗歌、易学、音律,甚至算学等等方面都追随惠师旧迹。何梦瑶亦代表惠士奇将地方文化正统化之成果。当何梦瑶宦游广西荒蛮之地,何梦瑶所为亦是承续师风,始终将地方文化正统化作为其经邦济世之手段。

表 2.1　惠士奇广东交往表[③]

姓名	籍贯	事由	依据
胡方	新会	惠士奇三度探访,并上荐胡方于朝廷。	同治《番禺县志》卷四四
翁廷资	海阳	题补翁廷资为韶州府教授。	钱大昕《惠先生士奇传》,《潜研堂文集》卷三八

① 转引自陈以沛《清代广东学政署的始末》,《岭南文史》1993 年第 4 期。

② 科大卫:《皇帝和祖宗:华南的国家与宗族》,2009 年,第 288 页。

③ 惠门弟子列于后面的表 2.3《惠门弟子汇总表》,故此表不列入;惠士奇官府同僚亦不列入。

续表

姓名	籍贯	事由	依据
吴睿英	浙江山阴	惠士奇举荐吴睿英。	《雍正朝汉文朱批奏折汇编》(第33册)
黄冕	香山	以文受知惠士奇,但早卒。	光绪《香山县志》卷一四
郑养性	揭阳	献所注周礼、左氏等书于惠士奇,深许可。	道光《广东通志》卷二九五
海涵	不详	建青云亭,惠士奇题额“源头流水”。	道光《琼州府志》卷一一
梁无技	番禺	惠士奇督学时,年七十犹就试。	乾隆《番禺县志》卷一五
何士达	顺德	任廉州府教授,惠士奇将荐之,何士达旋卒。	光绪《广州府志》卷一三二
欧瑶	顺德	惠士奇、王丕烈皆赏其才,膺岁荐教习官。	咸丰《顺德县志》卷二五
李修凝	香山	著《尚书正义》、《小香亭稿》、《宦游草》,惠士奇题其集。	光绪《香山县志》卷一四
李鸣冈	嘉应	为惠士奇所器重,有国士之目。	光绪《嘉应州志》卷二三
陈飘云	嘉应	惠士奇谓,程乡多才而学养深,陈飘云为最。	光绪《嘉应州志》卷二九
张作舟	大埔	与惠士奇称莫逆。	民国《大埔县志》卷二三
薛元默	顺德	与惠士奇结方外交,多唱酬。	咸丰《顺德县志》卷三〇
潘凤昌	顺德	弱冠饩南海庠。操行纯谨,教生徒,督课严厉,以故及门多获隽者。督学陈均檄下学表之。惠士奇来视学,复表曰:“文高行卓。”	咸丰《顺德县志》卷二五
梅元捷	顺德	笃友爱,尝建祖祠,恤族里,义孚于人。精邃易理,以岁荐任新安教谕。劝学兴行,不问修脯。惠士奇旌其堂。	咸丰《顺德县志》卷二五

表 2.2 惠士奇旌表节妇与耆寿表

姓名	籍贯	事由	依据
何一柱	顺德	康熙乙酉举于乡,授乐会教谕。一柱捐建义学,勒条款于石示训。惠士奇试琼南,见士风丕振,大奖之。	咸丰《顺德县志》卷二五
崔氏	番禺	年十九而夫死,遗一女,无子,孀守数十年。嗣子士卓,补国学。有司匾以"节寿双全"。惠士奇为之作序。	乾隆《番禺县志》卷一六
陈氏	揭阳	孙君怏妻。年十六于归,二十而寡,事姑以孝闻。贞守六十一年。惠士奇以"琨玉秋霜"匾旌之。	乾隆《揭阳县正续志》卷六
郑氏	顺德	桂林生员李绍唐妻。国子生启瑜女。于归仅十三日夫死。氏养翁姑,承欢罔间。伯父检讨际泰尝手书"奖美廿年"。惠士奇表庐曰:"松柏坚操。"	咸丰《顺德县志》卷二九
关氏	新会	郡学生关中立女,谭惠臣妻。夫卒,时年二十二。有劝之他适者,氏抱孤,跪泣于先太翁巡按正国木主前,翦发矢志,劝者改容。学使惠士奇补孙元弟子员。额其堂曰"蘦训萨方"。	道光《新会县志》卷一〇
谢氏	嘉应	李伯豸妻,年二十五,守节五十年。惠士奇旌曰:"挺节教劳。"	光绪《嘉应州志》卷二七
赵氏	潮阳	杨东园妻。年二十八守节。惠士奇赠曰:"竹栢完贞。"	光绪《潮阳县志》卷一九
古氏	嘉应	监生刘瑞妻,年十九归刘,至二十七夫逝。一子在抱,守节四十年。竭力奉姑,苦心教子。惠士奇闻其节书扁旌之。	光绪《嘉应州志》卷二六
陈氏	嘉应	刘仕相妻,生二子。年二十九夫死,以女工易钱米,送子读书。忍饥耐寒,坚守四十余年。惠士奇表其庐。	光绪《嘉应州志》卷二六
庄氏	海阳	蔡斯庸妻。斯庸卒,足不逾阃阈,抚二孤成立,苦节终身。惠士奇旌其门。	乾隆《潮州府志》《抄存潮州府旧志小序》

续表

姓名	籍贯	事由	依据
叶氏	嘉应	林贤洲妻，生一子，周岁夫亡。氏年二十四，矢志坚守事翁姑。夜盗入室，氏死守房门，保护衰姑，尤巾帼所难。惠士奇表其庐。	光绪《嘉应州志》卷二六
欧阳氏	嘉应	邹昌莼妻，年二十四生一子，夫亡。氏念堂上翁姑垂老，婴孩无托，勉作未亡人。守志三十七载而终。惠士奇表其庐。	光绪《嘉应州志》卷二六
邱氏	嘉应	廪生钟机妻。夫读书不治家产。氏日夕纺绩以佐读。未几机卒。子文秀、南麟俱幼，家计益索。氏荆钗布裙，备尝三十余年。二子俱出仕。惠士奇表其庐。	光绪《嘉应州志》卷二六
何方俊	南海	性戆直，夫妻寿俱九十余。惠士奇赠晋秩耆贤匾额。	宣统《大沙深巷何氏族谱》卷一
霍子惇	东莞	东莞斗蓢人，寿一百零一岁。督学惠士奇旌之。	宣统《东莞县志》卷八二
卢泮臣	顺德	顺德龙山人，九十八岁；妻温氏，一百零五岁。督学惠士奇旌其门。	民国《顺德县志》卷一二

第二节　惠门网络

惠士奇来粤后，广结地方名士，奖掖青年学子，力图整饬康雍之际广东的学风与民俗。在粤六年间，既构筑了以惠士奇为中心的区域性士人交往关系网，同时也形成由数十名所谓“南海明珠”的弟子汇聚而成的“广东惠门”。

一、广东惠门的形成及特点

所谓“广东惠门”是指惠士奇提督广东学政期间，由科考或游幕等机缘所形成的以“惠”为师的地域性士人群体。从分布范围上看，广东惠门弟子全部属于广东籍，遍布广东各府州县；从演变轨迹上看，广东惠门形成于惠氏来粤之初，发展于惠氏在粤之时，延续于惠氏离粤之后；而到雍正八年之后，惠门弟子相继分散各地，直至乾隆十五年后重聚于广州。故此，可以将广东惠门的演变分为形成、发展、延续、重聚四个时期。

（一）形成期（康熙五十九年至雍正元年[1720—1723]）

康熙五十九年（1720）冬，惠士奇受任广东学政来粤。入粤之初，即“颁条教以通经为先，士子能背诵五经，背写三礼、左传者，诸生食廪饩，童子青其衿”[①]。次年，惠士奇在广州九曜坊学政衙署内检考郡邑诸生，何梦瑶、苏珥、罗天尺、陈世和、陈海六等童生被点为生员。[②] 这一时期惠门初具规模，主要由康熙六十年的广东诸生员组成，成员包括罗天尺、何梦瑶、苏珥、陈世和、陈海六等人，其中罗天尺、何梦瑶、苏珥、陈海六四人后来合称“惠门四子”。陈世和乃陈恭尹之孙，雍正元年（1723）考取拔贡，此后广东惠门正是在此基础上发展而来。何梦瑶有诗《寄怀陈圣取》，曾记其与陈世和两人康熙六十年以来两年有余的同窗生涯：“两载松窗掩白云，秋风犹忆

---

① 钱大昕：《惠先生士奇传》，《潜研堂文集》卷38，第22页a–22页b。

② 道光《南海县志》卷39《列传八》，第722页上。这一年何梦瑶29岁，罗天尺36岁；而《历代入粤名人》认为：“罗天尺为惠士奇按试广东所选拔，大加称许，时年仅17岁。”显然有误。参见李小松、陈泽泓《历代入粤名人》，广州：广东人民出版社，1994年，第455页。

共论文。双门支屐君寻我,半夜笼灯我访君。”[1]所谓“两载松窗掩白云,秋风犹忆共论文”可以透露出康熙六十、六十一年两年间惠门的动向。

(二)发展期(雍正元年至雍正八年[1723—1730])

据史料记载:“学士天牧惠公,于康熙辛丑初,以编修来粤视学,至雍正丙午凡六年。一以经古之学为教。在广州先任所取士赏誉者数十人。惟石湖与何西池、苏古侪、陈时一、劳阮斋、陈鳌山、吴南圃、吴竹泉,每驻省暇,即启合招集,论文赋诗。因得订交于九曜官署。”[2]何梦瑶居官广西之时,亦曾有诗《罗履先郎诗招隐次韵奉答》言及于此,其序称:

> 十年判袂,千里牵思,每忆拜石亭“高病鹤山僧”之句,西禅月上,荒祠残碣之游,恍若日前。讵堪云散连眉,长吉作赋玉楼(洵玉)。草檄陈琳,埋麟秋草(圣取)。季子既泣,梦于古藤阴下(始亭);诸君复伤心于画蜡条边(海六、仲坡诸子),所喜不第江东,终焉折桂(履先)。上书苏子,相继联镳(瑞一),实慰我心,差强人意耳。仆久沉宦海,长坐愁城,仕实为贫,官非作达。食来无肉,知鸡肋之终抛;归去有期,验马角之已长。幽兰可佩,行觅君空山深谷之中;秋菊堪餐,幸竢我荒径疏篱之下。敢赓原韵,用达鄙怀。[3]

---

① 何梦瑶:《寄怀陈圣取》,《匊芳园诗钞》卷1《煤尾集》,第12页b。

② 罗元焕撰,陈仲鸿注:《粤台徵雅录》,第9页。

③ 何梦瑶:《罗履先郎诗招隐次韵奉答》,《匊芳园诗钞》卷4《南仪集》,第5页b-6页a。

"十年判袂"时在雍正八年。其中"洵玉"未见其他史料，可能为较早入惠门，有才而早逝者。

康熙六十年至雍正四年，惠士奇在粤期间，据罗天尺事后回忆称，诸生订交于广州城内九曜官署。[①]"校交之暇，辄为拜石亭诗，惠公用钟记室语评之，相与为乐。后公还朝，子辈觞舟祖送至胥江驿，各献诗别。"[②]九曜官署内有环碧园，乃南汉药洲故址，故又名药洲、石洲。园内有九曜石，上镌有月夜泛舟题咏，精巧雅致，颇有名气，故而署内原有爱莲亭一座，后更名拜石亭。早于宋熙丰年间，士人往往雅聚于此，或元宵之际泛舟觞咏，或盛夏时期于兹避暑。惠士奇来粤后，构置一水石清华舫于亭北，诸生纷纷聚集于此，师生畅谈，悠游其间。[③]何梦瑶有诗《拜石亭杂咏》记述其时九曜官署内拜石亭、九曜石的景况。其二有云："艇样回廊泊浅沙，玉堂仙从本清华。龙门泉石香山月，恰称诗情七字佳。"其六有云："清谈销尽蜡灯红，强拉扬云说六锋。绝倒不知春夜永，城头敲落五更钟。"[④]师生畅谈的情形令人难忘，历久弥新。除此之外，学友同好间志趣相投，或饮酒酬对，或切磋棋艺。何梦瑶此后时时追忆往事，其《送天牧师还朝六首》记述惠师在粤六年师生往事："一自笙歌列绛帷，春风回首六年期。爱莲亭畔看花样，拾翠洲边唱竹枝。"[⑤]尤其与罗天尺、陈海六、苏珥、陈世和交往的情形，更是牵动宦海浮沉多年的何梦瑶追

---

① 明末广东提学道驻于广州城内九曜坊(又名药洲、石洲)衙署。清初，朝廷所封的平南王尚可喜等驻扎内城，学政等衙署被迫迁于番禺县育贤坊。平定三藩后，各官员衙署迁回广州城，但学政衙署仍留在番禺县。直至康熙四十九年广东学政张明先题请迁署，始迁回原址。参见安东强《清代学政沿革与皇朝体制》，中山大学博士学位论文，2010年，第52页。

② 罗天尺：《匊芳园诗钞序》，何梦瑶《匊芳园诗钞》，第3页a。

③ 民国《番禺县志》卷40《古迹一》，第623页上-623页下。

④ 何梦瑶：《拜石亭杂咏》，《匊芳园诗钞》卷1《煤尾集》，第1页b-2页b。

⑤ 何梦瑶：《送天牧师还朝六首》，《匊芳园诗钞》卷1《煤尾集》，第10页b-11页a。

忆怀旧之情愫。其有诗《怀罗履先陈海六苏瑞一》称当年“张灯夜战棋争道,绕寺秋吟酒压笺”,不过此刻空留“此情可待成追忆,只是当时已惘然”的惆怅。陈世和于雍正元年(1723)考取拔贡。何梦瑶有诗《寄怀陈圣取》,记两人自康熙六十年以来两年有余的同窗生涯:“两载松窗掩白云,秋风犹忆共论文。双门支屐君寻我,半夜笼灯我访君。”陈世和尝欲手录《册府元龟》且续《太平御览》,何梦瑶以“录就元龟须转借,续成御览幸相闻。著书自是名山好,誓墓何妨学右军”赠诗相勉。①

惠门弟子旦夕过从,除经常切磋学问,还时常挑灯对弈,吟诗作画。几十年后,何梦瑶常回忆同窗之景:“尚忆红豆斋,立雪同绛帱。竹君绕千竿,石丈拜九曜。风吟水面来,醇醉棼尾醽。”②“怀人竟夕不曾眠,窗外飘飘月随烟。胜会可能追往日,闲身空复忆当年。张灯夜战棋争道,绕寺秋吟酒压笺。此境别来君记否,荒祠残碣对平田。”③

罗天尺序劳孝舆《阮斋文集》也曾经回忆:“忆康熙癸卯,惠天牧督学吾粤。子与苏子瑞,一同寓仙湖,与陈子圣取晚成堂邻比。而孝舆与何子报之寓馆亦近,旦夕过从。酒阑灯灺之下,子辄强报之唱紫棉楼院本,紫棉楼院本之所自填。间复与瑞一效韩孟为城南联句,相与为乐。孝舆、圣取斗酒其旁。子赠孝舆诗有‘酒杯催干眼愈大,月影横斜谈不休’之句,其风致可想也。”④雍正六年冬,陈世和被荐优引见北上,罗天尺在家设宴为之饯行,并作诗赠之:“别我将为燕蓟行。感我与君交四世。行藏约略同生平。弦佩韦各有异。

---

① 何梦瑶:《寄怀陈圣取》,《匊芳园诗钞》卷1《煤尾集》,第12页b。
② 何梦瑶:《哭吴始亭》,《匊芳园诗钞》卷4《南仪集》,第8页a–8页b。
③ 何梦瑶:《怀罗履先陈海六苏瑞一》,《匊芳园诗钞》卷1《煤尾集》,第16页b–17页a。
④ 罗天尺:《阮斋文集序》,道光《广东通志》卷197《艺文略九》,第3285页下–3286页上。

阮狂嵇懒殊同并。典衣沽酒话胸臆。……曩昔吴门共师事。坐言起行同群英。”[①]表达了同门兄弟世交情谊和平素交往情景。

惠门之中，吴秋最年轻。何梦瑶诗称：“同学数十人，惟君年最少。诗笔独秀出，烂漫启秘突。”[②]其岳丈乃胡方，故吴秋颇受胡方学术之影响。何梦瑶诗亦称：“妇翁胡明经，绝学程朱绍。遁世谁见知，韬光只自照。荐雄我何功，遗文君自校。冰玉遥相映，堂阶日深造。”[③]惠士奇欲交结广东名士，何梦瑶乃是胡方的推荐人，其兄吴旭亭为惠胡相会的引接人。何梦瑶追忆以往与吴秋同拜惠门的生活片段，“尚忆红豆斋，立雪同绛帱。竹君绕千竿，石丈拜九曜。风吟水面来，醇醉婪尾釂。”[④]

苏珥致序劳孝舆《春秋诗话》称：“康熙甲辰，余应岁试，识孝舆场中。时罗履先同余寓仙湖，何报之、陈圣取朝夕相过，孝舆并缔交称莫逆。诸子皆学使惠公所赏识，同在师门，风义倍敦也。”此“康熙甲辰”有误，应为雍正甲辰，岁在雍正二年(1724)。苏珥于康熙末年进入惠门，及至雍正二年方识见劳孝舆，则知作为“惠门八子”之一的劳孝舆应迟至雍正二年方入惠士奇门下。乾隆十二年(1747)，罗天尺得知劳孝舆死于贵州镇远任上，写下诗作《乾隆丁卯仲冬病中得劳孝舆二弟镇远凶问感成二十五韵》，并寄何梦瑶，内有“忆昔廿年前，文场识子初。相齿弟与兄，联镳何与苏。论文眼上视，尚未有髭须。况复兼诗豪，辟易可万夫”[⑤]。何梦瑶从罗天尺处

---

① 罗天尺：《戊申冬月陈圣取二弟过访鸡皮轩小酌即送其荐优引见北上》，《瘿晕山房诗删》卷3，第510页下－511页上。

② 何梦瑶：《哭吴始亭》，《匊芳园诗钞》卷4《南仪集》，第8页a。

③ 何梦瑶：《哭吴始亭》，《匊芳园诗钞》卷4《南仪集》，第8页b。

④ 何梦瑶：《哭吴始亭》，《匊芳园诗钞》卷4《南仪集》，第8页b。

⑤ 罗天尺：《乾隆丁卯仲冬病中得劳孝舆二弟镇远凶问感成二十五韵》，《瘿晕山房诗删》卷2，第499页上。

接获劳孝舆离世消息后，悲痛万分，同窗往事历历在目，“劳二湖海豪，百尺楼上居。联床为弟兄，掉鞅争前驱”[①]。

此外，还有周炳、曹𢡟、胡定等人也是这一时期入惠门受教的。周炳，字蘧五，号陶甫，雍正元年拔贡，乾隆七年任澄迈教谕，后掌教常平常新书院。史志文献称周炳“康熙末惠天牧士奇学士按试粤中，延至幕下”。[②] 何梦瑶诗《怀周蘧五》有注：“时同在惠幕中阅卷”，“是年四月乡试，瑶与诸子俱下第，惟周得选拔。”[③]由此可知，周炳应为何梦瑶之同窗，且于雍正元年前已入惠士奇门下。据宣统《东莞县志》卷六七《人物略十四》载：“周炳，字蘧五，号榴村，凹头人。幼矢怙，事母孝，母殁，庐墓三年未尝见齿。博学工诗。康熙中以鸿博荐。惠士奇按试粤中，延致幕下。一日，携诸名士游罗浮至铁桥，炳独废然返。众讶之，士奇曰：吾知之矣！诗赠之有：知君尚有慈亲在，不敢相从过铁桥句。其笃行类此，性好礼，与妻终身相敬如宾。每遇必起立，乡闾式之。雍正元年拔贡，肄业太学。乾隆七年，授澄迈教谕。创建社学，刻程氏家塾及朱子分年读书课程，以勉学者。引年归，澄迈士子立碑以志其德。”[④]与周蘧五相敬如宾的妻子钟氏，后来活到了101岁，并于乾隆四十一年被旌表。[⑤] 对于周蘧五考获拔贡，何梦瑶在《怀周蘧五》中不无羡慕之情，并以“铁桥千尺隔红尘”调侃之：

---

① 何梦瑶：《读罗履先乙卯冬得劳孝舆凶问作感赋次原韵》，《匊芳园诗钞》卷7《悬车集》，第4页a。

② 光绪《广州府志》卷162《杂录三》，第2554页下。

③ 何梦瑶：《怀周蘧五》，《匊芳园诗钞》卷1《煤尾集》，第2页b。

④ 民国《东莞县志》卷67《人物略十四》，广东省地方史志办公室《广东历代方志集成》，广州：岭南美术出版社，2009年影印本，第754页下。

⑤ 道光《广东通志》卷325《列传五十八》：“澄迈县教谕周炳妻钟氏，年一百一岁。乾隆四十一年旌。”第5167页上。

曾从西阁共芳晨，拜石亭边拜主人。
雅曲弹来珠错落，深宵捧出酒逡巡。
客归珠海同过夏，花发榴村独占春。
欲向罗浮访精舍，铁桥千尺隔红尘。[①]

曹馪，字万为，别号柱峰，保昌人。据道光《直隶南雄州志》称：曹馪“聪颖力学，经史百家言，靡不研索”，“学使惠天牧馆之拜石亭，由是弥遂于经。”[②]由此可知，曹馪应为惠士奇在广东学使任上的入室弟子。

胡定，字敬醇，号静园，保昌人，“年十七受知督学惠士奇”[③]。道光《直隶南雄州志》言胡定：“生具殊质，六岁出就外傅。阅七月，背诵四书、毛诗。稍长博通群书，阴阳、卜筮、推算无不淹贯。年十五应试，郡侯深加叹赏，呼为神童。受知督学士奇惠公，岁科试俱冠军。雍正丙午中式第二人。丁未会试中明通榜，庚戌成进士。癸丑殿试授翰林院庶吉士。丙辰授检讨，充《大清一统志》纂修官。戊午主试广西，预修八旗通谱。”[④]

可以说，惠士奇在粤六年所形成的“惠门”及其活动，可用何梦瑶《送天牧师还朝六首》内“劣能注选称书簏，粗解摛词类鼎铭。最是中庭犹趁蝶，杏花坛上写遗经”，“一自笙歌列绛帷，春风回首六年期。爱莲亭畔看花样，拾翠洲边唱竹枝”[⑤]诸诗句概括。

---

① 何梦瑶：《怀周蘧五》，《匊芳园诗钞》卷1《煤尾集》，第2页b。

② 道光《直隶南雄州志》卷7《辟举》，台北：成文出版社，1967年，第114页上。

③ 民国《顺德县志》卷22《列传七》，广东省地方史志办公室《广东历代方志集成》，广州：岭南美术出版社，2007年影印本，第284页上。

④ 道光《直隶南雄州志》卷25《宦绩》，第459页下。

⑤ 何梦瑶：《送天牧师还朝六首》，《匊芳园诗钞》卷1《煤尾集》，第10页b－11页a。

惠门弟子还在广州组成南香诗社，何梦瑶、罗天尺、陈世和、苏珥、劳孝舆等众惠门弟子多有参加。结诗社对于“惠门八子”来说早有渊源。早在清初，陈世和的祖父陈恭尹和罗天尺祖父罗孙耀，与梁梿、刘云汉等结石湖诗社，流连山水，雅集唱和。[①] 罗天尺乾隆十七年致序何梦瑶《匊芳园诗钞》时称：“忆二十年前，余与报之十余辈结南香社时，讲艺晚成堂。堂独漉陈先辈坛坫地也，文酒流连，侪偶征逐，虽不尽以诗，而一时声气豪上，称极盛焉。”[②]由乾隆十七年(1752)逆推二十年，时在雍正十年(1732)。又何梦瑶乾隆十六年序《春秋诗话》时云：“顾孝舆善言诗，尝同饮圣取晚成堂，雨窗夜话……追念二十年前尊酒论文，徒深旧雨之感。”[③]由乾隆十六年(1751)逆推二十年，时在雍正九年(1731)。两种形成时间不同的文献均称“二十年前”，由此这里所谓“二十年前”应非实指。因陈世和于雍正五年被荐江浙，可知南香诗社应于雍正五年前已设立，而何梦瑶雍正八年才分发广西，故诗社极可能持续到雍正八年。何梦瑶、罗天尺等惠门同学结成“南香社”，以陈恭尹之孙陈世和的晚成堂为聚会之所。至于诗社集会内容，应与传统诗社一样，无外乎谈诗论赋，这可从何梦瑶序劳孝舆的《春秋诗话》可见一斑。何称当年南香诗社集会时，“尝同饮圣取晚成堂，雨窗夜话。孝舆谓国风淫诗备列，不知所逸何等，宣尼可作，当不受删诗之诬；又谓陈正字碎琴燕市，无异王右丞主第琵琶。一座首肯”[④]。可以说，南香诗社

---

① 李绪柏：《明清广东的诗社》，《广东社会科学》2000年第3期。

② 罗天尺：《罗天尺序》，何梦瑶《匊芳园诗钞》，第2页b。

③ 何梦瑶：《春秋诗话序》，劳孝舆《春秋诗话》，陈建华、曹淳亮《广州大典》第4辑《岭南遗书》第2册，广州：广州出版社，2008年，第506页上。

④ 何梦瑶：《春秋诗话序》，劳孝舆《春秋诗话》，陈建华、曹淳亮《广州大典》第4辑《岭南遗书》第2册，第506页上。

以及晚成堂成为惠士奇北上后，惠门活动与交往的重要平台，延续了惠士奇离粤后的惠门诸弟子间的交往。

广东士人结社在明代比较兴盛。清初顺、康年间，广东诗社多追慕明末遗风，如：西园诗社、西园十二堂吟社、东皋诗社、兰湖诗社、黄村探梅诗社、石湖诗社等等。于此可见，顺、康间广东诗社之盛，不让晚明。且其时诗社核心中坚人物，首推“岭南三家”（屈大均、陈恭尹、梁佩兰）。雍正、乾隆年间，广东诗社之风稍歇。究其原因，一为清廷统治已稳，明末遗民相继谢世，所谓故国之思，渐已淡忘。二为雍、乾间文字之狱大兴，禁毁书目之令屡颁，人人自怵，谈虎色变。[①] 故此期有关结社资料，显著渐少，远逊清初，如：献玉堂诗社、南香诗社、晚成堂诗社、懒园四子诗社等。其时还有一些临时性的诗会，如：白燕堂诗社、香山小榄麦氏诗会，是以诗歌征集为主的一次性活动，参加诗歌征集的应征士子不少，但是其主要成员并不多，经常性的活动也不多，诗歌征集和评选完成之后，诗社也就逐渐曲终人散了。何梦瑶等人的“南香社”也只不过是惠门弟子为主的小范围结社，正如罗天尺所说“虽不尽以诗”，也就是说当然不完全是诗社，更为重要的是他们这一批士子，切磋举业的重要平台。[②]

雍正六年（1728）罗天尺与劳孝舆同在省局编修省志。[③] 至雍正八年（1730），惠门诸子因故纷纷离开广州。劳孝舆为罗天尺《瘿晕山房诗钞》序言称：“圣取薄宦于江浙，赞调虽捷，去将卑栖于桂林。

① 李绪柏：《明清广东的诗社》，《广东社会科学》2000 年第 3 期。

② 有关诗社内容参见罗元焕撰，陈仲鸿注《粤台徵雅录》，第 4 页；罗天尺《五山志林》卷 2《昌华苑诗》，第 93 页。何梦瑶辈之后，粤中著名诗人如冯敏昌、张锦芳、胡亦常、黄丹书、黎简、吕坚等，都少有结社记载，说明此期广东诗社处于停滞阶段。

③ 罗天尺：《五山志林・自序》，《清代广东笔记五种》，广州：广东人民出版社，2006 年，第 31 页。

若海六、瑞一辈俱不得志，散居乡塾，而余独与履先栖迟省会，以手腕供人役，一灯相对，中夜悲歌，抑独何哉，抑独何哉！”[①]至雍正八年，随着人事的变迁，惠门的发展期已日益接近尾声，转而进入了延续期。

（三）延续期（雍正八年至乾隆十五年[1730—1750]）

乾隆四年（1739）三月，罗天尺、苏珥进京会试，拜访惠士奇。此时惠士奇告病得请，拟束装还吴，而家中老屋红豆斋已被买。由惠门弟子胡定首倡，罗天尺、苏珥、杨缵烈以及在京的广东同人共同醵金四百两为惠师赎回红豆斋。罗天尺有诗《赎屋行》叙其事。[②]

据何梦瑶诗《哭吴始亭》载，何在任广西岑溪知县期间（雍正十三年至乾隆四年，1735—1739），惠门八子之一的吴秋曾经到岑溪官署拜访何梦瑶。

乾隆十五年（1750），胡定被聘修顺德县志，与罗天尺几乎朝夕相处，并在县志中采用不少罗天尺《五山志林》中的资料。“岁庚午，余承修顺德邑志，于所辑《五山志林》多所掇取焉，因叹其嘉惠艺林者非浅鲜也。”[③]胡定见到好书，连夜请罗天尺前来共赏：“有桃村人呈先人黎景义所著《二丸集》，公以事冗未寓目。一夕，偶检阅，见其《圣门弟子生卒辨》、《历代帝王年岁考》，典核淹贯，大加赞赏。夜招予篝灯读其诗歌，慷慨激昂，俨若炎午，文谷音集，阴风凛

---

① 劳孝舆：《瘦皋山房诗钞序》，道光《广东通志》卷198《艺文略十》，第3287页上。劳孝舆于乾隆元年（1736）以知县用，分发贵州。

② 罗天尺：《赎屋行》，《瘦皋山房诗删》卷5，第531页上－531页下。

③ 胡定：《五山志林·序》，《清代广东笔记五种》，第30页。

惊，仿佛有物叹息于其旁。”[①]

此一时期，惠门中唯罗天尺、苏珥、胡定等有直接交往，而其他惠门同学如陈海六、陈世和、何梦瑶、劳孝舆等，由于距离远隔，皆只能依靠书信往来。如雍正十一年秋何梦瑶试用广西义宁县，罗天尺为之写下《秋日送何赞调十弟试用桂林》；雍正十三年何梦瑶实授岑溪知县，罗天尺又书《寄何十赞调岑溪官署》，何梦瑶回寄《罗履先邮诗招隐次韵奉答》；乾隆十二年，罗天尺寄何梦瑶《乾隆丁卯仲冬病中得劳孝舆二弟镇远凶问感成二十五韵》告知其劳孝舆死讯。

（四）重聚期（乾隆十五年［1750］之后）

何梦瑶归里后，乾隆十七年：“今复相聚于郡城，细数旧游，惠公墓木已拱，陈子圣取死于越，劳子孝舆卒于黔，吴子仲坡中岁失明，壹郁殒落，余潦倒青衫槁死牖下者，几过其半。惟余与报之、瑞一，发白齿豁，颓然三老，共话前尘，恍然若梦，拥残编而互商榷，今昔之感何如也？”[②]此时惠门之中，陈世和、劳孝舆、吴世忠、吴秋诸人业已离世，惠门八子仅剩罗天尺、苏珥、何梦瑶“颓然三老”，“共话前尘，恍然若梦”。何梦瑶在粤重结诗社，或欲接续早岁南香诗社的未竟之业，承继广东明清两代南园五老、三大家之余绪。“五先生远三家死，诗老风流谁得似。南园新辟素馨田，结社重邀五七子。”可惜此时惠门之中仅剩罗天尺一人参与诗社，“孝廉（罗履先）船舣海幢东，凌晨踏浪追吟踪。催诗欲酿黄梅雨，弄袖微生舶趠风”，“江东旧树词坛帜，红豆斋边文酒地。昔梦前尘总已非，故人今我依然

---

① 罗天尺：《五山志林·二丸集》，《清代广东笔记五种》，第91页。

② 罗天尺：《罗天尺序》，何梦瑶《匊芳园诗钞》，第2页b。

是。”[①]何罗两人同窗之谊至此延续三十余年。

广东惠门起于康熙末年，至雍正四年惠士奇回京前，惠门弟子亲聆教诲。雍正四年至八年，惠门弟子结南香诗社，切磋诗文与科举制艺。随着陈世和、何梦瑶、劳孝舆等远赴他乡，陈海六侧身饶平，惠门活动遂分散，仅罗天尺、苏珥时有相聚，其他人间以书信沟通。尔后陈世和、劳孝舆、吴世忠、吴秋相继谢世，至乾隆十五年，仅余何梦瑶、罗天尺、苏珥、辛昌五等人延续惠门交往。总而言之，广东惠门交往之特点：一是切磋举业；二是结成诗社；三是宴饮雅集；四是诗文交流。

二、惠门四子、惠门八子与南海明珠

惠士奇在粤六年，其门下以“惠门四子”或“惠门八子”最为著名，然因史料问题，学界对于“惠门四子”、“惠门八子”、“南海明珠”混用较多，甚至以讹传讹。笔者拟对他们的来龙去脉进行钩沉考析。

（一）惠门四子

“惠门四子”亦称“惠门四俊”、“惠门四君子”，但大多数文献称“惠门四子”。目前可见“惠门四子”的成员不一，大概有四种：一是罗天尺、何梦瑶、苏珥、陈海六；二是罗天尺、何梦瑶、苏珥、劳孝舆；三是罗天尺、何梦瑶、钟狮、车腾芳；四是罗天尺、何梦瑶、苏珥、胡方。

---

① 何梦瑶：《辛未春杪梅苍枝邀集育青堂观孔雀开屏因成长歌》，《匊芳园诗钞》卷7《悬车集》，第11页a。

正式提出“惠门四子”之说，目前可见最早出现于钱大昕的《惠先生栋传》一文。钱大昕指出惠士奇视学广东之际，一大批青年才俊被网罗门下，其中“粤中高才生苏珥、罗天尺、何梦瑶、陈海六时称‘惠门四子’”。[①] 钱大昕于乾隆三十九年简放广东学政，故有可能看到有关史料而正式提出“惠门四子”。钱大昕提出“惠门四子”之史料来源可能有三：

一是，劳孝舆在为罗天尺《瘿晕山房诗钞》（十卷）写的序中称，乃师惠士奇视学广东，倡导古学，“吾党二三子若罗子履先、陈子海六、何子赞调、陈子圣取、苏子瑞一辈皆从之游。”[②]劳孝舆在序中并没有落款时间，但是序中提到：“今年夏有省志之役，与履先襄事于粤秀山堂，讨论轶事，发为诗歌。”又据罗天尺《五山志林·自序》：“雍正六年，诏天下纂修《大清一统志》，余邑大夫柴公谬采虚声，命与诸君子编辑局中。未阅月，藩宪王公檄为省局分校，屡辞不获。在局三阅月，又以多病不任事，荷总局庶常鲁公放归里塾。”[③]故此，劳序的写作时间为雍正六年（1728）。[④] 劳孝舆提及罗天尺、陈海六、何梦瑶、陈世和、苏珥五人。

二是，乾隆四年（1739），惠士奇为学生罗天尺诗集《瘿晕山房诗删》作序称：“余昔视学广东，岁在辛丑。试广州，得罗生天尺、何生梦瑶、苏生珥、陈生海六等数十人，皆南海明珠也。”[⑤]提及罗天尺、何梦瑶、苏珥、陈海六四人名字。

---

① 钱大昕：《惠先生栋传》，《潜研堂文集》卷39，长沙龙氏家塾重刊本，第1页a。

② 劳孝舆：《瘿晕山房诗钞序》，道光《广东通志》卷198《艺文略十》，第3287页上。

③ 罗天尺：《五山志林·自序》，《清代广东笔记五种》，第31页。

④ 何梦瑶诗有注：“庚戌修省志，开局院中，履先与友人劳孝舆分校西斋。”庚戌为雍正八年，与罗天尺所言“雍正六年”不同，因罗为当事人，故采信“雍正六年”。参见何梦瑶《辛未春杪罗履先过访粤秀书院赠诗次韵奉答》，《匊芳园诗钞》卷7《悬车集》，第14页a。

⑤ 惠士奇：《惠士奇序》，罗天尺《瘿晕山房诗删》，第485页下。

三是，乾隆十七年(1752)，罗天尺在为《匊芳园诗钞》所写的序中说："余与何子报之、苏子瑞一、陈子圣取、海六同补郡邑。"[①]此处提及罗天尺与何梦瑶、苏珥、陈世和、陈海六五人同补郡邑。

以上三则史料中，劳孝舆序和罗天尺序均提及罗天尺、陈海六、何梦瑶、陈世和、苏珥五人(仅顺序不同)；而惠士奇序仅提及罗天尺、何梦瑶、苏珥、陈海六四人，少了陈世和。钱大昕提"惠门四子"而不是"惠门五子"，可能是源于惠士奇序。因陈世和卒于雍正九年，故乾隆四年惠士奇作序时不提陈世和，亦为自然。还有一种可能是误读罗天尺《匊芳园诗钞序》的结果。罗天尺序称："余与何子报之、苏子瑞一、陈子圣取、海六同补郡邑。"很容易将"陈子圣取、海六"误认为"陈海六(字圣取)"一人，而其实是陈世和(字圣取)、陈海六两人。这种误读有一例证，如桂文灿(1823—1884)在其《经学博采录》卷二曰："自东吴惠半农来粤督学，喜以经学提倡。士类时有苏瑞一珥、罗履先天尺、何西池梦瑶、陈圣取海六四君，称'惠门四子'。"[②]

康熙六十年惠士奇来粤，罗天尺、何梦瑶、苏珥、陈世和、陈海六五人同补郡邑诸生，至雍正元年五人一同与试待选拔贡，惠士奇"悉不以与选"，仅陈世和获选拔贡，[③]所以惠士奇口称"四子终必显"，实则宽慰罗天尺、何梦瑶、苏珥和陈海六四人。因此，罗天尺、何梦瑶、苏珥、陈世和、陈海六五人，乃康雍之交惠士奇广东门生之中最为得意的门生，尤以何梦瑶得其赏识，即所谓"惟四子终必显，何生尤当先鸣"。

---

① 罗天尺：《罗序》，何梦瑶：《匊芳园诗钞》，第1页a。

② 桂文灿：《经学博采录》卷2，周光培《历代笔记小说集成》，《清代笔记小说》第28册，石家庄：河北教育出版社，1996年，第322页。

③ 罗元焕撰，陈仲鸿注：《粤台徵雅录》，第10页。

此后的著述和地方志大多沿用《粤台徵雅录》和《潜研堂文集》的说法。如:江藩在《国朝汉学师承记》中惠栋的传记里提到:“粤中高材生苏珥、罗天尺、何梦瑶、陈海六,时称‘惠门四子’。”[1]钱林(1762—1828)《文献征存录》卷五曰:“南海苏珥、罗天尺、何梦瑶、陈海六皆传其业,称‘惠门四子’。”[2]又如咸丰《顺德县志》卷二五《列传五》载:“(苏)珥……与同县罗天尺、陈海六、南海何梦瑶襄校阅,称‘惠门四俊’。”[3]同治《番禺县志》卷三三《列传二》记载:“粤中高才生苏珥、罗天尺、何梦瑶、陈海六,时称‘惠门四子’。”[4]再如光绪《广州府志》卷一二八《列传十七》记载:“年二十九受知惠士奇,称惠门四俊。”[5]吴汝纶(1840—1903)《吴汝纶全集·纂录下卷第十六》:“粤人苏珥、罗天尺、何梦瑶、陈海六,时称惠门四子。”[6]

值得注意的是,关于“惠门四子”组成人物的变化问题。钱大昕《潜研堂文集》首次提到“惠门四子”是:苏珥、罗天尺、何梦瑶和陈海六。但是,冯敏昌(1747—1806)在其《鱼山文集》中就换成:劳孝舆与何梦瑶、罗天尺、苏珥。《鱼山文集》笔者未见,但是,道光《广东通志》卷二八七却是引用《鱼山文集》的这个说法:“(劳孝舆)与何梦瑶、罗天尺、苏珥齐名,世称‘惠门四君子’(鱼山文集)。”[7]嘉道间的张维屏(1780—1859)在《国朝诗人征略》卷二七亦言:“孝舆

---

① 江藩:《国朝汉学师承记》,北京:中华书局,1983年,第23页。

② 钱林:《文献征存录》卷5,顾廷龙《续修四库全书》,上海:上海古籍出版社,2002年,第188页下。

③ 咸丰《顺德县志》卷25《列传五》,第624页上。

④ 同治《番禺县志》卷33《列传二》,第463页上。

⑤ 光绪《广州府志》卷128《列传十七》,第1991页下。

⑥ 吴汝纶:《吴汝纶全集》第4册,《纂录下卷第十六》,合肥:黄山书社,2002年,第1023页。

⑦ 道光《广东通志》卷287《列传二十》,第4601页上。

受知学使惠士奇，与何梦瑶、罗天尺、苏珥齐名，世称‘惠门四君子’。”[①]道光《佛山忠义乡志》卷九：“（劳孝舆）受知学使惠士奇与何梦瑶、罗天尺、苏珥齐名，世称‘惠门四子’，名大噪。”[②]之后，光绪《广州府志》卷一二八《列传十七》亦载：“（劳孝舆）受知学使惠士奇，与何梦瑶、罗天尺、苏珥齐名，世称惠门四君子。”[③]晚清的南海人桂文灿就曾经提出这个问题，他在《经学博采录》卷二中说：“粤东自国初以来，诗坛最盛。讲学者承前明道学之遗，躬行实践，自东吴惠半农来粤督学，喜以经学提倡。士类时有苏瑞一珥、罗履先天尺、何西池梦瑶、陈圣取海六四君，称惠门四子（此据江郑堂《汉学师承记》也。考《阮通志》、《南海县志》并云瑞一、履先、西池与劳阮斋孝舆为惠门四子。又或云履先、西池，与钟铁桥狮、车蓼洲腾芳为惠门四子，未知孰是）。”[④]桂文灿在文中甚至还提到第三种“惠门四子”的组成，即“罗天尺、何梦瑶、钟狮和车腾芳”，笔者未见有其他史料佐证。

事实上，劳孝舆于雍正元年方投师惠士奇门下，且不久其父病逝，劳孝舆随即回乡守孝，所以，一方面入门较晚，另一方面在学时间较短，故惠士奇应对劳了解不深，亦未见惠士奇提及劳的史料，故不可能成为“惠门四子”之一。那为什么会出现“惠门四子”组成人物的变化？或者说为什么会将劳孝舆取代陈海六？笔者以为有以下几个原因：

其一，陈海六、劳孝舆均为“惠门八子”，比较容易因为资料的

---

① 张维屏：《国朝诗人征略初编》卷27，周骏富《清代传记丛刊·学林类29》，台北：明文书局，1986年影印版，第17页a。

② 道光《佛山忠义乡志》卷9《人物十六》，第183页上

③ 光绪《广州府志》卷128《列传十七》，第1993页下。

④ 桂文灿：《经学博采录》卷2，第322页。

不足或者后人记忆不清而搞混淆。

其二,劳孝舆的知名度远高于陈海六。《粤台徵雅录》载:"劳阮斋,字孝舆,以字行,又号巨峰,南海人。雍正乙卯拔贡。乾隆丙辰并荐鸿博。至京师,先以拔贡廷试第五,入引见,以知县用。再试鸿博不售。旋奉分发贵州。历署锦屏、清镇,授龙泉,摄清溪,调毕节、镇远各县尹。越十年,卒于官。"[①]又据钱林《文献征存录》卷四载:"(劳孝舆)有《春秋诗话》、《读杜识余》及《阮斋文钞》四卷、《阮斋诗钞》四卷。"[②]而陈海六则相形见绌。咸丰《顺德县志》卷二五《列传五》:"(陈海六)以优行贡太学,考教习,派八旗官学,未当馆而归,选饶平训导。"[③]《粤台徵雅录》:"后鳌山选为饶平训导,仍屡赴乡闱,竟不售。"[④]故此,劳孝舆既被荐博学鸿词,又为知县十年,且著作较多;陈海六虽为优贡,但仅以饶平训导终其一生,著述亦无考,其声望和影响自然无法与劳孝舆相比。《春秋诗话·苏珥序》:"康熙甲辰[⑤],余应岁试,识孝舆场中。时罗履先同余寓仙湖,何报之、陈圣取朝夕相过,孝舆并缔交称莫逆。诸子皆学使惠公所赏识,同在师门,风义倍敦也。"[⑥]即到了雍正二年(甲辰,1724),劳孝舆与苏珥、何梦瑶、罗天尺、陈世和等才缔交场中,诸子并被"惠公所赏识"。

其三,是劳孝舆之子劳潼的个人影响所致。劳潼虽然只是个举人,但是得名较早,在乡里做了许多善事。据道光《广东通志》卷二

---

① 罗元焕撰,陈仲鸿注:《粤台徵雅录》,第10页。
② 钱林:《文献征存录》卷4,第167页上。
③ 咸丰《顺德县志》卷25《列传五》,第624页下。
④ 罗元焕撰,陈仲鸿注:《粤台徵雅录》,第10页。
⑤ 应为雍正甲辰(雍正二年[1724])之误。
⑥ 苏珥:《春秋诗话序》,劳孝舆《春秋诗话》,第504页上。

八七《列传二十》载："劳潼，字莪野，孝舆子。乾隆乙酉举人（《鱼山文集》）。受知武进刘星炜，大兴翁方纲，余姚卢文弨（《莪野行略》）。得名最早，事母孝至，不肯再应礼闱。以引奖后进为己任。……其敬恤宗亲，倡率乡党备赈义举，皆有成绩。丙午、丁未荐饥，赖以存活无算……"[①]又道光《佛山忠义乡志》卷九《人物十八》："（劳潼）始设教本乡，继在羊城，及门知名之士指不胜屈，士林奉为圭臬。吉制军曾延主越华讲席，以病未就，旋卒。生平著作极富。已梓者如《四礼翼》，《人生必读》各书。未梓者备载书目。冯太史敏昌、陈观察昌齐皆极推重焉。"[②]根据以上记载，劳潼在乡以孝闻名，敬恤宗亲，率乡义赈，又分别在佛山、羊城开馆授学，广召弟子，著作丰富，以致冯敏昌、陈昌齐皆极为推重。故冯敏昌《鱼山文集》遂首先将劳孝舆作为"惠门四子"之一。

由于前述"惠门四子"的各种不同说法，直到现代还有人错把胡方与何梦瑶、罗天尺、苏珥认为是"惠门四子"。[③]

由此可知，将罗天尺、何梦瑶、苏珥、陈海六等四人并列，最早源于惠士奇（其原意是指除陈世和之外的罗、何、苏、陈四人，故实际上其最为欣赏的门徒是五人），而包括此四人的"惠门四子"概念确定于钱大昕，但在传播过程中出现变化，混入劳孝舆、车腾芳、钟狮、甚至胡方等人。劳孝舆进入"惠门四子"的过程，表明了当时社会掌握话语权的文人对于"历史"的故意误读，亦反映出当时社会崇尚官与文的风习。从本质上说惠门四子形成于康雍之交，大概在康熙六十年惠士奇来粤之初，晚至雍正元年选取拔贡之际前后，为其时

① 道光《广东通志》卷287《列传二十》，第4609页上。

② 道光《佛山忠义乡志》卷9《人物十八》，第186页上。

③ 袁行云：《清人诗集叙录》，第533页。

惠士奇所培养广东应试门生最优异者，即所谓“惟四子终必显”。

（二）惠门八子

《粤台徵雅录》首次提出“惠门八子”之说：“学士天牧惠公于康熙辛丑初以编修来粤视学，至雍正丙午，凡六年。一以经古之学为教，在广州先任所取士赏誉者数十人。惟石湖与何西池、苏古侪、陈时一、劳阮斋、陈鳌山、吴南圃、吴竺泉，每驻省暇，即启合招集，论文赋诗，因得订交于九曜官署。闲尝随往外郡，分校试卷，是时声华籍甚，又投契最深，故有‘惠门八子’之目。”[①]此“惠门八子”包括罗天尺（石湖）、何梦瑶（西池）、苏珥（古侪）、陈世和（时一）、劳孝舆（阮斋）、陈海六（鳌山）、吴世忠（南圃）、吴秋（竺泉）八人。在原“惠门四子”罗天尺、何梦瑶、苏珥和陈海六四人基础之上，增加陈世和、劳孝舆、吴世忠和吴秋四人。此八人乃惠士奇康熙六十年至雍正四年前后六年间“在广州先任所取士赏誉者数十人”之中最卓异者。由此可知，所谓惠门八子乃惠士奇在粤六年间的最得意之门生，与惠门四子略有区别。惠门四子加上陈世和（实际上是“五子”），乃最早入惠门者，时在康熙六十年惠士奇来粤之初，晚至雍正元年选取拔贡前后。惠门八子则为康熙六十年至雍正四年惠士奇在粤六年所培养门生的代表。此后关于“惠门八子”，各相关史料皆记载很清楚，没有出现像“惠门四子”那样的混乱情况。如：钱林《文献征存录》卷四：“（劳孝舆）补诸生，受知学使惠士奇。与顺德罗天尺、苏珥、陈世和、陈海六，南海何梦瑶、吴世忠，番禺吴秋齐名，号‘惠门八君子’。”[②]张维屏《国朝诗人征略》卷二三：“天牧惠公来粤视学，

---

① 罗元焕撰，陈仲鸿注：《粤台徵雅录》，第 9 页。

② 钱林：《文献征存录》卷 4，第 167 页上。

赏誉者数十人,惟何西池、罗石湖、苏古侪、陈时一、劳阮斋、陈鳌山、吴南圃、吴竺泉投契最深,有'惠门八子'之目。"[①]黄培芳《香石诗话》卷四:"惠天牧先生士奇视学时,最赏识者有八子之目。石湖其首选也。'惠门八子'罗石湖外,则有南海何西池监州梦瑶,著有《匊芳园诗钞》,其他著述等身,旁通百家,虽医宗、算法亦有成书;南海劳阮斋明府孝舆,乾隆荐举鸿博,著有《阮斋诗钞》及《春秋诗话》等书;顺德苏瑞一孝廉珥,有诗文集未梓,求其文并得其书者,称为二绝;顺德陈时一征君世和,独漉先生之孙,诗人士皆孝廉之子也,有《拾余子草》;顺德陈鳌山学博海六;南海吴南圃世忠,山带前辈之从子;番禺吴竺泉秋,胡金竹高弟亦其婿也。"[②]道光《广东通志》卷三三一《杂录一》记载:"学士天牧惠公于康熙辛丑初,以编修来粤视学,至雍正丙午凡六年。一以经古之学为教。在广州先任所取士,赏誉者数十人,惟石湖与何西池、苏古侪、陈时一、劳阮斋、陈鳌山、吴南圃、吴竺泉……是时声华藉甚,文契最深。故有'惠门八子'之目。"[③]咸丰《顺德县志》卷二五《列传五》:"(罗天尺)与同县苏珥、陈海六辈称'惠门八子'";"海六,喜涌人,一字鳌山。'惠门八子'之一也。"[④]同治《番禺县志》卷四四《列传十三》:"(吴孟旦)弟秋,字始亭。尝受业于妇翁胡方,与罗天尺、何梦瑶、苏珥、陈世和、劳孝舆、陈海六、吴世忠并为惠士奇所赏拔,有'惠门八子'之目。"[⑤]卷五三《杂录一》:"惟罗石湖与何西池、苏古侪、陈时一、劳阮

---

① 张维屏:《国朝诗人征略初编》卷 23,第 7 页 b。

② 黄培芳:《香石诗话》卷 4,第 182 页上 –182 页下。

③ 道光《广东通志》卷 331《杂录一》,第 5308 页下。

④ 咸丰《顺德县志》卷 25《列传五》,第 596 页上,624 页下。

⑤ 同治《番禺县志》卷 44《列传十三》,第 554 页上。

斋、陈鳌山、吴南圃、吴竹泉，……故有‘惠门八子’之目。”[①]光绪《广州府志》卷一三〇《列传十九》载：“（吴孟旦）弟秋，字始亭。尝受业于妇翁胡方。与罗天尺、何梦瑶、苏珥、陈世和、劳孝舆、陈海六、吴世忠并为惠士奇所赏拔，有惠门八子之目。”卷一三二《列传二十一》：“督学惠士奇知之（罗天尺）尤深，手录其词赋示诸生。与同县苏珥、陈海六辈称惠门八子”；卷一六二《杂录三》：“惟石湖与何西池、苏古侪、陈时一、劳阮斋、陈鳌山、吴南圃、吴竺泉……故有‘惠门八子’之目。”[②]等等这些说法，被民国初年编纂的《清史稿》吸收，该书在记载何梦瑶时说：“惠士奇视学广东，一以通经学古为教。梦瑶与同里劳孝舆、吴世忠，顺德罗天尺、苏珥、陈世和、陈海六，番禺吴秋一时并起，有惠门八子之目。”[③]

为便于后面的论述，下面先简要介绍“惠门八子”中的另外七人。

1. 罗天尺（1686—1766），字履先，号石湖，顺德人。青年时期就以渊博闻于乡里。十七岁试于有司，日竟十三艺。之后得心悸之病，所以经常在经卷和药炉间生活。乾隆丙辰（1736）恩科孝廉，惠士奇知之尤深，手录其词赋示诸生。会开博学鸿词科，巡抚傅泰将荐之，以母老辞。乾隆四年（1739）会试不第。乾隆十四年至乾隆二十二年任顺德凤山书院山长。著有《五山志林》、《瘿晕山房诗删》等。

2. 苏珥（1699—1767），字瑞一，号古侪，晚号睡逸居士。顺德人碧江人。七岁即能写文章，长于书史。喜欢饮酒。十三岁受知于惠

① 同治《番禺县志》卷53《杂录一》，第660页上。

② 分别见光绪《广州府志》卷130《列传十九》，第2024页下；卷132《列传二十一》，第2061页下；卷162《杂录三》，第2554页下。

③ 《清史稿》卷485《列传二百七十二·文苑二》，第13375页。

士奇，后食饩入幕。乾隆元年(1736，丙辰)开博学鸿词科，当时的刑部右侍郎杨超曾推荐苏珥，但是，他以母老未赴试。乾隆三年(1738)乡试，中孝廉。与罗天尺一同参加乾隆四年(1739)的会试，不第。平时率性而为，不修边幅，不慕浮名，唯嗜学，老而不倦。诗有别趣，而不轻作，为文长于序记，与书法皆名重一时。当时人能够得到他的文并由其书者，称为“二绝”。著作有《宏简录》、《辨定笔山堂类书》、《安舟杂钞》、《明登科入仕考诗文集》等，皆散佚，唯《安舟遗稿》传于世。

3. 陈海六，字海六，一字鳌山，以海六字行，顺德喜涌人。潜心研究宋五子书，讲太极图说。雍正优贡。考教习，派八旗官学，未当馆而归。乾隆十一年(1746)任选饶平训导。此后多次赴乡闱，不第。

4. 劳孝舆(1696—1745)，字阮斋，号巨峰，南海人。雍正十三年(1735)拔贡。乾隆丙辰(1736)被推荐博学鸿词。至京师，先以拔贡廷试第五，入引见，以知县用。再试鸿博不售。之后分发贵州省，历任锦屏、清镇、龙泉、清溪、毕节、镇远知县。在贵州经历十年，卒于镇远知县任上。著有《春秋诗话》、《阮斋诗钞文钞》、《读杜窃馀》等。

5. 陈世和(1696—1733)，字圣取，别字时一，顺德人。陈恭尹之孙。康熙三十八年(1699)孝廉，雍正元年(1723)恩科拔贡。雍正五年(1727)巡抚傅泰奉征选贡生、生员，陈世和名列首荐，即奉发试用浙江署盐课大使，后改龙游县丞，到任未几卒。诗文散佚，存有《拾余子草》。

6. 吴世忠，字仲坡，号南圃，南海人。是吴文炜之从子，得以博览吴文炜的丰富藏书。年少就有谢庭兰玉之美誉，诗名亦早著。白燕堂诗社选拔列第十一名，白燕堂诗社的结集《峤华集》收录其五首诗。

7. 吴秋，字始亭，号竺泉，番禺人。受业于岳父胡方，是其高足，诗笔独秀。在“惠门八子”中最年轻且早卒。

（三）南海明珠

“南海明珠”一词最早见于杜甫的《诸将五首》其四：

回首扶桑铜柱标，冥冥氛祲未全销。
越裳翡翠无消息，南海明珠久寂寥。
殊锡曾为大司马，总戎皆插侍中貂。
炎风朔雪天王地，只在忠臣翊圣朝。[①]

广东濒临南海，自古有采珠以贡朝廷之风。惠士奇督学广东之始尝言：“汉时蜀郡辟陋，有蛮夷风。文翁为蜀守，选子弟就学，遣隽士张宽等东受七经，还以教授；其后司马相如、王褒、严遵、杨雄相继而起，文章冠天下。汉之蜀犹今之粤也。”[②]他认为广东士人的缺乏以及士人学问水平的不高，主要是因为缺乏真正有水平的官员的引导、教育和发现。在此意义上说，“南海明珠久寂寥”用于广东是非常贴切的，而且惠氏希望通过他的努力，培养的广东士子皆为“南海明珠”并能为朝廷所用。

顺德籍进士赵林临为《医碥》作序时，赞誉何梦瑶早年为诸生之时，“即文名藉甚，学士惠公称为南海明珠”[③]。陆以湉（1802—

① 杜甫：《诸将五首》，《全唐诗》第7册，卷230，北京：中华书局，1960年，第2511页。

② 钱大昕：《惠先生士奇传》，《潜研堂文集》卷38，第22页b。

③ 赵林临：《赵序》，何梦瑶《医碥》，第49页。

1865)在其《冷庐医话》引用此说:“西池少负才名,学士惠公,称为南海明珠。”[①]此后由于《医碥》受到当代诸多医史研究者重视,多有提及何梦瑶被惠士奇称为“南海明珠”。[②] 然而,实际上被惠士奇称为“南海明珠”的不只何梦瑶一人,而是整个惠门弟子群体,其中较早被惠士奇称为“南海明珠”的应是苏珥。

钱林《文献征存录》记苏珥“性率易,诗有理趣。学使惠士奇称之曰‘南海明珠’”[③]。道光《广东通志》卷二八七《列传二十》亦称苏珥“性脱略不羁,然笃于学,尝掉臂游市中,且行且诵,人莫能测。诗有别趣,惠士奇称之曰‘南海明珠’”[④],后出文献不断有此说。而钱大昕对“惠门四子”的排序,以苏珥为首。由此观之,较之于何梦瑶,从文献记载数量、频率以及次序而言,苏珥应是惠士奇较早称之为“南海明珠”的惠门弟子。

乾隆三年苏珥中举,乾隆四年(1739)与罗天尺结伴进京会试。在京拜访恩师惠士奇时,罗呈上自己的诗作,惠士奇很是赞赏,并为之作序。在序中,惠士奇再次提到“南海明珠”:

> 余昔视学广东,岁在辛丑。试广州,得罗生天尺、何生梦瑶、苏生珥、陈生海六等数十人,皆南海明珠也。……罗生辈实先为之倡焉,最后得辛生昌五等数十人皆斐然成章,而辛生尤善揣摩,遂魁乡荐。罗生学古之暇工科举文,亦得登贤书。先是何生成进士出为县令,辛生入翰林旋乞归奉母,罗生以病不获计偕,独苏生好古不善揣摩之学,困于场屋者数矣。戊午秋

① 陆以湉:《冷庐医话考注》,上海:上海中医药大学出版社,1993年,第117页。

② 参见刘小斌、张志斌、田文敬、王伟彪、郑洪、刘志英、许永周、李安民等人的论文。

③ 钱林:《文献征存录》卷4,第167页下。

④ 道光《广东通志》卷287《列传二十》,第4604页下。

乡荐竟魁其经，与生同上公车，谒余于京师旅舍。余见而笑曰，“南海明珠”同入贡乎？[①]

由此可知，“南海明珠”非独指何梦瑶一人，而是包括何梦瑶、罗天尺、苏珥、陈海六等在内的惠门“数十人”。所谓“南海明珠同入贡乎？”实质上反映了惠士奇对其培养的广东弟子的表现非常满意，希望他们最后都被社会认可，成为朝廷可用之人。

第三节　何梦瑶在惠门中的交往

一、南海何从瞻北斗

在论述何梦瑶的惠门交往之前，首先不得不提及其与惠士奇之间的师生情。康熙六十年（1721），何梦瑶、苏珥、罗天尺、陈圣取、陈海六诸人被惠士奇选中为郡邑生员。惠士奇以竹枝词为试士题，何梦瑶以《珠江竹枝词》六首应考而才华初露：

其一

侬是珠江水上生，今年水比往年清。
海珠寺右鱼珠左，无数人来看月明。

其二

看月人谁得月多，湾船齐唱浪花歌。

① 惠士奇：《惠士奇序》，罗天尺《瘿晕山房诗删》，第485页下。

花田一片光如雪，照见卖花人过河。

其三

卖花声最断人肠，花落花开枉自伤。

莫向百花坟上过，阿乔命薄似真娘。

其四

不死人间是素馨，春风岁岁唤来生。

昌华不少如花女，埋没何人唤姓名。

其五

昌华苑接荔枝洲，影入珠江不肯流。

试上五层楼上望，珊瑚千树水西头。

其六

春日高楼大道傍，穿花盘缕试新妆。

珠江旧是风流地，肯把斑骓送陆郎。[①]

罗天尺也作《荔枝竹枝词》二首应试：

其一

万树蝉声一笛风，广东五月火山红。

香名欲买真无价，只在杨妃一笑中。

其二

南人饱食不曾饶，树底蒲葵任意摇。

妾似青盐郎白水，相逢内热一时消。[②]

---

① 何梦瑶：《珠江竹枝词》，《匊芳园诗钞》卷1《煤尾集》，第1页a－1页b。

② 罗天尺：《荔枝竹枝词》，《瘿晕山房诗删》卷13，第590页下。

惠士奇见到罗天尺《荔枝竹枝词》，大加赞赏，并特别手录其诗，以示诸生。[①] 雍正四年十二月，惠士奇任满还京，众人送行如堵墙。何梦瑶、罗天尺、陈海六、苏珥和陈圣取等弟子亲自送到广州府西北的胥江驿。[②] 多年后，学生罗天尺经过此地，依然想起当时情景："蓟北书来鬓欲华，胥江前此拜侯芭。江山知尔还无恙，开遍蔓青一地花。"[③]何梦瑶饱含深情地写下《送天牧师还朝六首》，现选录三首如下：

其一

支硎山色郁崔嵬，秀毓名贤旷世才。丹篆光分龙虎气，紫霄人上凤凰台。家传史记当周柱，榜放门生尽楚材。南海何从瞻北斗，文昌高座近三台。

其三

漫劳年月细分程，劝学初编炳日星。怀饼不辞双腕脱，卖薪还教一灯荧。劣能注选称书簏，粗解摛词类鼎铭。最是中庭犹趁蝶，杏花坛上写遗经。

其五

一自笙歌列绛帷，春风回首六年期。爱莲亭畔看花样，拾翠洲边唱竹枝。安定来时人奏雅，昌黎归后士无师。沉香水绿同南浦，惆怅兰舟缆引丝。[④]

---

① 罗元焕撰，陈仲鸿注：《粤台徵雅录》，第 7 页。

② 康熙《南海县志》卷二《建置志》载："胥江水驿在县西北三水界。"参见康熙《南海县志》卷2《建置志》，第 51 页上。

③ 罗天尺：《次胥江驿忆雍正丙午十一月与何赞调陈海六苏瑞一陈圣取奉送惠夫子归舟至此》，《瘿晕山房诗删》卷 12，第 580 页上。

④ 何梦瑶：《送天牧师还朝六首》，《匊芳园诗钞》卷 1《煤尾集》，第 10 页 b－11 页 a。

诗句“南海何从瞻北斗，文昌高座近三台”、“爱莲亭畔看花样，拾翠洲边唱竹枝”等，不无充溢着对惠士奇及在其门下读书生涯的感念与不舍，正所谓“借寇六年刚一瞬，珠江秋月若为情”。惠士奇督学广东六载，其对何梦瑶的影响，在以下几个方面：

（一）惠士奇品格的影响

据前所述，广东巡抚年希尧言惠士奇：“公而且明实，不卖秀才。”[①]两广总督杨琳亦言其：“校士公明，一文不取。臣初亦未敢尽信，今三年已满。现今补考特恩广额童生，亦将完毕，则其始终如一矣。臣遍历各省，所遇学臣中仅见者。有此清操特出之员，臣何敢淹没不为上闻。”[②]又据惠士奇《舟中与子书》言：

> 犹记康熙六十一年秋，试初毕，还省城，与将军管源忠、巡抚杨宗仁燕语。管谓予曰：“老先生不名一钱，固善，万一日后奉旨当差，如之何？”杨正色曰：“天理可凭，决无此事，吾能保之。”予摇手曰：“保不得！保不得！”杨愕然曰：“何谓也？”予曰：“男儿坠地，死生祸福已前定，万一吾命当死，公能保我不死耶？君子惟洁乃心，尽厥职而已，他非所知也。”管左右顾，笑曰：“好汉！好汉！”予当时已料及此事，君能致其身，即粉骨分所不辞，倘有几微难色，便非好汉。汝当仰体我心，欢欣鼓舞，

① 中国第一历史档案馆：《广东巡抚年希尧奏陈王朝恩等官声折》（雍正元年八月二十三日），《雍正朝汉文朱批奏折汇编》第1册，第875页下。

② 中国第一历史档案馆：《两广总督杨琳奏陈年希尧居官尽职等事折》（雍正元年八月二十三日），《雍正朝汉文朱批奏折汇编》第1册，第868页下－869页上。

以乐饥寒，则我快然无憾矣。[①]

由是可见惠士奇"操行之洁，比于白圭、振鹭"[②]并非溢美之词。惠士奇的廉洁直接影响了何梦瑶、陈世和、劳孝舆等。何梦瑶为官勤勉、廉洁，以至于为官之时要向友人讨米吃，在思恩县迁辽阳知州之时"贫不能置舟车"。

此外，惠士奇的《红豆斋时术录》含《乐》、《讹言》、《为人后》、《孟子》、《寇准》、《王安石》、《司马光》、《高宗上》、《高宗下》、《孝宗》、《防海》、《荒政》等十二篇文章，言古人古制，多宋时政事，亦论时人时政。故惠士奇于《宋史》研究独详。其论荒政，以为荒政之弊有四：一曰劝分，二曰抑价，三曰遏籴，四曰行粥。又主开渠之法、通商之法、广籴之法、厘户之法，所谓以实心行实政，则存乎其人。从所涉及范围而言，惠士奇实乃抱经世济民思想，非不识时务之经生。所以，何梦瑶继承儒家入世传统，潜心学习惠士奇的经世济民思想，并在宦游中加以实践。

（二）惠士奇朴学的影响

惠士奇还撰有《易说》六卷、《礼说》十四卷、《春秋说》十五卷。杨向奎先生认为："士奇言《易》能开后世之先路者，乃在其以训诂解《易》，还《易》以本来面目。……在《礼说》中，士奇颇多精义，以训诂探礼之源流，较胜于以理想体系妄图符合者。"并认为："士奇朴学开哲理之端，惠栋、戴震固如是也，然则谓士奇开吴皖两派之先

① 梁章钜：《国朝臣工言行记》卷13，周骏富《清代传记丛刊》第54册，台北：明文书局，1986年，第657－658页。

② 沈德潜：《惠士奇》，《清诗别裁集》卷22，石家庄：河北人民出版社，1997年，第425页。

河者,非诬也。……论清代朴学吴门惠氏实属大宗,而士奇乃大宗之不祧祖也。"[①]何梦瑶从学启蒙老师麦易园时就与易学有所接触,入惠门后,更受惠士奇之影响,到晚年任山长时仍倾注心血研究《易经》,作《皇极经世易知》。何梦瑶在序中言及撰写目的:"粤洲先生得诸道藏手自抄录为之传注。……然辞义简奥,如攻坚木,其初甚难,渐乃说解,其管窥十二篇则又汪洋浩渺,茫无涯涘,令读者如河伯向若,旋其面目,初学病之。……点勘两载,始有条理,随手札记,积成八卷,另为图一卷,冠诸其首,名曰《经世易知》。"[②]黄培芳在《校刊〈皇极经世易知〉序》中也说:"至我朝南海何西池先生,推本先祖是书,复为《皇极经世易知》。先生负鸿博之才,著述甚富,以邵子之学未易窥测,故于各说为之参互考订,删繁举要,勒成此书,取大易易知之义名编。"[③]

惠士奇还著有《琴笛理数考》、《交食举隅》,阮元言:"惠氏世传汉学,今世学者皆宗之,盖儒林之选也。红豆以律吕、象数,研究者稀,因潜心二事,著《琴笛理数考》以明律,《交食举隅》以明推步。观其以金钱食解春秋食既,日月有气无体之说,言甚甄明。虽专门名家,无以过之也。"[④]而何梦瑶深受其师影响,对于律吕、象数皆有相当研究,作《赓和录》和《算迪》,详见后文。此外,受惠士奇《春秋说》的影响,劳孝舆亦深研《春秋》,作《春秋诗话》。

---

① 杨向奎:《清儒学案新编》卷3《三惠学案》,济南:齐鲁书社,1994年,第108-113页。

② 何梦瑶:《皇极经世易知序》,《四库未收书辑刊》编纂委员会《四库未收书辑刊》第4辑27册,北京:北京出版社,2000年,第2页下-3页上。

③ 黄培芳:《校刊〈皇极经世易知〉序》,何梦瑶《皇极经世易知》,第3页下。

④ 漆永祥:《东吴三惠诗文集》,台北:"中央研究院"中国文哲研究所,2006年,第496-497页。

(三)惠士奇诗歌的影响

惠士奇有《半农先生集》三卷。是书凡《南中集》一卷、《采莼集》一卷、《红豆斋时术录》一卷。其中诗集为《南中集》和《采莼集》,《南中集》为粤游之作,收诗六十二首,《采莼集》收诗七十三首。沈德潜言其“诗近唐人,以自然为宗”[①]。又谓:“天牧诗秀而流动,七古尤为擅长,自应特胜乃翁一筹。”[②]何梦瑶的诗受惠师影响,也是诗法唐人。罗天尺在《匊芳园诗钞》序中说何梦瑶的诗:“觇其品格,类祖渭南。渭南诗意尽于句,拙生于巧,……报之炼不伤气,清不入佻,中藏变化,不一其体。”[③]罗天尺指出何梦瑶的诗“类祖渭南”,即宗白居易。何梦瑶自己也说:“廿年文酒无多日,盍早休官拟白苏。”[④]明确了自己承继白苏的诗歌取向。檀萃也认为何梦瑶诗“出入白、苏间,略为生色”[⑤]。

漆永祥认为,东吴三惠之家学传至惠栋时,发生了很大的变化,这就是放弃了辞章之学,而转而专力于经学,尤其是汉易的研究。惠栋不喜为诗,其论“唐人诗学最盛,孔颖达、颜师古二人通经史,独无诗名”,实则是夫子自道之言。[⑥] 而何梦瑶、罗天尺等惠门弟子,虽与惠栋有同窗之谊,但是学术趣味不同,继承了惠士奇的辞章之学,然于朴学方面却是浅尝辄止,难以企及惠栋的高度。

惠栋乃惠士奇次子,与何梦瑶诸人也有往来。据钱大昕《惠先

---

① 沈德潜:《惠士奇》,《清诗别裁集》卷22,第425页。

② 蒋寅:《东瀛读书记》,《文献》1999年第1期。

③ 罗天尺:《罗天尺序》,何梦瑶《匊芳园诗钞》,第2页b。

④ 何梦瑶:《五十》,《匊芳园诗钞》卷5《寒坡集》,第14页a。

⑤ 檀萃:《楚庭稗珠录》,广州:广东人民出版社,1982年,第140页。

⑥ 漆永祥:《东吴三惠诗文集》,第25页。

生栋传》载："学士视学粤东，先生从之任所。粤中高才生苏珥、罗天尺、何梦瑶、陈海六时称惠门四子，常入署讲论文艺，与先生为莫逆交。至于学问该洽，则四子皆自以远不逮也。"[①]此传记分别被江藩《国朝汉学师承记》和李元度《国朝先正事略》所因袭。据此传记，惠栋与何梦瑶等惠门弟子相从数年，谈文论艺，结为莫逆。乾隆五年(1740)六月，惠士奇携惠栋至岭南。据道光《广东通志》卷二五六《宦绩录二十六》记载："(惠士奇)已未告归，携其子栋至岭南，校刊所著《春秋说》十五卷，游罗浮，过潮州。惠潮诸生迎谒者千余人。"[②]乾隆五年六月，罗天尺《惠学士半农先生挽诗百韵》有注："公庚申六月至潮，旋归吴，广士争迎不至。"[③]又据光绪《嘉应州志》卷一九《宦绩》："庚申夏，以侍读学士乞休。归携其子栋来游，士人感慕，操舟出迎，观者如堵。寓九贤祠两阅月，日馈豚酒不绝，远乡闻风咸执文就正。……去之日，州人制木主祠之。今祀培风书院。"[④]

总之，正是惠士奇南来以及由此形成浓郁的师生情，成为惠门诸子之间交往密切的缘起与纽带。

二、相齿弟与兄

在"惠门八子"之中，罗天尺与何梦瑶的交往是时间最长的，也是最为密切的。尤其是何梦瑶弃官回到广州后，两人往来更加频密。除经常共同参与诗社酒会外，两人之间也时常相互唱和。据查，罗天尺《瘿晕山房诗删》中涉及何梦瑶诗歌多达25首，何梦瑶

---

① 钱大昕：《惠先生栋传》，《潜研堂文集》卷39，第1页a－1页b。

② 道光《广东通志》卷256《宦绩录二十六》，第4107页下。

③ 罗天尺：《惠学士半农先生挽诗百韵》，《瘿晕山房诗删》卷10，第573页下。

④ 光绪《嘉应州志》卷19《宦绩》，第333页下。

《匊芳园诗钞》亦有诗歌 15 首涉及罗天尺。罗天尺有诗称何梦瑶“我友何十久不见，十日一书五羊渡”，足见两人书信往来之频繁，亦知两人感情之深厚。罗天尺擅长诗歌，深受乃师惠士奇赏识与惠门同好钦佩。据劳孝舆《瘿晕山房诗钞序》所引惠士奇评价罗诗曰：“诗与为赝唐，不若真宋，精求于韩杜而佽助以眉山剑南是。惟吾子冶溪之言曰：‘自科举业兴，人鲜实学，五都之市，碎胡琴者，纯盗虚声。’今罗君不僻，处天末赤帜将树君所矣。”[①]何梦瑶认为罗天尺诗歌水平居惠门诸子之首：“吾党工诗者素推罗履先，仆与劳孝舆、陈圣取、苏瑞一皆不及。”[②]接替惠士奇出任广东学政的郑虎文（字炳也，号诚斋，浙江秀水人）在《顺德罗孝廉天尺诗文稿序》云：“罗孝廉以诗文雄踞坛坫者三四十年，广东人推名宿，率以孝廉为称首。”[③]罗天尺虽未谋面但书信频繁的好友蔡时田（字修莱，号雪南，四川崇宁县人），竟将罗的诗才与李白相比。据彭端淑《国朝诗话补》：“顺德罗履先天尺，粤中名宿，与吾友蔡雪南神交万里之外。雪南每赏其《南塘渔子》、《石湖》等歌，不愧李青莲。”[④]晚清粤东三子之一的黄培芳也在其《香石诗话》中称：惠士奇视学广东时，“最赏识者有八子之目，石湖其首选也。”[⑤]可能同样指罗天尺之诗才应居惠门之首。近人袁行云《清人诗集叙录》亦言罗天尺被广东士人推为名宿者垂四十年，“清初广东诗，以屈大均、梁佩兰、陈恭尹三家最著，天尺为之嗣响。浓淡相间，高雅超脱。……取材宏博。盖本

---

① 劳孝舆：《瘿晕山房诗钞序》，道光《广东通志》卷 198《艺文略十》，第 3287 页上。

② 何梦瑶：《春秋诗话序》，劳孝舆《春秋诗话》，第 506 页上。

③ 郑虎文：《顺德罗孝廉天尺诗文稿序》，《吞松阁集》卷 26，《四库未收书辑刊》编纂委员会《四库未收书辑刊》第 10 辑 14 册，北京：北京出版社，2000 年影印本，第 240 页上。

④ 彭端淑：《国朝诗话补》，《续修四库全书》编纂委员会《续修四库全书》卷 1700，上海：上海古籍出版社，1994，第 101 页上。

⑤ 黄培芳：《香石诗话》卷 4，第 182 页上。

于性情,参以学问,故能声实相副,一往骏利也”[1]。此言罗天尺为清初岭南三家之“嗣响”,评价可谓很高,尤显罗诗康乾时期在广东之地位。

罗天尺于乾隆十七年为何梦瑶《匊芳园诗钞》作序称:“忆二十年前,余与报之十余辈结南香社时,讲艺晚成堂。堂独漉陈先辈坛坫地也,文酒流连,侪偶征逐,虽不尽以诗,而一时声气豪上,称极盛焉。”[2]此应在何梦瑶雍正八年分发广西前。何梦瑶、罗天尺等惠门诸子结成南香诗社,以陈世和(陈恭尹之孙)晚成堂为聚会之所。何梦瑶也曾于乾隆十六年提及南香诗社旧事:“顾孝舆善言诗,尝同饮圣取晚成堂,雨窗夜话。孝舆谓国风淫诗备列,不知所逸何等,宣尼可作,当不受删诗之诬;又谓陈正字碎琴燕市,无异王右丞主第琵琶。一座首肯。……追念二十年前尊酒论文,徒深旧雨之感。”[3]罗、何交往情景,已在前面第二节中叙述颇详,此不赘述。

何梦瑶于雍正八年分发到广西后,由于距离远隔,来往不便,但其与罗天尺仍书信不断。雍正十一年秋何梦瑶试用广西义宁县前,好友罗天尺专门为之写下《秋日送何赞调十弟试用桂林》:“廿年讲学西樵洞,百里之官古桂林。盛世岂容猿鹤侣,吾儒谁有利名心。重华考注苍梧辨,新息冤传薏苡吟。凭吊政间无不可,漓江湘水同何深。”[4]以示祝贺。十三年实授岑溪知县,罗天尺从书信得知后,写下《寄何十赞调岑溪官署》:“望断苍梧百里烟,思君如在剡溪船。浮沉拙宦过三载,聚散名山忆十年。多病欲求勾漏药,纪游谁寄绿

① 袁行云:《清人诗集叙录》,第770页。

② 罗天尺:《罗天尺序》,何梦瑶《匊芳园诗钞》,第2页b。

③ 何梦瑶:《春秋诗话序》,劳孝舆《春秋诗话》,第506页上。

④ 罗天尺:《秋日送何赞调十弟试用桂林》,《瘿晕山房诗删》卷8,第557页上。

珠篇。樵西旧有移家约，好买云端二顷田。”[1]罗诗有劝说何梦瑶与其在宦海沉浮，不如回乡隐居之意。何梦瑶有感于罗诗，一方面怀想旧时光景，一方面亦觉官场如“鸡肋之终抛”，回寄《罗履先邮诗招隐次韵奉答》云：

石湖秋色净无烟，何日随君上钓船。十载相思愁似月，一官将老酒为年。

空抛陶句教苏和，肯把严诗杂杜编。便乞南园修旧社，归耕犹有砚如田。[2]

此处何梦瑶多次提及“十年”或“十载”，若自雍正十三年逆推十年，则时在雍正四年(1726)左右。其时恰逢乃师惠士奇离任北上之际，如今倏忽间十载，惠师门下拜石亭学习时光历历在目。故而何梦瑶序云：“十年判袂，千里牵思，每忆拜石亭‘高病鹤山僧’之句。西禅月上，荒祠残碣之游，恍若日前。”亦如诗作所言：“十载相思愁似月，一官将老酒为年。”

乾隆十二年(1747)，罗天尺得知劳孝舆死于贵州镇远任上，写下诗作《乾隆丁卯仲冬病中得劳孝舆二弟镇远凶问感成二十五韵》，并寄何梦瑶，诗曰：

西风欺病骨，八载江湖居。今年冬十月，病疟诗难驱。
空齐战木叶，势似潮头呼。有客来询视，兼言好友殂。
病躯闻之惊，起哭血泪枯。忆昔廿年前，文场识子初。

---

① 罗天尺：《寄何十赞调岑溪官署》，《瘿晕山房诗删》卷 8，第 561 页上。

② 何梦瑶：《罗履先邮诗招隐次韵奉答》，《匊芳园诗钞》卷 3《学制集》，第 5 页 b –6 页 a。

相齿弟与兄，联镳何与苏。论文眼上视，尚未有髭须。
况复兼诗豪，辟易可万夫。时惟最匿我，甘自捧盘盂。
大吏荐鸿博，强欲与我俱。转念我母老，独自策蹇驴。
阊阖叫不闻，作吏夜郎区。隔绝万余里，十年无一书。
近从蜀中札，稍悉时念予。我被老病催，兼为反哺乌。
子亦作牛马，籍书官何麤。何时归南粤，再把浮邱裾。
社共继南园，酒可斟黄垆。孰知天忌才，溘逝竹王都。
近闻花苗乱，岂奋伯也殳。倘得殁王事，亦可壮吾徒。
魂兮归来未，我梦何模糊。苟曰传未真，欲杀世岂无。
行作再生诗，付与黔中鱼。[①]

罗天尺乾隆四年会试落第后，从此养病乡野，以课徒教书自娱。正如诗作所谓“八载江湖居”，距离乾隆十二年共八载。恰于此时，有人告知劳孝舆病死他乡的消息，匆匆间已逝二十载，往事涌上心头。遥想雍正初年“文场识子初”、“相齿弟与兄”，与何梦瑶、苏珥、劳孝舆诸人情同手足，同谋举业，共赴科场。值得注意的是，罗诗亦有劝慰何梦瑶归隐之意。“子亦作牛马，籍书官何麤。何时归南粤，再把浮邱裾。社共继南园，酒可斟黄垆。孰知天忌才，溘逝竹王都。”其中，“浮邱”当为晚明士人在广州城西浮邱观所设立的浮邱诗社。万历中叶，广东南海人、官至光禄寺正卿的郭棐致仕归里，与陈堂、袁昌祚诸人辟社，旨在接续南园五子。[②] 而“近闻花苗乱，岂奋伯也殳。倘得殁王事，亦可壮吾徒”的诗句，正表露出罗天尺对好友

① 罗天尺：《乾隆丁卯仲冬病中得劳孝舆二弟镇远凶问感成二十五韵》，《瘿晕山房诗删》卷2，第499页上。

② 参见李绪柏《明清广东的诗社》，《广东社会科学》2000年第3期。

何梦瑶安危的深切关怀，距离隔阂并未消弭两人之间肝胆相照的同学之谊。何梦瑶收到罗天尺诗句后，深切缅怀好友劳孝舆，遂步原韵写下《读罗履先乙卯冬得劳孝舆凶问作感赋次原韵》，曰："联床为弟兄，掉鞅争前驱。""艰难忆故交，书札来潜夫。惊闻龙游客，笑视清泉盂。篷窗夜风雨，滂沛声泪俱。伤逝复惜别，羁孤悔司驴。送笼久剪羽，卑栖甘穷乌。""当君死罗甸，值我迁留都。感此遂乞身，归田操摄殳。"[①]表达了同学之间真挚的情感以及自己虽然即将升迁辽阳，但于官场充满倦怠，萌生退意。

乾隆十年（1745）六月，何梦瑶升任奉天府辽阳知州。罗天尺赠诗《送何十赞调知辽阳州》："羡子一麾出，三韩万里游。时当清晏日，吏得帝王州。毳帐春风暖，边城白日留。龙兴原此地，容易达宸旒。"[②]

杭世骏于何梦瑶《匊芳园诗钞》序亦称："罗孝廉履先，其才长于诗，而与报之交密。知报之之才者莫如余，知报之之诗者又莫如履先。"[③]由此可知，罗天尺、何梦瑶两人交谊之一斑。据刘伯骥《广东书院制度沿革》，罗天尺于乾隆十四年至乾隆二十二年任顺德凤山书院山长。[④] 乾隆十五年，罗天尺在广州重逢何梦瑶。感于老友相聚，遂写下诗作《羊城晤何十赞调归自辽阳因柬苏二瑞一》：

生计知谁是，相逢万事非。老寻珠海友，生自玉门归。

① 何梦瑶：《读罗履先丁卯冬得劳孝舆凶问作感赋次原韵》，《匊芳园诗钞》卷7《悬车集》，第4页a－4页b；乙卯乃丁卯之误，原文不改，仅在注释中改正。

② 罗天尺：《送何十赞调知辽阳州》，《瘿晕山房诗删》卷7，第548页。

③ 杭世骏：《匊芳园诗钞序》，何梦瑶《匊芳园诗钞》，第3页b。

④ 刘伯骥：《广东书院制度沿革》，上海：商务印书馆，1938年，第228－231页。

卖药成仙易，论心入道微。东坡同有约，商议买渔矶。[①]

重逢之后，何梦瑶出示新著《匊芳园集》，请罗天尺做序。罗对何诗评价甚高："觇其品格，类祖渭南。渭南诗意尽于句，拙生于巧，发无可白方言老，酒不能赊始是贫，句法多同。报之炼不伤气，清不入佻，中藏变化，不一其体。国初诸公矫王李钟谭之习，群称苏陆。一时竞尚，未易有此造诣也。"[②]罗天尺是序成于乾隆十五年五月初七日。同年十月，罗亦将新刻《瘿晕山房诗》寄给何梦瑶，并附上诗作《鸡庋轩十月桐花歌》索合。[③] 何梦瑶遂赋诗《庚午腊月罗履先寄示新刻并索和桐花诗次韵》作答。[④]

何梦瑶被聘暂代粤秀书院山长后，以自嘲语气赋诗一首《须言》寄送罗天尺，诗曰：

忆昔己酉逢许负，许我秋榜当飞扬。
虞翻骨屯安得尔，为言秀出髯须长。
多言或中何足信，一发讵意乃叠双。
今冬此须复秀发，百白一黑幽而光。
自笑臣朔饥欲死，岂有鼋鼎供染尝。
况乃微官弃鸡肋，宁复迁擢征眉黄。
须兮莫更相戏谑，揶揄久厌鬼在旁。
忽闻大吏聘山长，为我鹿洞开讲堂。

---

① 罗天尺：《羊城晤何十赞调归自辽阳因柬苏二瑞一》，《瘿晕山房诗删》卷7，第549页上。

② 罗天尺：《匊芳园诗钞序》，何梦瑶《匊芳园诗钞》，第3页a。

③ 罗天尺：《鸡庋轩十月桐花歌》，《瘿晕山房诗删》卷5，第533页上–533页下。

④ 何梦瑶：《庚午腊月罗履先寄示新刻并索和桐花诗次韵》，《匊芳园诗钞》卷7《悬车集》，第10页a–10页b。

斗筲器小易盈满，此须乃为修脯祥。
惭忸直欲割弃汝，效颦恐笑狂生狂。
须言公不识时务，奇征异瑞殊非常。
孔方有神世所重，入粟拜爵赀为郎。
龙头巍巍孰与比，官资仅与州佐当。
书生一钱等万贯，瓶贮讵异仓与箱。
何况馆谷逾十斛，不烦谀墓时绕床。
高名厚实请自较，两榜不敌钱一囊。
十千莫惜沽美酒，沾濡使我常猬张。
世上颇少丈夫气，留此殊足表刚方。
悲歌但可将客手，苦吟莫藉抽枯肠。
掀髯大笑汝言是，风亭欲雪倾一觞。
此时斗草未须汝，且复为我缀槟榔。[①]

此时何梦瑶刚从辽阳归里，囊中羞涩。加之暂代山长束修不到正常聘任者的1/3（详见后文），故有“官资仅与州佐当”、“两榜不敌钱一囊”之言。罗天尺和了一首《须言次何赞调原韵同张柏园作》：

何十寄我诗一章，读之舌挢眉飞扬。
舌不能言眉不语，须乃喋喋争其长。
自言何子髯秀出，射雕可卜中其双。
为官大致二千石，上兴得贲生辉光。
岂意老沾玉关雪，马醴羊酪不能尝。
览镜几欲割弃汝，讴论潘白兼曹黄。

① 何梦瑶：《须言》，《匊芳园诗钞》卷7《悬车集》，第4页b－5页b。

忽然我须亦掀动，揶揄如鬼窥其旁。
笑言汝貌如瓜削，得吾眉目增堂堂。
捻之觅句岂知苦，燎因煮药何不祥。
虱多敢学丞相贵，挽去一任娇儿狂。
我不负汝汝负我，人生贵贱岂无常。
况汝送人日作郡，年过五十步为郎。
主簿之戏应不免，丈夫气概岂能当。
我今欲辞颊辅去，任尔迂腐随巾箱。
何君尔敢肆嘲弄，何异地下讥上床。
我闻须言增愧赧，寸舌欲卷口欲囊。
作诗用答何君语，如戟慎勿轻举张。
效颦毋乃太轻薄，乌染自古无奇方。
天生万物不兼有，鼠厌无足蟹无肠。
闺闱巧倩亦宠幸，请须勿言尽一觞。
倘谓龙虾十文贵，明朝入海同鸣榔。[①]

罗诗中“岂意老沾玉关雪，马醣羊酪不能尝”乃调侃何官辽阳而辞官，而“天生万物不兼有，鼠厌无足蟹无肠”似讽何氏嫌馆资低之意。

乾隆十八年，何梦瑶接替全祖望，出任端溪书院山长。罗天尺亦为顺德凤山书院山长，仍然与何梦瑶保持密切的往来。在此期间，罗天尺还遣其子绪儿赴肇庆，请何梦瑶医治足疾。此外，罗天尺还有诗《寄端溪山长何报之索坑砚》：

① 罗天尺：《须言次何赞调原韵同张柏园作》，《瘿晕山房诗删》卷5，第534页上－534页下。

文章垂老怯清游，诗寄羚羊恼置邮。
尔为砚材求院长，何殊螃蟹乞监州。
峒人执贽纷鸲鹆，峡舫归装压石尤。
分我一枚何足惜，接邻攻玉共千秋。[①]

到乾隆二十七年（1762），何梦瑶恰逢70大寿，罗天尺寄诗《春日病中寄祝何报之七十》祝贺，并慨叹岁月流逝：

遥指珠江作巨罗，紫棉一曲为君歌。
白头兄弟河山隔，红豆生徒死丧多。
久病馀丹犹待寄，清明省墓望相过。
三韩八桂皆春梦，莫更当筵叹逝波。[②]

由于何梦瑶祖坟在紫泥，每年清明扫墓都要拜访老友罗天尺。乾隆二十八年（1763）清明，何梦瑶扫墓时偶遇风雨大作，罗天尺作诗抒发怀想和担心：

我友何十久不见，十日一书五羊渡。
今朝倏起鲤鱼风，握手溪头日将暮。
君因上墓来龙湾，龙湾望裹青云山。
忽思我友如宛在，迂道入门惊衰颜。
君授我杖我授几，并坐欢笑诸孙环。
柚香蔗甜我所好，开度分饷思同甘。

① 罗天尺：《寄端溪山长何报之索坑砚》，《瘿晕山房诗删》卷9，第569页上。
② 罗天尺：《春日病中寄祝何报之七十》，《瘿晕山房诗删》续编，第599页下-600页上。

别来时事休要说，但言养生书可耽。
衰年思苦易损命，老景膈弱休加飧。
相爱只在二三语，不必绪论兼雄谈。
斗尔初日射林隙，便理舟楫凌江潭。
白打自可荐清洁，弃官岂有愧松杉。
日中金乌忽失坠，冯夷鼓浪蛟龙骖。
峡心风卷青萝断，岭顶云开半日衔。
我坐高斋战林木，况君一叶浮危滩。
我辈生平何所恃，忠信岂有天不谙。
昨宵会面能几何，欢乐何少忧患多。[①]

乾隆二十九年(1764)何梦瑶去世，享年72岁。罗天尺得知噩耗，“临风老泪”写下《寄哭何十梦瑶》：

不禁临风老泪倾，素车难遂忆生平。
千秋文字通肝腑，九转丹方托死生。
注述自为吾辈事，诗歌留与后人评。
知君最达庄周理，何用山阳要怆情。[②]

三、强拉扬云说六锋

关于苏珥，南海学者谢兰生(1760—1831)的《苏瑞一先生逸

---

① 罗天尺：《癸未清明何十省墓紫泥迂道枉顾信宿发舟忽风雨大作作此怀之》，《瘿晕山房诗删》续编，第602页下-603页上。

② 罗天尺：《寄哭何十梦瑶》，《瘿晕山房诗删》续编，第604页下。

事》对其有形象的刻画：

公性嗜酒，无一日不持杯。惟执亲丧断酒三年，一勺不入口。人饷以珍异，必焚香荐于寝曰："某人以某物馈，某男敢敬献。"凡四时品物，先荐而后敢尝。有某显者欲求公文，至所住聚贤坊，不能舁八轿，徒步至门，拒不纳。将军锡公特库，抚军鹤公年、关榷唐公英咸敬爱公，每宴集，以得公为欢。公亦时一再往。一日遣使延公，公不至。叩其故，则昨夜被窃衣帽，不能往。大吏震怒，饬县追给。令窘甚，馈公衣服财物两大箧。公曰："此非我故物，胡能强颜受！"令曰："大吏促我急，而盗又不可得。公不受，会当重谴矣！"公曰："箧中物不可以污我。我为言大吏，赃物已得，不以是琐琐者累也。"乾隆三年，典试闻公棠素耳公名，又知公治《春秋》，欲从暗中摸索。遍简《春秋》房，无佳文。搜遗得一卷，已涂抹狼藉。愕然曰："非老名宿焉能为此！"拔冠房首。榜发，果公也。放榜之夕，诸报喜者皆不诣公。曰："苏先生中，人谁不知？焉用报！"黎明，其门人市题名录，始知之。公曰："余文艰滞，自分不售。今既赏文，何为置第五？"沉吟久之，乃徐徐冠服出门去。先外祖吴寅谷公，公姻家也，往道喜，不相值。候至巳刻，公还，则极称解元王定九文，啧啧不去口。乃为寅谷公朗诵一遍，指谓某处好、某处胜予文远甚。寅谷公固好学，闻公称善处，辄求覆诵。公援笔默写一篇，并加评点以示。盖公出门时，问知王住处，乞草稿读一遍，即能背诵，并虚衷服善如此。[①]

① 仇江选注：《岭南历代文选》，广东中华民族文化促进会编，1993 年，第 325 -326 页。

苏珥性格虽率性而为，但不失法度，且其书法为粤人所重，但遗留诗文少见，原因可能因其自述："余善病不能工，履先天才独绝，超超元箸，余尤喜其赠遗之作，颂不忘规"。[①]《清诗纪事》载其诗作《赠汉亭》一首："九疑风雨暗崎岖，八节波涛险有余。世路合裁招隐赋，俗情催广绝交书。传闻入市人成虎，亲见张弧鬼满车。旧约耦耕堂愿筑，平田龟坼又何如！"[②]足见苏珥对诗文创作亦颇有造诣。苏珥曾评述何梦瑶"报之下笔蕴藉，欲言者无罪，闻者足戒，以合于风人之旨"。[③]

苏珥早年求学时常与何梦瑶"同寓仙湖"[④]，两人之间自始交情不浅。何梦瑶《匊芳园诗钞》中与苏珥有关的诗作有五首：《拜石亭杂咏》、《舟过碧江阻风寄苏瑞一》、《怀罗履先陈海六苏瑞一》、《罗履先邮诗招隐次韵奉答》、《罗石湖见示城南访苏瑞一》。其中《拜石亭杂咏》其六："清谈销尽蜡灯红，强拉扬云说六锋。绝倒不知春夜永，城头敲落五更钟。"原注有："苏古侪口吃，说里人六锋事，一座绝倒。"[⑤]描绘了他们在惠门学习时候的生活趣事。而何梦瑶直接写给苏珥的只有《舟过碧江阻风寄苏瑞一》：

大王风起走江烟，过客难停访戴船。
水汇东南波卷地，雨连春夏势沉天。
脱罾通印长鱼美，压檐辞房牡蛤鲜。

① 苏珥：《春秋诗话序》，劳孝舆《春秋诗话》，第504页上。

② 苏珥：《赠汉亭》，钱仲联《清诗纪事》乾隆朝卷，南京：江苏古籍出版社，1987年，第7977页。

③ 苏珥：《春秋诗话序》，劳孝舆《春秋诗话》，第504页上。

④ 罗天尺：《阮斋文集序》，道光《广东通志》卷197《艺文略九》，第3285页下。

⑤ 何梦瑶：《拜石亭杂咏》，《匊芳园诗钞》卷1《煤尾集》，第1页b-2页b。

归日定从司业饮，破除三百卖文钱。[①]

《粤东诗海》卷八一载有苏珥的《瓜州阻雨》，有可能是和何梦瑶《舟过碧江阻风寄苏瑞一》的诗作：

历尽江南第几关，瓜州无那滞前湾。
浮萍暂梗风翻浪，倦鸟难归雨暗山。
欲借渔蓑寻客路，漫沽村酒破愁颜。
醉中高卧来清梦，梦到高堂着彩斑。[②]

何梦瑶辞官回乡后，常与苏珥等把酒临风，作诗论文，数十年来同学情谊笃深。“惠门八子”之中，罗天尺、苏珥、何梦瑶三人交往时间最长，亦最密。据咸丰《顺德县志》卷二五记载：苏珥“生平最笃友谊。梦瑶死闻，即拏舟往哭，至则已盖棺，遽令其属启而覆视，对尸大恸。”[③]充分显示苏珥对何梦瑶的真性真情。

四、艰难忆故交

何梦瑶与劳孝舆相识于雍正元年（1723）乡试科场。苏珥序《春秋诗话》：“康熙甲辰[④]，余应岁试，识孝舆场中。时罗履先同余

① 何梦瑶：《舟过碧江阻风寄苏瑞一》，《匊芳园诗钞》卷1《煤尾集》，第11页b－12页a。

② 温汝能纂辑，吕永光等整理：《粤东诗海》卷81，广州：中山大学出版社，1999年，第1529页。

③ 咸丰《顺德县志》卷25《列传五》，第624页上。

④ 原文如此，应为雍正甲辰（雍正二年[1724]）之误。

寓仙湖，何报之、陈圣取朝夕相过。”[①]因苏珥与何梦瑶诸人相识较早，故而可知何梦瑶诸人亦于雍正元年初识劳孝舆。苏珥对劳孝舆性情有过一番描述：“孝舆性情笃雅类履先，风致潇洒类报之，志大则似圣取。惟圣取不修边幅，颓然自放，与孝舆颇异。余（苏珥）亦疏慵忤物，而孝舆反并爱之，与诸子共为耐久交无异也。”[②]

暨南大学毛庆耆教授曾于《劳孝舆及其〈春秋诗话〉》一文中考证劳孝舆生卒年为1697年与1746年。[③] 然据袁行云《清人诗集叙录》转录劳济《先明府诗钞纪后》：“乙丑（乾隆十年）病作，令济等护眷回粤，至临终皆在籍，不得视饭含焉。”[④]而劳孝舆享年五十，故生卒年当为1696年与1745年。

劳孝舆生性爽直，自述颇好浪游，“妄欲迹遍海内，与天下士交”。早岁随父游览琼南，望洋而叹，“读海外文，谬谓有所得”。甫弱冠之际，杖策踰岭渡河，徜徉江湖间，愈觉“以未得交当世巨公伟人为歉”，故而投师惠士奇门下。劳孝舆入惠门后，何梦瑶与之交往日益密切。惠门求学期间，两人住居毗邻，罗天尺回忆当年何劳过从甚密，“孝舆与何子报之寓馆亦近，旦夕过从”[⑤]。可惜的是，不久劳父病逝，劳孝舆随即回乡守制，其序罗天尺《瘿晕山房诗钞》所言：“余实未尝承謦欬也。事竣弗获祖送，每诵二三子胥江骊唱，嗟叹不能已。”[⑥]自此何、劳少有会面，正如劳孝舆自称：“回忆数年前，

---

① 苏珥：《春秋诗话序》，劳孝舆《春秋诗话》，第504页上。

② 苏珥：《春秋诗话序》，劳孝舆《春秋诗话》，第504页上。

③ 毛庆耆：《劳孝舆及其〈春秋诗话〉》，广东炎黄文化研究会编《岭峤春秋：广东文化论集（二）》，北京：中国社会科学出版社，1995年，第397－408页；另见毛庆耆、郭小湄《中国文学通义》，长沙：岳麓书社，2006年，第687页。

④ 袁行云：《清人诗集叙录》，第905－906页。

⑤ 罗天尺：《阮斋文集序》，道光《广东通志》卷197《艺文略九》，第3285页下。

⑥ 劳孝舆：《瘿晕山房诗钞序》，道光《广东通志》卷198《艺文略十》，第3287页上。

与二三子酣歌纵论时，曾不转盼，而风流云散。圣取薄宦于江浙，赞调虽捷，去将卑栖于桂林。若海六、瑞一辈俱不得志，散居乡塾，而余独与履先栖迟省会，以手腕供人役，一灯相对，中夜悲歌，抑独何哉，抑独何哉。”[①]惠士奇离粤后，惠门弟子在广州组成南香诗社，劳孝舆、何梦瑶均有参加。何梦瑶序劳孝舆的《春秋诗话》还有提及："顾孝舆善言诗，尝同饮圣取晚成堂，雨窗夜话。孝舆谓国风淫诗备列，不知所逸何等，宣尼可作，当不受删诗之诬；又谓陈正字碎琴燕市，无异王右丞主第琵琶。一座首肯。”[②]可知南香诗社时期，何、劳二人还有着密切的往来。此后，何梦瑶科举得中进士，于雍正八年任职广西，劳孝舆亦因博学鸿词于乾隆元年分发贵州；此后，因距离阻隔，两人再未相见。正如何梦瑶序言所谓“未几圣取宦越，孝舆宦黔，仆亦沿牒象郡，自是杳不相闻”。乾隆十年劳孝舆卒于贵州任上，而此时何梦瑶即将北上赴任辽阳知州，未及谋上最后一面。两年后，远在辽阳的何梦瑶方从罗天尺来信中获知劳孝舆离世的消息，写下诗作《读罗履先乙卯冬得劳孝舆凶问作感赋次原韵》：

劳二湖海豪，百尺楼上居。联床为弟兄，掉鞅争前驱。
高冈竚鸣和，帝座通吸呼。壮志郁未伸，盛年倏已徂。
况我齿更长，外强中干枯。作佛诚乃后，破荒居然初。
何异失岁人，饮反先屠苏。从此泝西江，危滩撩虎须。
艰难忆故交，书札来潜夫。惊闻龙游客，笑视清泉盂。
篷窗夜风雨，滂沛声泪俱。伤逝复惜别，羁孤悔司驴。
念居抱残缺，锄经瓜芋区。何当理归楫，共把蠹余书。

① 劳孝舆：《瘿晕山房诗钞序》，道光《广东通志》卷198《艺文略十》，第3287页上。
② 何梦瑶：《春秋诗话序》，劳孝舆《春秋诗话》，第506页上。

嗣闻举鸿博，推毂兼及予。送笼久剪羽，卑栖甘穷乌。
忻看垂天云，浪激春江粗。讵意堕尘网，折腰随簪裾。
聚铁已铸错，为金难跃炉。当君死罗甸，值我迁留都。
感此遂乞身，归田操摄殳。伤哉楚些吟，何处招左徒。
寒灯半明灭，泪眼双模糊。读罢破涕笑，谁某今在无。
吾衰宜饮酒，呼童且焚鱼。[①]

按：标题中“乙卯”应为“丁卯”，即乾隆十二年。[②] 此时何梦瑶已羁留辽阳。而当劳孝舆弥留之际（乾隆十年），恰值何梦瑶北上之时，正所谓“当君死罗甸，值我迁留都”。忆当年，“劳二湖海豪，百尺楼上居。联床为弟兄，掉鞅争前驱”。原诗有注称“辛亥，漓江舟中得孝舆书，知陈圣取卒于官”，此处“辛亥”年乃雍正九年，时年陈圣取卒于任上，其时何梦瑶在广西任上，而劳孝舆仍困于广东科场。何梦瑶从劳孝舆书信中获悉陈世和噩耗，悲鸣不已，所谓“艰难忆故交，书札来潜夫。惊闻龙游客，笑视清泉盂”。由此可知，两人其时仍有书信往来。乾隆元年举博学鸿词，劳孝舆、何梦瑶两人均被荐。何梦瑶因故未应试，故而错失一次谋面的机会。诗句“嗣闻举鸿博，推毂兼及予。送笼久剪羽，卑栖甘穷乌”，正是此意。

乾隆十六年，何梦瑶回归故里，劳孝舆业已离世六年。恰于此时，时任澳门同知的张汝霖刊刻劳孝舆《春秋诗话》，向何梦瑶索序。“孝舆故善言诗，此书尤卓然可见者”，“独是孝舆、圣取著作相

① 何梦瑶：《读罗履先丁卯冬得劳孝舆凶问作感赋次原韵》，《匊芳园诗钞》卷7《悬车集》，第4页a－4页b。

② 袁行云先生指出此处应为乙丑，即乾隆十年，是年劳孝舆去世（见氏著《清人诗集叙录》，第905页）；但由罗天尺原诗《乾隆丁卯仲冬病中得劳孝舆二弟镇远凶问感成二十五韵》可知，实为乾隆丁卯年，即乾隆十二年。

埒,两人并卒于官,遗文散轶,存十一于千百,责在后死者。仆既不能如李建中手写郭集以待上献,复不能镂之金石以永其传,追念二十年前尊酒论文,徒深旧雨之感。”①

五、立雪同绛帱

除了前面所谈的惠门同学外,惠门中还有以下同学与何梦瑶交往密切:

(一)吴秋

吴秋,字始亭,广东番禺人。② 惠门八子之中,吴秋最小。何梦瑶出任广西岑溪知县时,吴秋曾经到访,是惠门八子中唯一到桂探访何的昔日同窗。然而可惜的是,惠门八子之中以吴秋年龄最小,却是较早离世的。何梦瑶曾有诗作《哭吴始亭》,予以纪念:

> 同学数十人,惟君年最少。诗笔独秀出,烂漫启秘窔。
> 妇翁胡明经,绝学程朱绍。遁世谁见知,韬光只自照。
> 荐雄我何功,遗文君自校。冰玉遥相映,堂阶日深造。
> 尚忆红豆斋,立雪同绛帱。竹君绕千竿,石丈拜九曜。
> 风吟水面来,醇醉娄尾醑。朋簪宁久盍,萍迹讵预料。
> 何意西泷水,远泛剡溪棹。亟叩别后得,不觉相视笑。
> 侯生③时在座,探奇惬所好。文绣陈思虎,物博终童豹。

① 何梦瑶:《春秋诗话序》,劳孝舆《春秋诗话》,第506页上。

② 罗元焕撰,陈仲鸿注:《粤台徵雅录》,第10页。

③ 原注:时阳朔侯明府靖,亦客予岑溪署中。

峋嵝访残碑，琅琊释疑稻。共讶洗马博，似胜乐令奥。
阆门逊高足，雁翅愧二妙。方剧文字饮，忽鼓将归操。
何物回头瘴，竟等终风暴。伤哉梁木萎，倏若陨箨扫。
崔经失腹笥，曹书徒石窖。谁复传薪火，从此纷萤爝。
重为斯文忧，益增良友悼。客窗吟夜雨，双泪如悬瀑。
倚竹湘灵悲，吹灯山鬼啸。四顾寂无人，凄恻不可道。[①]

（二）陈世和

地志文献称颂陈世和“资绝慧，家所藏书遍诵不忘。歌诗绰有祖风，尤善谈论，视财如粪土。戚友多主其家，扶危济乏，动辄倾囊”。[②] 正如何梦瑶自称“圣取居郡城，余与往来最密”。[③] 何梦瑶有诗《寄怀陈圣取》，记两人康熙六十年以来两年有余的同窗生涯：“两载松窗掩白云，秋风犹忆共论文。双门支屐君寻我，半夜笼灯我访君。”[④]陈世和尝欲手录《册府元龟》且续《太平御览》，何梦瑶以“著书自是名山好，誓墓何妨学右军”赠诗相勉。

然而“雍正丁未，圣取以举优廷见，官龙游丞，未几卒。余亦随牒桂林，转牧辽左”[⑤]。雍正五年之后，两人见面机会极少。何梦瑶对陈世和诗才颇为推崇，“履先谓圣取诗在同辈中可与抗衡者何报之、劳孝舆，馀不及。孝舆诚近之，余何足道”[⑥]。何梦瑶除与陈世和有同窗之谊外，还与其从弟陈华封有所往来。何梦瑶亦特别推崇陈

---

① 何梦瑶：《哭吴始亭》，《匊芳园诗钞》卷4《南仪集》，第8页a-9页a。

② 咸丰《顺德县志》卷25《列传五》，第597页上。

③ 何梦瑶：《复斋诗钞序》，陈华封《复斋诗钞》，桑兵《清代稿钞本》第26册，广州：广东人民出版社，2007年，第432页。

④ 何梦瑶：《寄怀陈圣取》，《匊芳园诗钞》卷1《煤尾集》，第12页b。

⑤ 何梦瑶：《复斋诗钞序》，陈华封《复斋诗钞》，桑兵《清代稿钞本》第26册，第432页。

⑥ 何梦瑶：《复斋诗钞序》，陈华封《复斋诗钞》，桑兵《清代稿钞本》第26册，第432页。

华封诗才,甚至认为超越乃兄陈世和。何梦瑶与陈华封年龄稍有差距,“余辈交圣取时,祝三年舞勺方学为举子业,中年乃以诗名”。乾隆十五年何梦瑶归里后,“始复与祝三相见,年已四十许,才名藉甚”。为此,何梦瑶称赞陈氏兄弟“所遇不同,而皆能以诗文见于世”。[①] 晚年何梦瑶、陈华封与杭世骏等常有游历的雅兴,如陈华封《春日与杭堇浦何西池集宝庄严寺咏杜鹃花》:

杜鹃啼处春深浅,东风香积冷然善。
空门既已绝铅华,谁人戏把红绡剪。
千朵万朵贴枝头,雨湿胭脂猩血流。
可是僧家无俗禁,寒食之火惯不收。
沙弥拾向波利树,盏盏佛灯红似铸。
个中三昧可曾消,我到问花花不语。
花兮花兮来何从,僧云移向罗浮峰。
罗浮天台各异种,鹤林寺内将无同。
乃知此花难变质,若过花时开不得。
禅宗道教本来殊,九日莫逢般七七。[②]

(三)胡定

胡定,字敬醇,号静园,保昌人,“年十七受知督学惠士奇”[③]。胡定雍正五年(1727)会试只是中了明通榜(雍正乾隆间,在会试落第

---

① 何梦瑶:《复斋诗钞序》,陈华封《复斋诗钞》,桑兵《清代稿钞本》第 26 册,第 432 页。

② 陈华封:《春日与杭堇浦何西池集宝庄严寺咏杜鹃花》,《复斋诗钞》,桑兵《清代稿钞本》第 26 册,第 435 页;另见温汝能纂辑,吕永光等整理《粤东诗海》卷 78,第 1472 页。

③ 民国《顺德县志》卷 22《列传七》,广东省地方史志办公室《广东历代方志集成》,广州:岭南美术出版社,2007 年影印本,第 284 页上。

举人中选取文理明通者补授出缺的学官，于正榜之外另出一榜，谓之明通榜。乾隆五十五年后罢止。）雍正八年(1730)与何梦瑶一同成贡士，但是胡定没有参加当年的殿试，是庚戌年未殿试者六个之一。[①] 后来胡在雍正十一年(1733)补殿试，授翰林院庶吉士。[②] 何梦瑶与胡定同是惠门弟子又是同年，何梦瑶在会试中榜之后，回粤途中，曾经在保昌访问过胡定。他们又同是疾恶如仇的耿直之士，并同任广西科考试官，自然感情深厚。何梦瑶有诗《戊午秋闱和凌江胡太史》：

其一

亭畔秋梧堕叶频，碧空悬处镜磨新。
诸天总入光明藏，七圣谁迷具茨津。
人隔青峰弦共语，丹成绛雪火初匀。
湘南从此归陶冶，会见春风转化钧。

其二

星河依旧焕天章，七载重看古战场。
荒殿陊宫文藻色，小山丛桂墨花香。
鸾刀曾割牛心炙[③]，石铫还分蟹眼汤。
帘幙参差红烛烬，自疑身到月宫旁。[④]

“惠门八子”中还有陈海六与吴世忠。罗天尺序《匊芳园诗钞》

---

① 江庆柏：《清朝进士提名录》，北京：中华书局，2007 年，第 394 页。

② 民国《顺德县志》卷 22《列传七》，第 284 页上。

③ 原注：庚戌北还，访胡梅岭留饮。

④ 何梦瑶：《戊午秋闱和凌江胡太史》，《匊芳园诗钞》卷 2 第 5 页 a –5 页 b。

有言:“吴子仲坡中岁失明,壹郁殂落。”[1]可知吴世忠中岁失明,到乾隆十五年何罗相见之时,吴世忠已经去世。何梦瑶与陈海六、吴世忠同在惠门,应有同学交往,但未见更多相关史料。

在九曜官署内,何梦瑶等惠门弟子虽然是跟从惠士奇“通经学古”,但此时“西学东渐”日浓,何梦瑶等已接触到西学,曾与同学辛昌五“纵谈古今世事,烛屡跋不肯休。又尝与予极论西历、平弧、三角、八线等法,及填词度曲之理,片言印合,欣然起舞,初不知人世有穷愁事”[2]。尤其明显的是青年时代的何梦瑶一方面受惠士奇影响,另一方面接触到了当时西学中的自然观,将西学之自然观与道家之相对论杂糅,可谓自然科学思想的萌芽。他在《杂诗十一首》中有多首描述自然现象的例子,现摘录如下:

其一

日径十地周,仰观如铜盘。日中若有人,视地如弹丸。
此丸偶中处,岂得尊配天。坤母子离日,吾意不谓然。
两大已强合,三才熟与联。愚哉横目民,诞妄乃自贤。
岂知人与物,细若尘游暄。纷扰将奚为,相吹一息间。
灵椿笑老彭,夭折何无年。少微语谢敷,卿死乃无端。

其二

地形若悬毬,天枢如转轴。循环无端倪,团圝相攒簇。
气周物亦徧,附地亿万族。上下无定名,众辐辏一毂。
各自上其首,各自下其足。此疑彼倒悬,彼谓此横属。
何处为四夷,何处为中国。偶尔有梁魏,妄自争蛮触。

---

① 罗天尺:《[⿰刍瓦]芳园诗钞序》,何梦瑶《[⿰刍瓦]芳园诗钞》,第3页a。
② 辛昌五:《辛序》,何梦瑶《医碥》,第52页。

伯翳著山经，地下人不读。

其三

群山天所降，岂曰从地出。地心一拳土，岂能四外溢。
二气未分时，清浊混为一。风轮日外转，渣滓乃中结。
所降非一时，所结非一物。难据今日形，寻彼当年脉。
陋哉堪舆家，青囊师郭璞。伯伦荷插行，何处非嬴博。
裸葬杨王孙，布囊更不着。[①]

何梦瑶进入惠门乃其一生中影响最为巨大之事。惠士奇督学广东六载，倡通经学古，栽培学子，发现人才，淳风化俗，于康雍之际广东士风多有引领。惠门弟子切磋学业，密切交往，对何氏此后科举、官宦、学术乃至为人影响深远。笔者将尽力搜集的 36 名惠门弟子汇表如下：

表 2.3 惠门弟子汇总表

序号	姓名	字号	籍贯	入惠门时间	依据[②]
1	何梦瑶	字赞调、报之，号西池、砚农	南海	康熙六十年(1721)	罗天尺《匊芳园诗钞序》
2	罗天尺	字履先，号石湖	顺德	康熙六十年(1721)	罗天尺《匊芳园诗钞序》
3	苏珥	字瑞一，号古侪	顺德	康熙六十年(1721)	罗天尺《匊芳园诗钞序》
4	陈海六	字鳌山	顺德	康熙六十年(1721)	罗天尺《匊芳园诗钞序》
5	陈世和	字圣取，号时一	顺德	康熙六十年(1721)	罗天尺《匊芳园诗钞序》

① 何梦瑶：《杂诗十一首》，《匊芳园诗钞》卷 1《煤尾集》，第 2 页 b –5 页 a。

② 有多个依据者，仅取相对重要者之一。

续表

序号	姓名	字号	籍贯	入惠门时间	依据
6	姚阶及	字升吉	增城	康熙六十年(1721)	嘉庆《增城县志》卷一四
7	周炳	字蘧五,号陶甫	东莞	最迟康熙六十一年(1722)	光绪《广州府志》卷一六二
8	谢仲坃	字孔六	阳春	雍正元年(1723)	道光《肇庆府志》卷一九
9	吴孟旦	字旭亭	番禺	雍正元年(1723)	道光《广东通志》卷二八七
10	李朝楠	字豫材	南雄	雍正元年(1723)	道光《直隶南雄州志》卷二五
11	梁觐	字拜公	番禺	雍正元年(1723)	乾隆《番禺县志》卷一五
12	崔魁文	字升良	南海	雍正元年(1723)	光绪《广州府志》卷一三〇
13	司徒侻	不详	开平	雍正元年(1723)	民国《开平县志》卷三三
14	邓凤	字鸣岳	东莞	雍正元年(1723)	宣统《东莞县志》卷六六
15	劳孝舆	号阮斋、巨峰	南海	雍正二年(1724)	苏珥《春秋诗话序》
16	吴秋	字始亭,号竺泉	番禺	雍正四年(1726)之前	罗元焕撰,陈仲鸿注《粤台徵雅录》
17	吴世忠	字仲坡,号南圃	南海	雍正四年(1726)之前	罗元焕撰,陈仲鸿注《粤台徵雅录》
18	辛昌五	号北村	顺德	雍正四年(1726)之前	《瘿晕山房诗删》惠士奇序

续表

序号	姓名	字号	籍贯	入惠门时间	依据
19	卢文起	字深潮	香山	雍正四年(1726)之前	光绪《香山县志》卷一四《列传》
20	李东绍	字见南、雪溪	信宜	雍正四年(1726)之前	袁枚《小仓山房集》卷二七
21	李东述	不详	信宜	雍正四年(1726)之前	光绪《信宜县志》卷六
22	李元仑	字阆仙	信宜	雍正四年(1726)之前	光绪《信宜县志》卷六
23	林祖德	不详	吴川	雍正四年(1726)之前	光绪《高州府志》卷三八
24	苏李秀	本姓李,字俊升	茂名	雍正四年(1726)之前	光绪《高州府志》卷三八
25	陈廷桓	字开纲	新会	雍正四年(1726)之前	道光《新会县志》卷九
26	胡定	字敬醇,号静园	保昌	雍正四年(1726)之前	民国《顺德县志》卷二二
27	曹熿	字万为,号柱峰	保昌	雍正四年(1726)之前	道光《直隶南雄州志》卷七
28	卫尺木	字殿枚,号茶坳	番禺	雍正四年(1726)之前	乾隆《番禺县志》卷一五
29	邱元遂	字体乾,号健庵	大埔	雍正四年(1726)之前	民国《大埔县志》卷二〇
30	李瑜	字梅若	大埔	雍正四年(1726)之前	民国《大埔县志》卷二三
31	杨缵烈	号前村	大埔	雍正四年(1726)之前	民国《大埔县志》卷二〇
32	钟映雪	字戴苍,号梅村	东莞	雍正四年(1726)之前	宣统《东莞县志》卷六八

续表

序号	姓名	字号	籍贯	入惠门时间	依据
33	王文冕	字饬端,号坳坡	东莞	雍正四年(1726)之前	宣统《东莞县志》卷六八
34	何如濬	不详	广州	雍正四年(1726)之前	道光《广东通志》卷一八九
35	冯成修	字达天,号潜斋	南海	雍正四年(1726)之前	道光《广东通志》卷一八九
36	车腾芳	字图南	番禺	雍正四年(1726)之前	郑虎文《吞松阁集》卷二七《车学博腾芳制义序》

第三章
官宦与交往

雍正七年(1729),时年 37 岁的何梦瑶参加科试,选拔策询水利,何以医喻,娓娓千言,获得赏识,考获拔贡,并当年中举。[①] 次年,何梦瑶北上会试,终考取三甲第 117 名,获赐同进士出身。[②]

对何梦瑶这批雍正八年的进士,雍正做了一次重要的吏治改革。雍正于同年六月初二日颁布上谕:

> 今科外用进士,着就伊等本籍邻近地方掣籤派往。交与各该督抚分派藩臬衙门,令其学习。伊等中式之后,原须候选数年,始能得官。今着学习三年,委署试用一年,约计四年之后,

① 道光《南海县志》卷 39《列传八》,第 722 页上。

② 江庆柏:《清朝进士提名录》,北京:中华书局,2007 年,第 388 页。

题补实授。与伊等候选之期相仿，而又得学习吏治，较之闲居在家，岂不大有裨益。此三年之内，若该地方需用人员，仍着奏请，另行拣选命往，不必于新科进士内迁就委用。倘进士中果有才具出众，平日熟练吏治，不待学习者，该督抚格外委署题补，即于本内声明具奏；若才具庸常，难以练习吏治，情愿改补教职者，不拘三年之期，准其具题改补。其学习之员，每年公费若干，该督抚于公用银两内酌量给与，将朕所派等次开单行文各督抚知之。[①]

也就是把“候选数年，始能得官”的进士，“着就伊等本籍邻近地方掣籤派往”，所以广东进士大多派往广西，并安排到各省藩臬衙门学习，并要求“学习三年，委署试用一年”，通过三年学习和一年试用，把原来只知几本儒学经典的书生，培养成熟练的吏治人才。此项改革对于提高这批新科进士的吏治水平，有重要意义。

雍正八年十一月十五日，广西布政使元展成对此项改革，进一步提出建议：

窃惟地方非人材无以办理政事，非学习不能谙练。我皇上造就多方，教育普遍，特下纶音以今科中式进士分派各省藩臬衙门，令其学习三年，即于所派省分试用补授。仰见我皇上钧陶乐育之盛心，千古罕睹，为藩臬者自当尽心教导，为进士者自当努力学习，何容臣再置一词，但臣叨蒙圣恩，由知州洊历布政使，于外吏情形，身亲阅历，不敢不为我皇上备陈之。伏查藩臬司为一省钱粮总会之所，其收兑支放，与州县官按户催缴原不

① 《雍正上谕内阁》卷95，清文渊阁《四库全书》本，第924页。

相同，至于通省政事出于藩司，要皆总揽其纲领，斟酌其条目，因地制宜，因人施教，或详请督抚咨题，或檄行府州县遵奉，与州县官时亲小民为之家喻而户晓者又有分别，且藩司收放钱粮事有成规，可无庸学习，若夫用人行政，悉系运筹于心之事，非分发诸进士于藩司升堂理事之片时所能学习而知者。再查臬司为一省刑名总汇之所，凡有命盗案件，由州县研审招解，知府审核转详，迨至臬司衙门，已属成谳，即偶有供情未协，拟议未妥之处，亦仍驳回该府与该州县官，详悉覆审，按律妥拟，再行解司定案。其民间户婚田土斗殴口角诸细事又皆系府州县官判断曲直，非臬司所逐一亲理者，况臬司衙门封锁严密，凡应驳、应结案件悉不使外人得知。今令分发诸进士于臬司升堂审事之时，侍立静听，不过得其大略，恐于律例之精微未必通晓。若令入藩臬署内学习，则又与内幕相亲，将来委用亦恐滋弊。臣再四思维知府一官，上承藩臬，下接州县，藩臬之檄行州县者，必由知府转发；州县之申报藩臬者，必由知府转详。是知府为上下枢纽，钱谷刑名皆于此会合，且其所属州县又常有不必闻诸藩臬之细事，亦皆凭知府批结。是分派各省进士于藩臬衙门学习，似不如于知府衙门学习之为亲切也。臣请皇上敕下各省督抚，将分发进士派交各府知府相随学习。如府缺少，而进士多，每府派与二人；府缺多，而进士少，每府派与一人。且府有烦简冲僻，先尽烦而冲者，次第分派该进士。既派交某府，知府应住该府署中，或检阅文案，或驱驰办公，悉惟该知府指导，少有闲暇，即令该进士将历年钦奉上谕及钦定律例、钦定训饬、州县规条，潜心体味，不得任其怠惰偷安。内除才具出众，不待学习而熟练吏治，与夫才其庸常，即学习而吏治亦不练达者，知府随时申报督抚，该督抚钦遵谕旨，格外委用，及改补教职外，其余中人之资可以造就者，学习三年自然吏治熟悉，待三年已满仍令该知府等各行出具考语，申报督抚。此府学习之进士易以彼府之县缺，委署量材试用，务期人缺相宜。一年之内，果能称职，再题实授。庶分派各省学习之进士皆能造就有成，而亦不患其与本地方人结联作弊矣。至该进士每年薪水，派往某府学习即取给予某府知府，应否再于藩库办公银两内，每年量给四五十金以为该进士公费，悉出圣恩。臣为造就人材，必期实有裨益起见，不揣冒昧妄行管见，如果臣言可采，伏祈皇上睿鉴施行。

（雍正朱批）："与督抚商酌为之。若意同，应请旨具题来。"[①]

元展成认为新科进士应派到知府学习，才能够了解州县的实际吏治和情况，避免以后与藩臬有关人员"结联作弊"。并对相关细节问题提出了建议。雍正并没有反对元展成的建议，只是要求"督抚商酌为之"并要报告朝廷。

到了雍正九年四月，时任云贵广西总督的鄂尔泰知道元展成的建议，他显然不同意元的建议。鄂尔泰给雍正的奏折说：

……窃照广西布政使元展成，前请以分发进士派交各府知府学习。一折荷蒙朱批："与督抚商酌为之；若意见相同，应请

① 中国第一历史档案馆：《广西布政使元展成奏陈分发各省藩臬衙门学习各进士宜派交知府衙门学习管见折》（雍正八年十一月十五日），《雍正朝汉文朱批奏折汇编》第19册，第412页下－414页上。

旨,可具题来。钦此。”钦遵录示到臣,臣谨按钦奉上谕,以今科中式进士分派各省藩臬衙门,令其学习三年,即于所派省分试用。补授者正以藩司衙门为一省钱粮之总汇,臬司衙门为一省刑名之总汇,但能用心学习三年,必有一长,于该进士大有裨益,即于该省分大有裨益也。兹据元展成奏称,通省政事虽出于藩司要皆总揽其纲领,与州县官亲民者有别,且收放钱粮事有成规,可无容学习,再命盗案件例由州县解府审详,到臬司衙门已属成谳,即有供情未协,亦仍驳回府。其民间细事非臬司逐一亲理,若令入藩臬署内学习,又与内幕相亲,亦恐滋弊。是分派各省进士,不如于知府衙门学习之为亲切等语。臣查一应事件,无非情理,守正持平端视大吏。故宣化为藩,不止司钱谷弼教,为臬不止司刑名,此外省枢纽之地,实观政者之准的也。若不令学习于藩臬,转令学习于知府,是犹使观水者舍江河而就沟渚,其能识源流者几何?臣愚以为分派学习除藩臬衙门外,督抚粮盐道衙门亦应酌派,总在省会,易于观摩,似不必分派各府,转不能时常接见,无以试验其优劣也。惟是有教斯有学有传,斯有习并非止于升堂片时,令其侍立静听而即可望其知能,或问发一案令其拟看,或故作一问令其裁答,或实指一事令其条陈,或虚设一疑令其剖断,或差令查勘,或委令督催,或闲论夷情,或详说地势;就其言论,观其才识,指示是非,改正错谬,如此三年,庶学习进士,或可半有成材。至于学习署内,恐与内幕相亲,将来滋弊,此事惟在本官。即如书吏未常不在署内与内幕隔别,原不得相通作弊,不作弊亦岂限于署内?署外各衙门、二堂以外,仪门以内,但择闲房二三间即可为学习之所。其日用薪水,应酌量资给,俾无窘迫,庶益奋兴。臣于分发云南新进士九员内，将一等次等者派往抚藩衙门学习，留又二次等二员在臣衙门学习，仍不时传集合，考其所学，分别勤惰，以示劝诫。在各省各有不同，总期仰体圣意，造就人材，并可不必题请。通饬除知会抚臣金鉷，札覆布政使元展成，广西否可照行，听其再酌外，缘系录示商酌。事理合备陈愚见。缮折覆奏是否有当，伏乞圣主睿鉴批示施行。臣谨奏是。[①]

既然总督有此意见，估计巡抚金鉷也不可能反对的。

何梦瑶初至广西，就进入通志馆协助纂修省志。[②] 但《阮通志》没有标明时间，光绪《广州府志》卷一二八《列传十七》则说雍正庚戌一中进士，即分发广西，"（何梦瑶）庚戌成进士，分发广西，大府耳其名，至则令修省志"。[③] 据何梦瑶在雍正九年十二月（1731）撰写的广州《锦纶祖师碑记》之落款"赐进士出身奉旨命往广西观政、派委协充志馆纂修、候补知县何梦瑶撰文"[④]可知，至少到雍正九年十二月何梦瑶是"奉旨"派往广西观政并"协充志馆纂修"《广西通志》，因何梦瑶雍正十一年十一月署理义宁知县，故至少何梦瑶前后用了两年时间修志。时有诗《秋日志馆作[⑤]》云：

寄迹西江又一年，骖鸾新录未成编。
寻僧落月铁牛寺，送客秋风木马船。

---

① 鄂尔泰：《雍正九年五月二十六日云贵广西总督臣鄂尔泰谨奏为恭谢圣恩事》，《鄂尔泰奏稿》，上海：上海古籍出版社，1995 年影印本，第 67－68 页。

② 道光《南海县志》卷 39《列传八》，第 722 页上。

③ 光绪《广州府志》卷 128《列传十七》，第 1991 页下。

④ 冼剑民、陈鸿钧编：《广州碑刻集》，广州：广东高等教育出版社，2006 年，第 989－990 页。

⑤ 原注：时予与修《广西省志》。

楮叶扫空书架侧，菊花开到酒人边。

茅柴一榼凭沽取，馆局新增食料钱。[①]

第一节　仕途经历

何梦瑶与官场的接触始于康熙五十八年(1719)。时年27岁的何梦瑶，经同乡引介，前往巡抚官署当差。由于其性格耿直，郁郁不乐，只做了三个月，作《紫棉楼词》数阙寄意，随之挂靴而去。[②] 初次接触官场遂致怏怏而去，虽然满腹郁闷，但此次经历也为何梦瑶以后正式入仕积累了经验。

一、署理义宁与阳朔

依照雍正帝上谕，雍正八年庚戌科进士前往各省学习三年后，再委署试用一年。雍正十三年五月十七日，时任广西巡抚金鉷呈请"以学习进士何梦瑶补授岑溪县知县"，内称：

巡抚广西等处地方提督军务兼都察院右副都御史驻扎桂林府革职留任臣金鉷谨题为知照事。该臣看得，准部咨开岑溪县知县员缺照例扣留，知照该抚于学习进士内酌量题补等因行司遵照去后。兹据布政使张钺会同按察黄士杰详称，分派来粤学习进士何梦瑶，先经详奉批委署义宁县知县印务，于雍正十

---

① 何梦瑶：《秋日志馆作》，《匊芳园诗钞》卷2《鸿雪集》，第3页a。

② 罗天尺：《匊芳园诗钞序》，何梦瑶《匊芳园诗钞》，第3页a。

一年十一月初九日署理，于雍正十二年十一月二十八日卸事。又于雍正十二年十二月初三日署理阳朔县印务，至今两任共计署一年五个月零。该员心地明白，办事勤慎，请以补授岑溪县知县员缺，系属人地相宜之员，相应详请具题补授等情前来。臣查学习进士何梦瑶为人明白，署理县务一年有余，勤慎小心，克称厥职，请以补授岑溪县知县员缺，实属人地相宜相应，照例题请补授。臣谨会题请旨。雍正十三年五月十七日题六月十九日奉旨该部议奏。[1]

巡撫廣西等處地方提督軍務兼都察院右副都御史駐劄桂林府革職
留任臣金鉷謹
題爲知縣事缺臣看得准部咨開岑溪縣知縣員缺照例擬留知縣缺撫于
學習進士内酌量題補等因行司遵照去後茲據布政使張鉞會同按察
使黄士傑詳稱分派來粵學習進士何夢瑶先經詳奉批委署義寧縣知
縣印務于雍正十一年十一月初九日署理于雍正十二年十一月二十
八日卸事又于雍正十二年十二月初三日署理陽朔縣印務至今兩任
共計署一年五個月零該員心地明白辦事勤慎請以補授岑溪縣知縣
員缺係屬人地相宜之員相應詳請具
題補授等情前來臣查學習進士何夢瑶爲人明白署理縣務一年有餘勤
慎小心克稱厥職請以補授岑溪縣知縣員缺實屬人地相宜相應照例
題請補授臣謹會題請
旨雍正十三年五月十七日題六月十九日奉
旨該部議奏

一九七〇九

图 3.1　广西巡抚金铁以学习进士何梦瑶补授岑溪县知县题本

① 《清代吏治史料》,《官员铨选史料》第 33 册，北京：线装书局，2004 年，第 19709 页。

由此可知，何梦瑶雍正十一年十一月署理义宁知县，至雍正十二年十一月卸任，前后在义宁任职一年。后于同年十二月署理阳朔知县，至次年五月卸任，约半年时间。[①]

义宁、阳朔两县同属广西桂林府。据《清史稿》载其时桂林府属“冲、繁、难”之地，领二州七县，义宁为其一，距府西北八十二里，亦属难治之境。[②] 阳朔亦为要冲之地，距“府南少东百五十四里”。[③]何梦瑶在桂林府总计一年半时间，其《匊芳园诗钞》有不少诗歌记叙当地风景和风俗，并显示其踌躇满志的心情。如，雍正十一年冬，何梦瑶从桂林坐船，早出桂林，暮到苏桥。其诗《发桂林》云：“凌晨出西郭，抵暮向苏桥。日落千峰紫，秋高万木凋。沙痕平点雁，风势怒盘鹏。极目何萧瑟，长天入泬寥。”[④]作者以高空俯瞰的视角，如“千峰紫”、“万木凋”、“极目”、“长天”等反映了何梦瑶的高昂的志向和欲有所作为的心态。《苏桥晚泊》则曰：“向晚泊江潭，秋光一镜涵。重帘凝露白，小袖障云蓝。雪粒香分芡，霜苞腻擘柑。近来疏酒盏，今夜亦微酣。”[⑤]以细微的秋季景色描写，映衬出作者品酒览胜的逍遥自得。又如，何梦瑶有诗《桑江道中杂咏》[⑥]、《龙胜》[⑦]记叙了少数民族的风俗和生活。如《桑江道中杂咏》其六：“过尽猺村又獞村，青裙花袂倚柴门。阿谁跳月山歌好，不是同年不与言。”其七有：“寒酸风味真相称，只是无盐费解嘲。”其八有：“从来不解官文

---

① 但是民国《阳朔县志》第2编《社会》(1936年石印本，第98页)载“何梦瑶，进士，乾隆三年任(知县)”，显然有误。

② 《清史稿》卷73《志第四八·地理二十·广西》，第2294页。

③ 《清史稿》卷73《志第四八·地理二十·广西》，第2295页。

④ 何梦瑶：《发桂林》，《匊芳园诗钞》卷5《寒坡集》，第5页a。

⑤ 何梦瑶：《苏桥道中》，《匊芳园诗钞》卷5《寒坡集》，第1页a–1页b。

⑥ 雍正《广西通志》卷20载：“桑江口离义宁县西部三十里。”《四库全书》本，第8页。

⑦ 雍正《广西通志》卷20载：“龙胜在义宁县西北，乾隆六年以桑江口废司所属置龙胜通判。”《四库全书》本，第8页。

字，木刻犹能拟结绳。”其九有：“火种刀耕也好在，从无官吏来催租。”其十：“到处栏房伴马牛，矮檐真个要低头。笑侬不是神仙侣，也被勾牵上小楼。”《龙胜》其一有：“餐餐抟糯饭，夜夜宿栏房。”其二有：“洪荒留姓氏，势力作渠魁。耀首惟簪羽，调羹只渍灰。也知尊令长，长跪进新醅。”[①]

二、实授岑溪知县

据广西巡抚金𫟹题本可知，何梦瑶实授岑溪知县时在雍正十三年五月[②]，至乾隆四年改任思恩知县，[③]在岑溪任上共四年。岑溪县在清代属于梧州府管辖，据《清史稿》卷七三载，梧州府乃冲、繁之地，领一州九县，属县岑溪距府西南百八十里。[④] 同治《广州府志》称岑溪地僻政简，为此何梦瑶大修县志。[⑤]

值得一提的是，何梦瑶在任岑溪知县之时，恰逢雍正十一年博学宏词科取士，何梦瑶名列其中，亦得举荐。清代笔记查福格《听雨从谈》记曰：“雍正十一年，复举鸿词科，凡四年，至乾隆元年丙辰，试于体仁阁。”[⑥]从时间上来看，何梦瑶被荐是合乎情理的。好友辛昌五在为何梦瑶《医编》作序中，也曾提到：“西池尝举鸿博。”[⑦]光绪《广州府志》亦称：“大吏将以鸿博荐，辞不赴。”[⑧]值得玩味的是，是

---

① 何梦瑶：《龙胜》，《匊芳园诗钞》卷3《学制集》，第1页a－1页b。

② 乾隆《岑溪县志》亦载何梦瑶“雍正十三年任（知县）”，见乾隆《岑溪县志》，《秩官志》，台北：成文出版社，1967年影印本，第52页。

③ 民国《思恩县志》第6编《官职》，台北：成文出版社，1975年，第199页。

④ 《清史稿》卷73《志第四八·地理二十·广西》，第2308页。

⑤ 同治《广州府志》卷128《列传十七》，第273页。

⑥ 福格：《听雨丛谈》，汪北平点校，北京：中华书局，2007年，第80－81页。

⑦ 辛昌五：《辛序》，何梦瑶《医编》，第52页。

⑧ 光绪《广州府志》卷128《列传十七》，第1992页上。

年博学鸿词科，广东举荐曹愦、苏珥、许遂、钟狮、劳孝舆、车腾芳六人，大多为何梦瑶惠门同窗。与此同时，何梦瑶挚友之中，还有陆纶、吴王坦、杭世骏等被荐是科博学鸿词。[①]

三、调任思恩知县

据乾隆十一年何梦瑶履历折自称："由广西思恩县知县烟瘴五年俸满，乾隆十年六月分籤升奉天府辽阳州知州缺。"[②]由此可知，何梦瑶在思恩县任上从乾隆四年至乾隆十年前后共计约六年。思恩县属广西庆远府，据《清史稿》卷七三载，庆远府属繁、难之地，领四州五县，属县思恩亦难治之境，距府北百二十里。[③]

此外，从何梦瑶《壬午联寿序》落款"赐进士出身诰授奉直大夫，原任奉天府辽阳州知州，前知广西义宁县、阳朔县、岑溪县、思恩县、东兰州事"[④]来看，在思恩之时，或兼任东兰州知事。道光《南海县志》亦称何梦瑶"以故六任州县"，理应涵括义宁、阳朔、岑溪、思恩、东兰州、辽阳州六处。《匊芳园诗钞》卷五《寒坡集》中即有诗《自思恩赴东兰初宿蒙山堡》和《东兰道中》记述此段经历。[⑤] 除此之外，由《壬午联寿序》亦可知，出任思恩知县之际，何梦瑶还于乾隆六年(1741)、乾隆九年(1744)两任广西科考同考试官。何梦瑶在思恩县时，因贫而萌生辞官之意，后经好友陆炜劝解方罢(详见后

① 光绪《重修华亭县志》卷12，清光绪四年刊本，第863页；光绪《平湖县志》卷16《列传二》，台北：成文出版社，1975年，第1537页；许宗彦：《杭太史别传》，《鉴止水斋集》卷17《传》，清嘉庆二十四年德清许氏家刻本，第174页。

② 秦国经：《清代官员履历档案全编》卷16，第333页上。

③ 《清史稿》卷73《志第四八・地理二十・广西》，第2299页。

④ 何梦瑶：《壬午联寿序》，宣统《大沙深巷何氏族谱》卷1《艺文》，第66页下-67页下。

⑤ 分别见何梦瑶《匊芳园诗钞》卷5《寒坡集》，第6页a和第29页a-29页b。

文)，但是由于贫困何梦瑶不得不“妻子驱之归，幕友亦言旋。仆从不劳散，蝇飞惟集膻”[①]，过着骨肉分离捉襟见肘的官宦生活。

四、迁辽阳知州

据乾隆十一年何梦瑶所呈递履历折称，何梦瑶于54岁时，由广西思恩县知县“烟瘴五年俸满，乾隆十年六月分籤升奉天府辽阳州知州缺”[②]可知何梦瑶于乾隆十年(1745)六月升任奉天府辽阳州知州。由于文书递转耗费，以及路途遥远，估计于乾隆十年冬或者乾隆十一年春到任。据民国《辽阳县志》卷一八《职官志》：“辽阳州知州一员。顺治十年设辽阳府，十四年设奉天府，裁辽阳府置县。康熙三年升为州。”[③]何梦瑶有诗《引病南归承少京兆德泉陈公赋诗宠行次韵奉酬》，其中“南还遐路独延缘”句有自注“时，同请告，独瑶得归”[④]，可见何梦瑶与陈治滋(字以树，一字德泉)同时告病辞官。查《清高宗实录》卷三三三乾隆十四年正月己巳条有言：“据奉天府府丞陈治滋奏称，上年有胃痛之疾，……陈治滋着解任，即留奉天调理。”[⑤]考虑到奏折呈递流转依照程序耗费时日，陈治滋是折应书于乾隆十三年冬季。故可以推知，何梦瑶与陈治滋同于乾隆十三年冬请告，乾隆十四年春夏，何梦瑶获准解任回籍，而陈治滋虽被解任，但“留奉天调理”。何梦瑶《引病南归承少京兆德泉陈公赋诗宠行

---

① 何梦瑶：《乞休三十韵》，《匊芳园诗钞》卷5《寒坡集》，第1页b－2页a。

② 秦国经：《清代官员履历档案全编》卷16，第333页上。

③ 民国《辽阳县志》卷18《职官志》，台北：成文出版社，1973年，第668页。

④ 何梦瑶：《引病南归承少京兆德泉陈公赋诗宠行次韵奉酬》，《匊芳园诗钞》卷6《鹤野集》，第10页a。

⑤ 《清实录》第13册，卷333“乾隆十四年正月己巳”条，第569页下－570页上。

次韵奉酬》还有诗句称"三载相从蓟北天"[1],则知其前后在辽阳约三年余。

因此,何梦瑶在辽阳的可能时间是从乾隆十年(1745)冬(或者乾隆十一年春)到乾隆十四年(1749)春夏间离任南返。然光绪《广州府志》卷一二八《列传十七》:"(何梦瑶)牧辽阳两载,不名一钱,归而悬壶自给。"[2]由于是间接记载,不一定准确。更为错讹的是民国《辽阳县志》卷一八《职官志》:"(何梦瑶)雍正十年任。"[3]民国《辽阳县志》卷七《名宦志》:"(何梦瑶)雍正八年进士,分发到奉。寻任本州岛知州。才具精敏,剖决如流。惜在任未久,旋调广西。"[4]任职时间显然不对;由于任职时间前后倒置,进而认为何梦瑶中进士之后,先分发到奉天,再调广西的。

何梦瑶在辽阳,由于生活窘迫,儿子又有病,缺乏照顾,不得已将其送回老家。《送长儿南还》其一有:

汝今抱病行,使我肝肠碎。祝汝得生还,骨肉欣相对。
慎勿过悲郁,长途自保爱。张灿今非昔,阿二殊愦愦。
服事或不周,隐忍置度外。我今虽滞留,未必罹祸害。
秋杪或得归,为我具菽菜。贫穷虽天定,勤俭或不匮。
谋生急共勉,庶几救颓败。传语家中人,晏安古所戒。[5]

---

① 何梦瑶:《引病南归承少京兆德泉陈公赋诗宠行次韵奉酬》,《匊芳园诗钞》卷6《鹤野集》,第10页a。

② 光绪《广州府志》卷128《列传十七》,第1992页上。

③ 民国《辽阳县志》卷18《职官志》,第677页。

④ 民国《辽阳县志》卷7《名宦志》,第363-364页。

⑤ 何梦瑶:《送长儿南还》,《匊芳园诗钞》卷6《鹤野集》,第9页a-9页b。

以及词《病榻寒消披衿起坐归思益切迭前韵》：

药鼎微吟，香奁静袅，残灯半翳寒光。伶玄谁伴，愁鬓对啼妆。往事不堪回首，南柯郡，一梦荒唐。从今后，塔仙勤礼，合取掌双双。竹根休道远，桥名第五，路向南塘。算廿年孤负，脍细橙香。归去桑间十亩，论晴雨，野老相商。应免得，北山腾笑，白首尚为郎。[1]

何梦瑶在辽阳虽然时间只有三年多，但是他创作的诗歌却不少，《匊芳园诗钞》卷六《鹤野集》基本是在辽阳所作。人在辽阳，由于贫困，加之远离亲朋，何梦瑶对于官场了无兴趣，归意不断。恰遇此时，接到跟随自己多年的胞弟宣调的噩耗，何梦瑶遂作诗《哭宣调弟》："暮年生事转艰难，终窭吟成泪暗弹。桑下谁怜灵辄饿，客中应念范雎寒。弃官已决抛鸡肋，得死何辞食马肝？梦里叩门到篱里，知君平日酒杯宽。"[2]此时何梦瑶"弃官已决抛鸡肋"，并且"臂痛愁风掉，头旋恐夜飞"，病患缠身，然而"欲归归未得"，惆怅满怀，写下充满悲愁的长诗《襄平杂咏用老杜秦州诗韵》十九首，其中有：

其一

林木何能择，飘蓬万里游。两年花溅泪，几夜酒禁愁。
塞北人空老，篱东菊自秋。欲归归未得，应笑贾胡留。

---

① 何梦瑶：《病榻寒消披衿起坐归思益切迭前韵》，《匊芳园诗钞》卷8《诗余》，第12页a－12页b。

② 何梦瑶：《哭宣调弟》，《匊芳园诗钞》卷6《鹤野集》，第3页b－4页b。

其三

襄平老刺史，著述拟长沙。药录垂千卷，州图领万家。

治人人不治，驻景景偏斜。白首犹支拄，辽东豕自夸。

其六

河畔冰将泮，堂前燕未归。酒怀多日减，花事一春微。

伏枕愁宵永，还家苦梦稀。覆图听夜雨，且解局中围。

其十八

一生忘喜愠，此日识艰难。求乞肝肠硬，支撑骨髓干。

自甘原宪病，谁念范雎寒。拟戴黄冠去，罗浮礼斗坛。

其十九

廿年撄世网，艰苦有谁知。已反牛羊牧，何来乡里儿。

蚁从喧病榻，蛙自聒清池。心逐投林鸟，云岑有旧枝。①

何梦瑶暮年远赴辽阳，生事艰难，妻子离散，加上臂痛头旋，疾病缠身，于乾隆十四年(1749)春夏间，从辽阳知州任上乞退获准，结束了其清苦的二十年官宦生涯。

第二节　清廉为官，恪守职责

一、清正廉洁，生活窘困

有清一代，康熙帝崇尚节俭，宽大为政，务使与民休息，在位六

① 何梦瑶：《襄平杂咏用老杜秦州诗韵》，《匊芳园诗钞》卷6《鹤野集》，第4页b－7页b。

十一年间国力恢复，奠定清代鼎盛期的基础。但康熙宽大之余，不免吏治废弛。特别到康熙晚年，奢靡之风日盛，官场更是弥漫着一股贪腐的乌烟瘴气。目睹如此颓败之势，激起雍正帝整饬吏治、共维新政的决心。登基伊始，雍正帝就下谕各省督抚严格稽查所属钱粮，"凡有亏空，无论已经参出及未经参出者，三年之内务期如数补足。毋得苛派民间，毋得借端遮饰。如限满不完，定行从重治罪。三年补完之后，若再有亏空者，决不宽贷"。[①] 由此，开始在全国范围内开展清查亏空钱粮的联合行动。清查亏空钱粮行动实际上一直持续至乾隆初期，以至于何梦瑶在乾隆十年离任思恩知县之时，因岁歉赔仓谷三百石，只得举债交付舟车费东归。[②]

雍正感到贪与廉是影响仕风的大问题，所以登极后首用"廉"字规范官员。指出："操守清廉乃居官之大本，故凡居官者，必当端其操守以为根本"，要求官员们"以循良为楷模，以贪墨为鉴戒"[③]。雍正要求官员之标准并无多少新意，无非廉洁、公忠、贤能、刚正等。但其长处在于说干就干，不说空话，不走过场，终于矫正了雍正一朝官场风气，不啻为康乾盛世之基。正如章学诚所说：雍正"澄清吏治，裁革陋规，整饬官方，惩治贪墨，实为千载一时。彼时居官，大清小廉，殆成风俗，贪冒之徒，莫不望风革而，时势然也。"[④]又说："今观传志碑状之文，叙雍正年府州县官盛称杜绝馈遗，搜除和弊，清苦自守，革除例外供支，其文询不愧于循吏传矣。不知彼时逼于功令，不得不然。"[⑤]正由于朝廷对官员贪墨的强力监督和打击，官员噤若寒

① 《清世宗实录》卷 2，北京：中华书局，1985 年，第 57 页。

② 光绪《广州府志》卷 128《列传十七》，第 1992 页上。

③ 史松：《清史编年（雍正朝第四卷）》，北京：中国人民大学出版社，1991 年，第 319 页。

④ 章学诚：《文史通义》内篇，上海：世界书局，1935 年，第 50 页。

⑤ 章学诚：《文史通义》内篇，第 50 页。

蝉，不敢妄动，因此何梦瑶等惠门弟子以及其同年、同僚大多清正廉明，安贫乐道。

按照《钦定大清会典事例》七品知县一年的收入为：俸银四十五两，米四十五斛，薪银三十六两，心红纸张银三十两，修宅什物银二十两，迎送上司伞扇银十两，共计银仅一百四十一两，米二十二石五斗。[①] 如果将此收入按月平均分配，知县每月为供应家属和办公所能够支配的银不到十二两，米不及二石。如此少的俸禄，以致何梦瑶从雍正八年入仕为官到乾隆十四年远离官场，前后二十年间，屡屡为生计忧，生活时常陷入捉襟见肘、清贫度日的窘状，以至于穷到要向朋友讨米吃的境地。何梦瑶有一诗《口占柬杨讱庵乞米》记述此窘境：

连朝寒馁苦难胜，欲乞陶潜粟半罂。
却念茅檐风雪里，无衣无食作么生。
为官尚有饥寒日，说与儿曹共笑来。
知己故应惟鲍叔，诗筒休向别人开。[②]

面对着"为官尚有饥寒日"的无奈，只得"说与儿曹共笑来"，权且自嘲与安慰。更为苦涩的是，在辽阳任上，时逢除夕，幼子鹄儿索要压岁钱，何梦瑶写一"钱"字与之，权充压岁钱。何梦瑶诗作《除夕鹄儿索金压岁书一钱字与之》明显吐露出居官无奈的心声："孔方于我分无缘，实汝空囊别有钱。莫道充饥同画饼，须知一字值金

① 《钦定大清会典事例》卷251。

② 何梦瑶：《口占柬杨讱庵乞米》，《匊芳园诗钞》卷2《鸿雪集》，第10页a。

千。”[①]何梦瑶多处赋诗表明生活的窘境，如擢升辽阳之际，自己“贫不能具舟车”，而在辽阳三年有余，长儿久病被迫送还老家，何梦瑶只得以“贫穷虽天定，勤俭或不匮”[②]勉励长子。又如何梦瑶诗作《祁死示儿辈》更为明确地指出“埋忧空有地，避债却无台”[③]的忧愁。

及至乾隆十五年，何梦瑶引疾回乡后不久，昔日同窗辛昌五所见到的何梦瑶家境，已是一片惨淡：“一行作吏，田园荒芜，而食指且半千，于是引疾里居，悬壶自结，曩时豪兴索然矣。予尝过其家，老屋数椽，仅蔽风雨，琴囊药里，外无长物。有数岁儿，破衣木履，得得晴阶间，遽前揖人，婉娈可爱。问之，则其孙阿黄也。”[④]何梦瑶时常反问自己，想起昔日师尊麦易园舌耕而富，反观自己潦倒不堪，不免叹息：“师舌耕而富，予腰折而贫，荣辱得失不堪并论。”[⑤]可以说，何梦瑶整个官宦生涯，始终为稻粱谋，均是“况复困生事，奔走食与衣”[⑥]，不能不说是一名清廉自律的地方官。

惠门八子中除何梦瑶外，劳孝舆、陈世和二人也任过地方官。同样因为朝廷政治社会大环境的缘故，劳与陈也非常廉洁和清贫。劳孝舆雍正十三年(1735)拔贡，分发贵州省，历任锦屏、清镇、龙泉、清溪、毕节诸县官十年，卒于镇远知县任上。劳孝舆在贵州任上政绩斐然，据称“历任诸邑，不名一钱”。[⑦] 劳孝舆有诗《山夜》，反映当时穷困为官之寒苦状：

---

① 何梦瑶：《除夕鹄儿索金压岁书一钱字与之》，《匊芳园诗钞》卷6《鹤野集》，第1页b。
② 何梦瑶：《送长儿南还》，《匊芳园诗钞》卷6《鹤野集》，第9页a–9页b。
③ 何梦瑶：《祁死示儿辈》其二，《匊芳园诗钞》卷6《鹤野集》，第2页a。
④ 辛昌五：《辛序》，何梦瑶《医碥》，第52–53页。
⑤ 何梦瑶：《哭麦易园师》，《匊芳园诗钞》卷6《鹤野集》，第3页a。
⑥ 何梦瑶：《壬申小除寄怀杭堇浦太史》，《匊芳园诗钞》卷7《悬车集》，第35页b。
⑦ 道光《广东通志》卷287《列传二十》，第4601页下。

山风吹肌尖如肩，布衾败絮冷如铁。
夜半松明不肯明，两足凌竞踏冰雪。
当年泣向牛衣傍，他日富贵无相忘。
岂知作吏苗疆去，一寒至此何曾尝。
披衣夜起听山鼓，玉绳渐低天未曙。
怪鸟呼风学儿啼，山鬼吹灯作人语。
人生行苦不知机，宦游如此何如归。[①]

同窗陈世和虽然贵为陈恭尹之孙，亦卒于任上，“囊无长物”。[②]除此之外，雍正八年与何梦瑶同时分发广西的共有十人，其他九人分别是：刘瓒、徐梦凤、赵楷、张月甫、李运正、卢伯蕃、李瑜、李学周和叶志宽。据史料显示，他们与何梦瑶一样，大多耿直廉洁而清贫，为百姓所铭记。如潮阳人徐梦凤，初授修仁令，地僻事简，官民相安。甫九阅月，卒于任上。光绪《潮阳县志》卷一七《人物列传》称其竟然只有“箧惟敝衣数领，书数十卷，士民为醵金以殓”[③]。云南蒙自人李学周，出任广西隆安知县。[④] 其任上丁忧之际，“归里仅载书二箱，行李萧然，茅庐数椽，闭户读书以终”[⑤]。

由何梦瑶及其同窗、同年事迹，可知雍正朝雷厉风行地整肃吏治之效果。当然，由于太过严酷，以至于像何梦瑶等这样的知县官

① 梁荣新注：《佛山历代诗选》，香港：中国国际出版社，2006 年，第 166 页。

② 咸丰《顺德县志》卷 25《列传五》，第 597 页上。

③ 光绪《潮阳县志》卷 17《人物列传》，广东省地方史志办公室《广东历代方志集成》，广州：岭南美术出版社，2007 年影印本，第 302 页下。

④ 乾隆《蒙自县志》卷 4《选举》，台北：成文出版社，1967 年，第 74 页下。

⑤ 乾隆《蒙自县志》卷 4《人物》，第 97 页上。

员，生活亦显窘困。虽然雍正后来批准以“养廉银”来弥补官员开销，但仍然不敷官员正常支出。从经济角度而言，使得基层官员对于官场的“鸡肋”感越来越强，以至于逐渐无心政事。

二、实政除弊，治狱明慎

雍正做亲王之时即痛恨官场的因循苟且，即位当月，出于共维新政的目的，下谕大学士、尚书、侍郎：“政事中有应行应革能裨益国计民生者，尔等果能深知利弊，亦着各行密奏。”[①]旨在采纳各官之言，革除时弊，以致“雍正改元，政治一新”[②]，“移风易俗，跻斯世于熙皞之盛”[③]。

雍正帝既亲历过康熙朝蒸蒸日上之盛世境况，也目睹过康熙晚年朝政积重难返的弊端。其深知积弊绝非一朝一代所致，实乃颇有渊源。故而雍正帝宣称：“朕欲澄清吏治，又安民生，故于公私毁誉之间，分别极其明晰，晓谕不惮烦劳，务期振数百年之颓风，以端治化之本。”[④]雍正元年正月发布上谕，督促地方各级文武官员，讲明其职责与要求，“朕观古之纯臣，载在史册者，兴利除弊，以实心行实政，实至而名亦归之，故曰：名者实之华”[⑤]。在雍正关于施行实政，革除宿弊的严格要求下，中央、直省各级官员纷纷行动，必然也要求

---

① 《上谕内阁》，康熙六十一年十一月二十九日谕。

② 李绂：《漕行日记》，《穆堂别稿》卷18，《清代诗文集汇编》编纂委员会《清代诗文集汇编》，上海：上海古籍出版社，2010年，第158页上。

③ 中国第一历史档案馆：《雍正朝起居注》第1册“二年七月十六日”条，北京：中华书局，1993年，第280页上。

④ 中国第一历史档案馆：《雍正朝起居注》第2册“五年一月十七日”条，北京：中华书局，1993年，第935页上。

⑤ 《清实录》卷3“雍正元年正月辛巳”条，第78页上。

何梦瑶等中下层官员有所行动。为此，何梦瑶就任岑溪县知县期间，“治狱明慎，宿弊革除，有神君之称”[①]。与此同时，岑溪县任上严格贯彻施行实政、革除宿弊的要求，对“月甲”、“土书”等宿弊进行革除，对毁坏名胜古迹等行为进行严厉惩办。

月甲和土书乃是于当时社会正常基层管理之外，擅自增加的名头和人手，由于积弊成常，直接增加百姓的负担。月甲是指岑溪县于甲长之外，又复轮设值月之人，所谓“月甲”，遇有公务，或者任意侵渔或者推诿，民受是役之困久矣，“月甲”之弊端及其对民间社会的负面影响显然。何梦瑶鉴于此弊，专门发布《革月甲示》，晓谕县民：

> 为革除月甲科敛赔累之弊，以苏民困。事照得岑邑，乡有总练，堡有保长，村有村长，尽足稽查地方承办公务。至于十家为甲，则有甲长，亦名牌头。职司分察十家，以佐练保村长耳目之不逮。原有一定之人。凡十家中之牌头皆是也。乃岑俗于此等一定甲长之外，又复轮设值月之人，名曰“月甲”。遇有公务，责令月甲沿门科敛。黠者指一派十，任意侵渔；愚者呼应不灵，自甘赔垫。此月有事，彼月无事，既劳佚之不均。上手将交，下手未接，史推诿之难免，民之困于是役也久矣。只缘从前公务殷烦，不得不设月甲，以专责成。今则弊绝风清，并无丝粟科派。纵有些须民间应办之务，责之练保村长牌头，自可办理裕如。何必另设月甲，多一番名色，即多一番扰累乎。此役合行出示革除。为此示谕县属乡民人等知悉。嗣后月甲一役，遵示革除。不许仍旧设立，致滋科敛赔垫之累。其总练保长村长

① 道光《广东通志》卷287《列传二十》，第4600页下。

牌头各役，仍照旧稽查。地方遇有公务协力承办，毋得以月甲革除妄行推诿，如有阳奉阴违，定拿重究，慎之毋违。[①]

“土书”是指在推收税米之时，于户房之外，又设土书，以图增加一个环节，多一次盘剥百姓的机会。何梦瑶鉴于此弊端，又专门发布《革土书示》，裁撤土书的职位设置：

为革除土书以除民累事。照得岑邑推收税米，编造实征，向设土书端司其事。县属七乡，每乡设一二名不等。每遇推收过户造缴粮册，该书需索业户，理固难容，而枵腹办公，情亦可悯；且向例一二年轮替，止凭上首举代，不由绅老公推，以致奸匪滥厕其内。既少奉公守法之人，愚鲁勉强承当，又多雇倩书算之苦。以故应接替者多端推诿，不曰上首受贿舍富报贫，则曰案有睚眦，挟仇妄替。批查数四，瓜期已过，欲脱无由，则旧役之累也。藉举替之权任行，恐吓愚民。但得□举如释重负，何惜小钱。溪壑难盈，择食未已，则业户之累也。因思民间田赋，既设户房书吏承办，百姓执契投税，无不经由户房，则推收造册各务是其分内应为。在繁剧州县或须别设架阁册房等役分理，若岑溪小邑，每岁推收寥寥，户房承办有余，何必设此土书致滋弊累乎。乃或者谓村愚，欲查粮税向土书查易，向户房查难，又归并户房专管，将来飞洒无可查考。不知业户推收税米，官皆给有下帖印照，何用更查？帖照可凭岂能飞洒，又何必鳃鳃过卢也。所有前项轮当土书舍行革除。为此示谕县风里甲粮户人等知悉，嗣后推收税米，编造粮册，悉归户房办理。该

① 何梦瑶：《革月甲示》，乾隆《岑溪县志·艺文志》，第188－189页。

户房不传藉名，需索分厘及飞洒诡寄等弊，前有故违许，被害指名禀究仍候。勒石示禁毋违。[①]

雍正十一年十一月至次年十一月何梦瑶署任义宁知县期间，以耿直品格、实事求是的精神，在处理一桩案子时得罪了广西巡抚金铁。据道光《南海县志》卷三九《列传八》记载："义宁民梃伤所识，夺其牛。梦瑶援新定例论戍，巡抚驳改大辟，不从。巡抚怒。臬府并谕梦瑶曲从，不然且黜。梦瑶执前议，益力三驳，弗变。"[②]何尚在试用知县之时，竟对巡抚敢于"三驳不从"，冒被罢黜之威胁，仍认为人命关天，坚持己见，充分显示其不畏权势、耿直秉法的品格。后来案件报到刑部请决，刑部支持了何梦瑶的意见。此事道光《南海县志》虽然认为"上官自是服其能"[③]，但显然是一相情愿的说法。何梦瑶于雍正十一年十一月开始，署理义宁知县一年，同年十二月开始署理阳朔知县半年，至雍正十三年六月才实授岑溪县知县。何梦瑶两署知县，迟迟不得实授，与其在义宁任上忤逆巡抚金铁不无关系。此后，何梦瑶又转任思恩，在广西总共待了十五年余，一直未得到升迁机会，多和其性格与官场的不合拍有关。何梦瑶多年后在《读罗履先乙卯冬得劳孝舆凶问作感赋次原韵》诗中，借怀念劳孝舆之际，感叹自己"从此泝西江，危滩撩虎须"[④]，因忤逆上级官员而带来的不良后果与遗恨。

花洲是广西岑溪县明代所建的著名的胜地景区，但由于乏人照

① 何梦瑶：《革土书示》，乾隆《岑溪县志·艺文志》，第189－190页。

② 道光《南海县志》卷39《列传八》，第722页上。

③ 道光《南海县志》卷39《列传八》，第722页上。

④ 何梦瑶：《读罗履先丁卯冬得劳孝舆凶问作感赋次原韵》，《匊芳园诗钞》卷7《悬车集》，第4页a。

料，时被人侵占破坏。乾隆《岑溪县志》载春泛花洲在城西河中，明李掌教、钟振辉，举人李茂、廖标选址买地，与县尹钱梦兰共同建造。此后置田招僧常住，环植花木，因以百花名洲闻名遐迩。及至雍正三年，知县刘信嘉、举人钟朝朗、监生黄之发、李典再次捐资募助修庵。由此“香海名庵，其景晴雨俱宜，水月多致，涤钵濯缨，泛舟垂钓，无不可人”[①]。何梦瑶亦有诗《春泛花洲》，描绘花洲春景：“浴蚕波暖涨溪红，小雨如酥过社翁。书带草随精舍长，湔裙人并画船空。云摇双径僧移竹，日落千山鸟呼风。流水声中公事少，兰桡归路月朦胧。”[②]充分显示其对花洲“云摇双径”、“日落千山”胜景的喜爱。至乾隆二年，鉴于花洲遭到破坏，何梦瑶组织大家清出被侵蚀的田塘，惩罚强砍竹木之徒，并颁布《花洲示》：

为照百花洲者，南仪胜地，岑邑灵区。载在志书，冠乎诸景，秋涛夜月，何殊白鹭。洲边古树寒山，恰似姑苏城外；渭滨环翠，同吟夏彩之词。泗水嫣红，共识春风之面；珠江花药，差可方之，汉渚琵琶，瞠乎后矣。盖缘明季儒学锺公孝廉、廖李两公，选胜搜奇，追訾家之芳，执寻幽剔异陋马退之，新亭莲社，斯开花宫，爰启既构兰若，以栖缁案；复捐寺田，以供伊蒲，维时六祖谈禅，一心与旛风俱静；生公说法，百卉皆花雨争香。无何劫火洞燃，禅灯乍暗，魔高一丈，世甫几更，乃有无耻之徒，敢冒三家之后，任情蹂躏，肆意凭凌，遂使翠竹黄花，悉成灰烬，长松细草，日就凋零。本县目击，心伤废兴，颓举南山定判黎邱之鬼，方潜茅屋题诗；妙高之台如旧，惭无玉带可镇，空门虑有山魈，

① 乾隆《岑溪县志》，《古迹》，第 45 页。

② 何梦瑶：《春泛花洲》，《匊芳园诗钞》卷 4《南仪集》，第 5 页 a。

重侵净土。合行示禁，为此示仰寺僧、居民人等知悉：嗣后仍有冒称山主，吞占常住田产，及盗伐洲中竹木者，许该寺僧立即禀官究治；该僧更当恪守清规，随时修葺寺宇，培植花木以壮胜观，毋得招邀匪类，玷污佳境，瞧山清水秀，永怀前哲高风，松茂竹苞长树，千秋嘉荫各宜。禀遵毋违特示。[1]

三、谕释仇杀，消弭贼乱

广西、云南、贵州及相邻之湖南、湖北、四川诸省，多有少数民族聚落。元明以来，这些地区实行土司制度，土司管辖各自民族，承继制度实行世袭之法，后呈报中央政府批准。由于土司承继实行世袭制度，"无追赃抵命之忧，土司无革职、削地之罚"[2]，结果造成各地土司日益骄纵，愈发猖獗，土司制弊端丛显。土司有恃无恐，土民因土司压榨，常有脱土之请。此外，土司为其私利，如土地、报仇、袭位、印信等，相互攻杀、争夺，土民深受残害，严重影响边疆安定。据清前期地方官蓝鼎元称："楚蜀滇黔两粤之间，土民杂处。曰苗曰猺曰獞曰犵狫，皆苗蛮之种类也。其深藏山谷，不籍有司者，为生苗。附近郡邑，输纳丁粮者，为熟苗。熟苗与良民无异，但性顽嗜杀。或与汉民有睚眦，辄乘夜率众环其屋，焚而屠之。白昼出乡井五里，则惴惴忧其不还。是以亦畏汉民，而尤惧官长。此可以教化施恩，法令驯服者也。"[3]即使是熟苗都"性顽嗜杀"，性格好斗可见一斑。又据同时期杨锡绂（1700—1768）《粤省训练乡勇疏》："广西猺獞杂处，

---

① 何梦瑶：《花洲示》，乾隆《岑溪县志》《艺文志》，第 187 页。

② 魏源：《雍正西南夷改流记上》，《圣武记》卷 7，北京：中华书局，1984 年，第 285 页。

③ 蓝鼎元：《论边省苗蛮事宜书》，《鹿洲全集》，厦门：厦门大学出版社，1995 年，第 38 页。

山深箐密,又连接邻省诸苗,易于滋事。是以各州县旧有乡勇之处,多因逼近苗疆,其土著民人,能惯悉苗情,周知路径。是以训练乡勇,以为协助兵壮之用。……臣等查粤西僻处边隅,苗猺土獞,杂错而居。此辈生性蛮野,动辄仇杀相寻,是以向来地方居民,多自设乡勇,以为防卫。"[①]分别都提及广西苗疆之地荒蛮而危险之处。基于此,为便于管理和统治,明朝中央政府已在部分地区推行改土归流。特别是入清以来,苗乱频仍,地方社会愈发动荡。《世宗实录》卷七五有记:"所有苗蛮猺獞种类甚多,残忍性成,逞凶嗜杀。剽掠行旅,贼害良民。又或劫去人口,重价勒赎,所以为内地平民之害者不可枚举。而众苗之中,又复互相仇杀,争夺不休。于其所辖土民,则任意伤残,草菅人命。"[②]除愚昧野蛮的习俗、落后的土司制度外,官府的不作为和贪腐亦是导致苗乱频仍的主要因素。李绂就认为土司暴敛与知府是否廉能密切相关。[③] 时任广西布政使的郭铁,进一步分析了导致当地相互仇杀的原因是官府的不作为。[④]

雍正四年,鄂尔泰上《改土归流疏》,分析西南边疆动乱的缘由在于土司制度,必须予以剪除,"苗猓逞凶,皆由土司。土司肆虐,并无官法。恃有土官土目之名,行其相杀相劫之计。汉民被其摧残,夷人受其荼毒。此边疆大害,必当翦除者也"。鄂尔泰进一步指出针对土司制度积弊的改土归流之法,计擒为上策,兵剿为下策。"令自投献为上策,勒令投献为下策。"[⑤]其建议获得雍正完全批准,广西

---

① 杨锡绂:《粤省训练乡勇疏》,贺长龄《皇朝经世文编》卷88《兵政》,第3156页。

② 《清实录》第7册,卷75"雍正六年,戊申,十一月"条,北京:中华书局,1985年,第1122页下-1123页上。

③ 李绂:《覆陈土司绥靖疏》,贺长龄《皇朝经世文编》卷86《兵政》,第3103页。

④ 郭鉷:《陈粤西治边疏》,贺长龄《皇朝经世文编》卷86《兵政》,第3104-3105页。

⑤ 鄂尔泰:《改土归流疏》,贺长龄《皇朝经世文编》卷86《兵政》,第3096页。

等地进行了大规模的改土归流。由于改土归流之际土司与朝廷以及土司之间矛盾盘根错节，动辄可见争斗以至于仇杀。甚至到乾隆五年，义宁县还出现苗乱，知县倪国正等五人遇害。《高宗实录》卷一二〇记乾隆五年五月间："广西兴安地方有楚苗纠众入境，又有粤西怀远、融县、义宁、之狗猺聚集千人，欲搬往城步，知县、县丞、巡检、把总等前往抚谕。凶猺竟不受抚，伙众将知县倪国正等五员捉回巢穴。有巡检鲁器，受伤深重，未卜存亡。夫兴安义宁地方，相去广西省城不过百里，而苗猺敢于猖獗如此，则平日之漫无约束可知。"[①]广西境内改制以及由此引发的动乱震动朝廷，以至于乾隆立即发布上谕："朕思楚粤苗猺，共为犄角，楚省攻捕甚急，则潜入于粤。若粤省攻捕甚急，又潜入于楚。必须两省并力会剿，务尽根株，庶可削平苗逆，宁谧地方。"[②]足见其时广西境内境况之一斑。恰于此时，何梦瑶首为知县就在广西义宁，此次事件对其印象深刻。其有诗《庚申纪事》，对此事件有所记录：

其一

吾管羁縻地，三苗遏绝群。舞干何日格，伏莽此时闻。
肯信虫为鸟，空言豕是豮。惠人惟烈火，玉石但须分。

其二

奴峰仍耸峙，龙水尚朝宗。共讶苞三蘖，谁输酒一钟。
哑人愁履虎，螫手恨荓蜂。又见黄澄洞，山潭晚雾重。

---

① 《清实录》第10册，卷120"乾隆五年，庚申，闰六月"条，第760页下。

② 广西壮族自治区通志馆：《〈清实录〉广西资料辑录（一）》，南宁：广西人民出版社，1988年，第345页。

其三

桂郡连三楚，桑江聚百团。逢人皆佩犊，斫吏竞探丸。
五子穿龈死，群苗洒泪看。谁令裴怀古，赴贼骋车单。

其四

六郡良家子，三千被练军。王师那用战，幕府但论勋。
月黑弢弓影，峰高矗阵云。秋宵多整暇，壶矢静中闻。

其五

虎侯师左次，长子命重申。堂印颁红籀，天章降紫宸。
风流推御毂，端悫尽曹彬。自上金城略，甘泉奏捷频。

其六

愧我为谋短，忧时太息长。暗思磨月兔，奋欲射天狼。
邻震能无惧，民残更用伤。不堪回首处，父老哭桐乡。[①]

从何梦瑶诗作中，可以看出其治下的“羁縻地”，时逢“三苗”动乱，以至于“桂郡连三楚，桑江聚百团”，颇令其惊异。尤其是知县倪国正等“五子穿龈死”的惨况，更是令何梦瑶震惊万分，故而“愧我为谋短，忧时太息长”，慨叹仇恨之深，积弊之久，任务之艰。当然何梦瑶并未由此退缩，反而想起“老夫聊发少年狂”苏轼的词作，志在成就一番事业，愈发“暗思磨月兔，奋欲射天狼”。所谓“谁令裴怀古，赴贼骋车单”既是言知县倪国正，又是一种夫子自道，志在消弭仇杀，平息动乱。道光《南海县志》卷三九《列传八》有记载称：“大滩地距义宁治数百里，深箐叠嶂，攀磴援萝，七月始达，官吏无敢至者。其獞民与怀远县斗，江中峝獞仇杀，数十年未已。梦瑶莅县，亲往开导，始解释相度。金钱隘为两地通途，请上官设弁兵防守，獞

① 何梦瑶：《庚申纪事》，《匊芳园诗钞》卷5《寒坡集》，第2页a–3页b。

民械斗乃绝。”[1]数十年的江中崀獞仇杀,经过何梦瑶冒险攀登数月山路,亲往开导谕释矛盾,并请上官在金钱隘设弁兵防守,使此问题得到较完满的解决。后来,何梦瑶还曾撰《金钱隘纪闻》一书,记录金钱隘相关事闻,惜已遗佚。

何梦瑶乾隆四年任思恩知县,乾隆五年就在义宁发生了知县倪国正等五人被苗乱所害的惨剧,在这样的严峻形势下,何梦瑶以他的果敢胆识和敏锐判断,化解了一场“危机”。一日正午,城守朱某慌慌张张突然来到议事厅,支开左右随员,偷偷以耳语告诉何梦瑶说,一个姓玉的獞民密报,在七里半聚集了强盗千余人,今日傍晚就会来攻县城。朱某请求何梦瑶马上拟好公文,告诉郡守发兵来援。何梦瑶说:从思恩到庆远府,往返要三日,根本来不及;而且情报未必准确,冒昧地去请兵,不行。朱说:要么先把您与我的家人转移躲避,并且召集百姓入城保卫。何说:城墙很高,不容易越过,贼人没有坚定的志向,必定会作鸟兽散,而此时城内的盗贼就会乘机捣乱。如果我们的官眷都出城了,是首先失信于民,不可。我们两人要与城共存亡。如果情况真的出现,我们一同骂贼而死!当时,何梦瑶的家人在屏风后面听到这里,皆大哭,被何梦瑶叱骂止住。遂召唤玉某,问其反贼情况。玉某拿出一纸,列出为首的贼人姓名十余人。何梦瑶看后马上令管户口的户书进来,将此纸交给他说:这些欠缴税户,你可马上去催缴。户书惊愕地说:这些都是殷实之户,一开征就缴纳完毕了。何梦瑶再问说:果真是殷实之户吗?平常行为如何?户书说:最安分守己。梦瑶笑着说:我有别的事情问他们,你去叫他们过来。县役接令而去。朱某问何梦瑶:为什么您如此不着急

---

① 道光《南海县志》卷39《列传八》,第722页上;另见光绪《广州府志》卷128《列传十七》,第1992页上。

呢？梦瑶言：这些人都是富人，玉某肯定是有求于他们而不得，故以此来诬陷他们。假如他们有所图谋，必然不敢前来；如果不是，明日就会到县衙。朱某又问：那今夜怎么办？梦瑶笑着说：他们如果是真的图反，就已经在半途中了，县役去必然在中途相遇，遇后县役必然会快速回报，那时我将再与你合计。次日，七里半的民众果然到了县衙。梦瑶问他们此事的缘故。众人都说：玉某长期以来有心病，间时会胡言乱语，乞望父母官您不要听信他的。[①] 虽然这只是玉某诬陷他人而产生的"危机"，但是，于何梦瑶的一言一行中，体现了他忠君报国，与城池共存亡的果敢胆识和敏锐的判断能力。

四、编志重教，捐修公益

乾隆四年秋，何梦瑶克服地僻荒远、藏书缺少的困难，组织了岑溪乡绅诸如教谕、训导、举人、贡生、监生、生员等 19 人进行《岑溪县志》的编纂。[②] 何梦瑶在乾隆《岑溪县志》序中说："仆待罪岑溪将四载矣，行且调去，念无以遗我父老子弟用，与诸绅士修辑邑乘。自夏迄冬，书成凡四卷。文不加于旧志，而隶事既多且详，独地处荒僻，苦无藏书广资考订，挂漏舛误，知所不免，以是遗我父老兄弟，幸共正之。"[③]全志分天文、沿革、地理、行政区划、风俗、名胜古迹、秩官、田赋、度支、物产、蠲恤、营缮、学校、兵防、大事记、名宦、人物、选举、艺文等 18 个分志，八万余字，详细记述了明代及清初岑溪的历史与文化。编志自乾隆四年夏迄冬，不到一年时间，成书四卷。

① 道光《南海县志》卷 39《列传八》，第 722 页下－723 页上。

② 道光《南海县志》卷 39《列传八》，第 723 页上。

③ 乾隆《岑溪县志・序》，第 2 页。

除编志外，何梦瑶还非常重视地方教化。道光《南海县志》卷三九称："岑溪有书院、义学，师生修脯膏火田，自梦瑶始。"[①]何梦瑶将散在的学田收归并租出，明确每年分六月、十月两次交付，若有余羡，作为生员的膏火之费。乾隆《岑溪县志》卷二："批佃每亩岁收租谷一百六十斤，分六月、十月两次交收。所收租谷变价，除完粮二十五两外，其学租四十九两，听学径解藩库。遇水旱照例减租，或有余羡，留学以为诸生膏火之费。"[②]除此之外，何梦瑶还在岑溪县獞民聚居区设立大湴、水汶墟、南渡埠三处义学。[③]

与此同时，何梦瑶时常旌表先进，以达教化风俗之目的。乾隆《岑溪县志》卷二：

> 岑俗赘婿必冒妻姓，乃得承受妻父产业。于是一人有两姓，而冠妻姓于本姓之上(如赵甲赘钱家，则曰钱赵甲也)。恬然不以为怪。有诸生李姓智者，黄氏之赘婿也。食黄之田，而不更姓。后黄之族有欲夺其田者，智即归之。先是，智食黄田，即不复分受父产。至是归田于黄，遂无以糊口，而没齿无怨。此铁中铮铮者，特表而出之，以为通邑风。[④]

赘婿更姓之风俗，在何梦瑶等正统儒生看来，不合于传统伦理，尤当纠正，所以当何梦瑶发现李智一例，遂载入县志，以为正化风俗之样板。类似的情况在何梦瑶的上司兼好友陆纶为政上亦出现。陆纶，字怀雅，浙江秀水籍，平湖人。由内阁中书转典籍，雍正九年

---

① 道光《南海县志》卷39《列传八》，第723页上。

② 乾隆《岑溪县志》卷2《田赋志》，第66页。

③ 乾隆《梧州府志》卷6《学校》，台北：成文出版社，1961年，第146页下。

④ 乾隆《岑溪县志》卷2《杂记》，第194页。

出任梧州府同知，也曾受巡抚金铁延请，与何梦瑶等共修广西通志，后擢永州府知府。因丁父艰归，起补梧州知府。[①] 光绪《平湖县志》卷一六载："梧俗以婿为子，往往争产致讼，嫠妇多赘夫于家，前夫子与后夫子恒构衅。(陆)纶晓以廉耻，及异姓乱宗之律，俗乃革。"[②]何梦瑶、陆纶属朝廷委派的地方官员，其代表官方正统儒家思想，对于广西当地民俗有违正统之处，即极力予以教化更改之，一方面是调解乡里矛盾，另一方面更为重要的是传播和推行中央正统之儒家文化。

除此之外，雍正朝对地方官审查钱粮出入的管制非常严格，官员普遍比较清廉，除了经过批准的必需的建造工程外，府、县没有太多的银两来做公益。大量的公益建设要靠官宦、士绅、僧道的捐助，以及百姓摊派。何梦瑶在岑溪、思恩任上捐建了县署、监房、桥梁、渡口、崇圣祠、先农坛、城隍庙等公益设施。岑溪县署在城西南五里旧县城中，何梦瑶见其串堂后宅卑陋且坏，于雍正十三年"改建串堂一座三间，改后宅为楼一座三间，又创建东厅一座三间，西厅一座三间，又改建串堂右耳房一间，后宅右耳房二间，创建西厅耳房一间"[③]。岑溪知县任上，何梦瑶曾捐俸改建位于县署头门内西偏的监狱两座[④]，捐修杨柳桥、排候桥、南门渡、罗许渡诸处[⑤]，修建学宫殿庑照墙[⑥]。思恩任上，何又重建县署大堂、二堂、书办房，重修监狱三间，另置女监一所，重修县东门外的先农坛，前后几番重修县南门内

---

① 雍正《广西通志》卷58，清文渊阁《四库全书》本，第5409页；光绪《平湖县志》卷16《人物列传二》，台北：成文出版社，1975年，第1536－1537页。

② 光绪《平湖县志》卷16《人物列传二》，第1537页。

③ 乾隆《岑溪县志》卷2《廨署》，第87页。

④ 乾隆《岑溪县志》卷2《廨署》，第88页。

⑤ 乾隆《岑溪县志》卷2《津梁》，第21－23页。

⑥ 乾隆《岑溪县志》卷2《学宫》，第96页。

的城隍庙。[①] 同时，还捐买地基，永为学署。[②] 可谓敬业爱民，殚精竭虑。

值得提出的是，何梦瑶在岑溪、思恩诸县均有捐俸改建监房，并在思恩另置女监一所，说明当时因苗乱等问题，社会秩序较为动荡，抓捕犯人增加，以致需要改建扩建监房。同此时期，何梦瑶的同年，原籍广东大埔的李瑜，升任广西宁明知州后，也遇到原土司内讧和苗乱，其所遇情形概与何梦瑶类同。据民国《大埔县志》卷二三《人物志六》载："（宁明）改流未久地，接南交、安马、那炼诸村洞，顽梗难治，且值韦夷内讧，七州骚动，村民滋事。（李）瑜相机处置，咸遵约束。首恶者愿诘奸自効，悉赦之以安反侧。复密查内外狐鼠绳以法。消窥伺，插流徙，地方赖以宁谧。"[③]何梦瑶诗《李宁明谕[④]》有云："三年报政上神京，诏领雄州叱驭行。宦迹远过铜柱界，诗篇争购竹棚城。"[⑤]由此可见其时何梦瑶所处政治和社会生态之一斑。

第三节　官宦交往

雍正八年（1730）之前，何梦瑶的交往以惠门为中心。雍正八年至乾隆十四年，何梦瑶宦游广西、辽阳两地达19年之久。结交诸多官宦同年、同僚等，构成了何梦瑶官宦交往的丰富网络。

---

① 民国《思恩县志》第3编《政治·建置》，第134页。

② 乾隆《庆远府志》卷2，清乾隆十九刻本，第365－366页。

③ 民国《大埔县志》卷23《人物志六》，广东省地方史志办公室《广东历代方志集成》，广州：岭南美术出版社，2007年影印本，第1807－1808页。

④ 谕，应为瑜，原文有误。

⑤ 何梦瑶：《九君咏》，《匊芳园诗钞》卷5《寒坡集》，第9页b。

一、同年交往

雍正八年，与何梦瑶同时分发广西的共十人，除何氏外，分别是：刘瓒、徐梦凤、赵楷、张月甫、李运正、卢伯蕃、李瑜、李学周和叶志宽。不到十年间，死者三（刘瓒、徐梦凤、张月甫），被罢黜者三（赵楷、卢伯蕃、李学周），以丁忧去者二（李运正、叶志宽）；在任的只有何梦瑶和李瑜。何梦瑶为这九位同年作《九君咏》。[①]

在何梦瑶的同年中，卢伯蕃是最为特殊的一个。他的特殊在于，他是雍正文字狱的直接受益者，是以连州知州朱振基的血来染红顶戴的。

［注：雍正七年，广东连州生员陈锡等告发知州朱振基私供吕留良牌位于祠堂奉祀。被举报的朱振基，是浙江长兴人。同治《连州志》卷三："国朝朱振基，浙江长兴人。雍正五年，由贡生任连州牧。"[②]据雍正八年十月十一日广东布政使王士俊呈报雍正的密奏，可知举报后的情况："窃照参原任连州知州朱振基私设逆贼吕留良牌位一案。臣于雍正七年闰七月初三日访查确实，密行广州府知府吴骞，密委巡检蒋大谋星驰前去，查取逆贼牌位，而朱振基已将牌位潜藏，随据该州生员陈锡等呈首，臣与前任按察使臣楼俨，即行揭报转请纠参，奉旨拿问，交督臣郝玉麟严审究拟。嗣据该府县审供定拟斩决，招解经署按察使臣黄文炜会同臣讯，将朱振基照大逆不道

① 何梦瑶《九君咏》序曰："庚戌榜后，分发广西候补者十人。未十载而死者三，黜者三，以忧去者二，独予与李宁明在耳。聚散无常，日月流逝，抚今追昔，深用怆怀，作九君咏。"见《匊芳园诗钞》卷5《寒坡集》，第9页b。

② 同治《连州志》卷3，清同治九年刻本，第603页。

律拟斩立决，招解督臣郝玉麟亲审，具题在案。”①

经过两司审理，要对朱振基以“大逆不道律拟斩立决”，两广总督郝玉麟以为拟判太重，并且之前有浙江总督李卫审理张昌言之案例，张昌言只是被革去主簿职衔，照违例律满杖而已。所以，郝玉麟在督臣谕单说：“据该司审解原任参草理瑶同知朱振基，于连州任内私置吕留良牌位奉祀一案。官犯前来，经本部院覆审，据供情节无异，惟该司拟照大逆不道定罪，似觉未协。查逆贼吕留良从前欺世盗名恶迹未露之先，多被其迷惑，是以浙江总督李卫，题请凡有从前无知妄知推重逆贼吕留良，或设立牌位或刊伪文者尽行划毁，但能悔心改误，不许棍徒借端挟制，以昭圣明仁育义正之感。治随经刑部覆准，有设立逆贼吕留良牌位者，限三个月内投首。地方官处尽行燔毁等。因通行在案，今历审朱振基坚供与吕留良并非同乡，亦非师生情宜，从前并不认识。原因一时愚昧，误认吕留良为理学之流，故有此冒昧之举。后闻恶迹败露，即自行撤毁牌位，已能悔心改误，情尚可原。再查部覆浙江审题吴永芳诬首一案内开张昌言，设立吕留良牌位送至书院，应革去主簿职衔，照违例律满杖。又嘉兴府知府阎尧熙于张昌言禀请设立吕留良牌位之时，并不查明禁止及至逆迹败露，始行撤毁，又不据实详明，应照溺职例革职等语。今朱振基从前私设牌位，及覆撤毁不首之处，与张昌言、阎尧熙所犯情罪大概相符，可即援引此例，叙入详内，将朱振基问拟满杖廉得平允，仰司覆核明白具详。此单仍缴。”②平心而论，郝玉麟为保全朱振基

① 中国第一历史档案馆：《广东布政使王士俊奏报督臣郝玉麟宽纵吕留良党恶朱振基并查出屈翁山诗文集等事折》(雍正八年十月十一日)，《雍正朝汉文朱批奏折汇编》第19册，第281页上。

② 中国第一历史档案馆：《署按察使臣黄文炜转抄督臣郝玉麟谕单》，《雍正朝汉文朱批奏折汇编》第19册，第282页上－283页上。

的性命，这样题拟谕单是有理有据的，但是，由于雍正的残忍无情，以及对精神文化的变态恐惧心理，不惜滥杀无辜。雍正在收到郝玉麟的题拟之后下旨："朱振基治罪之处甚属卖法轻纵，将本掷还，着另行定拟，将情由明白回奏。此案承审定拟各员，着交部严察议奏。钦此。"①

广东布政使王士俊在雍正八年十月十一日呈报雍正的密奏中，将郝玉麟出卖，并将按察使黄文炜转抄的督臣郝玉麟谕单附在密奏内。雍正朱批到："汝幸有此奏。此等事如何能逃脱觉察也。此奏未到之先本上已专严有矣。所奏知道了。雍正八年十月十一日。"②

在雍正的高压之下，郝玉麟诚惶诚恐，感觉就要祸及自身。同年十二月二十日，连忙上奏："前来臣一时愚昧，随□□□题在案，惟是逆贼吕留良□逆奸邪，妄肆诋诬□应寸磔之犯。今朱振基竟敢制造牌位□入祠内供奉，迨至逆迹败露，私将牌位撤毁，又不首明实，与浙江张昌言之呈明□□者不同。乃臣不能详审其情罪，以致问拟错误，委系实情。臣原不敢存一毫私见，如果有心卖法轻纵，自□□圣明洞鉴，实系臣律例未精，愚昧□□，至今追悔无及。臣有何□处，况朱振基于臣八月初二日具题之后，旬日之间，即伏冥诛，□见该犯之罪不容违令。"③

又据黄鸿寿《清史纪事本末》卷二十："广东连州知州朱振基、

---

① 中国第一历史档案馆：《广东总督郝玉麟奏报错拟轻纵朱振基制造供奉吕留良牌位一案自请敕部严议折》（雍正八年十二月二十日），《雍正朝汉文朱批奏折汇编》第19册，第714页上。

② 中国第一历史档案馆：《广东布政使王士俊奏报督臣郝玉麟宽纵吕留良党恶朱振基并查出屈翁山诗文集等事折》（雍正八年十月十一日），《雍正朝汉文朱批奏折汇编》第19册，第281页下。

③ 中国第一历史档案馆：《广东总督郝玉麟奏报错拟轻纵朱振基制造供奉吕留良牌位一案自请敕部严议折》（雍正八年十二月二十日），《雍正朝汉文朱批奏折汇编》第19册，第714页下－715页上。

学正王奇勋不应设祠奉祀留良，与车鼎丰、车鼎贲、孙用克、周敬舆俱坐死，父母祖孙兄弟妻女坐发给为奴者二十三家。”[①]朱振基等可谓家破人亡。

而告发朱振基的生员陈锡等人却因此被雍正恩赏。《雍正上谕内阁》卷八十六：“又奉上谕，此所参朱振基、王奇勋俱着革职拏问。其私置吕留良牌位奉祀情由，该督严审定拟具奏。连州生员陈锡等深明大义，不为邪说所惑，据实出首以彰名教，具见该州士习之淳良，甚为可嘉。着将今年该州应试完场之举子，交与该学政秉公遴选学问优通者四人，赏作举人，送部一体会试，以示恩奖。如今科所取副榜内有连州生监，亦准作举人。”[②]据此上谕，连州共有卢伯蕃、陈锡、戴雯和吴奇徽等四人准作举人，并予参加雍正八年的会试。道光《广东通志》卷七十七：“特赐举人四人。连州革职知州朱振基私供吕留良牌位，生员陈锡等首告。上念连州士习刚正，特旨录取是科应试完卷四名生员：卢伯蕃、陈锡、戴雯、贡生吴奇徽，准作举人，次年会试。”[③]由于笔者所见史料都说的是“陈锡等人”告发知州朱振基，没有具体写明哪几个人，所以，除陈锡外，卢伯蕃、戴雯和吴奇徽是否参与告发，不得而知，但是他们三人与陈锡一样，确实是朱振基案的受益者。

而因为举报而获益的陈锡等人，被人不耻。陈锡获任合浦教谕，戴雯获任龙川教谕。但是合浦、龙川县志却没有记载；吴奇徽，番禺人，附籍连州，本姓张，“赏做举人”后，并没有安排官职，以教书为业，后来客死异乡。乾隆《番禺县志》卷十五还说：“奇徽少时，

① 黄鸿寿：《清史纪事本末》卷 20，1914 年石印本，第 101 页。

② 《雍正上谕内阁》卷 86，清文渊阁《四库全书》本，第 825 -826 页。

③ 道光《广东通志》卷 77，清道光二年刻本，第 5226 页。

术者谓其不利子嗣科名，且客死，为命三疵。然其举子也，以耄年举乡也，以异籍虽道死，而故旧门生醵金，走数千里归其丧，究异于旅瘗者。术家之言验而不验，时以为厚德在人之报云。”[①]实际上县志作者以术家之言曲折表示“报应”的意思。

雍正以后，虽然没有官方为朱振基平反昭雪，但是公道自在人心。同治《连州志》卷三对他褒奖有加：“（朱振基）性耿介，洁己奉公，爱民如子，税米至即纳仓，不待守候。平斗概，蠹胥奸吏圭勺不敢多取。息争讼，缮学桥，复巽峰塔，改旧千户所建南轩书院，捐谷置产，为经久计。至今州人睹其规制，如召伯甘棠。”[②]同治时，还将其入祠配享。同治《连州志》卷三：“朱振基，浙江长兴人，贡生。雍正五年任。刚方廉介，勤政恤民，创建书院，捐俸置产为永久计。复巽峰塔，以兆科名，平斗概以均输纳。州人至今尸祝之。有传附名宦后，现欲公举入祠。”[③]文字狱的受益者们虽然可以获得一时之利，但是历史和民心终究是公道的。]

据道光《广东通志》卷七七《选举表十五》记载：“卢伯蕃，连州人。此特赐进士，一体殿试，广西武宣知县。”[④]雍正《广西通志》卷五八《秩官》记载：“卢伯蕃，广东连州人，进士。雍正十二年任（武宣县知县）。”[⑤]道光《广东通志》卷七七：“特赐举人四人。连州革职知州朱振基私供吕留良牌位，生员陈锡等首告。上念连州士习刚正，特旨录取是科应试完卷四名生员：卢伯蕃、陈锡、戴雯、贡生吴奇

① 乾隆《番禺县志》卷15，清内府本，第1313－1315页。

② 同治《连州志》卷3，清同治九年刻本，第603－604页。

③ 同治《连州志》卷3，清同治九年刻本，第544页。

④ 道光《广东通志》卷77《选举表十五》，第1279页下－1280页上。

⑤ 雍正《广西通志》卷58《秩官》，清文渊阁《四库全书》本，第5466页。

征,准作举人,次年会试。……俱以教谕用。[①] 会试之时,卢伯蕃场后到京;而雍正帝因鼓励告发的政治考量,赐其进士,并且特赐殿试。[②] 后卢与何梦瑶等一同分发广西。他在武宣知县任上官声还是不错的,嘉庆《武宣县志》卷一一《宦绩》言其:"洁己爱民,有惠政,邑人讴思。"[③]但是,后来不知因什么事情被罢黜了,估计可能和其出身有关。何梦瑶诗《卢武宣伯蕃》:"出群云鹤独昂藏,心有寒冰面有霜。自笑托身同散木,争看给札赋长杨。秦筝惯度无愁曲,汉玉能镌急就章。闻说灯前频判犊,罢官犹为老翁忙。"[④]何暗讽其"出群云鹤独昂藏,心有寒冰面有霜。"似乎言其属无情而高傲之人。诗中特注"卢场后到京,特赐殿试",暗表其中不公之意。

张月甫乃广东新会人,雍正八年进士,历任荔浦、思恩知县,卒于思恩任上。张月甫卒后,何梦瑶接任思恩知县。据道光《新会县志》卷九《列传二》:"张月甫,河塘人。读书一目十行,登雍正八年进士,补思恩知县。思恩僻地,向多陋规派累,月甫下车,痛行革除,与民休息。兴学校,恤孤苦,民沾实惠,载道欣颂水。三年,卒于官,民为罢市。"[⑤]张月甫为官与何梦瑶一样,革除陋规派累,与民休息,但死于任上,百姓甚至为其致哀而罢市。何梦瑶诗《张思恩月甫》有云:"家同珠海光长照,人到寒坡冷可知。眼看渔阳遗爱远,一春游女哭桑枝。"[⑥]

---

① 同治《连州志》卷 2,清同治九年刻本,第 217 页。

② 卢伯蕃虽然场后到京,但是被赐进士,排在第三甲第 100 名。据江庆柏《清朝进士提名录》,北京:中华书局,2007 年,第 387 页。

③ 嘉庆《武宣县志》卷 11《宦绩》,故宫博物院《故宫珍本丛刊》第 198 册,海口:海南出版社,2001 年,第 136 页上。

④ 何梦瑶:《九君咏》,《匊芳园诗钞》卷 5《寒坡集》,第 8 页 a – 10 页 b。

⑤ 道光《新会县志》卷 9《列传二》,第 265 页下。

⑥ 何梦瑶:《九君咏》,《匊芳园诗钞》卷 5《寒坡集》,第 8 页 a – 10 页 b。

李瑜，字梅若，大埔人。弱冠遍通群籍，受知学使惠士奇。雍正七年举人，八年联捷成进士。用知县分发广西署思恩府同知，旋署象州知州。讯结十余年仇杀大案，详免捏报荒田千余亩，民累以除。补北流县知县，廉勤自矢，杜绝私托，凡四载悍俗悉变。后擢宁明知州，值韦夷内讧，七州骚动，村民滋事。李瑜相机处置，地方赖以宁谧。再擢知泗城府，以病乞归，卒于南宁旅次，年四十八。[①] 何梦瑶有诗《李宁明谕》："三年报政上神京，诏领雄州叱驭行。宦迹远过铜柱界，诗篇争购竹棚城。地无螃蟹难呼酒，水有飞鸢好论兵。见说荷厅人到少，醉眠频听落花声。"[②]何梦瑶对李瑜的政绩和诗歌多有佩服。

徐梦凤，字绍典，潮阳人，修仁知县。方志言其"少清苦，刻厉读书，贯通经史，为文雄深雅健。康熙甲午登贤书，庚戌成进士。知修仁才九月，就卒于官。箧惟敝衣数领，书数十卷，士民为醵金以殓，年四十八"[③]。徐梦凤死于任上，穷的竟然要士民为之凑钱以入殓，何梦瑶为其赋诗《徐修仁梦凤》："徐陵天上石麒麟，谪向尘埃四十春。父在岂堪为客死，文多偏恨作官贫。百端遗累归良友，万里迎丧走老亲。忍见西河含泪眼，梦中犹唤玉楼人。"[④]说他"父在岂堪为客死，文多偏恨作官贫"。实际上是兔死狐悲，对做官的穷困感同身受。

叶志宽，广东澄海人，分发广西之后，历任广西富川、昭平、恭城知县，"政简刑清，民咸便之"，此后，叶志宽秉承施行实政，革除宿

---

① 民国《大埔县志》卷23《人物志六》，第1807－1808页。

② 何梦瑶：《九君咏》，《匊芳园诗钞》卷5《寒坡集》，第8页a－10页b。

③ 分别见光绪《潮阳县志》卷17《人物列传》，第302页下；道光《广东通志》卷77《选举表十五》第1279页下；乾隆《潮州府志》卷29《人物中》，第613页上。

④ 何梦瑶：《九君咏》，《匊芳园诗钞》卷5《寒坡集》，第8页a－10页b。

弊的职责，到直隶宁河县仍然“兴水利，劝农桑，皆有成绩”，在青县创建义仓，因捕蝗第一而升为河南裕州知州，在郑州修书院，助膏火，造就人才；数十昼夜抢修河决，身先吏民，如此等等政绩，“民戴其德，颂声载道”。[①] 何梦瑶诗《叶恭城志宽》有云：“分明一叶在钱塘，绿树阴浓覆午堂。调鹤小童清似水，司花侍女笑生香。月移翠簟犹看弈，日射黄绸懒起床。归到鳄潭无住处，素冠闻说挂山庄。”[②]由诗可知，何梦瑶与叶志宽曾经在官署绿树阴浓之下对弈、调鹤，二人志趣相投。雍正十三年(1735)，叶志宽因丁艰归乡，还专到何梦瑶老家探望。

李学周，蒙自县人，庚戌成进士，以知县即用。丁父忧后，乾隆元年授隆安知县。隆安有金厂，陋规多归于官。李学周全部革除，并曰：“吾受朝廷廉俸，可以养母买书，贻后人足矣。”被罢归时，仅载书二箱，行李萧然。在乡里仅茅庐数椽，闭户读书以终。[③] 何梦瑶为其赋诗《李隆安学周》：“才人落职正芳年，想象风流在眼前。乐圣衔杯唐左相，看朱成碧李青莲。谁看剑气长干斗，多恐诗狂直上天。百谪何妨便归去，至今人说孟公贤。”[④]对李学周为人及其学行多有肯定。

李运正，贵州黄平州人，雍正十一年任博白知县，雍正十三年任北流知县，后任宣化知县。[⑤] 光绪《广西通志辑要》卷一五言其：“捐

① 参见乾隆《富川县志》卷4《职官》，故宫博物院《故宫珍本丛刊》第202册，2001年，第46页上；嘉庆《澄海县志》卷18《人物上》，第484页上；光绪《宁河县志》卷6，清光绪六年刻本，第450页；光绪《重修天津府志》卷14《职官》，《续修四库全书》第690册，上海：上海古籍出版社，1995年，第260页上；光绪《重修天津府志》卷40《宦绩》，第170页上。

② 何梦瑶：《九君咏》，《匊芳园诗钞》卷5《寒坡集》，第8页a－10页b。

③ 参见乾隆《蒙自县志》卷4《人物》，第97页上。

④ 何梦瑶：《九君咏》，《匊芳园诗钞》卷5《寒坡集》，第8页a－10页b。

⑤ 乾隆《贵州通志》卷26，第1978页；乾隆《重修北流县志》卷3，第175页。

宾兴资费，设义学，给膏火。治事明而恕，民乐其政。以调繁去，士民思之。”[①]何梦瑶有诗《李宣化运正》：“龙眠三李旧知闻，凤有威仪豹有文。一第着称前进士，千秋重见故将军。宾留西阁觞飞月，虎射南山箭在云。不是圣明隆孝治，夺情应见借神君。”[②]由诗中可见李运正文武双全之雄姿。

此外，何梦瑶分发广西的同年中尚有刘瓒、赵楷。仅知刘瓒曾任北流知县，死于任上；赵楷曾为教谕，后任灌阳知县，后被罢黜，而两人其他史料不可考。何梦瑶有赋诗：

刘北流瓒

绝伦争羡美髯公，洱海泱泱表大风。
目有神光能对日，胸蟠奇气欲成虹。
分来玉笋夸袁郁，炼得丹砂胜葛洪。
可惜便抛琴客去，一枝花泪泫娇红。[③]

赵灌阳楷

孝子为官只任天，春风长拂五条弦。
劝农不辍行桑陌，听讼无多履芋田。
才剪梅云题卧帐，便将琴鹤趁归船。
囊空四海君休笑，旧物还余坐客毡。[④]

① 光绪《广西通志辑要》卷15，清光绪十七年刊本，第1511页。

② 何梦瑶：《九君咏》，《匊芳园诗钞》卷5《寒坡集》，第8页a－10页b。

③ 何梦瑶：《九君咏》，《匊芳园诗钞》卷5《寒坡集》，第8页a－10页b。

④ 何梦瑶：《九君咏》，《匊芳园诗钞》卷5《寒坡集》，第8页a－10页b。

二、同僚交往

何梦瑶于雍正十一年(1733)开始参与编修《广西通志》,并分别于雍正十年(1732)、乾隆三年(1738)、乾隆六年(1741)、乾隆九年(1744)四任广西科考同考试官。在这些活动中,何梦瑶结识交往了很多广西官吏和社会名流。与他交游的人物主要有陆纶、刘廷栋、陈仁、杨仲兴和陆炜等人。何梦瑶于乾隆十年冬至乾隆十四年,任辽阳知州,主要与陈治滋交善。

(一)陆纶

在何梦瑶的官宦交往中,陆纶的官宦经历与为官之政与何梦瑶最为相似。陆纶,字怀雅,号渔乡,浙江平湖人,是康熙丁酉举人,授内阁中书转典籍,出为广西梧州府同知。巡抚金铁延其修广西通志,并欲以博学鸿词荐,陆固辞。[①] 何梦瑶《匊芳园诗钞》卷二《鸿雪集》中《答邓炳园》的原注有:"时与修粤乘,陆司马怀雅主局事。"[②]并在《辛酉秋闱次主司韵》的诗注中也提到"监试陆司马怀雅和胡诗,有'树影衔秋过运塘'之句"。陆纶与何梦瑶为政多有雷同,如对于乡俗中因赘婿而引起的纠纷,陆纶"晓以廉耻,及异姓乱宗之律,俗乃革。"而何梦瑶亦持相同观点,在任岑溪知县时候,旌表宁愿归田而不改姓的赘婿,认为是"铁中铮铮者,特表而出之,以为通邑风"[③]。此外,陆纶与何梦瑶为官都较廉洁清贫。何梦瑶有诗《题徐

---

① 光绪《平湖县志》卷16《人物列传二》,第1536-1537页;乾隆《梧州府志》卷12《职官》,第246页下。

② 何梦瑶:《答邓炳园》,《匊芳园诗钞》卷2《鸿雪集》,第3页b。

③ 乾隆《岑溪县志》卷2《杂记》,第194页。

子山梅坞舒啸图同陆司马怀雅》及《题画菊同陆太史》。[①]

(二)刘廷栋

刘廷栋,字霞文,山阴人,乾隆四年接替何梦瑶任岑溪知县。[②]刘廷栋与何梦瑶一样亦宁忤逆上司,也要坚持公正执法。乾隆《绍兴府志》卷五九载刘廷栋事迹:"邑有鼠窃者,土人多以盗控。前令谳成盗犯十二人,计赃不过十余金耳。廷栋为请命于臬使,臬使怒以纵盗揭报。藩司杨锡绂力解乃止,而臬使卒置二盗于法。及决囚,廷栋坐堂上为泪下。囚泣曰:公非杀我者,某见公之心矣。……俗轻生,且产毒草。县民管凤仪者患疯,与妻锺反目,服毒自杀。廷栋勘实具详。臬使者疑为故谋,檄饬严讯。廷栋反复究诘,无别情,屡申屡驳,委员覆讯如廷栋谳。臬使怒,别饬健令提讯之。严刑六昼夜,锻炼成狱,论钟凌迟。廷栋慨然曰:事无实据,而罪至极刑,吾为县令不能雪冤,司牧之谓何?遂乞休。臬使余怒未平,以故出人罪,具揭免其官。治岑溪十年,去之日,居民老幼男妇以万计,攀辕遮道,号泣之声达数十里。"[③]可见,与何梦瑶一样,刘廷栋是个不畏权势,耿直为民,深受百姓爱戴的好官。由于刘廷栋的耿直,备受上司打压,在岑溪竟然做了十年的知县。此外,何梦瑶修的乾隆《岑溪县志》卷二还载有刘廷栋的《请编亡田归入义学》[④]。何梦瑶在乾隆四年编好《岑溪县志》后,到乾隆九年刘廷栋又重修,估计应该是在

---

① 分别见《匊芳园诗钞》卷3《学制集》,《题徐子山梅坞舒啸图同司马怀雅》,第12页b;卷4《南仪集》,《题画菊同陆太史》,第7页a。

② 乾隆《梧州府志》卷12《职官》,第267页上。

③ 乾隆《绍兴府志》卷59,清乾隆五十七年刊本,第5642-5644页。有关传记另见嘉庆《山阴县志》卷15,1936年绍兴县修志委员会校刊铅印本,第566页,是此传的简化。

④ 乾隆《岑溪县志》卷2《艺文》,第195-198页。

刘廷栋的主持下刊刻的，因此，其中编入了刘廷栋的诗歌和文章。何梦瑶提到刘廷栋的诗有三首，其一为《辛酉秋闱与段桐峰别驾吴樱坪刘霞文两明府话旧》：

三载相看类转蓬，水云无定是行踪。
秋江船放相思埭，夜月人依独秀峰。
倦眼不堪频相马，文心空忆共雕龙。
旧人剩喜何戡在，环向灯前叙别悰。[①]

其二为《甲子试院与段桐峰别驾刘霞文明府话旧兼调吴文其明府》：

漓江随牒十年馀，四作帘官古所无。
画马有诗调短李，煎茶何处觅髯苏。
疏星淡月明秋汉，故交零落如云散。
风流犹有段文昌，清狂尚剩刘公干。
与君初见棘闱中，我住西头君住东。
参佐三间重促膝，玉盘频剪蜜灯红。
堂堂岁月去如撇，今来荀令香三接。
从教老眼罩红纱，且放衰颜蒙醉缬。
嗟卑叹老枉酸辛，前度看花几树春。
讲德只今余四子，同心依旧是三人。
寄语西园吴季重，食指想因鼋鼎动。
人生快意何时无，馋涎漫向屠门控。

① 何梦瑶：《辛酉秋闱与段桐峰别驾吴樱坪刘霞文两明府话旧》，《匊芳园诗钞》卷2《鸿雪集》，第6页b－7页a。

萍踪鸿爪总无常，后会前欢两渺茫。
赢得樽前身现在，看他空巷斗新妆。[1]

其三为《刘方拟墨未暇见和戏迭前韵促之》：

君才如锦割有余，但用作垮裁制无。
强弩肯因射鼠发，芳草自为充帏苏。
文成翻水泻银汉，洗涤尘襟五石散。
致师君反拟乐伯，说客我自笑蒋干。
浮生石火电光中。君不见，独秀山前铁寺东。
铜瓶汲水银床冷，铃塔吟风玉殿红。
过眼兴亡刚一瞥，选场忽与离宫接。
请回大笔赋灵光，散取明霞作秋缬。
笑子姜桂捣余辛，士自悲秋女自春。
偏将金屋繁华梦，说向灯边拥髻人。
泪痕应湿红轮重，诗思莫因怀古动。
假君骒駻骋虚空，不放于田夸磬控。
八义七步本寻常，莫遣风云思渺茫。
却教五色冬烘眼，只见徐妃半面妆。[2]

描述了两人几度为帘官，促膝谈心各悲官场困顿之态。而“君才如锦割有余，但用作垮裁制无。强弩肯因射鼠发，芳草自为充帏

① 何梦瑶：《甲子试院与段桐峰别驾刘霞文明府话旧兼调吴文其明府》，《匊芳园诗钞》卷2《鸿雪集》，第7页b－8页a。

② 何梦瑶：《刘方拟墨未暇见和戏迭前韵促之》，《匊芳园诗钞》卷2《鸿雪集》，第8页a－8页b。

苏”,“却教五色冬烘眼,只见徐妃半面妆”,何梦瑶对刘之才称羡之余,亦哀其不遇。

(三)陈仁

陈仁,字符若,一字寿山,号体斋,又号寿山。雍正癸丑进士,授翰林院编修。选福建道御史,转湖北粮道,调建昌道。行身不苟,尝学古文于方苞,尤善吟,有《用拙斋诗草》。[①] 陈仁于雍正十年(1732)参加乡试获举人后,雍正十一年(1733)考获进士,而何梦瑶是雍正十年乡试的同考官,所以陈仁也算是何梦瑶的门人。陈仁的诗文及为人被时人所称道。嘉庆《武宣县志》卷一五载黄永年《侍御陈仁奏稿序》:“陈君体斋,自翰林院编修擢入台,暨今六年。其书凡国是及四方水旱,督抚大吏贤否,民生疾苦往往能为上昌言无隐。体斋凝然端直,尝慕古司马文正、陈莹中、邹志完之为人,其气可尚也。”[②]刘方蔼《陈仁文集序》:“吾友陈君体斋,岳岳有气岸,胸怀豁如,泊荣嗜义,遇事侃侃敢直言,不计利害,岂直以文见者哉。……体斋而静悟古人之冲气,求之至精至纯,游心于冥,合气于漠,得乎通天下之一气,而以息相吹。将所以文其学山学海之心于日益者,吾不得而知其高且深也。”[③]张湄《陈仁诗集序》:“吾友体斋侍御示余近体一编。余卒读之,爱其风骨粹美,旨味盎溢。每以蛟腾鲸跋之势,蓄缩于数十字中。故立言弥约,结响愈遒,盖原本少陵,而时出入于大历诸公。其登览之作,既极浑涵万象至于庙堂,赓扬与夫寻常,赠答亦莫不指事殷勤,寄意深笃,见蔼然忠厚之风焉。”[④]何

① 嘉庆《武宣县志》卷13《人物》,第143页下。

② 嘉庆《武宣县志》卷15,第154页上。

③ 嘉庆《武宣县志》卷15,第154页下。

④ 嘉庆《武宣县志》卷15,第155页上。

梦瑶以有陈仁这样的门人而自豪，有诗《阅卷不惬意四叠前韵怀门人陈元若侍御》："青灯对卷三百余，嬉笑怒骂无时无。……嗟予十载几酸辛，只解栽花不解春。"[①]何梦瑶在诗中抒发官场艰难的感慨。

（四）杨仲兴

杨仲兴，字直廷，号讱庵，嘉应人。雍正八年进士，授福建清流令，以罣议去。乾隆三年保题改广西兴安令。"奉檄疏筑陡河功甚巨，建太平六峒诸社，仓民德之奏最，擢思恩府同知，迁知江西瑞州府引见。上廉其贤，赐貂皮、药锭有加。寻转福建延建邵兵备道。三十九年升湖北按察使。仲兴精力过人，案牍皆手定手披口答，五官并用。至是益自励，风操严峻，无所瞻顾。未几大府请与湖南臬司互调，奉旨引见，奏对恺切。上鉴其诚，改补刑部郎中。老成练达，为诸曹冠英，相国极重之。明年以疾乞归，卒年八十有二。仲兴通籍四十余年，宦辙所至，凡山川扼塞，民食缓急，与夫学校书院之兴废，必尽心力无少懈。所著有《性学录》一卷、《读史提要》四卷、《观察纪略》二卷、《四馀偶录文集》二卷，文朴实廉，悍如其人云。"[②]杨仲兴著述颇多，仅《广东文征》就载其文章达 18 篇，分别是：《名任生三子说》、《镇安府志序》、《重刻文章正宗序》、《修李卫公东山祠引》、《唐宋八家文钞序》、《诸子文钞序》、《赠瑞州都阃沈立方序》、《送夏位三赴举序》、《修育婴堂引》、《唐宋八家文钞跋》、《建漓江书院记》、《创建兴安太平堡社仓记》、《建大愚寺吕公记祠》、《幸龙王庙记》、《兴安陡河记》、《诰授奉政大夫世袭土田州知州岑

① 何梦瑶：《阅卷不惬意四叠前韵怀门人陈元若侍御》，《匊芳园诗钞》卷 2《鸿雪集》，第 9 页 b－10 页 a。

② 道光《广东通志》卷 305《列传三十八》，第 4878 页下－4879 页上；另，光绪《嘉应州志》卷 23《人物》第 416 页下，亦引此传。

君山公墓志铭》、《世袭上林土县知县黄君仁长墓志铭》和《宋大愚叟吕公题碣》。[①] 杨仲兴既是何梦瑶的同年又是广东同乡，何在思恩任过知县，杨在思恩府任过同知，交往多年，感情深厚，互为知己。何梦瑶《口占柬杨讱庵乞米》其二有："知己故应惟鲍叔，诗筒休向别人开。"[②]《讱庵迭韵见示再次》："结交满天下，知己不一遇。握手出胆肝，转盼委道路。"[③]均将杨仲兴引为知己。此外，何梦瑶尚有《同年杨讱庵以所和紫川太夫子诗见示》、《三迭前韵遥赠同年杨直廷明府》、《同年杨讱庵补官北上，以诗留别次韵送行》等与杨仲兴唱和诗。其中，《同年杨讱庵补官北上，以诗留别次韵送行》和《讱庵迭韵见示再次》两诗皆被编入《匊芳园诗钞》卷七《悬车集》，而此卷大都为何梦瑶辞官后所作，故此可知，两人友谊持续到何梦瑶晚年。

（五）陆炜

陆炜，字视三，号砚山，桐乡县乌镇人。光绪《桐乡县志》卷一五《人物下》载有其传："幼敏悟，读书敦行，以邑诸生见赏于学使李公凤翥。招之入幕，旋随之调任安徽。会雍正六年诏举孝廉方正，李公高公行谊，密疏保荐，得以知县发广西。充己酉乡试外帘官。时严卷式犯规令。公以边方士子多未谙体制，请于监临，得从宽典，士心感服。先署怀远县。其地民苗杂处，接壤黔之古州，有都江亘数百里。苗人专利贩运，贾舶无敢问津者。公单骑往谕，苗情悦服，商贩大通。再署雒容县，所辖运江河水流湍激，民多病涉。公为捐

① 广东文征编印委员会：《广东文征》，香港：香港中文大学出版社，1978 年，第 105 – 113 页。

② 何梦瑶：《口占柬杨讱庵乞米》其二，《匊芳园诗钞》卷 2《鸿雪集》，第 10 页 a – 10 页 b。

③ 何梦瑶：《讱庵迭韵见示再次》，《匊芳园诗钞》卷 7《悬车集》，第 16 页 a。

俸造舟,以济往来。人因号为陆公渡。题补灌阳县,在任四年。修文庙,筑先农坛。诸废具举,择书院中可造之士二十四人。每月自课之,口讲指画,谆谆训勉。壬子己卯两科获隽六人。余悉以次登甲乙榜,士林传为佳话。粤西自逆藩之变,鳞册散佚。各县粮额俱缺。大吏以清查为殿最。由是各州县皆捏报升科。公时兼署全州两地,并有缺额,幕僚亦以此怂恿。公曰:此事官民两累,某不忍为也。后捏报者被纠,并挂吏议,而公独宴然。识者咸服其定力。寻调天河县,创建文庙、仓房、节孝祠。水陆险隘处所,设渡筏,置邮亭,以利行人。丁父忧归服阕。补隆安县,擢南宁府同知。旧例管盐政,时大吏委其戚属田州。州同某管理。或劝公请于盐院,当得复旧。公曰:夺人食以自饱,彼岂甘心? 置不问。旋升思恩府知府。莅任五月,以耳疾乞归。宦橐萧然,赖馆谷以糊口。三举乡饮大宾,皆不就。七十九卒。"[①]由传可知,陆炜以一介生员,被举孝廉方正后,历任怀远、雒容、灌阳、天河、隆安五县知县,后升南宁府同知、思恩府知府。政绩较为突出。因陆炜雍正九年任灌阳县知县[②],又知其"题补灌阳县,在任四年"。故陆炜当在雍正十三年或者乾隆元年任天河知县,此时何梦瑶正在岑溪县任上。何梦瑶有诗《送天河陆视三明府丁外艰归里》其一有云:"十载交情短,三春惜别深。"[③]故此时何、陆已交往十年。因何梦瑶雍正八年分发广西,雍正八年至乾隆五年刚好十年,因此,陆炜丁父忧的最早时间当在乾隆五年,而此时何梦瑶已任思恩知县。何梦瑶感慨大半生之经历,在思恩就已萌生退意,写下《乞休三十韵》其中有:

---

① 光绪《桐乡县志》卷15《人物下》,台北:成文出版社,1970年,第511页下-512页上。

② 光绪《桐乡县志》卷15《人物下》,第511页下。

③ 何梦瑶:《送天河陆视三明府丁外艰归里》其一,《匊芳园诗钞》卷5《寒坡集》,第11页b。

清白谅百姓，迂拙忧上官。废黜诚所甘，盛世文纲宽。
虽沐栽培恩，非材惧覆颠。引疾求释重，何敢言挂冠。
天河陆明府，殷勤为予言。报称虽不易，治术聊可观。
少需四五载，循资亦当迁。胡乃弃前劳，功亏九仞山。
况乃膺边邑，两郡蠢苗蛮。武官不惜死，文官不爱钱。
两者时并重，循良尤所贤。莱芜甑虽尘，可酌官中泉。
妻子驱之归，幕友亦言旋。仆从不劳散，蝇飞惟集膻。
力能任奔走，舆马亦可捐。奋勉事簿书，事阙心则完。
力尽挂弹章，亦足警旷瘝。胡乃无故去，止图一身便。
再拜谢陆君，高论诚不刊。亦欲少有伸，愧恧不能宣。[①]

由诗可以知，何梦瑶萌生辞官之意主要因为“引疾求释重”，此“重”估计一方面是因贫而致的家庭负担，另一方面是官场重负。陆炜听闻此意，遂多方劝说：虽然有负担不容易，但是你医术高明，亦有一定收入；加之你已经任官有六七年了，少则再过四五年，循资也应有升迁，现在退出岂不可惜。何况现在苗蛮蠢动，你不能忘记自己的责任，妻儿、幕友均可以遣送回家以减少支出。经过好友的劝慰，何梦瑶暂时打消了引疾辞官的念头。此外，何梦瑶还从陆炜处得知天河县杨节妇事迹，写下《杨节妇挽诗》[②]。《送天河陆视三明府丁外艰归里》有注：“陆尝摄东兰。”[③]而恰好何梦瑶也曾经为“东兰知事”。

---

① 何梦瑶：《乞休三十韵》，《匊芳园诗钞》卷5《寒坡集》，第1页b－2页a。

② 何梦瑶：《杨节妇挽诗》，《匊芳园诗钞》卷5《寒坡集》，第11页a。

③ 何梦瑶：《送天河陆视三明府丁外艰归里》其一，《匊芳园诗钞》卷5《寒坡集》，第11页b。

（六）陈治滋

陈治滋，字以树，一字德泉，福建闽县人。乾隆十年（1745），何梦瑶升任辽阳知州，乾隆十四年（1749）乞退南下回乡，在辽前后三年有余。辽阳隶属奉天府，地处关外，远在北疆，密迩朝鲜。奉天乃清朝龙兴之地，所属州县清初只用旗员，后因齐民编户渐多，遂参用汉员，及至嘉庆十七年再次议定辽阳州知州改为疲难要缺，何梦瑶以汉人身份北上履任是职可知其吏治才干卓异之一斑。[①]

何梦瑶虽然在辽时间不长，然依旧交往广泛，同朝幕僚、文人雅士间相互酬唱不已，尤以陈治滋最为著名。陈为康熙五十二年癸巳科进士，由庶吉士授编修，充丁酉、戊戌乡会试同考官，后擢江西道御史，寻掌京畿道。[②] 乾隆五年任奉天府丞，兼掌学政之职。钱维福《清秘述闻补》称："奉天无学政，学政之职，府丞兼之。乾隆四年始专用甲科人员，嘉庆六年始定三年更换例。"[③]据查，陈治滋与云南剑水人傅为仡同为乾隆五年奉天府丞兼学政，理应为改定甲科人员充任此职的第一人。及至乾隆十四年初，陈治滋以病奏请解任回籍调理[④]，改由乾隆丙辰科进士、福建安溪人李清芳充任。由此，陈治滋在辽履任府丞兼学官近十年。梁章钜《楹联丛话》称："奉天府丞一职实兼提督学政，故历任悉系儒臣，吾闽陈德泉先生治滋任此最

---

① 《大清会典事例》第1册，卷62《吏部四六·汉员遴选》，第792页上。

② 苏树蕃：《清朝御史题名录》，沈云龙《近代中国史料丛刊》第14辑，台北：文海出版社，1961年，第265页。

③ 钱维福：《奉天府丞兼学政类》，法式善等《清秘述闻三种》，北京：中华书局，1982年，第945页。

④ 《清实录》第13册，卷333"乾隆十四年正月己巳"条，第569页下–570页上。

久。”[①]乾隆《福州府志》进一步称陈治滋以“奉天府丞致仕”。[②] 作为有清一代首任以甲科人员充任奉天府丞兼学政者，陈治滋专司学校事务，事必躬亲，“亲率师儒讲学，示以行己立身之要”[③]。自乾隆五年至十四年，陈治滋位居府尹凡十载，恰逢何梦瑶三年在辽之时。一为奉天府丞，一为辽阳知州，两人由此订交，《匊芳园诗钞》有何梦瑶诗《引病南归承少京兆德泉陈公赋诗宠行次韵奉酬》：

> 三载相从蓟北天，南还遐路独延缘。
> 东山虚拟陪安石，勾漏何当访葛仙。
> 学道无成伤岁暮，归耕有约及春先。
> 经锄他日延津去，应许深宵立雪边。[④]

由诗可知，何梦瑶、陈治滋前后相识相交三载，恰于何梦瑶在辽时间相当，则两人于何梦瑶北上履职之初开始订交，故而所谓“三载相从蓟北天”。值得注意的是，原诗“东山虚拟陪安石，勾漏何当访葛仙”一句附自注“时，同请告，独瑶得归”。何梦瑶、陈治滋同有弃官归隐之意，而最终独独何梦瑶获允南下。《清高宗实录》卷三三三“乾隆十四年正月己巳”条有言：“谕：据奉天府府丞陈治滋奏称，上年有胃痛之疾，近来每月数发，诸事不能查办，请解任回籍调理等语。奉天地处关外，官斯土者恒不乐久居。况道府以上，因病解任调理，其应否回籍，向例当具题请旨。今陈治滋即患病属实，亦宜候旨遵行，岂有擅行自定回籍之理。陈治滋着解任，即留奉天调理。

① 梁章钜：《楹联丛话》卷5《廨宇》，《楹联丛话全编》，北京：北京出版社，1996年，第50页。
② 乾隆《福州府志》卷42《选举七》，台北：成文出版社，1967年，第864页上。
③ 民国《闽侯县志》卷68《列传五上》，台北：成文出版社，1966年，第234页上。
④ 何梦瑶：《匊芳园诗钞》卷6《鹤野集》，第10页a。

其府丞员缺，该部照例开列具题补授。”[①]考虑到奏折呈递流转依照程序耗费时日，陈治滋是折应书于乾隆十三年冬季。根据何梦瑶诗作自注“时同请告”，则此折可能即为与何梦瑶同时请告之文书，只不过何梦瑶获得批准返乡，而陈治滋被解任，但需留奉天调理，即何梦瑶诗作所谓“南还遐路独延缘”。正如前文所述，陈治滋乃首任以甲科人员充任奉天府丞，专司学校事务。陈治滋儒臣身份，更易拉近两者距离，“东山虚拟陪安石，勾漏何当访葛仙”一句已知两者志趣相投。何梦瑶亦以后生谦恭语气，所谓“三载相从”、“应许深宵立雪边”，颇显何梦瑶恭敬陈治滋，执师礼相待之谊。

值得注意的是，实录所谓“奉天地处关外，官斯土者恒不乐久居”，当亦为何梦瑶弃官归里的原因之一。何梦瑶履任辽阳知州之际，家人相伴，从其诗作可知，有一子名鹊儿在侧。何梦瑶另有一诗《送长儿南还》，不知为长子，或此子名长儿。[②]

何梦瑶在辽阳，由于贫困，加之远离亲朋，对于官场了无兴趣，归意不断，加上“臂痛愁风掉，头旋恐夜飞”，病患缠身，然而“欲归归未得”，惆怅满怀，写下充满悲愁的长诗《襄平杂咏用老杜秦州诗韵》十九首。何梦瑶告病还乡被批准后，接任辽阳州知州的是吴秉礼。[③] 虽然何梦瑶在辽阳时间不长，但是何梦瑶社会交往广泛，文人雅士众多。

何梦瑶宦游交往对象以官宦为主，人数众多。除了以上人物以外，何梦瑶交往的人物还有吴王坦、梁士纶、陈于中、李圣机、莫自馨、刘文昭、陈鹤亭、段桐峰、邓彪、吴文其、范太史、邹太史、吴别驾、

① 《清实录》第13册，卷333“乾隆十四年正月己巳”条，第569页下–570页上。

② 何梦瑶：《送长儿南还》，《匊芳园诗钞》卷6《鹤野集》，第9页a–9页b。

③ 据光绪《福安县志》卷20：“吴秉礼，字敬夫，号复斋，贡生。宁远州知州，调辽阳州知州。”见光绪《福安县志》卷20《选举中》，台北：成文出版社，1967年，第218页下。

张郡伯、黎式广、邝征君、林屏侯、苏广文、侯明府、徐子山、刘明府、叶于人、隐峰禅师、张渭、顾玉山、王成李、毕总戎、宋伟斋、陈郡伯、朱彩臣、周书升、柯九臣、陈载思、段屯田、邓思沛、陈载思、杨副宪、李穆、王素斋、徐楚玉、曹文煌、吴秉礼、张蕴德、徐少梅、陈德泉、邱应斗、苏大中、金郡伯、徐尔宛、钱遹，以及族内亲戚何汇朝、何开将、何禧等等。何梦瑶的官宦交往特点，从地域来说，体现了与其宦游经历相应的地域性；从交往人群来说，大多是与何梦瑶职业相关的中下层官员（大多为文官，少数为武官），以及志趣相投的友人；从交往深度来说，深交者少数，大多是一般性的交往。何梦瑶宦游生涯近二十年，总体上较为平淡。由于性格耿直，秉公执法，得罪上司，以致蹉跎官场，形同鸡肋。但其在广西四县任上清廉勤勉，亦有相当之政绩，又四为帘官，交往广泛，反映了雍乾时期官场的生活。

第四章

医学承继及影响

何梦瑶幼年多病，或因此故，其自小有志习医，只是未曾深入钻研。他曾自述少时经历，“爰取少日所诵岐黄家言”[①]。可惜的是，由于其众多著作亡佚，目前尚不清楚其于何时开始习医，何时开始行医。不过据现存资料显示，他三十八岁成进士前业已行医多年。也就是说，他可能一边教书一边行医，以弥补家计的不足。关于习医的意义，何梦瑶认为：“仁为万替之本，孝乃为人之基，惟医术一端，行之可以济人，言之可以寿世。读者四诊明，方药备，从此深造，调阴阳，起夭折，远而寿世，近而迎亲，欲仁得仁，宁外是乎？”[②]

① 何梦瑶：《自序》，《医碥》，第 47 页。

② 何之蛟：《乐只堂人子须知序》，何梦瑶《乐只堂人子须知》，第 13 页。

第一节 医学承继

一、医学著述的存佚情况

何梦瑶一生医学著述甚丰，著作有《医碥》(六册)、《伤寒论近言》、《乐只堂人子须知》(四卷)、《三科辑要》(二卷)、《追痨仙方》(上下卷)、《神效脚气方》、《绀山医案》和《针灸吹云集》等。其中以《医碥》最为著名，篇幅也最长；而《绀山医案》和《针灸吹云集》早已遗佚。《医碥》为何梦瑶在广西、辽阳为官时所著，成书于乾隆十六年(1751)。据《清史稿艺文志拾遗》[①]现存有乾隆十六年同文堂刻巾箱本(七卷)和1918年两广图书局刊本(七册)。《医碥》是何梦瑶医学代表作，今有1982年上海科技出版社的排印本和1995年人民卫生出版社的点校本。《乐只堂人子须知》四卷，为何氏遗稿，佛山僧互禅校订。现存光绪乙酉年(1885)佛山福禄大街华文局刊本，二册。《三科辑要》现存有光绪二十一年刊两卷；三科即婴科、痘科、妇科。书首有番禺潘湛森序："南海梦瑶何君，夙耽经史，兼擅岐黄。昔尝著《医碥》一书，……而其于婴科、痘科、妇科，尤为研精殚思，批却导窍因，辨证订方，辑成两卷。所载病情脉象，分条析缕，穷流塞源，实足补古人所未备。"[②]从此序言来看，《三科辑要》所著似在《医碥》之后；而《三科辑要》中的《妇科辑要》有言："经行吐

---

① 王绍曾：《清史稿艺文志拾遗》下册，北京：中华书局，第1146页。

② 潘湛森：《三科辑要序》，何梦瑶《三科辑要》，广州：广东科技出版社，2011年，第3页。

泻脾虚者参苓白术散,虚而寒者理中汤,热而吐泻及因停湿伤食等证,并详《医碥》。"[①]便明确说明了《三科辑要》成书于《医碥》之后。

《伤寒论近言》不分卷,所叙为何梦瑶对伤寒外感热病的学术观点,载于《中医杂志》1927 年第 3、4 期。廖景曾有按语:"报之先生为吾粤名儒,学术行谊详载志乘,惟《阮通志》叙先生医学著述,未列《伤寒论近言》,可见当日已鲜流传,嗣闻版毁于火,传本更希。兹从卢朋著君藏本录出,庶先哲微言不至湮没云尔。"[②]《追痨仙方》上下两卷,又名《内伤仙方》,现存 1918 年两广图书局刊本,一册。《神效脚气方》四卷,现存 1918 年两广图书局刊本,二册。《汇刻何梦瑶先生医方全书凡例》言:"脚气为南人时有最险之症,而又未见专书,何先生辑。此书成,即归道山。致未刻行于世,今用附全书之内公诸天下。"[③]此书得以传播,颇有传奇色彩。黄培芳在《何氏神效脚气秘方》的跋中说:"右《神效脚气秘方》四卷,为南海何报之先生考古证今,参以己见所辑成。戊辰秋,(余)养疴白云,寺僧以医闻,尤以脚气为神手。(余)时与之清谈或就诊,受其赐者不鲜一日,僧以此书赠余曰:'山僧之得有微名者,此书之力也,传之异人,世所罕有。先生乃吾粤名士,学识富于常人,幸先生为之保存,可以无憾。'(余)思秘方之难得,悯斯世之疮痍,乃敬而受之,不忍隐而藏之,爰付手民以公诸世,俾得极吾民之疾苦,实无穷之幸福矣。"[④]《幼科良方》、《痘疹良方》、《妇科良方》,上三书均不分卷,内容与《三科辑要》之婴科、痘科、妇科同,现存 1918 年两广图书局刊本,共二册。

---

① 何梦瑶:《三科辑要》,广州:广东科技出版社,2011 年,第 151 页。

② 廖伯鲁:《伤寒论近言按语》,广东中医专科学校《中医杂志》第 3 期,1927 年。

③ 两广图书局主人:《汇刻何梦瑶先生医方全书凡例》,何梦瑶《医方全书》,两广图书局,1918 年,第 1 页。

④ 黄培芳:《何氏神效脚气秘方跋》,何梦瑶《医方全书》,两广图书局,1918 年,第 52 页。

上述的《医碥》、《幼科良方》、《妇科良方》、《追痨仙方》、《痘疹良方》、《神效脚气方》等书，后被辑录为《医方全书》十二册，1918年两广图书局刊行。①

“两广图书局主人”在《汇刻何梦瑶先生医方全书凡例》中说：“何公报之，为粤东医界古今第一国手。其所著医书，悉根据南方之地势，南人之体质调剂，与北方不同，立方与北带亦异，故南带之人民效用其方法，无不百发百中，服其剂无不奏效如神。独是世远年湮，其嘉言妙术传世罕稀。敝局素以保存古今名著为职务，费十年之心力，始搜得先生未刻之稿数种。汇为一书，更延当代名医悉心校印，用公诸世行见，南方医界益放光明，南人躯体益寿而康，为南人保身之护符，居家常用之秘宝也。”②其中“粤东医界古今第一国手”的称号，虽有溢美之嫌，但也足见近代广东医界特别推崇何氏医学，亦见何梦瑶在广东的重要影响。

二、《医碥》与《证治准绳》的渊源

何梦瑶的医学思想主要体现在他的医学著作《医碥》中。关于《医碥》，如前所述，今人研究颇多，重点分析了何梦瑶对医学基本理论和概念的深化与理解。如对六腑功能的解释，对脾胃在人体的“后天培养之功”的说明，对火、湿证、瘟疫和虚损的认识以及治疗方法的说明等等。但是，《医碥》中有关医学思想的渊源，有关研究比较薄弱，大多以何梦瑶在《医碥》自序的说法，说以王肯堂的《证

① 刘小斌：《岭南名医何梦瑶研究》，《中华医学会医史学分会第12届1次学术年会论文集》，2008年。

② 两广图书局主人：《汇刻何梦瑶先生医方全书凡例》，何梦瑶《医方全书》，第1页。

治准绳》为蓝本,“芟其繁芜,疏其湮郁,参以己见,泐为一书,用以阶梯初学”[①],或者因袭辛昌五之说:“王金坛先生《证治准绳》脍炙人口,予友何西池称为近代医书之冠,虑其奥博难读,因作《医碥》以羽翼之。其书文约而义赅,深入而显出,当与《准绳》并传无疑。”[②]至于《医碥》在哪些具体方面引用、借用或者简化《证治准绳》的说法,目前仍然未见有关专题研究。笔者针对何梦瑶医学思想渊源的这一方面做一些探讨。

(一)王肯堂及其《证治准绳》

王肯堂(1519—1613),字宇泰,一字损仲,又字损庵,号念西居士,又号郁冈斋主,江苏金坛县人。明万历十七年(1589)进士,选庶吉士,官至福建参政。王肯堂广泛收集历代医药文献,结合临床经验,以十年时间编著成《证治准绳》,亦称《六科证治证绳》。其含杂病证治准绳、杂病证治类方、伤寒证治准绳、疡医证治准绳、幼科证治准绳和女科证治准绳;所述病证皆以证治为主,涉及各科病种较为广泛,每一病证先以综述历代医家治验,然后阐明自己见解;采录资料丰富,论述精审,治法详备,选订诸方切于实用,故有“博而不杂,详而有要”的特点,集明代医学之大成,为后世医家所崇尚。[③]

此外,王肯堂还著有《医辨》、《医镜》、《灵兰要览》以及《郁冈斋医学笔尘》等,而《证治准绳》偏重于理论研究,其他几部书籍则侧重实践总结。王肯堂治病非常有特色,审证求因,治病求本,而且不拘泥于成方成法,多自制方药,灵活运用。

① 何梦瑶:《自序》,《医碥》,第47页。

② 辛昌五:《辛序》,何梦瑶《医碥》,第52页。

③ 王肯堂撰,陆拯主编:《王肯堂医学全书》,北京:中国中医药出版社,1999年,第2718页。

(二)《医碥》与《证治准绳》的比较

《证治准绳》印行后,在明清时期已经评价很高。《四库全书提要》就说:"其书采摭繁复,而参验脉证,辨别异同,条理分明,具有原委,故博而不杂,详而有要,于寒温攻补,无所偏主。"[①]何梦瑶也称《证治准绳》为"近代医书之冠",只是"虑其奥博难读,因作《医碥》以羽翼之"。[②] 何梦瑶的《医碥》主要是以《六科证治证绳》中的三科:《杂病证治准绳》、《杂病证治类方》和《伤寒证治准绳》为参照,通过引用、简化、借用或者抄袭《证治准绳》以及其他医家的说法,并加入自己的理解和心得来撰写《医碥》的。《医碥》的篇章结构大部分是模仿《证治准绳》的结构,而且大条目较《证治准绳》宽泛。本研究仅讨论《医碥》与《证治准绳》的渊源关系。

1.《医碥》通过标注"准绳"对《证治准绳》的直接引用。《医碥》通过标注"准绳"对《证治准绳》的直接引用有 20 处,共 18 个条目,其中在《医碥》卷二《杂症 · 郁》和卷二《杂症 · 虫》分别引用了两次;其他 16 个条目分别是:卷一杂症 · 血"鼻衄"、"舌衄"、"溲血";卷二杂症"虚损痨瘵"、"痰";卷三杂症"黄胆"、"痉"、"霍乱"、"淋"、"头痛"、"胁肋痛";卷四杂症"咽喉"、"抽搐"、"香港脚";卷五四诊 · 切脉"胎孕脉";卷七诸方(下)"咽喉"。

2.《医碥》对《证治准绳》的直接引用但未标注。《医碥》对《证治准绳》的直接引用但未标注的部分所占比重较大,有相当部分是整段引用。虽然何梦瑶说:"顾其文繁而义晦,读者卒未易得其指

① 转引自丹波元胤《中国医籍考》,北京:人民卫生出版社,1956 年,第 1037 页。

② 辛昌五:《辛序》,何梦瑶《医碥》,第 52 页。

归，初学苦之”[1]，“论中所引古人成说，欲令读者易晓，不无修饰之处，即非古人原文，故多不着其名氏，非掠美也，谅之。”[2]似乎在为自己的大量引用辩护，但是，事实上有大量内容直接抄自《证治准绳》，仅有少量字词的简化、修改，某些句子顺序的更改，主要内容或者完全一致，或者简化王肯堂的说法。本研究限于篇幅，具体略举二例较简短者：

其一：

《证治准绳》第三册《诸血门·舌衄》

属性：舌上忽出血如线，用槐花炒研末掺之，麦门冬煎汤调妙香散。[3]

《医碥》卷一《杂症·舌衄》

属性：舌上无故忽出血线，此心、脾、肾诸经之火所致，（三经脉皆及舌。）槐花炒研末糁之。（或蒲黄炒为末。）[4]

其二：

《证治准绳》第四册《诸痛门·臂痛》

属性：臂痛有六道经络，究其痛在何经络之间，以行本经药行其气血，血气通则愈矣。以两手伸直，其臂贴身垂下，大指居前，小指居后而定之。则其臂之前廉痛者，属阳明经，以升麻、白芷、干葛行之；后廉痛者，属太阳经，以本、羌活行之；外廉痛者，属少阳经，以柴胡行之；内廉痛者，属厥阴经，以柴胡、青皮行之；内前廉痛者，属太阴经，以升麻、白芷、葱白行之；内后廉

① 何梦瑶：《自序》，《医碥》，第47页。

② 何梦瑶：《凡例》，《医碥》，第54页。

③ 王肯堂撰，陆拯主编：《王肯堂医学全书》，第116页。

④ 何梦瑶：《医碥》，第54页。

痛者，属少阴经，以细辛、独活行之。并用针灸法，视其何经而取之。臂为风寒湿所搏，或饮液流入，或因提挈重物，皆致臂痛。有肿者，有不肿者。除饮证外，其余诸痛，并可五积散，及乌药顺气散，或蠲痹汤。[①]

《医碥》卷三《杂症·臂痛》

属性：（腋肿）臂痛有六道经络，究其痛在何经，以行本经药行其气血，气血通则愈矣。以两手伸直，臂贴身垂下，大指居前，小指居后而定之。其臂之前廉痛者，属阳明经，以升麻、白芷、干葛行之。后廉痛者，属太阳经，以本、羌活行之。外廉痛者，属少阳经，以柴胡行之。内廉痛者，属厥阴经，以柴胡、青皮行之。内廉痛者，属太阴经，以升麻、白芷、葱白行之。内后廉痛者，属少阴经，以细辛、独活行之，并用针灸法。臂为风寒湿所搏，或饮液流入，或因提挈重物致痛，或肿或不肿，除饮证外，其余并可五积散（见中寒），及乌药顺气散（见中风），或蠲痹汤（见痹）。[②]

同样的情况还大量出现在以下篇目中，具体见表4.1（表中仅列出篇目，内文省略，下同）。

表4.1　《医碥》对《证治准绳》未标注的直接引用对照表

序号	《证治准绳》	《医碥》
1	第三册《诸血门·耳衄》	卷一《杂症·血·耳衄》
2	第三册《诸血门·诸见血证·九窍出血》	卷一《杂症·血·九窍出血》

① 王肯堂撰，陆拯主编：《王肯堂医学全书》，第144页。

② 何梦瑶：《医碥》，第353－354页。

续表

序号	《证治准绳》	《医碥》
3	第三册《诸血门·溲血》	卷一《杂症·血·溲血》
4	第一册《寒热门·潮热》	卷一《杂症·潮热》
5	第一册《寒热门·往来寒热》	卷一《杂症·寒热》
6	第一册《诸中门·卒中暴厥》	卷一《杂症·诸中总论》
7	第一册《诸中门·中寒》	卷一《杂症·中寒》
8	第一册《诸中门·中暑》	卷一《杂症·中暑》
9	第一册《诸中门·中湿》	卷一《杂症·中湿》
10	第一册《诸中门·中食》	卷一《杂症·中食》
11	第一册《诸中门·中恶》	卷一《杂症·中恶》
12	第三册《诸血门·舌衄》	卷一《杂症·血舌衄》
13	第一册《诸伤门·伤燥》	卷二《杂症·伤燥》
14	第二册《诸气门·喘》	卷二《杂症·喘哮》
15	第四册《诸痛门·臂痛》	卷三《杂症·臂痛》
16	第四册《诸痛门·身体痛》	卷三《杂症·身体痛》
17	第八册《七窍门下·齿》	卷四《杂症·齿》
18	第六册《大小腑门·谷道痒痛》	卷四《杂症·谷道痒痛》
19	第五册《神志门·悲》	卷四《杂症·悲》

3.《医碥》对《证治准绳》的相关内容的改写及引申。《医碥》还有部分内容是对《证治准绳》的相关内容的改写，并根据何梦瑶自己的一些观点和心得进行引申。此类内容，虽然与王肯堂的原文不尽相同，但是基本的医学思想是一致的，略举一例如下：

《证治准绳》第三册《诸血门·咳嗽血》：

热壅于肺能嗽血，久嗽损肺亦能嗽血。壅于肺者易治，不过凉之而已。损于肺者难治,渐以成劳也。热嗽有血,宜金沸草散加阿胶一钱,痰盛加栝蒌仁、贝母。劳嗽有血,宜补肺汤加阿胶、白芨一钱。嗽血而气急者,补肺汤加阿胶、杏仁、桑白皮各一钱,吞养正丹,或三炒丹,间进百花膏,亦可用七伤散、大阿胶丸。[①]

《医碥》卷一《杂症·血·咳嗽血》:

嗽则兼有痰,痰中带有血线,亦肺络之血也。其证有轻重,但热壅于肺者轻,清火自愈。久嗽肺损者重,保肺为主,阿胶为君,白芨、苡仁、生地、甘草、枳梗、橘红、贝母为丸,噙化。又须看痰色如玛瑙成块者,出胃口,易治。若一丝一点,从肺脏中来,肺少血,为火所逼,虽少亦出,渐至肺枯成痨,难治。咳出白血必死。(血色浅红,似肉似肺者是。)脉弦气喘,声嘶咽痛,不治。[②]

类似的情况还出现在以下几个篇目中,具体见表4.2:

表4.2 《医碥》对《证治准绳》改写和引申对照表

序号	《证治准绳》	《医碥》
1	第三册《诸血门·齿衄》	卷一《杂症·血·齿衄》
2	第一册《诸中门·中气》	卷一《杂症·中气》
3	第五册《诸风门·破伤风》	卷二《杂症·破伤风》
4	第六册《大小腑门·交肠》	卷三《杂症·交肠》
5	第六册《大小腑门·疝》	卷四《杂症·疝》
6	第六册《大小腑门·脱肛》	卷四《杂症·脱肛》

① 王肯堂撰,陆拯主编:《王肯堂医学全书》,第119页。

② 何梦瑶:《医碥》,第50-51页。

4.《医碥》与《证治准绳》对相关病案的相同引用。如果说对某一病症的定义或者医理认同经典的说法,或者强调经典的某个方面,因此有必要复述经典,《医碥》在引用医学经典方面与《证治准绳》出现相同是无可厚非的。但是,对某个病症的案例方面也经常出现相同的,并且被简化了的同一案例的引用,不由使人怀疑何梦瑶在“著述追步金坛”的过程中,爱之甚而不忍弃之感。如:《证治准绳》第四册《痿痹门·痿厥》:

……东垣治中书粘合公,三十二岁病脚膝痿弱,脐下尻阴皆冷,阴汗臊臭,精滑不固,服鹿茸丸十旬不减。诊其脉沉数而有力,此醇酒膏粱滋火于内,逼阴于外。医见其证,不知阳强不能密致皮肤,以为内实有寒,投以热剂,反泻其阴而补其阳,是实实虚虚也。不危幸矣,复何望效耶。即处以滋肾大苦寒之剂,制之以急,寒因热用,饮入下焦,适其病所,泻命门相火之盛,再服而愈。求方不与,亦不着其方于书,恐过用之,则故病未已,新病复起也。此必滋肾丸、神龟滋阴丸之类,中病则已,可常服乎。[①]

《医碥》卷三《杂症·痿》:

……东垣治粘合公,三十二岁病此,尻阴皆冷,阴汗臊臭,精滑不固。此醇酒浓味滋火于内,逼阴于外,医误作寒治,十旬不愈,脉沉数有力。以滋肾大苦寒之剂,制之以急,寒因热用,

① 王肯堂撰,陆拯主编:《王肯堂医学全书》,第153页。

再服而愈。(当是滋肾丸、神龟滋肾丸之类。)[①]

实际上何梦瑶是简化或者缩写了王肯堂引用的案例。同样的情况还出现在:《证治准绳》第八册《七窍门下·虫》与《医碥》卷二《杂症·虫》,以及《证治准绳》第五册《诸风门·颤振》与《医碥》卷四《杂症·颤振》之中。尤其明显的是,《医碥》卷二《杂症·虫》篇,将《证治准绳》第八册《七窍门下·虫》篇中1200余字的数个案例,缩写为600余字。本研究限于篇幅,不具体列出。[②]

《证治准绳》对前人著作的引用,比较严谨,绝大部分都列明出处,但也有少量未标注来源的情况,《医碥》予以拾遗补漏。如,《证治准绳》第四册《诸痛门·腰痛》。其中有:

……膏梁之人,久服汤药,醉以入房,损其真气,则肾气热,肾气热则腰脊痛而不能举,久则髓减骨枯,发为骨痿。宜六味地黄丸、滋肾丸、封髓丹之类,以补阴之不足也。[③]

而《医碥》在卷三《杂症·腰痛》中,增加了出处:

……东垣所谓醉以入房,损其真阴,则肾气热,热则腰脊痛不能举,久则髓减骨枯,发为骨痿,六味丸(见虚损)、滋肾丸(见小便不通)、封髓丹(见遗精)之类。[④]

---

① 何梦瑶:《医碥》,第259－260页。

② 具体参见王肯堂撰,陆拯主编《王肯堂医学全书》中《证治准绳》第8册《七窍门下·虫》、《证治准绳》第5册《诸风门·颤振》,以及《医碥》卷2《杂症·虫》、《医碥》卷4《杂症·颤振》篇。

③ 王肯堂撰,陆拯主编:《王肯堂医学全书》,第141页。

④ 何梦瑶:《医碥》,第348页。

再如,《证治准绳》第八册《七窍门下·虫》篇。其中有:

又有九虫:一曰伏虫,长四分;二曰蛔虫,长一尺;三曰……伏虫则群虫之主也。[①]

而《医碥》卷二《杂症·虫》篇中亦增加了出处:

《千金要方》云:虫有九,皆能食人脏腑。一曰伏虫,长四分,群虫之主也。一曰蛔虫,长一尺或五六寸,……[②]

(三)《医碥》与《证治准绳》比较的意义

研究古代医学著作,必须首先弄清楚经典著作及各家各派的学术精髓,理清楚哪些是传承,哪些是发展和创新,这样才能分析出学术的演化脉络,才能提高对病症的理解和治疗水平,也才能恰当地对每个医家的学术进行评价并明确其地位。康乾时期,汉学的兴盛,为学术(包括医学)溯本求源,营造了浓厚的氛围和背景。历代医学著作汗牛充栋,十分庞杂,其中人云亦云比比皆是。后人如果不细加分析,很容易以讹传讹,将所引用之学术思想当成引用者之学术思想,而真正的创见反而易于湮没。因此,进行学术著作的比较非常有必要。

王肯堂在《证治准绳》中,参考了丰富的前人学术成果,可谓集明代医学之大成,但是他在学术规范方面做得非常严谨,绝大多数

① 王肯堂撰,陆拯主编:《王肯堂医学全书》,第326页。

② 何梦瑶:《医碥》,第223页。

引用都注明出处，因此王肯堂自己的医学思想及其价值得以较好的体现。通过分析和比较《医碥》与《证治准绳》，可以甄别出何梦瑶医学思想的渊源，并呈现其创见。如，关于对“痰”的认识，《证治准绳》说：“人身无痰，痰者津液所聚也……聚则为痰，散则还为津液血气，初非经络脏腑之中，别有邪气秽物，号称曰痰。”[①]然痰的临床表现形形色色，多种多样。何梦瑶对于痰细致探究，总结了痰的症状28种。除重点讨论了风痰、血痰、气痰、湿痰、寒痰的症状及治疗外，还详细描述了痰在全身各部位的症状17种，“怪诞百般，不可殚述”，体现了“怪病难病责之于痰”的思想。而对于痰性属热属寒，何梦瑶主张应参照脉证以别之，并总结了三条经验：“大抵稀白而吐疏者，必属寒。吐数而因伤风郁热者，及内伤龙雷火动者，必属热。因于脾气虚寒不能摄涎，频吐遍地者，必属寒。”[②]这种辨痰方法于临床非常实用，也丰富和深化了痰证的理论。

此外，何梦瑶在《医碥》灵活运用经典医理，根据广东地理气候特点辨证施治。如：“广东地卑土薄，土薄则阳气易泄，人居其地，腠理汗出，气多上壅。地卑则潮湿特盛，晨夕昏雾，春夏淫雨，人多中湿，肢体重倦，病多上院郁闷，胸中虚烦，腰膝疼痛，腿足寒厥。”[③]论述了因广东之地理气候，湿证、火证尤为常见，故对疾病的影响亦迥乎他域，治疗亦大不同。

当然，不能以今天的学术标准来衡量古人。《医碥》对《证治准绳》的大量引用和参照，一方面反映了《证治准绳》在清代广东地区的传播及重要影响，另一方面也是清代医学进一步传播和学习的重

---

① 王肯堂撰，陆拯主编：《王肯堂医学全书》，第2443页。

② 何梦瑶：《医碥》，第202页。

③ 何梦瑶：《医碥》，第580－581页。

要手段。清代康乾时期书籍出版，较之前代，相对繁荣，但是像《证治准绳》这样的大部头书籍，普通平民难以购买。《医碥》的印行，利于医学经典的传播和学习，也促进了广东医学水平的提升。

第二节　教医疗疾

何梦瑶在思恩为官五年，除了拟定药方治疫，撰写《四诊》教育邑医外，还亲自为民诊疗疾病，积累历年医案。因思恩县北有绀山，遂将所撰医案命名为《绀山医案》，惜遗佚，故其绝大部分医案都不可考，仅在地方志、《医碥》和罗天尺的诗中找到几例。

何梦瑶在思恩时，遇到疫病流行，遂制定药方下发全县，存活甚众。由于治疗效果较好，两广总督策楞下令将何梦瑶的药方发到各县。赵林临在《医碥·赵序》中说："然其在思恩也，疠疫流行，西池广施方药，饮者辄起。制府策公下其方于诸邑，存活甚众。"[①]此说为后来的地方志采纳，如光绪《广州府志》卷一二八《列传十七》："时(思恩)疫气流行，立方救疗，多所全活。制府策楞下其方于各邑。"[②]何梦瑶还自编《四诊》为教材，以教县里的医生。后来此《四诊》编入《医碥》第五卷。何梦瑶《医碥·凡例》载："五卷《四诊》，宰思恩时辑以教邑医者，本自为一书，今附《医碥》之末，颇多改窜，与旧本歧出，当以今刻为定。"[③]

乾隆十五年(1750，庚午)夏，何梦瑶回到广州不久，顺德进士赵

---

① 赵林临：《赵序》，何梦瑶《医碥》，第49页。

② 光绪《广州府志》卷128《列传十七》，第1992页上。

③ 何梦瑶：《医碥》，第56页。

林临因其妻重病而求治于何。赵林临，顺德人，乾隆六年进士[①]，乾隆十八年任赣榆知县。[②] 后于乾隆二十五年因降调改授潮州府教授。[③] 故赵见何之时还仍然是候选进士。赵在《医碥·赵序》说：

> 庚午夏，予内子病，两月不少间，诸医皆束手，已治木矣。适西池请告归里，亟延诊。先后处大承气、白虎、小柴胡数十剂，效若桴鼓。予谓西池：诸医皆言阳虚宜扶阳，非参、附勿用，子独反之，何也？曰：此非粗工所知，且此辈妄引《易》义，动言扶阳抑阴。夫《易》阳，君子；阴，小人，故当扶抑。医言阴阳，俱气耳。气非正则邪，正虚无论阴阳均当扶，邪胜无论寒热均当抑，何得牵西补东耶？人以温补为起死回生，而不识热伏于内而妄投桂、附，竟不明其误服杀人。而承气汤大黄、朴、硝即回阳之上品，故能扶。补泻初无定名，盖视病之寒热以为去留。今不问何证，概从温补，何异惩溺，而水趋火灭，不亦惑乎？又曰：医有偏黠，庸医不知温补之能杀人也，以为平稳而用之；黠医知温补之能杀人，而人不怨，以为可以藏拙而用之。于是，景岳书徒遍天下，而河间、丹溪之学绝矣。距邪闲正，吾能已乎？西池之言若此，然则西池之医、之著，于天下也所系固不少矣。[④]

赵林临不但对于何梦瑶"效若桴鼓"的医技心存感激，而且与其讨论了何梦瑶与众不同治疗的医理。何梦瑶对"动言扶阳抑阴"的时医观点，深以为害，而较为全面、辩证地认为：阴阳俱气，气非正

---

① 光绪《广州府志》卷43《选举表十二》，第704页下。

② 光绪《赣榆县志》卷9《官师上》，台北：成文出版社，1970年，第282页。

③ 乾隆《潮州府志》卷31《职官表上》，第708页上。

④ 赵林临：《赵序》，何梦瑶《医碥》，第49－50页。

则邪,正虚无论阴阳均当扶,邪胜无论寒热均当抑;时医不识热伏于内而妄投桂,哪知附,温补之能杀人;而承气汤中之大黄、朴、硝虽然为峻抑之药,但是对于邪热之抑,正是扶正而回阳之上品。

赵林临还在《医碥·赵序》中提到何梦瑶在辽阳成功医治一"风病"病案,其治疗过程极具戏剧性:

> 辽阳民王洪,病风年余,狂易多力,投入秫火中,焦烂无完肤,敷以药,数日愈。于是西池坐厅事,呼伍伯缚王洪庭柱间,且詈且歌,州人聚观如堵。西池先威以刑令怖,旋予汤液,两人持耳灌之,有顷,暴吐下,其病遽失,人咸惊为神。[①]

赵林临并未到过辽阳,"风病"病例极有可能是从何梦瑶口中得知。

行医之外,何梦瑶还勤于医学著述,《三科辑要》就是在辽阳完成的。《汇刻何梦瑶先生医方全书凡例》云:"妇幼痘疹各书均服官辽左所著。于南北天时地利,寒温燥湿体质之区别,受病之原因皆研究至理。故此书为南方人民必要之书。"[②]

由于在广西、辽阳官宦生涯的贫困,致乞退回乡后,可谓家贫如洗。同学辛昌五劝其行医:"予谓西池,同年中惟君与孔兼容能医,又皆工诗,而其穷亦相若。兼容自宜春解组归,为小儿医,日获百钱,即弹琴歌商,浩浩自得,岂医与诗皆能穷人耶?抑廉吏固不可为耶?"[③]在辛昌五的劝说下,何梦瑶也"欲以医终老"。但何梦瑶回乡

---

① 何梦瑶:《医碥》,第 49 页。

② 两广图书局主人:《汇刻何梦瑶先生医方全书凡例》,何梦瑶《医方全书》,第 1 页。

③ 辛昌五:《辛序》,何梦瑶《医碥》,第 53 页。

的当年(乾隆十五年秋冬之季)因暂代粤秀书院山长的曹槚被选授四会教谕,很可能曹推荐了惠门同学何梦瑶暂代粤秀书院山长。贫困得以缓解,故何梦瑶也不需以知州之尊而以医终老了。从乾隆十五年至乾隆二十九年何去世,约 14 年的时间,何梦瑶历任三大书院山长,故其悬壶行医只是业余为之。

乾隆二十年(1755),何梦瑶在端溪书院任山长之时,罗天尺的大儿子绪儿因足疾,而赴端溪书院就医于何梦瑶。罗天尺《绪儿丧经年矣,提笔作悼句辄不能成,一日独坐恍然有悟,信口得四首,命孙向灵诵之》之其三有注:"儿乙亥足疾就医何十于端溪。"[①]此次疗效不错,治疗之后绪儿还游玩了鼎湖。罗天尺的《秋杪归鸡庋轩即事有作》其二:

所喜儿归自鼎湖,身强不用倩人扶[②]。
看山听瀑到孤寺,拾石囊云饷老夫。
资我卧游终夜醒,招朋斗酒远村沽。
香山居士添幽兴,又送黄花满座隅。[③]

何梦瑶同邑晚辈郭治,字符峰,南海附贡生,精于医术。著有《脉如伤寒论》、《药性别》、《医约》各一卷,唯《脉如伤寒论》见存。[④]何梦瑶为郭治《脉如》作序:"予友郭子元峰,本邑名诸生,能医,尊刘(元素)朱(丹溪)与余议合……览其所为《脉论》,又尊信刘朱,与

① 罗天尺:《绪儿丧经年矣,提笔作悼句辄不能成,一日独坐恍然有悟,信口得四首,命孙向灵诵之》,《瘿晕山房诗删》卷 7,第 551 页下。

② 原注:绪儿足病就医何十端溪,适愈归舟游鼎湖。

③ 罗天尺:《秋杪归鸡庋轩即事有作》,《瘿晕山房诗删》卷 9,第 569 页下。

④ 道光《广东通志》卷 326《列传五十九》,第 5180 页上。

近日宗张景岳者明昧有别。吾欲取以为法,因以辞弁。其首曰:'热药之烈昆冈焚,神交鬼烂无逃门,谁辨紫朱判玉珉,众盲相引昭皆昏。'"[①]因郭治为何梦瑶同乡,亦是尊元素与丹溪,故与何梦瑶观点相同,他们于脉学上互相取法。

何梦瑶诗集《匊芳园诗钞》书后列了崔锟士、陈简在、李家树、罗鼎臣、龚天牧、李德敬等 47 位受业门人,其中是否有跟从何梦瑶学医的,亦不可考。又据道光《新会县志》卷一一《列传四 · 方伎》:"陈国栋,字一隅。精于医。……幼师南海何梦瑶。瑶深于医,国栋衍其传,由是活人甚众。"[②]陈国栋撰有《盘园集》六卷[③]。陈并不在《匊芳园诗钞》所列 47 位受业门人的名单内,有可能是《匊芳园诗钞》成书之后,即乾隆十七年(1752)之后随何梦瑶习医的。

第三节 医学思想及影响

何梦瑶医学推崇河间、丹溪以及金坛之说,但他主张对于寒温攻补无所偏倚。[④] 如前文所分析的,何梦瑶还大量吸收、采用他们的学术观点,并对医学理论、外感热病与传染病、内科杂病、妇科儿科以及方剂药物等有研究。

---

① 何梦瑶:《何序》,郭治《脉如》,道光丁亥年冼沂刊本,第 1 页。

② 道光《新会县志》卷 11《列传四 · 方伎》,第 316 页上;其传另载光绪《广州府志》卷 139《列传二十八》,第 2170 页上。

③ 道光《新会县志》卷 11《艺文》,第 335 页上。

④ 刘小斌:《岭南医学史》(上),广州:广东科技出版社,2010 年,第 348 页。

一、主要医学思想

何梦瑶的医学思想最主要集中在《医碥》之中，可以归纳为以下诸方面：论热、论脉、论痰、论湿、论气血、论虚、论厥逆、论瘟疫、山岚瘴气以及中医基础理论等方面。现代医史研究者对《医碥》多有研究，总而述之，概有以下观点：论火宗河间、丹溪，陈误用桂附之害。针对当时景岳之说盛行，医者动用桂附，故将虚火分为可用温热和宜用甘寒。① 论脉宗《内经》。将脉之形体以长短、大小、虚实、缓紧为纲，以察赋、时令、主病为目，从而使脉理清晰明了，易于理解把握。② 论痰饮法嘉言，鉴别寒热虚实；治疗上宗朱丹溪，戴原礼之说遵循：治痰先治气，分清标本缓急。③ 论湿之病因、病机、症状、治疗等，并将湿分为外湿和内湿两大类。认为脚气病乃外感风湿邪毒和饮食失调，或酒湿伤脾所致，病机为湿邪壅阻，气血不行，治疗以宣壅逐湿为主，并按湿脚气，干脚气及脚气冲心等辨证施治。④ 论气血生成，认为除了脾、胃和肾之外，气血的化生也离不开心火的重要作用。⑤ 论虚损，认为粤人多习惯夜睡早起，劳心伤神，天长日久，乃至阴液亏损，损及脏腑，与其他地方有所不同。⑥ 论瘟疫，认为瘟疫

---

① 李安民：《清代名医何梦瑶的医学成就》，《中医杂志》1998 年第 11 期；徐复霖：《从〈医碥〉看何梦瑶的学术经验》，《新中医》1980 年第 2 期；张志斌：《何梦瑶〈医碥〉的广东特色》，《广西中医药》1989 年第 5 期。

② 马小兰：《浅论何梦瑶〈医碥〉之脉学成就》，《中华医史杂志》2001 年第 4 期。

③ 李安民：《清代名医何梦瑶的医学成就》，《中医杂志》1998 年第 11 期；王淑玲、洪素兰：《何梦瑶辨痰治痰要旨》，《中国医药学报》1998 年第 5 期。

④ 刘志英、许永周：《何梦瑶的湿病论》，《新中医》1989 年第 11 期；张志斌：《何梦瑶〈医碥〉的广东特色》，《广西中医药》1989 年第 5 期。

⑤ 吕平波：《何梦瑶对气血生成来源的学术见解》，《中医研究》2001 年第 4 期。

⑥ 徐复霖：《从〈医碥〉看何梦瑶的学术经验》，《新中医》1980 年第 2 期。

非伤寒也，乃感天地之疠气；于瘟疫与伤寒的鉴别，及瘟疫的辨证、治法、立方、用药都作了详细的论述。[①] 论厥逆异同，明仲景与《内经》之别。[②] 针砭时医，补偏救弊。如批驳温补派的观点，修正《内经》谓少阴所在，其脉不应之伪说。[③]

何梦瑶的《伤寒论近言》主要观点认为：体质不同，则伤寒之证型亦不同，分直中寒证，传经热证。六经皆有经病和腑病。“经受病，夫外为经络，内为脏腑，表里界分。”即六经不仅指经络言，亦指脏腑言。“然邪在阳经，阳初被郁，方勃勃欲溃围而出，尚无向里之势，多有只在于经，而不入腑者，……邪在阴经，已薄于里，邪气内攻，势必连脏，少有只在于经者。”伤寒的治疗如同“驱贼”，“在经者，贼在外，开前门以逐之；在腑者，贼入里，开后门以逐之。赖有前后门可开，故宜为力也。”不拘泥成说，务求实际。何梦瑶对前人之说，不轻信，亦不拘泥字面意思，而是根据实际相参，如不赞同喻昌的“三纲鼎力”说。反对“伏气温病说”，“（温热）二气自能为病，安知非感温气者自病温，感热气者自病热，而何必种根伏蒂于冬寒也？且春夏之病，必推原于冬；则冬之伤寒，亦当推原于夏秋矣。遥遥华胄，何处辱宗问祖乎？”怀疑经典，“窃意《内经》未必出于岐黄，大抵后人穿凿附会者多。尽信书则不如无书，吾欲奉孟子以为断也”。认为《内经》未必出于岐黄，可能为后人托名所为。[④]

何梦瑶撰《妇科辑要》，又名《妇科良方》，分为经期、胎前、临

---

① 徐复霖：《从〈医碥〉看何梦瑶的学术经验》，《新中医》1980 年第 2 期；杨英豪等：《羽翼〈准绳〉针贬时医——简评何梦瑶之〈医碥〉》，《河南中医》1999 年第 5 期。

② 李安民：《清代名医何梦瑶的医学成就》，《中医杂志》1998 年第 11 期。

③ 杨英豪等：《羽翼〈准绳〉针贬时医——简评何梦瑶之〈医碥〉》，《河南中医》1999 年第 5 期。

④ 何梦瑶：《伤寒论近言》，转引自王崇存《岭南医家何梦瑶〈伤寒论近言〉残本整理及相关研究》，广州中医药大学硕士学位论文，2008 年，第 10－14 页。

产、产后、乳证、前阴诸证、种子论、诸方八门，亦渊源于王肯堂《女科证治准绳》。据严峻峻的研究，《妇科良方》是以《医宗金鉴·妇科心法要诀》为蓝本的，目录基本按《金鉴》的顺序编排。[①] 此外，另撰《婴科辑要》(又名《幼科良方》)包括拭口、断脐、藏胎衣等数十种儿科病症诊治；《痘科辑要》(又名《痘科良方》)包括原痘、出痘、种痘法等数十种诊治方法。

二、以歌诀传播医学知识

何梦瑶对医学的研究，除了在理论和方法上继承和发展了前人的医学经验，最重要的是以通俗易懂的形式向民众传播这些医学知识。在《乐只堂人子须知》中，多以押韵歌诀的形式，总结药性理论等。《乐只堂人子须知》四卷，卷一为《乐只堂人子须知韵语》，卷二为《乐只堂汤头歌诀》，卷三为《诊脉谱》，卷四为《药性》。其中卷一、二、四，均署"南海何西池先生纂辑"，实际上卷二、卷四为何之蛟所作。据何之蛟序曰："(先君)曾著《伤寒近言》、《医碥》、《婴妇痘科》用阶后学矣。复别为望闻问切四诊韵语，以资愚鲁之不逮，语简而赅，义浅而显，如游数仞之宫，重门洞辟，无奥不触。诚初学之金针，涉川之宝筏。不敢自私，妄附药性汤头歌诀于后，以公同好。"[②]由此可知，仅卷一为何梦瑶所作，卷二、四为何梦瑶次子何之蛟模仿其父方法所作。而卷三为附《诊脉谱》，署名"佛山仁寿僧互禅增选"。又据"百爽轩主人"所作序称："我师互公为之考订，增入

---

① 严峻峻：《岭南医家妇科学术源流及临证经验整理研究》，广州中医药大学硕士学位论文，1998年，第18页。

② 何梦瑶：《乐只堂人子须知》，第13－14页。

大纲要诀数篇,补所未备,使学者熟读默记,融会贯通,然后细阅群书则易,易晓也。”[①]故亦可知互禅将其著《诊脉谱》附在书内。仅从卷一《乐只堂人子须知韵语》来看,何梦瑶在《人子须知》中,以押韵歌诀的形式,总结药学理论,便于习医之人记忆,也方便医学知识在百姓中的口口相传。如“十二经脉歌”条有:

> 肺脉中焦起络肠,还循胃口属辛乡。却从肺系临中府,上历云门臑内行。……[②]

又如“四诊心法撮要”条:

> 色脉相合,青弦赤洪。黄缓白浮,黑沉乃平。已见其色,不得其脉。得克则死,得生则生。[③]

而何之蛟学习其父以歌诀形式来论述有关药性等。如卷四《药性》的“药性总义”条有:“药有青赤黄白黑五色,酸甘苦辛咸五味,胶焦香腥腐五气,温热平凉寒五性。”[④]在“十二经补泻温凉药性歌”有:“补心之药北五味,次用枣仁和远志,柏子丹参并麦冬,圆眼茯神归芍是。泻心犀角朱黄连,曹蒲木通次车前,桅子翘心并通草,三心更有竹灯莲。……”[⑤]

---

① 何梦瑶:《乐只堂人子须知》,第 10 - 11 页。
② 何梦瑶:《乐只堂人子须知》,第 17 页。
③ 何梦瑶:《乐只堂人子须知》,第 36 页。
④ 何梦瑶:《乐只堂人子须知》,第 245 页。
⑤ 何梦瑶:《乐只堂人子须知》,第 273 页。

三、对后世医学的影响

何梦瑶的医学思想在乾嘉至晚清时期，得到了赵学敏、王学权、陈修圆、丹波元胤、丹波元坚、陆以湉、王士雄、周岩、周学海、张振鋆等众多海内外医家的研究和引用，其中以王士雄研究最深，引用最多。

王士雄(1808—1868)，字孟英，又字篯龙，是清代著名的医学家。其曾祖父王学权(1728—1810)，字秉衡，亦为医家，其思想对其曾孙王士雄后来于温病学之创见颇有影响。王学权曾研读何梦瑶《医碥》，其《重庆堂随笔》还引用何梦瑶论火的观点。[①] 王士雄受曾祖父的影响，对何梦瑶的著作情有独钟，在其重要医学著作《温热经纬》中多次引用何梦瑶的学术观点。

王士雄《温热经纬》自序言，此书"以轩岐仲景之文为经，叶薛诸家之辨为纬，纂为《温热经纬》五卷，其中注释，择昔贤之善者而从之，间附管窥……"[②]，故其所引何梦瑶观点，乃王氏完全赞同，并认为近于经典，其中也有少部分是王士雄在何梦瑶认识基础上的深化。何梦瑶予王士雄最重要的启发，是在对疾病的鉴别诊断方面，其次是在疾病机理方面，具体见表4.3。

---

① 王学权：《重庆堂随笔》，南京：江苏科学技术出版社，1986年，第10－11页。

② 王士雄：《自序》，《王孟英医学全书》，北京：中国中医药出版社，1999年，第6页。

表 4.3 《温热经纬》引用《医碥》对照表

序号	王士雄《温热经纬》	何梦瑶《医碥》
1	卷三《叶香岩外感温热篇》:"再论其热传营,舌色必绛。……延之数日,或平素心虚有痰,外热一陷,里络就闭,非菖蒲、郁金等所能开,须用牛黄丸、至宝丹之类以开其闭,恐其昏厥为痉也。何报之曰:温热病一发便壮热烦渴,舌正赤而有白苔者,虽滑即当清里,切忌表药。"①	卷五《四诊·察舌》:"温热病,一发便壮热烦渴,舌正赤而有白胎者,虽滑,即当用白虎,治其内热而表自解,切不可用表药。"②
2	卷三《叶香岩外感温热篇》:"其人素有瘀伤宿血在胸膈中,挟热而搏。其舌色必紫而暗,……若紫而肿大者,乃酒毒冲心。若紫而干晦者,肾肝色泛也,难治。何报之曰:酒毒内蕴,舌必深紫而赤,或干涸。若淡紫而带青滑,则为寒证矣。须辨。"③	卷五《四诊·察舌》:"紫色舌者,兼酒毒所致,其色必深紫而赤,且干涸。若淡紫而带青滑,则又为直中寒证矣,须辨。"④
3	卷三《叶香岩外感温热篇》:"舌苔不燥,自觉闷极者,属脾湿盛也……。何报之曰:凡中宫有痰饮水血者,舌多不燥,不可误认为寒也。"⑤	卷五《四诊·察舌》:"又中宫有痰饮水血者,舌多不燥,不可因其不燥,而延缓至误也。"⑥
4	卷三《叶香岩外感温热篇》:"若(舌)燥而中心厚痦者,土燥水竭,急以咸苦下之。何报之曰:暑热证夹血,多有中心黑润者,勿误作阴证治之。"⑦	卷五《四诊·察舌》:"中暑证夹血,多有中心黑润者,勿误作阴证治之。"⑧

① 王士雄:《王孟英医学全书》,第 46 页。
② 何梦瑶:《医碥》,第 451 页。
③ 王士雄:《王孟英医学全书》,第 47 页。
④ 何梦瑶:《医碥》,第 454 页。
⑤ 王士雄:《王孟英医学全书》,第 49 页。
⑥ 何梦瑶:《医碥》,第 452 页。
⑦ 王士雄:《王孟英医学全书》,第 50 页。
⑧ 何梦瑶:《医碥》,第 452 页。

续表

序号	王士雄《温热经纬》	何梦瑶《医碥》
5	卷三《叶香岩外感温热篇》:“舌淡红无色者,或干而色不荣者,当是胃津伤而气无化液也,当用炙甘草汤。不可用寒凉药。何报之曰:红嫩如新生,望之似润而燥渴殆甚者,为妄行汗下,……故不可用苦寒药。炙甘草汤养气血以通经脉,其邪自可渐去矣。”①	卷五《四诊·察舌》:“舌心虽黑或灰黑,而无积胎,舌形枯瘦,而不甚赤,其证烦渴,……宜大料六味丸合生脉散、炙甘草汤,误与承气必死。”②
6	卷四《薛生白湿热病篇》:“风温证,身热畏风,头痛咳嗽,口渴,脉浮数,舌苔白者,邪在表也。……何西池云:辨痰之法,古人以黄稠者为热,稀白者为寒,此特言其大概,而不可泥也。……总须临证细审,更参以脉,自可见也。”③	卷二《杂症·痰》:“辨别之法,古以黄稠者为热,稀白者为寒,此特言其大概而不可泥也。……大抵稀白而吐者,必属寒。”④
7	卷四《薛生白湿热病篇》:“湿热证,初起壮热口渴,脘闷懊憹,眼欲闭,时谵语,浊邪蒙闭上焦,宜涌泄。……何报之云:子和治病,不论何证,皆以汗吐下三法取效,此有至理存焉。……后人不明其理而不敢用,但以温补为稳,杀人如麻,可叹也!”⑤	卷一《杂症·补泻论》:“按子和治病,不论何证,皆以吐、汗、下三法取效,此有至理存焉。……丹溪倒仓法,实于此得悟。后人不明其理,而不敢用,但以温补为稳,杀人如麻,可叹也。”⑥

① 王士雄:《王孟英医学全书》,第 50 页。
② 何梦瑶:《医碥》,第 453 页。
③ 王士雄:《王孟英医学全书》,第 62 页。
④ 何梦瑶:《医碥》,第 201 -202 页。
⑤ 王士雄:《王孟英医学全书》,第 77 -78 页。
⑥ 何梦瑶:《医碥》,第 26 页。

续表

序号	王士雄《温热经纬》	何梦瑶《医碥》
8	卷二《仲景外感热病篇》:"何报之曰:汗大泄不止亡阳,且令肾水竭绝,津液内枯,是谓亡阴。……前人有谓夏月宜补者,乃补天元之真气,非补热火也。令人夏食寒是也。"①	卷二《杂症·伤暑》:"又大汗不止亡阳,且令肾水竭绝,津液内枯,是为亡阴,……故前人立法,谓夏月宜补,乃补天元之真气,非补热火也,令人夏食寒是也,生脉散(见中暑)主之。"②

此外,乾嘉以降,还有不少医家研读《医碥》,吸取其中有益精华。如,赵学敏(约1719—1805)在其《本草纲目拾遗》中"治痢"方中摘录了何梦瑶在《医碥》中的自制方"鸦胆丸"。③ 日本的丹波元坚(1795—1857)在其《药治通义》亦引用《医碥》的内容:"何西池曰:中风,痰涎壅盛,不通则死,急用三生饮、稀涎、通关等,散去其痰。又,吐衄,余血停瘀,不得不去瘀导滞,亦急则治标之义也。"④元坚之兄元胤撰《中国医籍考》,亦将《医碥》收入,并录何梦瑶自序和赵林临序。清末名医周岩(1832—约1905)在其《本草思辨录校释》云:"近人何西池,尝静坐数息,每刻约得二百四十息,以《灵枢》日夜计一万三千五百息为不经。"⑤周学海(1856—1906)亦在其《脉义简摩》指出何梦瑶所谓"小肠与心为表里,诊于左寸。大肠与肺为表里,诊于右寸"的观点源于扁鹊(秦越人)之说。⑥ 此外,清末张振

① 王士雄:《王孟英医学全书》,第25页。

② 何梦瑶:《医碥》,第116-117页。

③ 赵学敏:《本草纲目拾遗》,北京:人民卫生出版社,1963年,第99页。

④ 丹波元坚编著,徐长卿点校:《药治通义》,北京:学苑出版社,2008年,第28页。

⑤ 周岩撰,张金鑫校释:《本草思辨录校释》,北京:学苑出版社,2008年,第5页。

⑥ 周学海:《脉义简摩》,郑洪新《周学海医学全书》,北京:中国中医药出版社,1999年,第415页。

鋆在其《厘正按摩要术》卷一中亦提到何梦瑶的舌诊鉴别:“舌黑而润者,外无险恶情状,胸有伏痰,暑热证夹血亦多有之,切勿误作阴证(何报之)。”[①]

前述王士雄《温热经纬》所引何梦瑶的观点,均载于《医碥》中,而何梦瑶其他的医学思想并没有被引用,可见何梦瑶在其去世后的乾隆中期以降的长时间里,仅有《医碥》受到医家的重视和传播。又据陆以湉(1802—1865)《冷庐医话》:“南海何西池梦瑶《医碥》,余遍求之苏、杭书坊不可得。丁巳(咸丰七年[1857])冬日,从严兼三借录一部。西池少负才名,学士惠公,称为南海明珠。生平笃嗜医学,成进士,为宰官不得志,乃归田行医。所著《医碥》七卷,刊于乾隆十六年。”[②]可见《医碥》到清末已经较为有名,但由于印数较少,难以购买到。同是晚清的番禺学者潘湛深,在为何梦瑶的《三科辑要》作序时说:“南海梦瑶何君,夙耽经史,兼擅岐黄。昔尝著《医碥》一书,其根究病源,常有深透数重之见。其辩论杂症,更有不遗毫末之思。询足见触类旁通,无法不备矣。而其于婴科、痘科、妇科,尤为研精殚思,批却导窍因,辨证订方,辑成两卷。所载病情脉象,分条析缕,穷流塞源,实足补古人所未备。此诚活世之金丹,济人之宝筏也。”[③]对何氏医学给予了极高的评价。然与此同时,西学(尤其西医)传播日浓,中医渐显下坡之势。

总之,何氏医学有继承、有创见、有特点、有影响。当然由于何氏兴趣较广,并非只攻医学,亦并非以医为业,故其医学长于理论,于临床略显不足(此与其医案遗佚有关)。而于医学理论方面承继

① 张振鋆:《厘正按摩要术》,顾廷龙《续修四库全书》,上海:上海古籍出版社,1995年。

② 陆以湉:《冷庐医话考注》,上海:上海中医药大学出版社,第117页。

③ 潘湛森:《三科辑要序》,何梦瑶《三科辑要》,广州:广东科技出版社,2011年,第3-4页。

前人较多，创见相对不足(此亦是古人著述之通病)。当然，就康乾时期的岭南而言，何氏医学虽不能与当时国医巨子(如与其同龄的徐大椿)相提并论，但已属难得，并在岭南医学史上有重要地位。

第五章
书院交往与学术

第一节　书院山长的交往

书院乃古代官府或私人设立,旨在供人讲学、读书、藏书的机构与处所。书院之名初见于唐代,盛于北宋以降。岭南地区真正意义的书院是从南宋嘉定年间的禺山书院开始的,此后兴于明朝,清代达到高峰。

何梦瑶辞官回乡,连任广东三大书院山长,参与了乾隆年间广东的书院教育。有学者指出,清代广东 515 名山长当中,百分之九十是本省人士。这表明“十九世纪书院‘自给自足’的倾向,不仅是省级的特点，而且是府级，还可能是县级的特点”[①]。这种情况反映了地方势力在官办书院中的博弈结果。何梦瑶辞官任教之后，“教人以行为先，不尚文藻”[②]为其教育之基本态度。

自乾隆十五年回粤至二十九年离世的十五年时间是何梦瑶生涯的最后一程，可称为书院教育时期。这一时期，何梦瑶辗转于粤秀、端溪、越华等广东最好的地方书院，逐渐形成以其为中心的交往圈。这个交往圈的地域范围以广州和端州为中心，大致由惠门同学、当地名流和游历文人组成。其中，惠门同学中，何梦瑶与罗天尺、苏珥的交往最深，社会名流中与张汝霖、耿国藩、吴绳年交往最密，游历文人则以杭世骏为代表。这一时期的交往圈人物众多，涉及面广，交往形式也多样纷呈。何梦瑶于乾隆十五年至乾隆十七年暂代粤秀书院山长，乾隆十八年春至乾隆二十七年执教端溪书院（天章书院），乾隆二十七年至乾隆二十九年执教越华书院。由于粤秀、越华书院位于广州，端溪书院在肇庆，为便于叙述，遂将粤秀、越华书院归为一处。

一、广州两大书院

康乾时期，广东省城广州逐渐形成包括禺山、穗城、濂溪、粤秀、莲峰、越华等书院在内毗邻比肩的书院群，尤以粤秀书院为首。粤秀书院，地处广州南门内盐司街原盐分司旧署，于康熙四十九年由总督赵宏灿、巡抚范时崇、满丕牵头捐建。道光《广东通志》卷一三

① 蒂莱曼·格里姆：《广东的书院与城市体系》，施坚雅《中华帝国晚期的城市》，叶光庭等译，北京：中华书局，2004 年，第 587 页。

② 何之蛟：《乐只堂人子须知序》，何梦瑶《乐只堂人子须知》，第 13 页。

七《建置略十三》载：雍正八年广州知府吴骞重修粤秀书院。“乾隆九年改由粮道稽察，添设监院一员，于各学教官内遴委。二十六年、三十三年、嘉庆十四年相继酌定规条。”[1]粤秀书院的经费主要来源于皇帝赏银和全省各地的官田租银借贷而生的利息。据道光《广东通志》卷一七二《经政略十五》载：“粤秀书院，雍正十一年，世宗宪皇帝赏银一千两，交盐法道发商生息，并拨徐闻县入官田价银二千两，掣回洋商生息本息银及清远县义学积存，共银二千六百两。复交商生息，计每年得息银一千一百八十八两，遇闰加增银九十九两。外各县租银二千三百四十一两九钱八分六厘，共得息租银三千五百二十九两九钱八分六厘。”[2]这些租银来自于南海、番禺、东莞、新会、香山、花县、从化、清远、开平、徐闻、南雄州、信宜等县。

何梦瑶大概于乾隆十四年(1749)春夏间离任南返。由于路途遥远，加之因贫乏金，到乾隆十五年(1750)春，方回到广州。何梦瑶《复斋诗钞序》：“乾隆庚午引疾归，始复与祝三相见。”[3]以及罗天尺《匊芳园诗钞》序：“乾隆庚午，(何梦瑶)乍辽阳弃官归，相晤羊旅邸话旧。”[4]皆言乾隆十五年，何回到广州。又《匊芳园诗钞》所收录诗作《庚午过小山四兄安舟重读捣药岩集次壁间王书门少参韵赠之》自注称：“时予忝粤秀书院山长。”[5]故何梦瑶回乡当年就被聘为粤秀书院山长。顺德后学梁廷枏《粤秀书院志》亦云：何梦瑶“乾隆庚午主讲习，既又迭主端溪、越华院。”[6]

---

① 道光《广东通志》卷137《建置略十三》，第2329页下。

② 道光《广东通志》卷172《经政略十五》，第2815页下－2816页上。

③ 何梦瑶：《复斋诗钞序》，陈华封《复斋诗钞》，桑兵《清代稿钞本》第26册，第432页。

④ 罗天尺：《匊芳园诗钞序》，何梦瑶《匊芳园诗钞》，第3页a。

⑤ 何梦瑶：《庚午过小山四兄安舟重读捣药岩集次壁间王书门少参韵赠之》，《匊芳园诗钞》卷7《悬车集》，第9页b。

⑥ 梁廷枏：《粤秀书院志》卷14《传一》，第200页上。

梁廷枏编的《粤秀书院志》记载:“乾隆十五年十一月,有藩使以接办之四会教谕曹檳回任,掌教乏人,请延南海何报之刺史暂代之案。其云接办当是暂令权代讲席,而未详所代者为谁。(郭植)先生以十二年九月入院,……其十三四年仍蝉联其席,至十五年辞去,乃使曹学博代之也。”[①]即郭植于乾隆十五年辞去山长,临时由曹檳暂代数月。

郭植,字于岸,号月坡。据乾隆《古田县志》之《文苑》言:郭植“(乾隆)壬戌联捷进士。善诗赋文词,博极群书,诠经批史,以著述自任。登第后,益自砥砺,尝作鳌峰山长。两粤制阃闻其名,聘往粤东掌教四年,成就多士,才华富赡,仪表魁伟。未及通籍而卒,艺林惜之。”[②]又梁廷枏编《粤秀书院志》卷一四《传一》:“(郭植)先生以十二年九月入院,……至十五年辞去,乃使曹学博代之也。”[③]郭植于乾隆十二年九月掌教粤秀书院后,同年秋冬之际,香山小榄麦氏子开诗会赋昌华苑,得卷数千,郭植参与竟然夺冠,顺德潘勋宪得第二。麦氏奖以《东坡集》和银鼎。罗天尺大儿昌绪亦得名次,获银卮。[④] 由于此次诗会,郭植得识罗天尺、张汝霖,并与之交善。郭植有《张太傅墓为柏园司马新修因赋长歌奉寄》,罗天尺有《春日过粤秀书院访何报之因伤劳孝舆郭月坡》[⑤],罗天尺诗《六公咏》自注有:“张司马芸墅丞澳门,乘舟冒雨百里过访。后与闽进士郭月坡论诗禺山。”[⑥]此后,何梦瑶《辛未春杪罗履先过访粤秀书院赠诗次韵奉

---

① 梁廷枏:《粤秀书院志》卷14《传一》,第199页上－199页下。

② 乾隆《古田县志》,《文苑》,台北:成文出版社,1967年,第178页上。

③ 梁廷枏:《粤秀书院志》卷14《传一》,第199页下

④ 罗天尺:《昌华苑诗》,《五山志林》卷2,第93页。此事亦载咸丰《顺德县志》卷32。

⑤ 罗天尺:《六公咏》,《瘿晕山房诗删》续编,第604页下。

⑥ 罗天尺:《六公咏》,《瘿晕山房诗删》续编,第604页下。

答》自注有："履先与郭月坡、张柏园交好，尝绘三子论诗图。履先诗有'三子张一军'语。"[1]对于郭、罗、张三子论诗之事，同是惠门的胡定为之作《禺山三子论诗图记》，并被罗天尺编入其族《豫章罗氏族谱》卷二十二《赠言》。[2]

郭植辞去粤秀书院山长，举荐曹櫰暂代，然曹櫰须赴任四会教谕，遂举荐何梦瑶。罗、曹、何均为惠门同学，由此可见同门之谊所起作用。

乾隆十五年十一月，曹櫰因要履任四会教谕，所以延请何梦瑶暂代山长。由于是"暂代督课"，所以何梦瑶的修脯之资与正式聘请的山长有较大区别。梁廷枏《粤秀书院志》载："以本省缙绅之在籍者暂代院长，则修脯之资临时别议。乾隆十五年十一月，南海何报之先生方以刺史家居，就近延之，暂理课事。月送束修银二十两，上米二石(米有上中，折银因有多寡)，薪银六两，非常行例也。"[3]就束修银来说，每月20两，一年即240两。又据梁廷枏编的《粤秀书院志》所说："乾隆四十五年冯潜斋院长，以家会城，会禀毋庸议及程仪；而十九年聘夏醴谷先生于扬州，先送修脯百两、聘仪二十四两。原议盘费七十六两，行时又增以六十四两，交抚标把总邵用华往聘。二十二年聘杭州陆太史，亦委员往，聘仪四十两，程仪六十两，亦预送束修百两。二十七年差弁聘陆院长，同四十八年差弁聘熊院长程仪四十两。盖随时酌定，丰啬亦间视其人，与今之刊定实数者异。至束修一项，据冯鱼山先生主席时陈札，谓六七年前岁修

① 何梦瑶：《辛未春杪罗履先过访粤秀书院赠诗次韵奉答》，《匊芳园诗钞》卷7《悬车集》，第14页a。

② 胡定：《禺山三子论诗图记》，《豫章罗氏族谱》卷22《赠言》，(刊刻时间不详)，第28页a-28页b。

③ 梁廷枏：《粤秀书院志》卷9《师席表》，第131页上-131页下。

千金，范九池主讲岁八百金，冯潜斋则复回千金。后此掌教有自请岁省三百金者，当道遂奏请为令云云。然今五百之数曾经奏定矣。”[①]即正式聘请的山长（乾隆三十年后称院长）一般的岁修为800—1000两，这还不包括聘仪、程仪等等。因此，何梦瑶“暂代督课”的修脯之资大约为正式聘请者的1/4到1/3。所以，何梦瑶自己在诗中抱怨说做山长的馆资仅与做州府的佐官相当。其诗《须言》有说：“忽闻大吏聘山长，为我鹿洞开讲堂。……龙头巍巍孰与比，馆资仅与州佐当。”[②]又据何梦瑶的《辛未春杪罗履先过访粤秀书院赠诗次韵奉答》之原注有：“时予忝粤秀山长。”[③]因此，到乾隆十六年（1751），何梦瑶还在任粤秀书院山长。

粤秀书院的教育内容体现了官学化的倾向。书院把八股文作为教学的重点，将书院纳入科举轨道，书院每逢二、八上堂讲解“四书”、“五经”、诸史，听院长发问，要求学生领会，并要各抒己见。对书院肄业士子，“令院长择其资禀优异者，将经学、史学、治术诸书，留心讲贯，以其余功兼及对偶声律之学。其资质难强者，且令先工八股，穷究专经，然后徐及余经，以及史学、治术、对偶、声律。至每月课试，仍以八股为主，或论或策或表或判，听酌量兼试，能兼长者酌赏，以示鼓励。”[④]此外，粤秀书院还规定：“课期诸生黎明登堂，向院长揖坐，门发题。如官课、委员监场。监院、教官于课日清晨清题封发。试卷即日收齐，次早该委员呈送，不得假于院役滋弊。至馆课，即令监院监场”，“两院课期，派厅官一员；司道课期，各派首领，

① 梁廷枏：《粤秀书院志》卷9《师席表》，第131页下－132页上。

② 何梦瑶：《须言》，《匊芳园诗钞》卷7《悬车集》，第5页a。

③ 何梦瑶：《辛未春杪罗履先过访粤秀书院赠诗次韵奉答》，《匊芳园诗钞》卷7《悬车集》，第13页b。

④ 《清会典事例》第5册，卷395《礼部·学校·各省书院》，第412页下－413页上。

佐贰官一员，协同监院，教官查察，委员监场。”[1]

乾隆十五年何梦瑶虽然是受聘暂代山长两年，但是由于其知识渊博，为学严谨，对于多个领域皆有研究，深受生员爱戴，“至今每交口称之”[2]。何梦瑶还作有《雨中过粤秀书院》：

随意嬉春去，鹅湖旅舍边。空蒙留客雨，芳润养花天。
皋座谭经懒，油窗对局便。旧栽桐树子，楚楚立人前。[3]

越华书院是广州地区在规模和影响仅次于粤秀书院的第二大书院，位于市政司后街，于乾隆二十年由盐运司范时纪牵头捐建。创建越华书院旨在适应商籍子弟读书应试的需要，基本捐助由广东地方政府盐运使提供，盐商则负责提供30名学生的膏火。由于广州作为长期口岸的优势，广州商人资金雄厚。不少商人在取得经济地位后，必然在文化上，进而在政治上谋取一定的地位，因此希望子弟染被儒风，获得科第功名，积极捐资赞助书院或支持官府专为商籍子弟开办书院。道光《广东通志》卷一三七《建置略十三》载：“越华书院在市政司后街。乾隆二十年，盐运司范时纪及诸商捐建。……粤东向有粤秀书院，人文称盛，而商人子弟寄籍于此者，未有藏修之地。众商深以为歉，积志已久，因合词吁请余转申制抚，俱蒙嘉予，且捐资首创，即命子酌藏其事。于是众咸踊跃，乐轮已资，遂买旧宅一区，而更新之。……工既竣，制宪颜其额曰‘越华书院’，躬莅课艺，面加奖励，众商感激复捐项生息，以充膏火，用垂永久。于

① 梁廷枏：《粤秀书院志》卷2《书院规则》，第20页下－21页上。

② 梁廷枏：《粤秀书院志》卷14《传一》，第200页上。

③ 何梦瑶：《雨中过粤秀书院》，《匊芳园诗钞》卷7《悬车集》，第39页a。

是敦请名宿为山长，俾得有所折衷，庶业不荒而名有由成矣。……初设膏火三十名，以为商籍子弟藏修息游之所。”[①]越华书院经费的筹措，道光《广东通志》卷一七二《经政略十五》有记载云：“越华书院，乾隆二十年盐运司范时纪同各商捐建，并捐备书院经费本银七千四百两，每月一分五厘，交商生息。嘉庆十九年盐运司方应纶因经费不敷，复率各商筹捐银四千两，仍交商生息。前后共捐经费银一万一千四百两，递年共收息银二千五十二两，遇闰加增银一百七十一两。”[②]

何梦瑶在《皇极经世易知》自序中说：“点勘两载，始有条理，随手札记，积成八卷，另为图一卷，冠诸其首，名曰《经世易知》……曩忝越华书院讲席，时运使阶平梁公主院事，尝语及此，瑶感其言，爰有斯役。”[③]由于此序的落款是“乾隆癸未孟春雨水日”，即乾隆二十八年(1763)，而何梦瑶说《皇极经世易知》是在任越华书院山长时候，“点勘两载”而成的，由此可知乾隆二十七年(1762)，何梦瑶离开端溪书院的当年就被聘为越华书院山长。由于何梦瑶卒于乾隆二十九年(1764)，故其任越华书院山长大概也只有两年左右的时间。何梦瑶的《赓和录》亦完稿于其任越华书院山长之时，福增格为《赓和录》作序的落款是“乾隆壬午清明”，即乾隆二十七年(1762)清明，此时何梦瑶年已七十。

何梦瑶于乾隆十五年至乾隆十七年，乾隆二十七年至乾隆二十九年，前后共四年多的时间在广州两大书院执教，而其在端溪书院执教时间为乾隆十八年至乾隆二十七年，长达九年左右的时间。当

① 道光《广东通志》卷137《建置略十三》，第2329页下－2330页上。

② 道光《广东通志》卷172《经政略十五》，第2816页上。

③ 何梦瑶：《皇极经世易知》，第3页上。

然,由于何梦瑶家在南海,根据清代山长惯例,常常不可能长期待在远离家乡的书院,更有极端的例子是生徒一年难得见山长一两次(这也是地方书院在选择山长之时偏爱聘任本地名流的原因之一)。因此,即使何梦瑶任端溪书院山长达九年,其相当部分的时间应在广州活动。

二、何梦瑶与杭世骏

乾隆十七年(1752)秋,杭世骏来到广州。杭世骏(1695—1773),字大宗,号堇浦,又号秦亭老民,浙江仁和人。雍正二年中举,乾隆元年诏试博学鸿词,列一等第五,授翰林院编修,校勘武英殿《十三经》和《二十四史》。后乾隆设科诏征敢于直言又通达治体之士,杭世骏撰书上陈,提出朝廷用人要消除满汉之别的观点,引起乾隆不满,被罢官返乡。后南下广州主讲粤秀书院,"与何梦瑶、罗元焕、钟狮、陈华封诸君子为文字交,邑中名胜题咏殆遍"[①]。

何梦瑶《又和晚秋病起述怀寄示粤中诸同好》其三注云:"芸墅濒行,醵金周予。未几杭山长至粤,予遂谢讲席。"[②]即杭世骏于乾隆十七年(1752)秋来到广州后,何梦瑶就辞去粤秀书院山长之职,让位于杭世骏。光绪《广州府志》卷一六二《杂录三》载:"仁和杭堇浦太史世骏,乾隆壬申为粤秀院长。"[③]此外,杭世骏在《匊芳园诗钞·杭世骏序》中说:"今来南海……岁在元默涒滩阳月朔。"[④]"元默"即"玄默",天干中"壬"的别称。《尔雅·释天》:"(太岁)在壬曰玄

---

① 光绪《广州府志》卷111《寓贤》,第1714页下。

② 何梦瑶:《又和晚秋病起述怀寄示粤中诸同好》,《匊芳园诗钞》卷7《悬车集》,第41页b。

③ 光绪《广州府志》卷162《杂录三》,第2556页上。

④ 杭世骏:《杭世骏序》,何梦瑶《匊芳园诗钞》,第1页。

黓”,“(太岁)在申曰涒滩。”[1]因此“元黓涒滩”指壬申年,亦可佐证之。又张维屏《国朝诗人征略》卷二四云:“乾隆壬申,堇浦先生来粤,主讲粤秀书院,甲戌乃北归。”[2]

何、杭两人交往颇有渊源。好友罗天尺早于乾隆四年北上京师之时,曾投递诗作于杭世骏门下,杭当时因“适校士礼闱”,未及见。[3]此可算得上两人间接产生的关系。而真正直接交往则迟至十三年后的乾隆十七年。何梦瑶自乾隆十五年至十七年暂代粤秀书院山长,杭世骏则于十七年正式接替何梦瑶。据《清稗类钞》记载:杭世骏“乾隆时主讲粤秀书院,自壬申至甲戌乃北归。”[4]即杭世骏自乾隆十七年(壬申)至十九年(甲戌)任粤秀书院山长,前后约三载。来粤所作之诗大多列入《岭南集》,张维屏《国朝诗人征略》言杭世骏《岭南集》为其平生极盛之作。[5] 许宗彦《鉴止水斋集》卷一七《杭太史别传》亦言:杭世骏“归田后主讲粤东粤秀书院。刻《岭南集》,诗风骨遒上,最为当时所称。”[6]《岭南集》中与何梦瑶有关的诗有9首,分别是:《酬何监州梦瑶小除日见怀》、《春日魏公子大振大文招诸吟侣集六榕寺》、《珠江竹枝词六首和何监州》、《六榕寺送李曲沃还香山何辽阳赴端州》、《定公房看菊圆德上人为鼓石上流泉之曲》、《大沙村古迹三首》、《诸生饮饯讲堂即席奉酬四首》、《舟至紫洞罗鼎臣李焕世林组李嘉树李德桓已先在焉复出鸡豚相饷》、《诸生方舟并济追送河南》。其中《大沙村古迹三首》(包括《何相公

① 黄侃:《黄侃手批尔雅义疏》下册,北京:中华书局,2006年,第771页。

② 张维屏:《国朝诗人征略初编》卷24,第10页b。

③ 杭世骏:《潘华苍诗序》,《道古堂全集》,《文集》卷12,清乾隆四十一年刻光绪十四年汪曾唯修本,第90页。

④ 徐珂:《清稗类钞》第8册,北京:中华书局,1986年,第3611页。

⑤ 张维屏:《国朝诗人征略初编》卷24,第10页b。

⑥ 许宗彦:《鉴止水斋集》卷17《传》,第174页。

庙》、《金环田》、《双榕社》)乃何梦瑶邀请杭世骏到其家乡大沙村游览所作;《岭南集》另有《诗话一则》提到何梦瑶。

杭世骏初至广州,何梦瑶倍感欣喜,但又因家贫慢待贵客而感到惭愧。乾隆十七年腊月二十九日,何梦瑶有诗《壬申小除寄怀杭堇浦太史》寄赠杭世骏:

先生金闺彦,文采鹓鸾姿。孤骞烟霄翮,岂识枌榆飞。
偶为南溟游,讲学珠江湄。众窍激清风,喁于唱声诗。
粤台五七子,玉敦纷相随。惭予菰芦中,蒙若鸡处酰。
但可左角长,敢树南越麾。江神见秦帝,寝陋方愁嗤。
先生顾奖借,肃肃霜飙吹。三都贵一序,藩溷生光辉。
讵悦无脤妍,反觉全人亏。无乃逃空谷,见似情亦怡。
医门固多疾,针札宁靳施。窃喜晨夕共,颇哀老子衰。
烛炳景苦短,照屡镜或疲。况复困生事,奔走食与衣。
久扫羊石迹,遂塞山径溪。旅馆辱数访,讶我胡不归。
寄此当面谈,且侑祭灶卮。应笑东野寒,空螯难再持。
行当诣鹿洞,覆决残秋棋。[1]

何杭两人经常促膝长谈,互相倾吐人生境遇。收到此诗后,杭世骏感慨非常,结合何梦瑶的人生经历,以一首《酬何监州梦瑶小除日见怀》排律长诗酬和,其中有:"何侯南邦献,灵秀天所资","廿载五改官,剖竹守旧畿。湛湛新雨露,为民洗疮痍","投牒许乞身,装无片石随","暇著活人书,用以谋盐酰。处方起废疾,往往应手

① 何梦瑶:《壬申小除寄怀杭堇浦太史》,《匊芳园诗钞》卷7《悬车集》,第35页a-35页b。

治”,“棋槊破趯闷,谈燕清饥疲。丽制足献酬,妙义供思维。谑恃齿伶俐,笑掀髯于腮”,“缄书缀新篇,以报知己知”,“君也九折肱,方书历可稽。国手师俞跗,内经玩黄岐。医俗等医疾,术异理则齐。三百二十味,凉热各有宜。用泻不用补,夙昔君所期。”[①]对于何梦瑶为官为医的经历均有较高评价。

何梦瑶接到杭世骏的长诗后非常感动,以《杭太史见和长篇次韵再寄》再和,云:“谈元有好友,风雨同喔咿”,“君才丕十倍,相去万里违”,“南园幸复辟,社客欢相依”,“君今昌黎子,高言扫重卮”,“仍挟活人书,远作小儿医”,“殷勤偿契阔,面耳重命提。同拉耿与陈,鹅潭泛玻璃。却愁鸟爪人,监江投枯棋。”[②]

何梦瑶于乾隆十八年被聘为端溪书院山长,杭世骏以诗《六榕寺送李曲沃还香山何辽阳赴端州》相送:

> 斜阳古寺送归人,缚帚先驱坐具尘。
> 濠镜望空前夜月,星崖枨触客年春。
> 闻钟施食青精饭,对佛题诗白毡巾。
> 鸿爪云泥君莫问,本来同住一由旬。[③]

全祖望任天章书院山长时染恙,杭世骏曾经到肇庆探望,并有《全山长赠余端石四片归斩为砚一以赠吴元治一以赠陆世贵留其二以自娱诗以代铭并寄山长端州》寄达。[④] 何梦瑶在端州之际,杭世骏

① 杭世骏:《酬何监州梦瑶小除日见怀》,《岭南集》卷2,第11页b–14页a。
② 何梦瑶:《杭太史见和长篇次韵再寄》,《匊芳园诗钞》卷7《悬车集》,第35页b–38页b。
③ 杭世骏:《六榕寺送李曲沃还香山何辽阳赴端州》,《岭南集》卷7,第10页b。
④ 杭世骏:《诗以代铭并寄山长端州》,《岭南集》卷4,第10页b。

又亲自前往肇庆拜访。杭世骏写下了《夜入羚羊寺》、《七星岩》、《羚羊峡歌》、《扶啸台》等诗歌。当时高要张知县将嘉鱼分别送杭世骏和何梦瑶品尝。杭世骏作诗《张高要遣送嘉鱼》，何梦瑶作诗《嘉鱼》以记之。[①] 杭、何两人还同为肇庆知府吴绳年的《端溪砚志》作序和跋。[②] 杭世骏离开广东回乡，舟至位于北江下游的佛山紫洞，正值"江天坐对诸公郎，涕泪重挥一番新"之际，听闻何梦瑶与学生龚天牧两日兼程追送至三水。[③] 杭世骏离粤后，何梦瑶有诗表露对杭的思念之情。如《登天章阁有怀杭山长》称："心同谷鸟长求友，身似池蛙半属官"，"鼎湖山色当窗堕，那得邀君拄颊看。"[④]那么何梦瑶、杭世骏交往的内容或基础是什么呢？笔者以为应是彼此欣赏品行和诗才。杭世骏还有诗句称："诗翁何李快相招，积岁羁愁散此宵。彩笔峥嵘干气象，贤人聚会应星杓。"此处"诗翁何李"，即何梦瑶和香山名士李卓揆。

于杭世骏、何梦瑶两人交谊，杭世骏曾自豪地认为"知报之之才者莫如余"。[⑤] 杭世骏对何梦瑶诗才尤为推崇，其于何梦瑶《匊芳园诗钞》序中称："余尝执此论以友天下士大夫，抵得交于余者，非才莫与也。今来南海，南海诗人之薮也，而何监州报之为之魁。"[⑥]杭世骏评语虽有溢美之嫌，但何梦瑶的才学给杭留下深刻印象（关于杭

① 见乾隆《肇庆府志》卷26《艺文志下》，广东省地方史志办公室《广东历代方志集成》，广州：岭南美术出版社，2007 年影印本，第 737 页上、743 页下。

② 见杭世骏《端溪砚志原序》，朱玉振《端溪砚坑志》卷 1，清嘉庆求己轩刻本，第 2 –3 页；何梦瑶《原跋》，朱玉振《端溪砚坑志》卷 1，清嘉庆求已轩刻本，第 5 页.

③ 杭世骏：《舟至紫洞罗鼎臣李焕世林组李嘉树李德桓已先在焉复出鸡豚相饷》，《岭南集》卷 8，第 7 页 a。

④ 宣统《高要县志》，《附志上》，1938 年重刊本，第 1572 页。

⑤ 杭世骏：《杭序》，何梦瑶《匊芳园诗钞》，第 3 页 b。

⑥ 杭世骏：《杭序》，何梦瑶《匊芳园诗钞》，第 2 页 b。

世骏对何梦瑶诗歌的评价详见本章第二节）。

而何梦瑶在为杭世骏《岭南集》所作序言中，以繁华的词赋表达了对杭世骏的敬仰和称颂："先生则栞筝五典，肴馔百家，瓠史芸编借出春明坊里。玉弢金版，探来宛委山中，宜乎云涌涛驱气历万夫而上。海涵地负，音追正始之前，譬之集千腋以成裘，曾无襞积酿百花而作蜜，难辨馨香。此冯夷所为，面旋小巫于焉，气索者学其一也。"[①]

杭世骏还对何梦瑶的诗词旧作进行唱和。如对何梦瑶早期的《珠江竹枝词六首》颇为欣赏，予以唱和，写下《珠江竹枝词六首和何监州》：

其一

树里歌声水面腔，阿奴生小住珠江。

凌波只恐尘生步，不着鸦头袜一双。

其二

绿榕阴处月微黄，艇子缘流接翅长。

水际刺篙沙际宿，天然画出野鸳鸯。

其三

辫鬓垂雅宿粉残，早潮回梦怯衣单。

为怜江上遥峰少，方便长眉借客看。

其四

论斛量珠买得无，鱼珠争及蚌珠粗。

若将江作珠胎比，侬是江心一颗珠。

---

① 何梦瑶：《何序》，杭世骏《岭南集》，第2页下-3页上。

其五

不见莼丝翠带长，绝无露苇更风杨。

生来只识相思树，着意江边种一行。

其六

海珠寺外月如银，肯照三更倚柂人。

妾是水萍郎堕絮，天生一样可怜春。[①]

杭世骏于乾隆十七年来到广州任粤秀书院山长后，亦经常与何梦瑶、罗天尺、辛昌五、潘宪勋等惠门人物多有往来，参加诗会。[②] 如杭世骏诗作《题潘宪勋诗后兼寄南海罗孝廉天尺梁进士善长》有“飞觞集名贤，结社辟吟闼。海邦风雅区，遗韵未销歇。罗苏梁何陈，各各露天骨”句，其中“罗苏梁何陈”分别指罗天尺、苏珥、梁善长、何梦瑶和陈华封。[③] 杭世骏还在其《岭南集》中记有一次十五人诗酒集会之盛况：

漳浦邱氏居仙城者数世矣。园亭甲于郡。会是日，词人会者凡十五人，笔墨横飞，觥筹交错，东南宾主称盛一时。诗成各极清警，何梦瑶句“琴声遥送红兰榭，诗梦重寻孔雀巢”；赵其昌句“芳树阴浓青欲滴，好花香重气如蒸”；耿国藩句“荷珠乍泻鱼争唼，榴火新然鸟怪鸣”；陈华封句“风定熟梅时坠地，雨深残箨半成泥”；魏大振句“乱红如雨飞不落，寒碧得风吹欲

① 杭世骏：《珠江竹枝词六首和何监州》，《岭南集》卷5，第14页b－15页a。

② 杭世骏：《罗孝廉兄弟自石湖拏舟过访》，《岭南集》卷7，第1页a。

③ 杭世骏：《题潘宪勋诗后兼寄南海罗孝廉天尺梁进士善长》，《道古堂全集·诗集》卷10《翰苑集》，乾隆四十一年刻光绪十四年汪曾唯修本，第463页。

波”;魏大文句“鱼唼断萍惊钓没,鸟衔危叶出墙飞”;吴元治句“贪凉小坐千寻树,判酒平分百斛泉”;仁和锺作肃句“藤络藓纹升灌木,萍飘鸥梦出回塘”;南海冯公亮句“药院日高花弄影,沙床风定确梳毛”;冯公侯句“风谢四围吟绿叶,水帘三面湿红蕖”;番禺高峻句“萍槎矫立梳翎崔,莎径喧迎蜡屐人”;吴锳句“北苑淡描楼外画,东山酣战雨中棋”;吴函句“瘦竹翻翻虫篆叶,层栏浩浩鸟呼风”;王皋句“屐痕破后苔仍滑,雨气消来暑未深,主人端静无尘俗”;语有句云“真率偶为花下会,招邀刚及麦初秋”,亦可讽也。其子昽亦佳士句云“池平骤益漂花水,地僻先营战茗斋”,年方终贾已能惊其长老矣。[①]

而杭、罗两人的交往渊源可追溯到乾隆四年。据杭世骏《潘华苍诗序》载:“岁在己未,罗子履先以计偕至京师,投余诗为幽贽。余适校士礼闱,未及见也。[②] 杭世骏初到广东,罗天尺即亲自造访,杭世骏留下诗作《罗孝廉兄弟自石湖挐舟过访》:“献岁操舟易,风帆屈折行。石湖春信早,相送到仙城。入坐山衣瘦,论诗远梦清。殷勤携令弟,不是逐时名。”[③]所以也有人指出,杭世骏与何梦瑶两人之间,实乃师生之谊。晚清南海鸿儒朱次琦就有诗作提到杭世骏“门下罗陈尽才俊,说诗更有何西池”,“一时推挽此焉盛”。其中罗、陈即罗元焕、陈华封,河西池即何梦瑶。当然,综合观之,杭世骏与何梦瑶、耿国藩、陈华封三人关系最为融洽。杭世骏《道古堂全

① 杭世骏:《岭南集》卷 4“附诗话一则”,光绪七年冬学海堂重刊,第 15 页下。

② 杭世骏:《潘华苍诗序》,《道古堂全集·文集》卷 12,乾隆四十一年刻光绪十四年汪曾唯修本,第 90 页。

③ 杭世骏:《罗孝廉兄弟自石湖挐舟过访》,《岭南集》卷 7,第 1 页 a。

集》有诗《雨中何监州耿陈两上舍见过二首》称:“三子东南秀,天涯岂易多。殷勤理情话,辛苦学阴何。小笔春添秀,衰颜晚更酡。东风肯相借,期尔日来过。”[①]其中所谓“东南秀”的“三子”正是何梦瑶、耿国藩、陈华封三人。

杭世骏还与何梦瑶的学生崔锟士、陈简在有交往。在何梦瑶《匊花园诗钞》所列受业门人中崔锟士排在首位,陈简在排在第二。崔锟士,字守锐,为番禺县员冈人,曾参修乾隆《番禺县志》。[②] 杭世骏《岭南集》有诗《元夕访李上舍管朗一篑山房》,一同前往的就有崔锟士、萧坦、吴元治、方殿扬等人。陈简在,字符宾,顺德县喜涌人,乾隆三十八年授州府训导。[③] 杭世骏《续礼记集说》卷二一载有陈简在就《礼记》中《王制》与《曲礼》说法不同而提出的疑问和杭世骏的解答。[④] 何梦瑶在其《读历朝诗》曾有注:“诗至白沙高出千古,胡金竹继之,此非予阿好之言,后世自有定论耳。”因《匊芳园诗钞》同卷之诗基本按时间顺序排列,而《读历朝诗》排在《壬申小除寄怀杭堇浦太史》之前很多,故《读历朝诗》当是杭世骏来粤之前所作。[⑤] 显然有夜郎窒碍之嫌,概因其见识不广,未识高人之故。

以杭世骏为代表的江浙名流游历广东,为广东士人带来强劲的文化影响。杭世骏交游广泛,仅《岭南集》所及人物达120余人,其中包括游历广东士人以及广东本地士人两部分,并以广东本地士人居多。以杭世骏为中心的广东交往圈,涵盖并大大超越了何梦瑶原

① 杭世骏:《雨中何监州耿陈两上舍见过二首》,《岭南集》卷3,第14页a。

② 光绪《广州府志》卷130《列传十九》,台北:成文出版社,1966年,第311页下。

③ 咸丰《顺德县志》卷11《选举表二》,第263页上。

④ 杭世骏:《续礼记集说》,顾廷龙《续修四库全书》,上海:上海古籍出版社,2002年,第326页。

⑤ 何梦瑶:《读历朝诗》,《匊芳园诗钞》卷7《悬车集》,第23页b。

有的交往圈子，为何梦瑶提供了一个广泛而多彩的交往平台。一方面大大拓宽了何梦瑶晚年的交往范围，另一方面，提升了何梦瑶交往的学术思想层次和水平。当然文化交流的双向性，也使杭世骏等江南士人开阔了眼界，领略了广东风物、经济和文化。

三、士商交往

余英时在《士商互动与儒学转向：明清社会史与思想史之一面相》一文中指出，明末已出现士商合流的现象，“一方面是儒生大批地参加了商人的行列，另一方面则是商人通过财富也可以跑进儒生的阵营。”[①]如果说当时的士大夫与商人交往，还多少在心理上有点遮遮掩掩的话，那么到了康乾时期经济繁荣的广州，一般的士大夫对于豪爽而富裕的商人就多少有点仰慕了，尤其是广东商人始终流传着“贾而好儒”的传统。何梦瑶乞退回广州后，与之交往关系最密切的商人是耿国藩。

耿国藩，字介夫，号湘门，湖南长沙人，著有《素舫斋诗集》。关于其生平资料较少，仅有与耿交往密切的同乡张九钺（1721—1830）的《紫岘山人全集》和耿的外孙张维屏的《国朝诗人征略》两书略有记载。据张九钺称：“往余兄甄斋与诸名士赋诗黄鹤楼，长沙耿君湘门在座，年十岁。众方绕柱吟，君摇笔立就，踔厉风发，举座大惊。”[②]

让举座大惊的诗，张九钺并没有写清楚。据张维屏《国朝诗人征略》卷三三称：“外大父耿湘门先生十一岁赋诗黄鹤楼有‘高低红

① 陈弱水、王汎森：《思想与学术》，北京：中国大百科全书出版社，2005 年，第 169 页。

② 张九钺：《紫岘山人全集》，《文集》卷 4，顾廷龙《续修四库全书》卷 1443，上海：上海古籍出版社，1995 年，第 510 页上。

树迷江渚,断续青山绕鄂州'之句,座客惊异。"[①]可见耿国藩年少时颇有诗才,但稍长因家贫放弃科考,"橐笔之燕、齐、吴、越,为诸侯客。继乃入粤业盐筴,遂家焉。"移居广东,"入粤业盐筴",耿国藩为清代康乾时期获利丰厚的广东盐商的一员。明清时期,盐商是广东境内与行商齐名的重要社会力量,在地方社会结构和日常生活中发挥着举足轻重的作用。盐商为维系官商、商民关系,积极参与地方公共事务和社会救济事业。特别是在文化教育方面,盐商往往通过直接捐输报效、发卤本生息等方式予以支持。据统计,仅雍乾时期,就分六次捐助粤秀、越华、端溪等书院[②],盐商成为清前期广东书院教育的重要支撑,由此盐商与书院乃至地方文人结成非同一般的社会关系。来粤后,耿国藩于濠畔筑素舫斋,一时间粤中及游粤诸词人咸乐与交,终致"以诗雄于岭南","新安汪先生筠川、武林杭先生堇浦皆与君交深。君又交广东何先生西池、陈君祝三、冯君箕村,诗笺碑板照耀海峤,零纨断墨得者藏弆为荣"[③]。文士诸如何梦瑶、杭世骏、罗天尺、陈华封、冯公侯、冯成修等频繁出入耿家素舫斋,他们以此为中心雅集唱和,切磋诗艺,研究学术,彼此激发,相互扶持。乾隆十六年(1751)春,梅苍枝邀请好友集育青堂观看孔雀开屏。当时何梦瑶、罗天尺、冯石门、冯公侯、黄秋畹、黄璞、耿国藩、陈华封、高于天、辛昌五、梁倚玉、罗雨三等十多位广东地方名流雅士应邀参加。何梦瑶作《辛未春杪梅苍枝邀集育青堂观孔雀开屏因成长歌》:

五先生远三家死,诗老风流谁得似。

---

① 张维屏:《国朝诗人征略初编》卷33,第9页b。

② 周琍:《清代广东盐业与地方社会》,北京:中国社会科学出版社,2008年,第141-142页。

③ 张九钺:《紫岘山人全集》,《文集》卷4,第510页上。

南园新辟素馨田，结社重邀五七子。
孝廉船舣海幢东，凌晨踏浪追吟踪。
催诗欲酿黄梅雨，弄袖微生舶趠风。
留春黄鸟啼幽谷，波光野色围书屋。
重来玉洞访烟霞，不拟平泉记花木。
主人肃客育青堂，大小冯君双井黄。
耿弇陈遵高季辅，稼轩后至偕梁商。[1]

罗天尺亦作《春杪梅苍枝招同太史辛北村刺史何报之司马冯石门国博耿湘门冯同文陈祝三高于天黄仝石秋畹文学雨三弟集育青堂赋观孔雀开屏歌》：

都官华堂设高会，招集词人数十辈。
逸兴宁为铁板歌，荒唐不数华阳赉。
东风骀宕柳条颠，叠山曲槛清沙前。
人间富贵宁堪比，座客文章不值钱。
孔禽豪华独出众，舞衣振羽何珍重。
金花闪耀结重轮，翠羽褵褷赛丹凤。
作屏仙卉尽无色，包山锦绣终何用。
玉笼鹦鹉不敢言，官衙鹤驭失高轩。[2]

---

① 何梦瑶：《辛未春杪梅苍枝邀集育青堂观孔雀开屏因成长歌》，《匊芳园诗钞》卷7《悬车集》，第11页a－12页a。

② 罗天尺：《春杪梅苍枝招同太史辛北村刺史何报之司马冯石门国博耿湘门冯同文陈祝三高于天黄仝石秋畹文学雨三弟集育青堂赋观孔雀开屏歌》，《瘿晕山房诗删》卷5，第48页上－48页下。

值得注意的是,外孙张维屏称虽然耿斋佳辰令节坐客常满,“然先生意中不轻许可”,“所师事者杭堇浦、何西池两先生,友事者陈祝三华封、冯箕村公侯、张紫岘九钺数人而已”。[①] 耿国藩以杭世骏、何梦瑶为师,故交往也最密。《匊芳园诗钞》中与耿国藩有关的诗竟有13首(全部都编在第七卷《悬车集》,此集共有诗歌77首,占近17%),其中直接与耿国藩唱和的有9首,可见何梦瑶与耿国藩交游频繁,关系非常密切。

“江湖萧散拟元真,珠海何年降酒神。”[②]“浮名权付酒千钟,悬肘何须斗大红。勺水漫愁杯胶浅,纤云争碍月流空。南村我亦休官侣,东海君应卖药同。笑道良医即良相,阿衡功业鼎烹中。”[③]“何时毛羽举黄鹄,云海茫茫不可招。诗罢洒阑社客去,回头传语孔都护。身将隐矣焉用文,敛翮且随仙尉住。”[④]“我自冷然善,炎凉任变更。”[⑤]“顾影临池思不胜,烟霄无路怅飞腾。忘情高蹈惭鸿陆,羽可为仪讵自矜。”[⑥]描摹出何耿两人亦酒亦诗,淡泊浮名富贵的心态。

“羡君工丽句,绛云映花岛。”[⑦]“云笺霭霭堕春空,刚值昌黎预送穷。愁绪好教茶涤尽,衰颜还藉酒搓红。”[⑧]“扁舟何日载西施,素舫濠梁共唱随。莫把浮云笑夫婿,柔之端合嫁微之。”[⑨]凸显出何梦

---

① 张维屏:《国朝诗人征略初编》卷33,第9页b-10页a。

② 何梦瑶:《题耿湘门素舫斋次其移居原韵》,《匊芳园诗钞》卷7《悬车集》,第2页b。

③ 何梦瑶:《次耿湘门韵赠沈卓斋》,《匊芳园诗钞》卷7《悬车集》,第8页a-8页b。

④ 何梦瑶:《辛未春杪梅苍枝邀集育青堂观孔雀开屏因成长歌》,《匊芳园诗钞》卷7《悬车集》,第11页b-12页a。

⑤ 何梦瑶:《风扇同耿湘门》,《匊芳园诗钞》卷7《悬车集》,第3页a。

⑥ 何梦瑶:《次和耿湘门孔雀三绝句》其三,《匊芳园诗钞》卷7《悬车集》,第40页b。

⑦ 何梦瑶:《辛未春集饮邱氏园林堂前木棉盛开主人》,《匊芳园诗钞》卷7《悬车集》,第12页b。

⑧ 何梦瑶:《又和晚秋病起述怀寄示粤中诸同好十首》其七,《匊芳园诗钞》卷7《悬车集》,第42页a。

⑨ 何梦瑶:《花烛词为耿湘门》其三,《匊芳园诗钞》卷7《悬车集》,第17页a。

瑶、耿国藩彼此之间的互相欣赏，勾勒出两者之间的深情厚谊。

"同拉耿与陈，鹅潭泛玻璃。却愁鸟爪人，监江投枯棋。"[①]；"雨衣苦未具，不若服瓦服。广厦殊可庇，主人况昼卜。烂烧佛印猪，大嚼谢眺鹜。沉酣忘昏瞑，泥泞愁僮仆。东牖尚湛樽，西窗已剪烛。方肃金吾禁，肯遭醉尉辱。夜长共擘笺，冥搜各仰屋。""更拉渴睡汉，倦眊对劫局。""灯影诗人三，头触屏风六。推敲理残句，归鞍带梦绩。""何曾听雨眠，请洗上床足。倘复卜其夜，幸饷蕉煌鹿。"[②]描绘出率真融洽，开襟同志以至主客两忘的境界。

乾隆十八年春，受魏大振、魏大文兄弟之邀，何梦瑶与耿国藩、赵其昌、钟狮、陈华封等人游广州六榕寺。随机分派每个人的诗韵。何梦瑶分得"十蒸"韵，遂写下《春日魏伯起昆玉招集六榕寺分得十蒸》：

> 应笑渊明合作僧，招邀入社有高朋。
> 文章综博刘中垒，醪醴风流魏信陵。
> 秋露已凋波利树，春烟犹蔓忍冬藤。
> 蛛尘重省留题处，自别萧梁绿焰灯。[③]

如此情谊贯穿于何梦瑶的晚年生活。檀萃《楚庭稗珠录》亦载："素舫斋在城南濠畔，楚客耿上舍国藩建。上舍字湘门，能诗，自

① 何梦瑶：《杭太史见和长篇次韵再寄》，《匊芳园诗钞》卷7《悬车集》，第38页a–38页b。

② 何梦瑶：《春日耿湘门冯彤文陈祝三招同杭董浦诸公游长寿寺值雨不果留宿素舫斋分得屋韵》其二，《匊芳园诗钞》卷7《悬车集》，第39页b–40页a。

③ 何梦瑶：《春日魏伯起昆玉招集六榕寺分得十蒸》，《匊芳园诗钞》卷7《悬车集》，第38页b；杭世骏：《岭南集》卷3，第11页上–11页下亦载此诗，只标"同作"，无"谓杭山长"之注，"入社"作"白社"，应该是此诗编入《匊芳园诗钞》后稍有修改。

题斋壁云:‘背郭临河静不哗,一轩深筑抵山家,茶烟出户常萦树,池水过篱欲漂花。小睡手中书未堕,半酣窗下字微斜。丛兰不合留香久,勾引喧蜂入幕纱。’而何西池梦瑶题云:‘托迹欲将舟当屋,留宾应许柱为薪。’杭堇浦云:‘瘦影俨翘鹭,静退如枯僧。’则上舍之性情风采如见矣。”[①]

与此同时,杭世骏游历广州,主讲粤秀书院,也与耿国藩交往甚密,于素舫斋情有独钟。《清稗类钞》记载杭世骏:“乾隆时主讲粤秀书院,自壬申至甲戌乃北归。其在广州时,与何西池、耿湘门最莫逆。”[②]耿国藩之婿刘彬华还在《读外舅耿湘门先生素舫斋题壁诗次韵》细致地描绘了素舫斋的风景和所见何梦瑶、杭世骏、耿国藩等聚会的情景:

户外停车半老苍,论文煮酒日方长。
窗宜话雨添疏竹,屋为看云筑短墙。
波浪不惊鸥梦熟,琴书无碍燕泥香。
燕齐吴越清游遍,回首欢场兴欲狂。[③]

杭世骏与耿国藩之间唱和亦不少,现存杭世骏《岭南集》中,关于耿国藩及素舫斋的诗歌达 12 首,并录有耿国藩诗作 6 首。[④] 另一好友陈华封亦与耿国藩相交三十年,彼此非常熟悉,曾在耿国藩画的松石图上题诗《题耿湘门松石图》:“丈夫自许才无敌,称此昂藏躯七尺。吁嗟踪迹老鱼盐,独抚孤松对盘石。忆与君交三十年。悬

① 檀萃:《楚庭稗珠录》,第 52 页。
② 徐珂:《清稗类钞》第 8 册,第 3611 页。
③ 刘彬华:《岭南群雅》,清嘉庆十八年玉壶山房刻本,第 195 页。
④ 杭世骏:《耿三上舍以石栗见饷走笔赋谢》,《岭南集》卷 2,第 7 页上 -7 页下。

河之口惊四筵。酒酣硬语续石鼎,雄怪力骋欺前贤。”[①]

总之,何梦瑶、杭世骏、陈华封等士人与耿国藩唱和品谈,论诗怀古,常聚名胜、花园、寺庙,他们的交往,实际上代表和反映了乾隆时期广州地区士商的密切关系,反映了士商交往的常态。

四、何梦瑶与张汝霖、汪后来

何梦瑶辞官回乡之后,与罗天尺、苏珥、辛昌五等惠门同学重聚,并通过他们结识了更多的广东士人,开阔了交往的范围,交游活动明显趋多。而其中与张汝霖、汪后来的交往颇为密切。

张汝霖(1709—1769),字芸墅,号柏园,又号西阪,江南宣城县人。乾隆初年历任徐闻、河源、英德、阳春、香山广东诸处知县,十三年擢升澳门同知[②]。史称其“廉介公慎,有经世才”[③],著有《宛雅》、《澳门纪略》、《西阪草堂诗集》等。

张汝霖与惠门中的罗天尺、苏珥早有交往。王鸣盛《西阪草堂诗钞序》有:“过岭后,偕罗天尺、苏珥辈揽环结佩,好事者绘论诗图,以传于时,所谓不薄今而爱古者,盖芸墅之性情在焉。”[④]而且,前文所述的粤秀书院的山长郭植(乾隆十二年至乾隆十五年任),因病辞去山长后,由曹憤暂代,然曹憤后赴任四会教谕,遂举荐何梦瑶。郭植于乾隆十二年秋冬之际,参加香山小榄麦氏赋昌华苑诗

---

① 温汝能纂辑,吕永光等整理:《粤东诗海》卷78,第1472页。

② 分别见道光《广东通志》卷54《职官表四十五》,第892页上;同治《河源县志》卷4《官师志》,广州:岭南美术出版社,2009年,第96页上;道光《英德县志》卷8《职官表》,广州:岭南美术出版社,2009年,第236页上;道光《肇庆府志》卷13《职官三》,第473页下;道光《广东通志》卷45《职官表三十六》,第736页下;光绪《广州府志》卷23《职官表七》,第400页上。

③ 光绪《香山县志》卷12《宦绩》,第256页下-257页上。

④ 王鸣盛:《西阪草堂诗钞序》,张汝霖《西阪草堂诗钞》,遂初斋藏本,道光六年,第4页上。

会。数千人中,郭植夺冠,顺德潘勋宪得第二。麦氏奖以《东坡集》和银鼎。罗天尺大儿昌绪亦得名次,获银卮。[①] 由于此次诗会,郭植得识罗天尺、张汝霖,并与之交善。郭植有《张太傅墓为柏园司马新修因赋长歌奉寄》,罗天尺有《春日过粤秀书院访何报之因伤劳孝舆郭月坡》[②],罗天尺诗《六公咏》自注有:"张司马芸墅丞澳门,乘舟冒雨百里过访。后与闽进士郭月坡论诗禺山。"[③]张汝霖有《春日罗履先过访五羊寓斋二首》、《寄怀诗十首》之其三都是赠给罗天尺的诗。[④] 此后,何梦瑶《辛未春杪罗履先过访粤秀书院赠诗次韵奉答》自注有:"履先与郭月坡、张柏园交好,尝绘三子论诗图。履先诗有'三子张一军'语。"[⑤]均见郭、罗、张交往颇密。由于何梦瑶与罗天尺、苏珥、郭植的多种密切关系,遂致何梦瑶与张汝霖的关系从一开始就较为亲近。

在何梦瑶与张汝霖交往初期,基本上是与同好游园雅集唱和等活动为多,何梦瑶称其以官职"司马",显得较为客气。如,何梦瑶的《张司马招饮西湖客邸同大尹李镜江孝廉罗履先中翰刘象山上舍罗雨三司马郑槐望迭前韵》:

张公盛风藻,兰茝纷被服。幸从文字饮,胜似十年读。
愧非西园客,谬许东野逐。论心酒数行,卜夜羊屡熟。
不材枥社树,失学南山竹。德醉洽周醇,发握感姬沐。

---

① 罗天尺:《昌华苑诗》,《五山志林》卷 2,第 93 页。此事亦载咸丰《顺德县志》卷 32。

② 罗天尺:《六公咏》,《瘿晕山房诗删》续编,第 604 页下。

③ 罗天尺:《六公咏》,《瘿晕山房诗删》续编,第 604 页下。

④ 分别见张汝霖《西阪草堂诗钞》,《壕镜集》,遂初斋藏本,道光六年,第 27 页上 -27 页下;《慎旃小稿》,遂初斋藏本,第 3 页下。

⑤ 何梦瑶:《辛未春杪罗履先过访粤秀书院赠诗次韵奉答》,《匊芳园诗钞》卷 7《悬车集》,第 14 页 a。

三欢起谢公，吾侪幸餍足。[①]

又如，何梦瑶、张汝霖等同游广州六榕寺，同观“贯休贝叶写经图”。何梦瑶作《和张司马游六榕兼怀汪白岸作叠前韵》：

其一

方士饵丹砂，何如天气服。至人通神明，黄庭底用读。
尻轮行御风，八荒恣驰逐。区区此世路，何足论生熟。
东坡岭峤游，自谓跨龙行。倏忽崆峒西，仇池可归沐。
请看六榕雪，讵复留鸿足。

其二

我笑鹿冈翁，老子讲戎服。幸免绛帕蒙，正可道书读。
虽失升斗资，聊谢弓刀逐。乞食贤者事，南村路应熟。
不然此何人，画里曳筇竹。胡不归白社，祝发盛潘沐。
莫打饭后钟，一生苦不足。[②]

张汝霖作《贯休贝叶写经图》：

高僧手写经，忘经并忘手。天动辄随之，已觉非我有。
问是何尊者？发秃貌粗丑。云从梦中睹，神妙佛所授。
披图识应真，光彩生肩肘。清炷澹如无，梵叶编已厚。
书之不计年，哀猿那知寿？衣拖水荇纹，参禅日稽首。

① 何梦瑶：《张司马招饮西湖客邸同大尹李镜江孝廉罗履先中翰刘象山上舍罗雨三司马郑槐望迭前韵》，《匊芳园诗钞》卷7《悬车集》，第19页a。

② 何梦瑶：《和张司马游六榕兼怀汪白岸作叠前韵》，《匊芳园诗钞》卷7《悬车集》，第23页a。

呼之定欲出，了然放下帚。[①]

再如，何梦瑶、张汝霖等同好游长寿寺藏经阁。何梦瑶作《冯石门见示春日张芸墅司马邀同诸子登长寿寺藏经阁望浮邱下憩半帆亭住什次韵奉和》：

君诗如春云，凌风恣缥缈。谁能同高骞，俯视尘寰小。
茅斋堕霞笺，午枕香梦绕。如历浮邱上，螺髻发一缭，
半帆信可憩，孤亭荫寒筱。何人立高阁，迥出万象表。
冯张两司马，冥搜刮青杳。鹤鹭天际翔，玉树风前皎。
快兹卧游畅，颇似梦食饱。昔诵昌黎句，疑义今始了。
信非李与杜，谁足当二鸟。千秋此嗣响，高唱入云杪。
笑彼寒号虫，妄谓翔风少。岂知撼大树，蚍蜉徒扰扰。
从君乞霞佩，和鸣共腾矫。[②]

张汝霖作《登长寿庵龙藏阁望浮邱山下憩半帆亭》：

寒城日已融，梵宇春初净。兴惬偶呼朋，心空乍闻磬。
远目一何凭！高阁凌清夐。海豁元气浮，林开烟容映。
禽声下界交，峰影城头正。寥寥慕古心，凭栏发孤咏。
昔说蓬壶浮，今见烟火盛。惟余仙袖垂，草色被长磴。
俯仰几千年，感极识真性。群情自熙攘，万象本闲静。

① 张汝霖：《贯休贝叶写经图》，《西阪草堂诗钞》卷1《壕镜集》，遂初斋藏本，道光六年，第15页下－16页上。

② 何梦瑶：《冯石门见示春日张芸墅司马邀同诸子登长寿寺藏经阁望浮邱下憩半帆亭住什次韵奉和》，《匊芳园诗钞》卷7《悬车集》，第13页a－13页b。

长啸下层楼，空亭舣孤榜。逌然一尊酒，愧尔洪与靓。[1]

后来，两人交往频密，感情甚笃，何梦瑶在诗中多称其字号“芸墅”或“柏园”。如何梦瑶曾经和张汝霖作《西园十六景诗》，其序称：“此和张柏园作，聊以写意，初不问西园何在也？柏园云，石桥晴雪谓木棉，红亭滴翠则环以竹耳。不觉失笑。予自喻，马之非马，君尚求之骊黄牝牡中耶？然天下事失之揣度者，于此可睹。存之以资嗢噱。”[2]何梦瑶又曾作《汪鹿冈弃官笔耕穷老无聊张柏园司马醵金周之凡二十五人予与焉》：

其一

虔州承事自清贫，乞米谁怜古帖新。

升斗莫嫌真薄少，东坡过后更无人。

其二

楮冠藜杖病相同，我亦柴桑乞食翁。

自笑一生无长物，丈人应未悉王恭。[3]

以及《读张柏园途有客行戏作长句》：

君不见，当年踏地出赋租。

鱼蛮驾浪逃空虚，慎勿更闻桑大夫。

---

① 张汝霖：《登长寿庵龙藏阁望浮邱山下憩半帆亭》，《西阪草堂诗钞》卷1《壕镜集》，遂初斋藏本，道光六年，第16页上－16页下。

② 何梦瑶：《西园十六景诗》，《匊芳园诗钞》卷7《悬车集》，第20页a。

③ 何梦瑶：《汪鹿冈弃官笔耕穷老无聊张柏园司马醵金周之凡二十五人予与焉》，《匊芳园诗钞》卷7《悬车集》，第12页a。

大夫笑语鱼蛮子，舟车之算何时无。
况乃雷州地滨海，乌古孙泽曾开渠。
史起岂恤邺民怨，臣今且上水利图。
已闻桑田即沧海，安得硗确非膏腴。
曾役愚公从英榜，并驱精卫填西湖。
从此广泻富粱稻，宁但沮洳滋萑蒲。
利民肖可邀美誉，足国未必非嘉谟。
呜呼，大夫其为国谋也，则忠矣；其自为谋也，得无疏耶。
今春旱苗欲枯，屯其膏者谁之辜。
鲁人未必焚尪巫，汉廷鼎镬胡为乎！
呜呼，汉廷鼎镬胡为乎！[①]

据姚鼐《赠中宪大夫翰林院侍读广州府澳门海防同知张公（汝霖）墓志铭》："值事，吏议降一级，上官惜君去，奏请留粤，而部议不许。君遂返宣城，不复出矣。"[②]此事约在乾隆十七年，据学者研究，张汝霖因受贿事被降一级而返宣城。[③] 何梦瑶等好友有多首诗歌为其送行。如《珠池曲送芸墅张司马》：

南方有珠池，池珠胎应月。
月色扬素辉，可玩不可掇。（一解）
珠崖亦有珠，珠江亦有珠。

---

① 何梦瑶：《读张柏园途有客行戏作长句》，《匊芳园诗钞》卷7《悬车集》，第24页a－24页b。

② 姚鼐：《赠中宪大夫翰林院侍读广州府澳门海防同知张公（汝霖）墓志铭》，张汝霖《西阪草堂诗钞》卷末，遂初斋藏本，道光六年，第1页下。

③ 邓骏捷、骆伟：《新见张汝霖〈西阪草堂诗钞〉中的澳门诗》，《澳门研究》2012年第3期。

借问采珠人，明珠何处无。（二解）

采珠珠吐光，不采庸何伤。

但愿采珠人，人人如孟尝。（三解）

忆从孟尝来，池珠散复聚。

珠聚能几时，谁遣孟尝去。（四解）

孟尝不可留，池珠环池愁。

孟尝留不可，珠池愁杀我。（五解）

莫唱珠池曲，愿作珠池珠。

相随不相离，系君红罗襦。（六解）[①]

又如《送张柏园》：

其一

留君不住手重携，有恨无情是柳堤。

几树夕阳风笛外，鹧鸪飞去杜鹃啼。

其二

骊歌一曲酒千钟，卖药韩康意倍浓。

莫误当归辄相饷，梅关吾欲一丸封。[②]

张汝霖有感于好友们绘图赋诗为别，奉答二首：

其一

乙夜篷窗对雨寒，酒杯虽尽别离难。

---

① 何梦瑶：《珠池曲送芸墅张司马》，《匊芳园诗钞》卷7《悬车集》，第28页b－29页a。

② 何梦瑶：《送张柏园》，《匊芳园诗钞》卷7《悬车集》，第32页a。

明朝若度梅铜岭，独听猿声下赣滩。

其二

廿年罗拓服粗官，别后风流雪爪寒。

黄木湾潮香浦雨，人间传作图画看。[①]

何梦瑶观此诗后，感怀不已，再作《次答张芸墅寄怀二绝句》：

其一

柳岸犹疑系客艭，离愁落月共汾江。

桐君空录忘忧草，不及吴城鲤一双。[②]

其二

欲和阳春苦未工，狂歌空拟付玲珑。

骊驹曾记临岐唱，绝倒云间陆士龙。[③]

在何梦瑶的朋友中，张汝霖是个眼界开阔，豪爽而乐善好施的人，他资助刊刻了劳孝舆的《春秋诗话》，发起对汪后来的捐助，并接济过何梦瑶。何梦瑶在《春秋诗话序》中说张汝霖宦粤十数载，所至以慈惠称，"尤折节下士，士之单寒者振之，尝夜雨乘扁舟访履先于村塾，又尝醵金恤诗人汪白岸之贫"[④]。在张汝霖罢官回乡之后，思念粤中好友胡定、梁采山、罗天尺、陈石樵、何梦瑶、苏珥、何青门、耿国藩等人作《寄怀诗十首》：

---

① 张汝霖：《粤中同学诸子既绘图赋诗为别矣复相送倚棹留诗缱绻不已奉答二首》，《西阪草堂诗钞》卷1《壕镜集》，遂初斋藏本，道光六年，第30页上－30页下。

② 原注：佛山别后，闻芸墅病剧，甚忧之，后得其次吴城寄札，始释。

③ 何梦瑶：《送张柏园》，《匊芳园诗钞》卷7《悬车集》，第32页a。

④ 何梦瑶：《春秋诗话序》，劳孝舆《春秋诗话》，第506页上。

其一

想望朝阳一凤鸣，三秋不见倍含情。
遥知今夜梅花梦，又向关南第一程。[①]

其二

老辈风流在习池，卅年应记旧牵丝。
大堤士女唱歌罢，故事争谈倒接䍦。[②]

其三

石湖诗老近何如？都讲傅餐子舁舆。
谁识陈留茅季伟？辞官不是赋闲居。[③]

其四

木绵花发草如烟，夜雨离人共叩舷。
回首白鹅潭上路，无人更放孝廉船。[④]

其五

平生饶有东坡客，八十须眉子野贤。
今日秋思满江上，垂虹亭下水如天。[⑤]

其六

红蕉花底墨奁开，驱使风烟万里来。
张向溪山最佳处，青峰四百是蓬莱。[⑥]

---

① 原注：掌科胡静园先生。

② 原注：梁翁采山令海盐，筑堤捍海，民至今德之。

③ 原注：罗孝廉履先母年八十余，屏居石湖，筑鸡皮轩以养母。陈大尹闻其贤，延为山长。子昌绪，亦能诗。

④ 原注：履先性畏舟楫，再上公交车，及江而返。平时虽会城，亦不辄至，独为余数四来。昨张樣握别，时耿湘门顾余而言曰：即今穗城，定少此君足音矣。

⑤ 原注：陈文学石樵。

⑥ 原注：用宋真宗语；石樵绘粤中名胜，如罗湖、石门者凡二十四帧，以宠余行。昔人谓罗浮是蓬莱左股。

其七

纱帽亲填南曲工，无钱后阁买玲珑。[①]

倘逢好事屠青蒲，世上喧传梁伯龙。

其八

径草微黄夜有霜，仰看飞雁向潇湘。

无端徙倚阑干曲，尽日沉吟忆古狂。[②]

其九

湘江苍苍斑竹林，爱而不见劳余心。

君携三尺槁梧去，弹出云山韶濩音。[③]

其十

苑结澧兰沅芷愁，楚王城晚不宜秋。

涉江欲采芙蓉赠，渺渺碧云天尽头[④]。[⑤]

何梦瑶接到此诗，专作《又和晚秋病起述怀寄示粤中诸同好十首》寄达对张汝霖的思念之谊，可见他们交往之深：

其一

风雨萧萧欢索居，一冬抱影卧寒庐。

阮狂嵇懒谁相问，惭愧山王再辱书。

---

① 原注：西池粤西作今日填紫棉楼传奇。

② 原注：苏孝廉瑞一有简亢声，李太学崇朴得颠名，然吾爱其不失为狂也。

③ 原注：何孝廉青门韶石诗，余极爱之。

④ 原注：耿太学湘门。

⑤ 张汝霖：《寄怀诗十首》，《西阪草堂诗钞》卷1《慎旃小稿》，遂初斋藏本，道光六年，第3页下－4页下。

其二

归舟传说二禺中，鱼笏绯袍立晚风。
怜尔梅关更回首，玉山云白海霞红。[①]

其三

措大奇穷枉见怜，两般难足食兼眠。
自从鲍叔分金后，荒却羊肝一角田。[②]

其四

千里怀人思弗胜，山阴有兴苦难乘。
不逢赌墅杭山长，寂寞真同退院僧。[③]

其五

廿载名山悔久逋，尘客应笑白头乌。
郑虔曹覊同时殁[④]，岩壑凭谁置老夫[⑤]。

其六

不才生长漫婆娑，陶令当如伻等何。
肖甚乃翁生事拙，鸤鸠应任笑东坡[⑥]。

其七

云笺霭霭堕春空，刚值昌黎预送穷。
愁绪好教茶滌尽[⑦]，衰颜还藉酒搓红[⑧]。

---

① 原注：前札有“舟次英韶，遥揖石丈，抵梅岭睹雁回人远碑，南望怅然”之语。

② 原注：芸墅濒行，醵金周予。未几杭山长至粤，予遂谢讲席。

③ 原注：杭有棋癖，暇辄招予对局。

④ 原注：陈石樵、汪鹿冈并夏间捐馆。

⑤ 原注：石樵为予作罗浮捣药图，未就而卒。

⑥ 原注：来诗有“惭愧阿爔文似父，被人呼作小东坡”语爔其长子也。

⑦ 原注：芸墅以敬亭绿雪茶寄饷。

⑧ 原注：时耿湘门见惠京酒。

其八

眼明苔笺百番新[①],酒肠芒角胆轮囷。
乞食诗成倚醉写,大笑不称无怀民。

其九

二子才名伯仲间,松陵新集荔枝湾。
劳君笔底驱风雨,联合罗浮作一山[②]。

其十

欲杀才人理亦该,虚传声伯泣琼瑰。
岭南肯教东坡死,待算冰丸百万枚[③]。[④]

由诗注可知,何梦瑶与张汝霖经常有书札往来,并在诗中倾注了深深的关切和怀念之情。

汪后来,字白岸,号鹿冈,番禺人。生于康熙十三年(1674),卒于乾隆十七年(1752),享年七十有九。康熙四十一年中武举,官至佛山千总。晚年侨居佛山,倡设汾江诗社,推梁佩兰为盟主,远近吟士多聚集于此。"晚年退休闭门读书,或放浪山水间。罗浮西樵均登绝顶,与梁佩兰、胡方及释迹删唱和尤多,声名日盛,造门请益者履常满。四方游宦去粤,以不得其诗画为愧。日南诸国王亦逾海致币索书画不辍。"[⑤]罗元焕《粤台徵雅录》记载:汪后来"性高介,食贫自甘,不轻以尺幅赠人,澳门司马宣城张芸墅与订文字交,尝邀同广

① 原注:亦芸墅所寄。

② 原注:予与李镜江合刻诗集,承芸墅作序。

③ 原注:芸墅归途抱病,有传其死者,来诗末章眷增城荔子,故调之。

④ 何梦瑶:《又和晚秋病起述怀寄示粤中诸同好十首》其十,《匊芳园诗钞》卷7《悬车集》,第41页a-42页b。

⑤ 民国《番禺县志》卷19《人物二》,第295页下;袁行云:《清人诗集叙录》,第651页。

郡中名辈共二十五人，醵金三百两资之，南海何西池匊芳园集有诗纪其事。"[①]

由于汪后来的著作散失，他写给何梦瑶的诗也不可考。何梦瑶的《匊芳园诗钞》录有三首与汪后来有关的诗，从诗中可以看出，何梦瑶、汪后来、张汝霖交往密切，《汪鹿冈弃官笔耕穷老无聊张柏园司马醵金周之凡二十五人予与焉》：

其一

虔州承事自清贫，乞米谁怜古帖新。

升斗莫嫌真薄少，东坡过后更无人。

其二

楮冠藜杖病相同，我亦柴桑乞食翁。

自笑一生无长物，丈人应未悉王恭。[②]

《次答汪白岸》其一："我爱鹿冈翁，笔耕谢微禄。画师曹将军，诗友徐昌谷。"其二："笑我杜曲归，水田衣一幅。何当看射虎，疋马日相逐。"[③]

五、何梦瑶与福增格

何梦瑶在粤秀书院，不仅讲授科考时文，也兼授六艺，如音律之学，并撰《赓和录》初稿。据《赓和录》自序："先是梦瑶尝慨音乐之

① 罗元焕撰，陈仲鸿注：《粤台徵雅录》，第5页。

② 何梦瑶：《汪鹿冈弃官笔耕穷老无聊张柏园司马醵金周之凡二十五人予与焉》，《匊芳园诗钞》卷7《悬车集》，第12页a。

③ 何梦瑶：《次答汪白岸》，《匊芳园诗钞》卷7《悬车集》，第25页a－25页b。

不明于世，取蔡元定《律吕新书》本原九章，训释以教门人。顾明其理，而不得其器，则无所考证。又取御制《律吕正义》，研究八音协律、和声之用，述其大要为一卷。”[①]乾隆十六年秋，他得见广州将军福增格，并从其获曹廷栋著《琴学》书，“兹得曹书参核，真快事也。”此后，直到乾隆二十七年，何梦瑶任越华书院山长之时，《赓和录》才完稿。[②]

福增格，出生贵胄。据法式善《八旗诗话》：“福增格，字赞侯，一字益庵，满洲人，官侍郎。有《酌雅斋诗集》。益庵祖相国伊桑阿，父制府伊都立，俱以勋业显。益庵又为怡邸，仪宾馆散秩大臣，可谓贵胄矣。顾欿然自下，喜交纳词客，文藻斐然。虽天性淡泊，亦攻错之力居多。诗清矫轶群，不愧作者。”[③]福增格诗词也很不错，法式善《梧门诗话》卷四：“福增格益庵，相国伊桑阿之孙，制府伊都立之子。由副都统，为盛京侍郎。生平屡典戎，行而吟诵不辍，填词尤工。诗多天趣：春雨云珠箔，灯初冷红楼。燕亦迷可怜，盘马地只有。是有春泥山，行寓自目云。岩萼湿幽岚，青林坠白羽，松巅一片云，忽作山根雨。”[④]又据张维屏《国朝诗人征略》卷四一：“福增格，字赞侯，号松岩，满洲人。官广东将军。有《酌雅斋集》顾国泰序云：‘光明磊落，雅健沈雄，洵足鼓吹休明，驰骋千古，熙朝雅颂。’摘句：‘行人渡河水，晓月照潼关，人卧兼旬雨，书来千里心。往事嗟陈迹，伤心过少年。’‘五陵裘马无知己，四海交游得几人。’”[⑤]另外，法式

---

① 何梦瑶：《赓和录》自序，《丛书集成初编》，北京：中华书局，1985 年，第 3 页。

② 福增格：《赓和录序》，何梦瑶《赓和录》，《丛书集成初编》，北京：中华书局，1985 年，第 2 页。

③ 法式善：《八旗诗话》稿本，第 26 页。

④ 法式善：《梧门诗话》稿本卷 4，第 51 页。

⑤ 张维屏：《国朝诗人征略初编》卷 41，第 4 页 a。

善在《存素堂诗初集录存》卷一四有诗《酌雅斋诗集赞侯侍郎福增格》描述福增格的形象："松岩世家子，一味喜寒酸。倚剑空天地，谋篇损肺肝。平生惟好客，到老不知官。放棹罗浮后，新诗日改观。"[①]

何梦瑶还为福增格的《酌雅斋诗集》作序，颇欣赏福增格诗。据法式善《梧门诗话》卷一："南海何梦瑶序松岩将军福增格《酌雅斋诗集》谓：将军游志艺林，栖心毫素，下至金茎兰畹，画史书评，无不穷工极妙。余最爱其《重游医无闾山》起四句：'鹤骨插罡飙，横杖巨鳌背，杯水泻沧溟，白昼青山外。'可谓盘空硬语。又如：'别路满烟水，归心对夕阳'抑何绵渺也。"[②]

福增格在《赓和录》序中说："仆少喜琴，尝慨古调失传，元音莫续，烦手淫声，慆堙心耳。思得成连子春，其人偕游海上，一豁尘垢，而未之遇也。兹官广州，得交越华山长何君报之，博雅好古之士也，留心乐律，……仆窃嘉叹，何君之勤于学也。尝论音律之奥，断非臆解所能，必究其理，习其器乃克精靡毕贯。而儒者不与伶工亲，则悬空谈理，茫无考据。伶工不从儒者游，则徒抱遗器，罔识源流，朱子谓季通不能琴，只是思量得不知弹出，便不可行。龟兹琵琶不得中华引申，岂知十二律吕皆可旋转，今乐犹古，四上即是宫商，五旦原同七调。下学上达，一以贯之耳。何君少日工琴，老而好学，非空疎者可比。"[③]

福增格与何梦瑶互相作序，交情显然不错。两人皆喜弹琴，福将所藏曹廷栋的《琴学》一书供何梦瑶参考，还提供资金为何梦瑶

---

① 法式善：《酌雅斋诗集赞侯侍郎福增格》，《存素堂诗初集录存》，纪宝成《清代诗文集汇编》，上海：上海古籍出版社，2010年，第154页。

② 法式善：《梧门诗话》稿本卷1，第20页。

③ 何梦瑶：《赓和录》，北京：中华书局，1985年，第1－2页。

刊刻《赓和录》,并请其门客何淙,对书进行校对并作跋。何梦瑶的《赓和录》中,对曹廷栋的观点多有吸收。曹廷栋(1699—1785),字楷人,号六圃,浙江嘉善人。据光绪《重修嘉善县志》卷二四载:“曹廷栋,字楷人,号六圃,晚号慈山居士,廪贡生。乾隆元年举孝廉方正,辞不就。居东园,杜门著述四十余年,成书十余种。”[①]彭蕴璨《历代画史汇传》卷二一云:“(曹廷栋)曾进御览画菊,不拘古法,墨采鲜丽,丰神圆朗,一时罕匹。六十以后,绝意进取,杜门著述。绘事之外,或弹琴赋诗,摹写篆隶,以抒闲寂。”[②]袁枚《随园诗话》卷二云:“嘉善曹六圃廷栋,少宰蓼怀之孙。隐居不仕,自号慈山居士。自为寿藏,不下楼者二十年,著作甚富。”[③]

福增格除与何梦瑶交往外,与罗天尺虽未谋面,但两人互相敬重,传为佳话。曾任广东学政的郑虎文(1714—1784,字炳也,号诚斋)在其《顺德罗孝廉天尺诗文稿序》中叙之经过:

> 罗孝廉以诗文雄踞坛坫者三四十年。广东人推名宿,率以孝廉为称首。松岩福将军者,今之杜武库也。以国家肺腑,亲出为大帅,与余后先莅粤,折节下士,独心重孝廉。欲延致孝廉,孝廉卒不至,其移镇七闽也。孝廉乃自为照及诗,以遗将军,曰:将军欲见某某,山野之鄙人也,不足辱;将军虽然厚意不可没,今行矣,敢以照往,如某亲见将军。送将军行时,松岩过别,携照示余,相与咨嗟久之。嗟乎!贵极富溢,尘视儒素,越趄嗫嚅,奔走权要,史册所载,耳目所及皆是也。如将军孝廉者

① 光绪《嘉善县志》卷24《文苑》,台北:成文出版社,1970年,第472页上。

② 彭蕴璨:《历代画史汇传》卷21,清道光刻本,第174页。

③ 袁枚:《随园诗话》卷2,北京:人民文学出版社,1982年,第54页。

不可谓相得益彰欤。……[1]

另有咸丰《顺德县志》卷二五亦言及:“镇粤将军福增格则素未谋面,亦倾倒而推挽之(罗天尺)。”[2]罗天尺还为福增格写过一首诗:“少陵疏散郑公怜,示我松岩铁板篇,天与园扉闲岁月,着书当不让前贤。”[3]

六、执教端溪书院

明万历元年(1573),江西丰城人李材时在肇庆创建了端溪书院。明清鼎革,毁于战火。清康熙四十七年(1708),两广总督赵宏灿复建书院,取名“天章”,选招两广之士肄业其中。乾隆三年(1738),两广总督马尔泰改天章书院为端溪书院。[4]

杭世骏乾隆十七年(1752)来到广州任粤秀书院山长;而同一年,全祖望也被聘为端溪书院山长,据《全祖望年谱》,乾隆十七年三月,四十八岁的全祖望应端溪书院山长之聘,五月至端州。乾隆十八年,全祖望因病日甚,决意辞归,而大吏及诸生尚苦留数月,游历肇庆、江门名胜,至七月乃归家养疴。[5] 虽然,全祖望迟至七月才归家养病,但是数月皆在游览名胜。

---

① 郑虎文:《顺德罗孝廉天尺诗文稿序》,《吞松阁集》卷26,第240页上。

② 咸丰《顺德县志》卷25《列传五》,第596页上。

③ 罗天尺:《六公咏》,《瘿晕山房诗删》续编,第604页下。

④ 王献军:《端溪书院史话》,《广东史志》2002年第2期。关于天章书院何时改为端溪书院似另有说法,据道光《肇庆府志》卷6《建置二》:“端溪书院,……按,书院何时复端溪之名,诸志阙载。高要新志以为意即雍正十年所改。但考是年制府郝玉麟碑记,仍题天章书院。乾隆十七年全祖望帖经小课题辞署衔亦云天章山长,至乾隆二十二年山长何梦瑶记始称端溪书院。”

⑤ 《全祖望年谱》,清嘉庆九年史梦蛟刻本,第9页。

据傅维森的《端溪书院志》卷五载："院长：乾隆十七年，全祖望，……乾隆十八年：何梦瑶……乾隆二十七年：陆嘉颖。"[①]也就是说，从乾隆十八年至乾隆二十七年（1762），何梦瑶任端溪书院山长长达九年的时间。又据宣统《高要县志》卷二〇载："（何梦瑶）乾隆十八年主讲端溪书院，寓高要最久。"[②]而《端溪砚坑志·何梦瑶跋》云："今年春忝主天章书院讲席。"[③]即，何梦瑶于乾隆十八年（1753，癸酉）春，受聘为天章书院山长。而此时全祖望正在肇庆、江门一带游览，所以何梦瑶可能未曾与全祖望见过面。

《清史列传》卷七一《文苑传二》云：彭端淑在乾隆二十年为广东肇罗道，"又延名宿何梦瑶主讲端溪书院，暇复选开敏有才者，亲自饬厉，成就甚众。"[④]这里有两点皆为不确：一是彭端淑出为广东肇罗道的时间；二是彭端淑"延名宿何梦瑶主讲端溪书院"。关于彭端淑出为广东肇罗道的时间，据《清代官员履历档案全编》卷十七："彭端淑，四川眉州丹棱县进士，年五十一岁。现任吏部稽勋司郎中。乾隆十五年吏部保举带领引见，奉旨记名以道府用。今于十八年十二月分籤升得广东肇罗道缺。敬缮履历恭呈御览，谨奏。乾隆十九年正月二十七日。"[⑤]又据道光《肇庆府志》卷一三："彭端淑，四川丹稜人，进士。（乾隆）十九年六月任（肇罗道）。"[⑥]即，彭端淑于乾隆十八年十二月分籤升得广东肇罗道缺，乾隆十九年正月二十七

---

① 傅维森：《端溪书院志》卷5，赵所生、薛正兴《中国历代书院志》第3册，南京：江苏教育出版社，1995年，第387页下。

② 宣统《高要县志》卷20《人物篇二·寓贤》，台北：成文出版社，1974年，第1147页。

③ 何梦瑶：《跋》，朱玉振《增订端溪砚坑志》，顾廷龙《续修四库全书》，上海：上海古籍出版社，1995年。

④ 王钟翰点校：《清史列传》第18册，第5849页。

⑤ 秦国经：《清代官员履历档案全编》下册，卷17，第372页下。

⑥ 道光《肇庆府志》卷13，广东地方史志办公室《广东历代方志集成》，广州：岭南美术出版社，2009年，第442页下。

日缮写履历呈御览，乾隆十九年六月上任肇罗道。

前面所引傅维森《端溪书院志》和宣统《高要县志》皆言乾隆十八年何梦瑶主讲端溪书院，而《端溪砚坑志·何梦瑶跋》讲明是“今年春忝主天章书院讲席”，故基本可以确认何于乾隆十八年春任天章书院山长。彭端淑十九年六月才上任肇罗道，所以，不可能是由彭来延请何梦瑶的。[①] 据道光《肇庆府志》卷一三：“仓德，满洲镶红旗人，官学生。（乾隆）十七年三月任（肇罗道）。”[②]又据道光《广东通志》卷五一《职官表四十二》：“吴绳年，浙江钱塘人，监生。（乾隆）十七年任（肇庆府知府）。”[③]所以，很有可能是由仓德或吴绳年延请何梦瑶的。何梦瑶与杭世骏、吴绳年、彭端淑等交密，但因其《匊芳园诗钞》刻于乾隆十七年（1752），故其中有与杭世骏唱和之诗，而未有与吴绳年、彭端淑唱和之诗。

何梦瑶在端溪书院授课之余还撰《庄子故》[④]、《算迪》等书。院中诸生为其刻《庄子故》，并刻《同学录》一册，何梦瑶在序中寄语诸生云：“诸生之志则大矣，然不可托之空言也。夫业精于勤，而荒于嬉，毋燕僻以废学，毋燕朋以逆师。庄子不云乎：‘君子之交淡如水，小人之交甘如饴。’无故以合者，则亦无故以离。尚其敬业乐群，视此金兰之谱，论学取友念兹丽泽之资。”[⑤]

---

① 当然还有一种可能是彭端淑到任之后，天章书院改名为端溪书院，所以何梦瑶在彭端淑到任之前是天章书院山长，彭端淑到任之后为端溪书院山长。

② 道光《肇庆府志》卷13，第442页下

③ 道光《广东通志》卷51《职官表四十二》，第828页下。

④ 严灵峰《周秦汉魏诸子知见书目》载：“《庄子故》三卷。……三十三篇，《内七篇》题下，均有总注，以概全篇要旨，外、杂篇下，间有总注，发挥己见，亦引诸家说。”（严灵峰：《周秦汉魏诸子知见书目》第2册，北京：中华书局，1993年，第194页。）

⑤ 何梦瑶：《端溪书院同学录序》，乾隆《肇庆府志》卷26《艺文志下》，第730页上。

七、何梦瑶与吴绳年

吴绳年,号淞岩,浙江钱塘人,监生。据何梦瑶《重修端溪书院新建后楼碑记》:"公名绳年,号淞岩,浙江钱塘人。"[①]而宣统《高要县志》附志下却载:"吴绳年,字崧岩,钱塘人。"[②]将号误为字。吴绳年乾隆十五年任廉州府同知[③],乾隆十七年任肇庆府知府。[④] 何梦瑶于乾隆十八年(1753)春受聘为天章书院山长,所以很有可能在这一年就与肇庆知府吴绳年相识。

乾隆十九年(1754)夏,端州数十日大雨,跃龙窦闸将裂,几乎溃堤。吴绳年带领民夫,"缅腰坠渊,塞其隙,势少定"。之后,吴公绳年和高要知县张甄陶商量重修。因工费浩大,不按"民堤民修"惯例,全部由官员捐助。工程始于乾隆十九年十月,落成于乾隆二十年春。早在雍正五年,巡抚杨文乾曾经疏请高要等五县堤改筑石工桩埽,但是被两广总督阿克敦奏罢之。阿克敦说:

> 臣准抚臣杨文乾移送会稿,请将高要等五县围基顶冲改筑石工次用桩埽,暂借库银修筑作何,补项另疏具题等。因臣查广东之西江,自广西梧州府汇左右两江之水,流入肇庆府界,至广州府三水县,北合南雄韶州连山诸水。一由厓门入海,一由虎门入海。其沿江之高要、高明、四会、三水、南海五县,向有基围,俱系土工开窦。建闸以时蓄泄。每年于十一月后,地方官

① 何梦瑶:《重修端溪书院新建后楼碑记》,道光《肇庆府志》卷6《建置二》,第206页上。

② 宣统《高要县志》,《附志下》,1938年重刊本,第1682页。

③ 道光《广东通志》卷53《职官表四十四》,第876页上。

④ 道光《广东通志》卷51《职官表四十二》,第828页下。

督率乡民按亩分工，加卑培薄，民不为苦，官无所费，相安已久。今若改筑石工桩埽，则费国帑不止数十万，且从来工程断无一劳永逸之理，工完之后，势必逐年修补，耗费无穷。以臣愚见，不如仍循旧法，着令地方官每岁于农隙之时，督率乡民分工修补，倘遇江水骤涨，不时遣员巡查，以防冲决。如果实心任事，围基即能保固无虞，似可无庸更议。[①]

其主要目的一方面是想为朝廷节省费用，另一方面雍正对地方钱粮特别关注，几近苛刻，如此耗费巨大的工程，阿克敦实在不想惹是生非，多一事不如少一事，并且完全将责任推给府、县，说："如果实心任事，围基即能保固无虞。"

因此，遇到跃龙窦裂，总督杨应琚为首，各级官员纷纷捐银。道光《肇庆府志》卷四："十八年跃龙窦裂，知府吴绳年，知县张甄陶、方显修之。总督杨应琚以下各捐金有差。"[②]何梦瑶记载了整个重修过程：

甲戌夏，麦雨连旬，西潦大至肇郡，城南门筑三版附，郭景福围跃龙窦闸且裂。守令率民夫驰救，立泥淖中两日夜。募善没者十数辈，缒腰坠渊，塞其隙，复揵竹搴茭缓，其势少定。值雨霁水消乃获保全。梦瑶目击其事。端州受广西三江之水，近者千里，远者万里，建瓴而下为羚羊峡所束，怒不得泄，旁冲横决，附郭一十三都田庐人畜悉漂没。此围堤所筑也。堤旧有窦在，后喷道远，易淤。明万历中副宪王公泮始凿斯窦，宣泄便

① 道光《肇庆府志》卷4《舆地四・水利》，第147页上。

② 道光《肇庆府志》卷4《舆地四・水利》，第147页上。

捷，民德之。闻铁梨木，厚数寸不待朽，辄易乃为激湍所裂。堤几溃，洚洞之儆若此。于是郡守吴公绳年，高要张公甄陶，谋俟水涸修筑。向例民堤民修，念此次工程浩大，早禾已损，民力不胜，且委任窦总圩长，经理不慎不无置薪误。议官任之，会制宪杨公应琚临肇首，捐百金为倡，观察彭公端淑，暨阖郡寮属次第割俸兴修，县官董其役。张公迁去，方公显代鸠工庀村。自窦址至堤面，砌石七层，高二丈八尺，长六丈九尺，厚八丈三尺，内外如一并月堤小窦。一切木石材悉易旧以新，崇坚如昔。计用工五千一百余名，费银六百余两。始于是岁之十月落成。于次年之春季闻诸故老西潦前。甲戌最剧十围九溃，嗣是患害频仍，盖堤防日渐单薄，修筑力绌所至。自总督孔温僖公给官银购石砌筑，抚军杨公文乾复疏请恤赈。被水州县增高基围堤址，无决坏忧。今不费闾阎丝粟，役兴而民不知厥功伟矣。[1]

乾隆二十一年(1756)秋，端溪书院由于"岁增数十人"，生员众多，知府吴绳年考虑到原有斋舍不足容纳，与山长何梦瑶商量"购院后民房地，建楼九间以益之；又以近光亭莲池位少偏东，并宜撤正堂舍之朽坏者宜修。请于制军杨公应琚，副宪彭公端淑皆报可"[2]。经过五个月的建造，至乾隆二十二年(1757)春建成，何梦瑶专门为此写下《重修端溪书院新建后楼碑记》以作纪念。

乾隆二十四年(1759)春，何梦瑶受肇罗道道台彭端淑和肇庆知府吴绳年之请，开始编纂《肇庆府志》，到乾隆二十五年(1760)秋完

① 道光《肇庆府志》卷4《舆地四·水利》，第147页下；道光《广东通志》卷117《山川略十八》，第2013页下-2014页上，亦载何梦瑶《重修跃龙窦记略》，但稍简略，应是据肇志简写。

② 道光《肇庆府志》卷6《建置二》，第206页上。

成。据吴绳年所作序言："又得端溪山长何君报之，博古知今，日夕商榷，至是有事编羼、发凡、起例、补缺、计讹，悉以付之。何君年不敏，操笔以从其后。始于乾隆己卯之春，脱稿于是年之秋。为纲者一十八，为目者五十有九，书成共计二十八卷。不敢谓纖悉靡遗，而讹舛之病庶几或少免乎。"[①]对于何梦瑶来说是第二次编志，虽然驾轻就熟，但是府志毕竟比县志分量要大得多，自然所遇问题亦多，所以何吴二人经常"日夕商榷"，仅用不到一年时间就完成了《肇庆府志》。道光《肇庆府志》卷二一还载有彭端淑为《肇庆府志》所做之序说："去年秋出使西粤，逾年始归。而郡守吴君已纂订成编，请商于予。予读之而喜曰，是固余之志也。夫是志考核甚详，增删颇当，其有益于肇岂浅哉。于时相与有成者，友人南海梦瑶何君也。"[②]据道光《肇庆府志》卷首"凡例"："一、旧志刊于乾隆二十四年，吴太守绳年主修，南海何进士梦瑶总纂。阅六十余年，板片无存，他志更不得见。兹即据吴志为底本，补阙订讹，并增所未备，凡所采辑悉注出处。"[③]这里所言乾隆二十四年何梦瑶所编府志"板片无存"，实际上并非如此，只是当时道光《肇庆府志》的编者未能找到而已。现存有故宫博物院藏本（非全本），岭南美术出版社印制。即，道光《肇庆府志》大部分以何梦瑶所纂府志为蓝本。如，道光《肇庆府志》卷二二《事纪》载的一则吴绳年机智获匪的故事，就是转录何梦瑶所纂府志的："（乾隆十八年）十一月获匪犯杨德、陈瑞翎杖杀之。德，四会县门役，以犯法革退，与高要县匪徒陈瑞翎，舟行诱赌，旋假案缉逆匪名为书投县署，及富室官民惶惑不敢发。知府吴绳年廉得

① 道光《肇庆府志》卷21《艺文》，第774页上。

② 道光《肇庆府志》卷21《艺文》，第774页上。

③ 道光《肇庆府志》卷首《凡例》，第11页上。

之,佯以他事呈县,逮革役令书悔过状。验德字迹与投书同,末幅乃出瑞翎手。捕至并引伏,密请两院杖杀之。”[①]乾隆十八年(1753),吴绳年还撰写《端溪砚志》一书,杭世骏(序作于乾隆十九年)、全祖望、彭端淑、沈廷芳(序作于乾隆二十二年)为之序;何梦瑶、吕伊为之跋。

第二节　潜心著述,弘扬学术

何梦瑶一生著述丰富,涉猎广泛,除了前述医学著述外,还有:《匊芳园诗钞》、《匊芳园诗续钞》、《匊芳园文钞》、《皇极经世易知》、《算迪》、《三角辑要》、《比例尺解》、《紫棉楼乐府》、《移橙闲话》、《庄子故》、《赓和录》、《制义焚余》、《胡金竹梅花四体诗笺》、《罗浮梦》、《大沙古迹诗》、《暖金盒》,并主修《岑溪县志》、总纂《肇庆府志》,等等。其中《匊芳园文钞》、《紫棉楼乐府》、《移橙闲话》、《制义焚余》、《罗浮梦》、《大沙古迹诗》、《匊芳园诗续钞》、《暖金盒》等著作遗佚。

何梦瑶自入惠门以来,于诗词水平日进,亦获罗天尺、苏珥、劳孝舆、杭世骏等人较高评价,而其执教书院凡十五年,身为山长,老而好学,于己要求颇严,授课之外,对于易学、算学、音律皆穷究钻研,以致《清史列传》言其:“国朝二百年来,粤人论撰之富,博极群书,精通艺术,未有逾梦瑶者。”[②]

---

① 道光《肇庆府志》卷22《事纪》,第851页下。

② 王钟翰点校:《清史列传》第18册,第5847页。

一、何梦瑶之诗论

何梦瑶的诗词主要集中在《匊芳园诗钞》中，现存乾隆十七年刻本，分为八卷：《煤尾集》、《鸿雪集》、《学制集》、《南仪集》、《寒坡集》、《鹤野集》、《悬车集》和《诗余》。杭世骏、罗天尺为之序，目录后附有受业门人崔锟士等47名，全书63000余字。乾隆十七年之后的诗零星见于方志。

（一）承继白苏

“惠门八子”中以罗天尺的诗歌水平最高，何梦瑶就说过：“吾党工诗者素推罗履先，仆与劳孝舆、陈圣取、苏瑞一皆不及。”[①]罗天尺在《匊芳园诗钞》序中说：“乾隆庚午，乍辽阳弃官归，相晤羊旅邸话旧，出《匊芳园集》相示。觇其品格，类祖渭南。渭南诗意尽于句，拙生于巧，发无可白方言老，酒不能赊始是贫，句法多同。报之炼不伤气，清不入佻，中藏变化，不一其体。”[②]罗天尺指出何梦瑶的诗“类祖渭南”，即宗法白居易。何梦瑶曾经在诗《五十》中也说：“廿年文酒无多日，盍早休官拟白苏。”[③]明确了自己的诗歌取向。比何梦瑶小33岁的檀萃也有类似看法，他在《楚庭稗珠录》中说：“粤中诗人自三家竞爽，同好共兴，以名其家者颇众。嗣是而降，操觚之士，多不闻于时。何西池梦瑶《匊芳园集》，出入白、苏间，略为生色，然较之五子、三家，风斯下矣。”[④]可见当时士人已经对何的诗有所比较和

① 何梦瑶：《春秋诗话序》，劳孝舆《春秋诗话》，第506页上。

② 罗天尺：《匊芳园诗钞序》，何梦瑶《匊芳园诗钞》，第3页a。

③ 何梦瑶：《五十》，《匊芳园诗钞》卷5《寒坡集》，第14页a。

④ 檀萃：《楚庭稗珠录》，第140页。

评论。檀萃认为,相对来说何梦瑶的诗还不错,出入于白居易和苏轼之间,但是较之南园前五子以及广东三大家来说则逊色。

一般认为,白居易的诗歌种类可分为讽喻诗、感伤诗、闲适诗、和杂律诗。白居易诗歌的特点:一是主题、题材集中;二是善于抓住人物的特征,用白描方法勾勒出鲜明生动的人物形象;三是叙事与议论相结合;四是白诗语言平易浅切、明畅通俗,很少用典故和古奥的词句,还特别喜欢提炼民间口语、俗语入诗,但白诗的诗意并不浅显。从何梦瑶的《匊芳园诗钞》中,也可以很容易找到这些特点,当然,不同的是在有些诗中,何梦瑶用典偏多。而苏轼的诗歌,大体可以归纳为以下特点:即,说理中显趣味,以理趣取胜;现实主义与浪漫主义相结合;豪放风格与婉约风格相结合。在这些方面,何梦瑶的诗歌大多有所体现,但是显然何梦瑶的诗豪放不足,而婉约有余,很多诗歌有堆砌典故之嫌。

虽然何梦瑶效法白苏,但是对白苏的评价褒贬不同,说"香山直率无余味"、"海涵地负东坡老"[①]也许何梦瑶在豪放方面所思和所"言"并不一致,即他很想表达出"豪放",但是其诗歌中并没有体现。这一思想表现在他"抑杜扬李"的观点上。何梦瑶在其《读历朝诗》中说"独有青莲擅千古,未应子美得齐名。"[②]

洪亮吉《论诗绝句》二十五首之五"尚有昔贤雄直气,岭南犹似胜江南"的名句,咏的是清初"岭南三家"(屈大均、陈恭尹、梁佩兰),反映了广东诗风的在全国的影响。严迪昌在《清诗史》中说:"清代是广东诗歌的高峰期。但在屈大均、陈恭尹、梁佩兰世称'岭南三大家'为标志的清初那个诗群活动之后,是沉寂了的。到了康

① 何梦瑶:《读历朝诗》,《匊芳园诗钞》卷7《悬车集》,第23页b。

② 何梦瑶:《读历朝诗》,《匊芳园诗钞》卷7《悬车集》,第23页b。

熙五十九年(1720)冬惠士奇任广东学正,三年间颇为扶持风雅,于是有'惠门八子'出。……惠士奇是经学家,然其'红豆家风',不废吟咏。只是'八子'中真有点影响的也只能算何梦瑶一人而已。"[①]这段话,前一句是符合史实的,即从"岭南三家"到康熙末期,广东诗坛寥寥。但是说"惠门八子"中"真有点影响的也只能算何梦瑶一人而已"却未免武断了,罗天尺不论在诗歌的数量还是水平上都是超过何梦瑶的。当然,不论是何梦瑶还是罗天尺,还是不可能企及清初"岭南三家"的高度。而南园前后五子,"岭南三家"以及陈白沙、胡方等人的诗风对何梦瑶也有非常大的影响。康熙朝以来,广东与江浙、内地的交通转为频繁,文风诗风的交汇也愈加多。对广东诗风影响力称大者是翁方纲。其弟子不仅多,且经其誉扬,名声亦渐广,广东诗歌出现第二个高潮,其代表为"岭南三子"(冯鱼山、张锦芳、胡亦常)和"岭南四家"(张锦芳、黎简、吕坚、黄丹书)。[②]王昶在其《湖海诗传·蒲褐山房诗话》中也说:"岭南自三家后,风雅寥寥。比来余所知者:张庶常锦芳、冯户部敏昌、温编修汝适、潘舍人有为、赵大令希璜,而简民为之冠。"其中简民是指黎简(1747—1799,字简民,顺德人)。也就是说,在何梦瑶辈之后的几十年,广东诗坛才又出现一次高潮。"惠门八子"可以说是属于进入下一次高潮的过渡阶段的人物。

(二)诗推陈胡

何梦瑶的诗论观念最集中地体现在何梦瑶为胡方的《鸿桷堂诗

---

① 严迪昌:《清诗史》(下),台北:五南图书出版有限公司,1998年,第890页。

② 朱培高:《中国文学流派史》,合肥:黄山书社,1998年,第391页;严迪昌:《清诗史》(下),第891页。

集》写的序中。此序不长,抄录如下:

仆论诗,首推陈白沙、胡金竹二先生。或问之,曰:诗言志,无其志,而有言,妄也;有其志,而不能言,拙也。有其志,而能言,工矣,而未必尽善,盖言之美恶,以志之邪正为断。是故,志道德者,上;志功业者,次;志词章者,下;志富贵者,鄙;志情欲者,邪。知此,而诗之品定,诗品定,而二先生之诗之高见矣。问,风诗不废郑卫,则又何说?曰,陈诗与作诗不同,贞淫并采,备劝欲也;君子非法不言。又问,世谓藻丽为雅道,学语为庸腐非与?曰,雅,常也,非藻丽之谓。藻丽,时俗所尚,然则世所谓雅,正君子所谓俗。《记》曰,庸言之谨。世所谓俗,正君子所谓雅。雅俗之辨,久昧矣。然则金竹视白沙何如?曰,白沙较超,金竹较密。因次其语,为鸿桷堂诗序。[1]

何梦瑶非常推崇陈白沙、胡方的诗,上文首句即说:"仆论诗,首推陈白沙、胡金竹二先生。"甚至自信地认为:"诗至白沙高出千古,胡金竹继之。此非予阿好之言,后世自有定论耳。"[2]此论颇为偏隅,故袁行云在《清人诗集叙录》言:"(何梦瑶)以陈献章、胡方为圭臬,窒碍亦可知矣。"[3]

陈白沙论诗,总体来说有以下几个重要观点:

首先,"诗缘情"的本质论。陈白沙认为诗歌不外是人的内在的情志通过言语而向外流露和表达。他在《夕惕斋诗集后序》中提

① 何梦瑶:《鸿桷堂诗集·何序》,同治《番禺县志》卷27《艺文略三》,第337页上。

② 何梦瑶:《读历朝诗》自注,《匊芳园诗钞》卷7《悬车集》,第23页b-24页a。

③ 袁行云:《清人诗集叙录》,第793页。

出:“受朴于天,弗凿以人;享和于生,弗淫以习。故七情之发,发而为诗,虽匹夫匹妇,胸中自有全经,此风稚之渊源也。而诗家流矜奇眩能,迷失本真,乃至旬锻月炼,以求知于世,尚可谓之诗乎?”[①]陈白沙认为,人人都有七情六欲,诗歌是人的“七情”所发,性情便是诗歌的“本真”、“本体”,也即诗歌的本质。陈白沙曾非常尖锐地批评片面追求形式的创作倾向。

他还认为“诗缘情”中的“情”应该是自己的真性情,而“真”是性情的前提,抓住“真”才能抓住“情”之根本。其在《与汪提举》中提出:“大抵论诗当论性情,论性情先论风韵,无风韵则无诗矣。今之言诗者异于是,篇章成即谓之诗,风韵不知,甚可笑也。情性好,风韵自好;性情不真,亦难强说,幸相与勉之。”[②]

又如《澹斋先生挽诗序》中也写道:“夫感而哀之,所谓情也。情之发而为辞,辞之所不能已者,凡以哀为之也。……哀而后为之诗。诗之发,率情为之,是亦不可苟也已,不可伪也已。”[③]

其次,强调“雅健”的审美观。陈在《次王半山韵诗跋》说:“作诗当雅健第一,忌俗与弱。予尝爱看子美、后山等诗,盖喜其雅健也。若论道理,随人深浅,但须笔下发得精神,可一唱三叹,闻者便自鼓舞,方是到也。”[④]在陈白沙眼里“雅健”既是作诗,也是其审美的第一原则,陈白沙尤喜杜甫、陈师道之诗,原因就是“雅健”。“雅健”就是“雅健清新”,即文雅而不庸俗,刚健而不懦弱,体现出一种健康的、清新向上的,能激励人、鼓舞人的精神。

第三,主张“平易”、“自然”和“含蓄”。陈白沙学宗自然,以“自

① 陈献章:《陈献章集》,孙通海点校,北京:中华书局,1993 年,第 11 页。
② 陈献章:《陈献章集》,孙通海点校,第 203 页。
③ 陈献章:《陈献章集》,孙通海点校,第 9 页。
④ 陈献章:《陈献章集》,孙通海点校,第 72 页。

得”为真受用处，不喜著述，独情于诗歌。他的弟子湛若水在《诗教解原序》说：“白沙先生无著作也，著作之意寓于诗也。是故道德之精，必于诗焉发之。”[①]他的族人陈炎宗也说：“白沙先生以道鸣天下，不著书，独好为诗。诗即先生之心法也，即先生之所以为教也。”[②]

陈白沙在强调以“雅健”为第一原则的同时，又在《批答张廷实诗笺》中说：“大抵诗贵平易，洞达自然，含蓄不露，不以用意装缀，藏形伏影，如世间一种商度隐语，使人不可摸索为工。”[③]又云：“诗家流者，矜奇炫能，迷失本真，乃至旬锻月炼，以求知于世，尚可谓之诗乎？晋唐以降，古诗变为近体，作者莫盛于唐。然已恨其拘声律、工对偶，穷年卒岁，为江山草木云烟鱼鸟粉饰文貌，盖亦无补于世焉。”[④]并直接道出其崇尚自然之美：“古文字好者，都不见安排之迹，一似信口说来，自然妙也。其间体制非一，然本补自然不安排者便觉好。”[⑤]

陈白沙论诗崇尚平淡、自然之美，追求一种无障碍、无安排之迹。自然朴实的审美境界。他形象地说：“作诗尚平淡，当与风雅期。如饮玄酒者，当用瓦为卮。”[⑥]他把平易自然、含蓄不露，看做是平淡诗风的重要条件，反对那些语言生硬、隐晦，使人难以揣度的诗作。他甚至认为“我疑诗巧是诗魔”[⑦]，“道德乃膏腴，文字固批糠”[⑧]诗歌以明道为宗旨，认为有德必有言，对诗之技巧不看重。进而，白

---

① 陈献章：《陈献章集》，孙通海点校，第699页。

② 陈献章：《陈献章集》，孙通海点校，第700页。

③ 陈献章：《陈献章集》，孙通海点校，第74页。

④ 陈献章：《陈献章集》，孙通海点校，第11页。

⑤ 陈献章：《陈献章集》，孙通海点校，第163页。

⑥ 陈献章：《陈献章集》，孙通海点校，第537页。

⑦ 陈献章：《陈献章集》，孙通海点校，第417页。

⑧ 陈献章：《陈献章集》，孙通海点校，第279页。

沙由“自然”而推出“诗之工，诗之衰也”。陈认为：“诗之工，诗之衰也。言，心之声也。……声之不一，情之变也，率吾情盎然出之，无适不可，有意乎人之赞毁，则子虚、长杨饰巧夸富，媚人耳目，若排优然，非诗之教。”①

第四，特别重视诗歌教化之功用。白沙寓教于诗，《白沙子全集》诗篇过半，谓之诗教，除了用诗歌阐述哲学思想外，他十分重视诗歌教化天下的社会功用。他在《认真子诗集序》中指出：“吾尝闻夫子之论诗矣，上明三纲，下达五常，于是征存亡，辨得失，小人歌之以贡其俗，君子赋之以见其志，圣人采之以观其变……夫诗，小用之则小，大用则大。可以动天地，可以感鬼神；可以和上下，可以格鸟兽；四时行焉，百物生焉；皇王帝霸之褒贬，雪月风花之品题，一而已矣。”②

胡方继承白沙思想，其诗论在《古文端序》、《四书讲义自序》、《鸿桷堂诗自序》和《与任肇林书》有所体现。他在《郎亦傅游戎诗集序》中极推崇白沙诗歌无雕琢：“唐人初承六朝绮靡之习，至曲江而后廓清，白沙则理学醇儒……其诗尽天籁无组织追琢之勤。”③

他在《古文端序》中说：“若言之美恶则雅俗而已。素常曰雅，熏染曰俗。草木之生，各含英华。其自发者，无论精粗皆有生趣，或剪采而缀之，则索然无味矣。文之美恶亦犹是。……今之读古文者徒欲以为剽窃之资，正恐熏染之不深，是已畔乎。为文之宗而去之，而欲攀附古人，岂不远哉。”④此是白沙“平易”、“自然”、“含蓄”的衍生之意。《四书讲义自序》：“圣人之道，不外人心物理。此心此理，

① 陈献章：《陈献章集》，孙通海点校，第5页。

② 陈献章：《陈献章集》，孙通海点校，第5页。

③ 胡方：《鸿桷堂诗文集》，同治甲子（1864）劬学斋藏书版之二，羊城西湖街效文堂重印。

④ 民国《佛山忠义乡志》卷15《艺文二》，第5页a。

虽失其精,亦有其粗,……学者诚肯去其欲速之心,先体察于日用之间,以求所谓圣人之道,迟而又久,睹其大意,然后返而读书。"[①]胡方还强调:"诗者言情之物也,情以诚而成,以正大而善,非境情无由生,而情亦自有其状。为诗者,于境则能抉其可喜可怒可哀可乐之处。使不言喜怒哀乐,而不啻言之,或并言其喜怒哀乐,则又历历举似喜怒哀乐之形容,现于纸上。如此则可谓之诗矣。""夫文以载道也,诗亦文之一也。情成而善即道也,未能载道,而特不敢畔道。"[②]

胡方在《鸿桷堂诗自序》中对己诗并不太满意:"此在他人则嫌其少,而余则恨已多。其中玩物者有之矣。戏言出于思,其中戏言者有之矣。所以并存之者,犹孔子之存淫风,取为梼杌,以垂惩戒云尔。"[③]可以看出,胡方在继承陈白沙的"雅健"、"自然"和"教化"诗论观念的基础上,将之细化,解释"孔子之存淫风"是"取为梼杌,以垂惩戒";还将白沙的"雅健"观点,引申为"素常曰雅,熏染曰俗",进一步强调"自然"观点,并认为为文应当"洗涤熏染"学"真形神"。

通过以上简述陈白沙和胡方的文学观念,可以知道,何梦瑶在《鸿桷堂诗集序》中说:"陈诗与作诗不同,贞淫并采,备劝欲也;君子非法不言。"以及"世谓藻丽为雅道,学语为庸腐非与?曰,雅,常也,非藻丽之谓。藻丽,时俗所尚,然则世所谓雅,正君子所谓俗。《记》曰,庸言之谨。世所谓俗,正君子所谓雅。雅俗之辨,久昧矣。"[④]是直接采用胡方的观点。何梦瑶还说"诗不求工语自真"[⑤],

① 胡方:《四书讲义自序》,广东文征编印委员会《广东文征》,香港:香港中文大学出版社,1978,第121页。

② 胡方:《与任肇林书》,广东文征编印委员会《广东文征》,香港:香港中文大学出版社,1978年,第118页。

③ 胡方:《鸿桷堂诗自序》,同治《番禺县志》卷27《艺文略三》,第337页上。

④ 何梦瑶:《鸿桷堂诗集何梦瑶序》,同治《番禺县志》卷27《艺文略三》,第337页上。

⑤ 何梦瑶:《和友人病起之作》,《匊芳园诗钞》卷3《学制集》,第12页a

"文为载道之言,诗乃缘情而作"[①],也是继承陈白沙、胡方的"自然"、"雅健"和"教化"的观点。何梦瑶《罗履先瘿晕山房诗序》云:"石湖天禀粹美,其学一出于正,口不道非礼之言,所为诗有精粗,无纯杂也。"[②]就直接来源于胡方《四书讲义自序》中的观点。

而何梦瑶在对"诗言志"的阐述上,一方面继承并强调了陈白沙和胡方关于诗的"教化"功能,另一方面,进一步细化了"诗言志"的层次。

何梦瑶将诗与志的关系分为三种情形:一是"无其志,而有言,妄也";二是"有其志,而不能言,拙也";三是"有其志,而能言,工矣。"进而,将第三种情形中之"志"再分为五个层次:"志道德者,上;志功业者,次;志词章者,下;志富贵者,鄙;志情欲者,邪。"并且认为由此"而诗之品定"。

由陈白沙、胡方和何梦瑶的诗论观点,可以看出,传统儒家思想"文以载道"的教化思想在岭南文人身上得到强调,而道家的"法自然"的理论,也被他们用于抵制开始于江南地区继而弥漫全国的"藻丽"诗风。这也是岭南诗派独树一帜的魅力。何梦瑶继承并发展了岭南诗派的理论。

在其当时以及之后,有不少地方文献和一些著作对何梦瑶的诗歌进行了评论。何梦瑶在《春秋诗话》序中曾经提到自己的诗,说:"仆亦少有诗笔,老去不复料理,牙生辍弦于钟子,匠石废斤于郢人,冥契既逝,发言莫赏,覆瓿灾木,听之后人。"[③]当然,这是何梦瑶自己过谦的说法。何梦瑶的好友中,以杭世骏对何诗的评价最高,杭世

---

① 何梦瑶:《岭南集序》,杭世骏《岭南集》,光绪七年冬学海堂重刊,第 3 页上。

② 何梦瑶:《何序》,罗天尺《瘿晕山房诗删》,第 484 页上。

③ 何梦瑶:《春秋诗话序》,劳孝舆《春秋诗话》,第 506 页上。

骏说："南海诗人之薮也，而何监州报之为之魁。报之之诗，节安以雅，辞丽以则，杂曼倩之诙嘲，兼灵均之哀怨。其无本甚远，而畦径则甚夷。骤而读之，庸夫孺子皆可以得其用意之所存；实而按之，虽使读书破万，演漾蜿蠕，专精覃思，而有不能道其厓略者，则报之之得于天者厚也。而报之不知其才也。……知报之之才者莫如余，知报之之诗者又莫如履先。"[①]其中当然不乏溢美之词，但是也总结了何诗"节安以雅，辞丽以则，杂曼倩之诙嘲，兼灵均之哀怨"的艺术特色。"惠门八子"中，罗天尺和苏珥对何梦瑶的诗都有评论。罗天尺说："觇其品格，类祖渭南。……报之炼不伤气，清不入佻，中藏变化，不一其体。……报之之诗，名贵卓炼，大异于词，可谓善变者矣。"[②]苏珥则说："……报之下笔蕴藉，欲言者无罪，闻者足戒，以合于风人之旨。"[③]苏珥认为罗天尺的诗"天才独绝"，而何梦瑶的特点是"下笔蕴藉"、"合于风人之旨"。彭端淑亦在其《雪夜诗谈》中说："何报之，梦瑶，粤东名宿。余至肇始得订交。读其竹枝词，清新雅隽，不减前人。他诗五言如'水穷青霭合，天尽白云生'、'江空天堕水，云散月随舟'、'野绿延无际，山青拖不来'。又七律'寻僧落月铁牛寺，送客秋风木马船。楮叶扫空书架侧，菊花开到酒人边。'皆佳句也。"[④]张维屏在《国朝诗人征略》卷二六说："西池先生以博雅著，凡天文、术数、乐律、算法、医学无不究心。为督学元和惠公所爱重。晚年与杭堇浦、耿湘门两先生交契，朋樽谈燕，酬唱极欢。……摘句'马头迎吠犬，牛背立昏鸦'、'丛祠森鬼气，老树耸人

① 杭世骏：《匊芳园诗钞序》，何梦瑶《匊芳园诗钞》，第 3 页 b。

② 罗天尺：《匊芳园诗钞序》，何梦瑶《匊芳园诗钞》，第 3 页 a。

③ 苏珥：《春秋诗话序》，劳孝舆《春秋诗话》，第 504 页上。

④ 彭端淑：《雪夜诗谈》卷下，《续修四库全书》编纂委员会《续修四库全书》卷 1700，上海：上海古籍出版社，2002 年，第 90 页上。

形’、‘古词三妇艳,新月两头纤’、‘梦去只如云出岫,魂来恰似月烘墙’、‘九京容我寻高士,三疾如公是古民’、‘泥封春雪无人迹,风扫残花有鹤痕(苔)’、‘却被紫阳书作盗,不知曹豫定何名’。”[①]邱炜萲《五百石洞天挥尘》卷一二:“南海何西池……云‘古词三妇艳,新月两头纤’”以及“丛祠森鬼气,老树耸人形。”[②]民国《辽阳县志》卷七《名宦志》:“(何梦瑶)其生平论诗谓‘青莲独擅千古,子美未应齐名’可谓风雅吏矣。”[③]杨锺义《雪桥诗话三集》卷六载何梦瑶“琴声遥送红兰榭,诗梦重寻孔雀巢”[④]句。钱林《文献征存录》卷四载何梦瑶“与编修杭世骏相酬和,有《珠江竹枝词》云:‘看月人谁得月多,湾船齐唱浪花歌。花田一片光如雪,照见卖花人过河。’世骏甚爱赏之。”[⑤]杭世骏还以《珠江竹枝词六首和何监州》相和。此外,王昶《国朝词综》卷二三载有何梦瑶的《滞人娇清明有感》[⑥],乾隆《番禺县志》卷一九和黄培芳的《香石诗话》卷四载均载有何梦瑶的《珠江竹枝词》[⑦];温汝能纂辑的《粤东诗海》共收入何梦瑶的诗达42首,长篇的排律全部收入。[⑧] 道光《广东通志》卷一〇〇《山川略一》载有何梦瑶的《宝鸭池》。[⑨] 民国《思恩县志》第七编载何梦瑶

① 张维屏:《国朝诗人征略初编》卷26,第10页b-11页a。

② 邱炜萲:《五百石洞天挥麈》卷12,《续修四库全书》编纂委员会《续修四库全书》卷1708,上海:上海古籍出版社,2002年,第260页下。

③ 民国《辽阳县志》卷7《名宦志》,第364页。

④ 杨锺义:《雪桥诗话全编》第3册,《雪桥诗话三集》卷6,北京:人民文学出版社,2011年,第1727页。

⑤ 钱林:《文献征存录》卷4,第167页下。

⑥ 王昶:《国朝词综》卷23,《续修四库全书》编纂委员会《续修四库全书》卷1731,上海:上海古籍出版社,2002年,第181页下。

⑦ 分别见乾隆《番禺县志》卷19,广州:岭南出版社,2008年,第550页下;黄培芳《香石诗话》卷4,第182页下。

⑧ 参见温汝能《粤东诗海》卷76,吕永光等整理,广州:中山大学出版社,1999年。

⑨ 道光《广东通志》卷100《山川略一》,第1679页上。

《偶成》[①],乾隆《庆远府志》卷九载《思恩》和《宿蒙山堡》。[②] 谭莹有诗论何梦瑶:"耆旧凋零得报之,菊芳园集有填词。移橙闲话人收取,说紫棉楼乐府谁。"[③]从中可知,何梦瑶之诗词,在晚清仍有一定影响。

但是,在评论何梦瑶的诗歌文献中,也并不都是赞誉的意见。张维屏就说他"其生平论诗谓'青莲独擅千古,子美未应齐名'则近于翻新好奇矣矣"[④]。南海的颜君猷就更一针见血地指出,虽然何梦瑶"最负时名",但是只是他人的"应声虫"。据杨锺义《雪桥诗话三集》卷九:"南海颜君猷孝廉论广东国朝人诗绝句云:'……苏(珥)罗(天尺)高足惠门中,理学胡方语稍工。最负时名何刺史(西池),怜他都是应声虫。'"[⑤]笔者理解颜君猷所谓的"应声虫",是指何梦瑶的诗歌有很多模仿他人的地方。比如,何梦瑶《良夜》中的"新月两头纤"[⑥]是源于朱彝尊(1629—1709)的《忆王孙·夜泛鉴湖》"天边新月两头纤"[⑦]。在何梦瑶的大量诗歌中,可以看出许多模仿前人的痕迹。

从以上所列举的文献来说,何梦瑶的诗歌传播的范围不是很广,主要在广东地区流传。所以,其影响也主要在广东地区。总体上说,何梦瑶是雍乾时期广东诗人的代表之一。就诗歌水平来说,"惠门八子"以罗天尺和何梦瑶较为著名。虽然何梦瑶的部分诗歌

---

① 民国《思恩县志》第7编《文艺》,第258页。

② 乾隆《庆远府志》卷9,清乾隆十九刻本,第1235页。

③ 谭莹:《乐志堂诗集》卷6,纪宝成《清代诗文集汇编》,上海:上海古籍出版社,2010年,第89页。

④ 张维屏:《国朝诗人征略初编》卷26,第10页b。

⑤ 杨锺义:《雪桥诗话全编》第3册,《雪桥诗话三集》卷9,第1919页。

⑥ 何梦瑶:《良夜》,《匊芳园诗钞》卷2《鸿雪集》,第13页a。

⑦ 雍正《浙江通志》,南京:凤凰出版社,2010年,第2339页。

存在用典过多，有堆砌典故之嫌；不少诗歌存在一定的模仿痕迹，有些观点似乎猎奇，失于偏颇，但是，何梦瑶的诗歌宗法白居易、苏轼、南园前后五子、“岭南三家”以及陈白沙、胡方，推崇陈白沙的“雅健”、“自然”和“教化”的原则，具有取材广泛却不生僻，具有清新雅隽、诙谐探趣、教化社会和凝重悲愁的特点，反映了当时的社会和生活，并具有一定的史料价值。作为一个多才多艺的士人，能够笔耕不辍，诗歌达到当时广东较高的水平，实属难能可贵。从广东诗歌的演变历程来看，何梦瑶、罗天尺等人是清代广东诗坛从“岭南三家”，向下一次高潮（黎简等）的过渡和准备阶段的重要人物。

二、删繁举要，大易易知

要谈何梦瑶的《皇极经世易知》，必须先谈邵雍的《皇极经世》。邵雍（1011—1077），字尧夫，谥康节。《皇极经世》是邵雍最重要的著作，内含《观物内篇》与《观物外篇》。《皇极经世》一书，见于《正统道藏》之中，凡十二卷，卷一至卷十各分上中下篇，卷十一至卷十二则分上下篇，共有 32 篇，合于阴阳八卦四方相会之数。其中，内篇关于“观物”的讨论凡十二节；外篇则为语录，其长短不一，每段或数十字或数百字。另有《四库全书》本，名曰《皇极经世书》，分为十四卷。该书问世以来，多有注疏者，较有影响的是邵雍之子邵伯温的《皇极系述》、《观物内外篇解》，张行成的《皇极经世索隐》、《皇极经世观物外篇衍义》，王植的《皇极经世书解》等。张行成说：“康节先生观物有内外篇。内篇先生所著也，外篇门人所记先生之言也。内篇理深而数略，外篇数详而理显。”[①]由于内篇文意难以弄通，

① 张行成：《皇极经世观物外篇衍义》，《文津阁四库全书》，北京：商务印书馆，2005 年，第 3 页。

治《皇极经世》之学者便主张要明了邵雍的学问必须从外篇入手。张行成作《外篇衍义》,其目的就是为世人读懂《皇极经世》提供方便。邵伯温在邵雍去世后,除将张岷的笔记整理为《观物外篇》加入《皇极经世》外,还将其祖父邵古的律吕声音之学也加进来,同时还在自己理解的基础上,给邵雍的元会运世说进行配卦。邵伯温以及张行成、王植等人对《皇极经世》的注疏工作尽管不一定都符合原意,但对于研究邵雍的易学思想都是有一定价值的。关于《皇极经世》的性质,朱熹将《皇极经世》归结为"推步之书"。朱熹《文公易说》卷一九指出:《皇极经世》"以十二辟卦管十二会,绷定时节,却就中推吉凶消长"。当然,邵雍的《皇极经世》并非只是纯粹的天文历法推步,张行成谓《皇极经世》系"康节之《易》,先天之嗣也"[①]。王植在《皇极经世书解・臆说》中也说:"邵子之学,先天之学也。先天者,中天之先,所称三皇者也。"[②]因此,《皇极经世》既是一部邵雍创造的易学著作,又是一部贯穿着"先天"象数旨趣的"先天易学"的著作。邵雍不仅潜心于《易》数的研讨,而且推而广之,力图揭示宇宙万物生化之数,制定宇宙周期年表。他把京房的八宫卦法拿来加以改造,配入他所发明的"元、会、运、世"计时法,对宇宙的发生、演变过程进行《周易》数理法式的"描摹",充分表现了他在《易》数方面的独特认识和创造力。在邵雍看来,人居天地间,不仅要观物,而且要"穷理尽性,以至于命",了解物之本原与变化。《皇极经世》不仅要穷尽天道、地道、人道,而且要从天地之道那里引出"治道"。这就是"经世"的用意所在。[③]

---

① 张行成:《皇极经世索隐》,上海:商务印书馆,民国影印本,第267页。

② 王植:《臆说》,《皇极经世书解》卷首上,《文津阁四库全书》,北京:商务印书馆,2005年,第586页。

③ 詹石窗、冯静武:《邵雍的"皇极经世"学及其历史影响》,《文史哲》2008年第5期。

何梦瑶在序中交代了《皇极经世易知》的渊源和撰写的目的："粤洲先生得诸道藏手自抄录为之传注。……至于注释，穿凿附会所失非一，外篇尤多异论。黄氏于祝泌、廖应淮、张行成、牛无邪之说，悉行辨正，其功不浅，然辞义简奥，如攻坚木，其初甚难，渐乃说解，其管窥十二篇则又汪洋浩渺，茫无涯涘，令读者如河伯向若，旋其面目，初学病之。嘉靖中，四明余氏本尝著《外篇释义》四卷，颇能切实发明，而鱼鲁亥豕十之二三。两书寻究均不易，点勘两载，始有条理，随手劄记，积成八卷，另为图一卷，冠诸其首，名曰《经世易知》，率用直笔浅解，拟诸黄传奥博不能，亦不欲也。"[①]黄培芳在《校刊〈皇极经世易知〉序》中也说："至我朝南海何西池先生，推本先祖是书，复为《皇极经世易知》。先生负鸿博之才，著述甚富，以邵子之学未易窥测，故于各说为之参互考订，删繁举要，勒成此书，取大易易知之义名编。"[②]

所以，《皇极经世易知》是以明代广东黄粤洲《皇极经世书》为蓝本，其中绝大部分是引用黄氏对《皇极经世》有关条文的解注，同时也引用王植、余本、邵伯温、司马光、朱熹、蔡元定、喻昌等人的解注。当然，其中也有少量何梦瑶自己的观点和对史实的正误。何梦瑶在引用他人解注过程中，有些因为他书传抄错漏，有些根据自己的理解，径直删改，但是作为校对的唐良臣并不认可何梦瑶的删改。唐良臣在《校刊凡例》中说："是编虽多本前人，然亦有间附己意，少为删改之处，兹刻凡先生所删改者概不敢添入，至其中有段去其句，句去其字，与文气不贯，语意欠明者，想系传写错误，谨据各本添注

① 何梦瑶：《皇极经世易知序》，第 2 页下 –3 页上。

② 黄培芳：《校刊〈皇极经世易知〉序》，何梦瑶《皇极经世易知》，第 3 页下。

于某句之下，仍用按字小注，使阅者一目了然。”[①]

何梦瑶引黄粤洲的注解非常多，这里仅举一例：“黄氏曰：右月子者，第一会也。天开之始，当子会之初，运在甲一，世在子一，闰卦离初九变旅，主冬至。”[②]引用司马光的有：“易与太元，道同法异。易画有二，曰阴，曰阳；元画有三，曰一，曰二，曰三；易有六位（即六爻）……”[③]引用蔡元定的有：“龙马负图，伏羲因之以画八卦，重之为六十四卦。初未有文字，但阳奇阴偶卦画次序而已。今世所传伏羲八卦图，以圆函方者是也。”[④]引用朱熹的有：“论十二卦，则阳始于子，而终于巳；阴始于午，而终于亥。论四时之气，则阳始于寅，而终于未；阴始于申，而终于丑。此二说者虽若小差，而所争不过二位。盖子位一，阳虽生，而未出乎地。至寅位，泰卦则三阳之生，方出地上，而温厚之气从此始焉。……虽得天统而孔子之论为邦，乃以夏时为正，盖取其阴阳始终之着明也，按图以推其说可见。”[⑤]

对于《皇极经世》所说：“观春则知《易》之所存乎，观夏则知《书》之所存乎，观秋则知《诗》之所存乎，观冬则知《春秋》之所存乎。”[⑥]何引邵伯温解注：“邵氏伯温曰：《易》者，三皇之事业也。三皇之时如春。《书》者，五帝之事业也。五帝之时如夏。《诗》者，三王之事业也。三王之时如秋。《春秋》者，五伯之事业也，五伯之时如冬。”[⑦]对《皇极经世》所说：“用也者，心也，体也者，迹也。心迹之

① 唐良臣：《校刊凡例》，何梦瑶《皇极经世易知》，第 6 页下。
② 何梦瑶：《以元经会》，《皇极经世易知》卷 1，第 34 页下。
③ 何梦瑶：《卦气》，《皇极经世易知》卷首，第 26 页下。
④ 何梦瑶：《先天方圆》，《皇极经世易知》卷首，第 14 页下。
⑤ 何梦瑶：《一元消长图》，《皇极经世易知》卷首，第 20 页下。
⑥ 邵雍：《皇极经世 · 观物内篇四》，《邵雍集》，北京：中华书局，2010 年，第 11 页。
⑦ 何梦瑶：《内四》，《皇极经世易知》卷 5，第 135 页下。

间有权存焉者，圣人之事也。”[①]引王植解注：“王氏曰：愚按自首节以下，由四经看出生长收藏之义，由生长收藏看出意言象数，仁义礼智性情形体圣贤，才术各义乃以意言象数分属之。皇帝王伯以仁义礼智分属之，虞夏商周以性情形体分属之，文武召以圣贤才术分属之，秦晋齐楚然后总收上文，仍归到四经与首节相应，而以权字结之。权者以心度理，审轻重之宜，而不泥于迹，正所以善经之用也。”[②]

何梦瑶在引述他人解注观点时，发现各有矛盾，偶尔也会提出自己的观点。如：“按王氏谓，吴草庐云：自亥会之始，至亥会之中，地之凝结者悉皆融散，与轻清之天浑合为一，故曰浑沌。至亥会终，而昏昧转极，是天地之一终也。贞下起元又肇一初，仍是浑沌，即子会之始，是谓太始。”黄粤洲则说：“阳气悉没，阴气太凝，于亥会则曰微阳外消，阴气内积。似阳气已消，凝阴独结，不若吴氏融散之义为确。如果阴气尚凝，何得谓之浑沌乎？”而何梦瑶对于这个问题，认同吴草庐的说法，而认为黄粤洲的解释“不若吴氏融散之义为确”，并引入佛教思想，提出自己的解释和看法：“愚谓佛氏言劫火洞燃大千俱坏，又云惟有虚空不坏虚空者，无物也，气也。大千世界者，色界也，形也。凡有形体之物，无有造而不化之理。吴氏所谓融散也，以地之体言也。地体先尽，天体继尽，皆指其有形质者言之，非有气亦尽也。气本乎理，理不尽则气亦不尽，故能再肇一初。然气虽不尽，而不能无盛衰。戌亥两会，阴极盛而阳极衰，气衰则形坏，黄氏所云‘言气衰也’，独未及形坏耳，王氏不知言形、言气不同，而妄为轩轾，过矣。”[③]又如，对于《周易本义》的小圆图，朱熹解

① 邵雍：《皇极经世・观物内篇四》，《邵雍集》，第 13 页。

② 何梦瑶：《内四》，《皇极经世易知》卷 5，第 137 页上。

③ 何梦瑶：《以元经会》，《皇极经世易知》卷 1，第 51 页下 –52 页上。

释说，以自震四至乾一为顺，取震为一阳生于下，离兑为二阳生，至乾为三阳生，表示阳气上升的过程。此阳息过程，仿天左行，故为顺行，如从今日追数往日，即程数往者顺。故以此四卦为已生之卦。由巽五至坤八，为阴息过程，此为右行，即逆天而行，犹从今日逆计来日，故说“知来者逆”，以此四卦为未生之卦。朱熹此说，颇有影响。而何梦瑶认为，以自乾一至震四为顺，因为此四卦的顺序为一二三四，不应倒数，朱伯昆《易学哲学史》中认为何氏所言为是。[①]

何梦瑶曾在《医碥》中经常提到明末清初著名医学家喻昌（字嘉言）的观点，对其著作较为熟悉，在《皇极经世易知》里也有引用：“喻嘉言曰：戌亥混茫之会，非天下混于地也，乃地上混于天耳。盖地水火风四轮同时轰转，震荡于五天之中。以上混乎天然，止混于色界。天不能混于无色界。天追至子，而混沌复开，阴气下，而高覆之体分奠。日月星辰丽于天，华岳河海丽于地，以清以宁，曰大，曰广，庶类以渐萌生焉。其所云色界者，即有形之体也。所云无色界者，即无形之气也。亦足与愚说相发明矣。”[②]

何梦瑶还对黄粤洲注中有关史实提出正误之类的按语：“瑶按，纲目周贞定王元年乃癸酉，非壬申。哀王元年乃庚子，非己亥。考王元年乃辛丑，非庚子。黄氏误，俱改正。”[③]“瑶按，辰世乙丑书‘齐伐蔡入楚’疑误，当依《春秋》‘侵蔡伐楚’为是。”[④]

严格来说，《皇极经世易知》只是何梦瑶在越华书院的讲义而已。《皇极经世易知》书稿完成后，并没有付印。黄培芳说《皇极经世易知》“向未剞劂，是以四库未及采录，手定稿本几于湮没。吾门

① 朱伯昆：《易学哲学史》中册，第 139 页。

② 何梦瑶：《以元经会》，《皇极经世易知》卷 1，第 52 页上。

③ 何梦瑶：《以元经会》，《皇极经世易知》卷 2，第 67 页上。

④ 何梦瑶：《以运经世》，《皇极经世易知》卷 3，第 88 页下。

孔生继骧,嗜古好学,亟购求得之,属唐生良臣校雠,授之梓人,然后克传于世"[①]。据黄培芳的《校刊〈皇极经世易知〉序》:"前明先七世祖粤洲先生撰《皇极经世书》传八世祖文裕公续成之。故粤洲先生能自知化期,文裕公撰乐典亦有得于此。"[②]可知黄粤洲是黄培芳的七世祖,黄文裕是八世祖,而由黄粤洲撰,黄文裕续成的《皇极经世书》又不可考,所以黄培芳鼓动其门下孔继骧从他人手中购得《皇极经世易知》书稿,然后嘱门人唐良臣校对。

总之,何梦瑶的《皇极经世易知》是在乾隆二十七年(1762)到越华书院讲学的时候作为讲义而编写的,到乾隆二十八年(1763)完成,而此时何梦瑶已经71岁高龄了,可能是编写此书的精力不济,基本上是以黄粤洲的《皇极经世书》为蓝本,删繁举要,参与其他各家的解注以及部分自己的观点和正误而成的,可谓是"述而不作"。当然,并不能说何梦瑶的《皇极经世易知》完全没有意义。从大的背景来说,《皇极经世易知》是在清代中期汉学考据风潮的影响下的产物,他基本保存了黄粤洲《皇极经世书》的主要内容,这也是作为黄粤洲后人的黄培芳极力推动刊刻《皇极经世易知》的原因;经过何梦瑶的梳理和简化以及部分考据,使得后代学人可以对深奥难懂的《皇极经世》有个基本的理解,也有利于易学的进一步传播和研究。

三、以《算迪》阐《精蕴》

早在明代万历年间,利玛窦就开始了西方算学传入中国的工

① 黄培芳:《校刊〈皇极经世易知〉序》,何梦瑶《皇极经世易知》,第3页下。

② 黄培芳:《校刊〈皇极经世易知〉序》,何梦瑶《皇极经世易知》,第3页下。

作。但是,至少到康熙二十三年(1684),清代的数学著作还充满了错谬。梅文鼎在其《弧三角举要》自序中说:"三角之用,其妙于弧度;求弧度之法,亦莫良于三角。故《测量全义》第七、第八、第九卷专明此理,而举例不全,且多错谬;其散见诸历指者,仅存用数,无从得其端倪。《天学会通》圈线三角法,作图草率,往往不与法相应,缺误处竟若残碑断碣,弧三角遂成秘密藏矣。"[①]经过法国传教士的积极传授,加之康熙对西学的浓厚兴趣,康熙六十一年(1722)六月,《数理精蕴》、《历象考成》成书。[②] 雍正元年冬《律历渊源》一百卷刻成,分三部:《历象考成》、《律吕正义》和《数理精蕴》。[③] 同年,魏荔彤刻《兼济堂纂刻梅勿庵先生历算全书》。清初以风气所趋,国内学者,亦有精治西算者。其最著者为黄宗羲(1610—1595)、王锡阐(1628—1682)、梅文鼎(1633—1721)诸人。阮元(1764—1849)《畴人传》卷五曰:"自(梅)征君以来,通数学者,后先辈出,而师师相传,要皆本于梅氏。钱少詹(大昕)目为国朝算学第一,夫何愧焉。"[④]足见其推崇之至。

何梦瑶的《算迪》一书,现存《岭南遗书》本,凡八卷,道光丙午(1846)刊行。道光《广东通志》卷一九四《艺文略六》云:"《算法迪》十二卷。国朝何梦瑶撰存。"书名卷数与现存本不同。又引《匊芳园集·自序》云:"新安程宾渠《算法统宗》,服官者人挟一册。其书但举算例,绝无诠释,读者如历皆霾,且繁芜谬误,殊不足观。瑶牧辽阳时,曾取而删订之,与旧辑宣城梅定九及吾乡朱吟石三角、方

① 梅文鼎:《勿庵历算书目》,北京:中华书局,1985年,第34页。

② 《东华续录》"乾隆一四"。

③ 《雍正朝东华录》卷1"雍正元年",台北:文海出版社,2006年,第39页a。

④ 阮元:《梅文鼎中》,《畴人传》卷5,周骏富《清代畴人传》,《清代传记丛刊·学林类51》,台北:明文书局,1986年影印版,第79页。

程、筹算诸法，共四卷，遍示僚友。今引疾归里，掌教端溪，因复重事编孱，而精力衰耗，不能尽录，但视旧稿所无者抄撮梗，概又得八卷，合为一书以授学徒。讲习不惟游艺，学文当前受益，亦欲使他日服官有所资云。"[①]比阮元晚三年(即嘉庆二十五年)入粤的江藩，为作《算迪叙》，其书名已与阮通志之《算法迪》不同，其《叙》指出："何君之书由梅氏之书而通之，典学、笔算、筹算、表算、方程、勾股开方、带纵几何、借根方诸法，皆述梅氏之学。至于割圆之八线、六宗、三要、二简及难题诸术，本之梅氏而又阐《精蕴》、《考成》之旨矣。"[②]

江藩在《算迪叙》中还说，《算迪》一书，"道光元年六月，曾文学勉士于友人处得之，吴孝廉石华将付剞劂"[③]。但是，据道光二十六年(1821)《岭南遗书》伍崇曜《算迪跋》，此书只有钞本，吴石华当年并未雕版，《跋》曰："是书为曾勉士广文影钞藏本，廿年前，与吴石华广文欲醵金付梓，嘱江郑堂上舍序焉，而终不果。"[④]可见江藩序已写好，而书因故没有印出来。《岭南遗书》所刊印的正是当年江藩作序的曾藏抄本。所以，《岭南遗书》本首载江藩《序》，次载何氏《自序》，内容却与《阮通志》所载《自序》详略稍异。书名则与江藩序本同，名《算迪》，而非《阮通志》著录之《算法迪》。《阮通志》注明十二卷，江藩序本不明卷数，而《岭南遗书》刊出实际只有八卷。据伍崇曜《算迪跋》："先生曾删订《算法统宗》，及辑梅定九、朱吟石两家之书，共为四卷。继复钞撮《数理精蕴》，得八卷，合为一书，共得十二卷。今是书只八卷，是此八卷为续纂之本无疑。而《序》称

① 道光《广东通志》卷194《艺文略六》，第3234页上－3234页下。

② 江藩：《算迪叙》，何梦瑶《算迪》，北京：中华书局，第1页。

③ 江藩：《算迪叙》，何梦瑶《算迪》，第1页。

④ 伍崇曜：《算迪跋》，何梦瑶《算迪》，第1页。

合为十二卷，是复有旧纂四卷，方足原书卷数，殆未完之帙也。"[①]由是可知，现存八卷是辽阳返里续纂之书。

关于《算迪》的成书时间，严敦杰估计在1730年，即作者成进士的当年。对于严敦杰的说法，肖运鸿提出商榷。肖的理由是：《数理精蕴》于雍正元年（1723）出版后，直至雍正十年（1732）才奏准各省翻刻，但数量仍然不多。乾隆元年（1736）梅迁成又请许民间翻刻，因此，1732年之前何氏未必能见到《数理精蕴》，而1736年之后则容易获得。据《算迪》"自序"言此书难购，该书很可能撰于1732年至1736年之间，甚至再稍晚一些。据前面的分析，严敦杰和肖运鸿的说法似各自有一定道理，但均不全面。因为何梦瑶在《算迪》自序中说得很清楚："算学至国朝御制《数理精蕴》一书至矣，极矣。……顾卷帙浩繁，难于购与读。谨撮录要领，并旧纂《算迪》一册，合为十二卷，以授学者，使便讲习。拟名'精蕴辑略'，以掺杂成书，非尽《精蕴》原文，不敢沿袭其名，以蹈不敬之愆，故仍名'算迪'，又恐见罪冒窃，爰叙简首，以明鄙意焉。"[②]也就是说，何梦瑶有先后两本《算迪》。现在所见的《算迪》，是何梦瑶将《数理精蕴》的摘要内容，"并旧纂《算迪》一册，合为十二卷"，本想拟名"精蕴辑略"，但是怕不敬，故仍名"算迪"（可以称之为"新纂算迪"）。

那么严敦杰估计的"旧纂"《算迪》的撰写时间是否可能在1730年呢？据李俨的《梅文鼎年谱》："康熙十七年戊午（1678）四十六岁。是年九月梅文鼎自序所著《筹算》二卷。……康熙十九年庚申（1680）四十八岁。是年蔡璿为梅文鼎所著《中西算学通》作序。……康熙二十年辛酉（1681）四十九岁。梅文鼎著《方程论》，曾和

---

① 伍崇曜：《算迪跋》，何梦瑶《算迪》，第1页。

② 何梦瑶：《算迪自序》，北京：中华书局，1985年，第1页。

杜知耕、孔兴泰、袁士龙共相质正，因重加缮录，以为定本。……康熙二十三年甲子(1684)五十二岁。是年冬在南京。《送袁士旦(启旭)归芜湖序》称：'余癖嗜历学，刻有《中西算学通》，诗文家迂而畏之，不以寓目，顾袁子独好焉。'"[①]所以，梅文鼎的《中西算学通》至少在康熙二十三年(1684)就已经刊刻成书了。据钱林《文献征存录》卷三："(梅文鼎)其孙瑴成复编为《梅氏丛书辑要》总二十五部六十五卷。又有《中西算学通》其凡有九：曰筹算，曰笔算，曰度算，曰比例，曰几何摘要，曰三角，曰方程论，曰勾股测量，曰九数存古。其书别行，畴人子弟甚重之。"[②]《中西算学通》的这些内容都包含在何梦瑶的《算迪》内。前章已述，康熙六十年(1721)何梦瑶入惠士奇门下。此后六年跟从惠士奇学习，曾经在九曜官署与同学辛昌五"极论西历、平弧、三角、八线等法"[③]。因此在1721年前后，何梦瑶就已经接触到梅文鼎的《中西算学通》，所以，在1721年之后的几年时间里，以梅书为蓝本撰写"旧纂"《算迪》是完全可能的。只是能否具体到1730年，由于没有其他史料佐证，笔者不敢完全肯定。

肖运鸿提出《数理精蕴》在1736年之后则容易获得，所以估计《算迪》"很可能撰于1732年至1736年之间，甚至再稍晚一些"。由于他没有掌握更多史料，这只是一个大概的估计。据《匊芳园集自序》云："今引疾归里，掌教端溪，因复重事编孱而精力衰耗，不能尽录，但视旧稿所无者抄撮梗，概又得八卷，合为一书以授学徒。"[④]可知何梦瑶后来"新纂"的《算迪》是在掌教端溪之后，即至少是在乾

① 李俨：《梅文鼎年谱》，《李俨钱宝琮科学史全集》卷7，沈阳：辽宁教育出版社，1998年，第524－527页。

② 钱林：《文献征存录》卷3，第133页上。

③ 辛昌五：《辛序》，何梦瑶《医碥》，第52页。

④ 道光《广东通志》卷194《艺文略六》，第3234页下。

隆十八年(1753)春之后的事情。

据江藩《算迪叙》:"数学与推步之术,我朝咸推宣城梅氏,然所著之书丛脞凌杂,始末不能明备。圣祖仁皇帝钦定《数理精蕴》及钦定《历象考成》,穷方圆之微眇,荟中西之异同,伊古以来未有此鸿宝巨典也。……何君之书由梅氏之书而通之,典学、笔算、筹算、表算、方程、勾股开方、带纵几何、借根方诸法,皆述梅氏之学。至于割圆之八线、六宗、三要、二简及难题诸术,本之梅氏而又阐《精蕴》、《考成》之旨矣。"[①]即《算迪》以梅文鼎之书为主要内容,然后又参考摘录了《数理精蕴》等书的部分内容。

《算迪》共分八卷。卷一包括"加法、减法、因乘、归除、命分、约分、通分、乘除并用、四率比例、按分递折比例、按数加减比例、和数比例、较数比例、盈朒"。卷二包括"借衰互征、叠借互征、方程、平方、带纵平方、勾股、三角形"。卷三包括"割圆、三角形作八线表法、三角形边线角度相求、测量、直线面、曲线面、圆内容各等边形、圆外切各等边形、各等边形、更面形、方方、带纵较数立方、带纵和数立方、开三乘方"。卷四包括"直线体、曲线体、各等面体、球内容各等面体、球外切各等面体、各等面体互容、更体形、各体权度比例、堆垛"。卷五包括"难题、几何原本摘要"。卷六、卷七是"借根方法"。卷八是"比例尺解"。从《算迪》内容上也可以看出江藩的说法"本之梅氏而又阐《精蕴》、《考成》之旨"是成立的。

《算迪》中还是不乏有价值的闪光点,如傅大为认为受《精蕴》影响的中算书中,何梦瑶的《算迪》是讨论堆垛问题最优秀的;比《精蕴》更进一步,《算迪》直接引用《九章》商功的各种术语来注解《精蕴》旧法;更有甚者,它用仔细的商功体积思路来解释《精蕴》中

① 江藩:《算迪叙》,何梦瑶《算迪》,第1页。

言及三四角堆垜不清楚之处;而屈曾发的《九数通考》中关于堆垜问题的探讨,亦不及《算迪》甚多。[①] 又如,《算迪》提出了利用浮标测量流速的方法,并提出了计算流量的公式。其测流速之"法以木板一块,置于水面,用验时仪坠子候之,看六十秒内,木板流远几丈"[②]。此外,《算迪》中还有反映当时社会经济的内容,如有关雇工工钱计算和将利润转为资本计算的举例。[③]

虽然何梦瑶的《算迪》是抄录或摘要《中西算学通》和《数理精蕴》,但是江藩仍然认为:"近日为此学者,知法之已然,不知立法之所以然。若何君可谓知立法之所以然者,岂人云亦云哉。"[④]江藩认为梦瑶能"知立法之所以然"。当有友人对江藩说:"何君衍梅氏之义,似不及梅书之详赡也。答之曰:是为孤学,一知半解尚难,其人况中西之法无所不通耶,且寒士有志于九章八线之术者,力不能购钦定诸书,熟读《算迪》亦可以思过半矣。孝廉以为然。"[⑤]所以,《算迪》的意义在于,一方面梦瑶"知立法之所以然",另一方面大部头的钦定诸书不是一般百姓能够购买的起,《算迪》有利于宣传推广算学。

---

① 傅大为:《异时空里的知识追逐:科学史与科学哲学论文集》,台北:东大图书公司,1992年,第104页。

② 中国科学院自然科学史研究所地学史组:《中国古代地理学史》,北京:科学出版社,1984年,第152页。

③ 李文治等:《明清时代的农业资本主义萌芽问题》,北京:中国社会科学出版社,1983年,第330页。

④ 江藩:《算迪叙》,何梦瑶《算迪》,第1页。

⑤ 江藩:《算迪叙》,何梦瑶《算迪》,第1页。

四、以《赓和》阐音律

（一）《赓和录》写作时间与组成

何梦瑶的《赓和录》作于其任越华书院山长之时，福增格为《赓和录》作序的落款是"乾隆壬午清明"即乾隆二十七年（1762），这时何梦瑶已经71岁了。据何梦瑶《赓和录》自序中说："辛未初秋，将军福公见示近人曹君廷栋所著《琴学》一编。梦瑶尝慨音乐之不明于世，取蔡元定《律吕新书》本原九章，训释以教门人。顾明其理，而不得其器，则无所考证。又取御制《律吕正义》，研究八音协律、和声之用，述其大要为一卷。……爰是又取曹书删注，合前所训述二书为一编，以呈福公。蒙印可谓理与器并著也。命名'赓和录'，捐俸授梓，序之以行，使就正有道焉。"[①]可见，《赓和录》是由三部分组成：一是蔡元定《律吕新书》的训释，二是对康熙御制《律吕正义》述要，三是摘录曹廷栋《琴学》纂要。其中对《律吕新书》的训释，是在越华书院教授门人的讲义。

（二）《敦和录》与《赓和录》

据何梦瑶《赓和录》自序："先是梦瑶尝慨音乐之不明于世，取蔡元定《律吕新书》本原九章，训释以教门人。顾明其理，而不得其器，则无所考证。又取御制《律吕正义》，研究八音协律、和声之用，述其大要为一卷。……又取曹书删注，合前所训述二书为一编，以呈福公。"[②]以及福增格序《赓和录》："（何梦瑶）尝注释蔡元定《律吕

① 何梦瑶：《赓和录》自序，《丛书集成初编》，北京：中华书局，1985年，第3–4页。

② 何梦瑶：《赓和录》自序，《丛书集成初编》，第3页。

新书》而病其于隔八相生，丝管取分不同之故，终未了彻，乃敬绎我圣祖仁皇帝御制《律吕正义》为玉尺，以裁量其得失，各成一编以教及门。仆旧藏嘉善曹君廷栋所著《琴学》一书，服共淹贯，顾仍沿旧说，主一弦为黄钟，仲吕在十徵右，终属可疑，因以责之。何君赏析并行，抉择精当，别录一帙，统名《赓和录》。”[1]

又广东省立图书馆藏《敦和录》（共三册），其目录和基本内容与伍崇曜的“岭南遗书”版《赓和录》几乎一样，但是《赓和录》较《敦和录》内容上略有增补，可以判断《赓和录》出版时间较《敦和录》要稍晚，据伍崇曜《赓和录跋》言：“初名《敦和录》，后改今名。疑晚年重订之本也。”[2]故《赓和录》为《敦和录》的重订或者增补之本。下面将两书主要不同列于下：

1.《赓和录》书首有福增格《序》和何梦瑶《自序》，书末有何淙《跋》和伍崇曜《跋》，而《敦和录》未见。

2.《敦和录》中的《律吕正义述要》、《律吕新书训释》、《琴学纂要》卷首均有“福松岩先生鉴定”、“南海何梦瑶报之编”和“连平何淙声厓校”字样。但《赓和录》的相关卷首有“岭南遗书”、“南海何梦瑶报之撰”。《赓和录》每卷首、卷末有“谭莹玉生覆校”字样。而《敦和录》均未见。

3.《敦和录》中的《律吕正义述要上目次》有“黄钟律分篇”、“黄钟之长损益相生篇”（内文称“律吕之长损益相生篇”）、“黄钟之积损益相生篇”（内文称“律吕之积损益相生篇”）、“定律吕五声二变篇”（内文称“定律吕五声二变”）、“律吕字谱篇”（内文称“十二律

---

① 福增格：《赓和录序》，何梦瑶《赓和录》，《丛书集成初编》，北京：中华书局，1985 年，第 2 页。

② 伍崇曜：《跋》，何梦瑶《赓和录》，《丛书集成初编》，北京：中华书局，1985 年，第 315 页。

吕高低字谱”)、“黄钟加减比例同形所生律吕篇”(内文称“黄钟加分减分比例同形所应律吕”)、“管弦全半应声不同篇”(内文称“明管弦全半应声不同”)、“管弦七音取分不同篇”(内文称“明管弦七声取分不同”)、“弦音不可以律吕之度取分篇”(内文称“明弦音不可以律吕之度取分”)、“弦音清浊二均度分篇”(内文称“弦音清浊二均度分”)、“旋宫起调篇”(内文称“旋宫起调”)、“弦音旋宫转调篇”(内文称“弦音旋宫转调”)等十二篇,而《赓和录》中的《律吕正义述要上目次》除了有这十二篇外还有“附疑问”。

4.《敦和录》在《律吕正义述要》“明管弦七声取分不同”篇末句“与每分所应之声,所合之度,详载其数,以列表”后有注:“表首音至八音,自右而左,似当易为自左而右,以合横琴之位更明。”而《赓和录》无此注。

5.《赓和录》在《律吕正义述要》“明管弦七声取分不同”篇末,另行附有:“观上所举,均一三弦耳,以姑洗律定,则合。以黄钟律定,则移为羽弦,以倍无射定(合字即倍无射)。则移为徵弦,故下篇谓不可以弦音误合律吕立论也。弦阴吕应管阳律,弦阳律杂管阴吕。故可用者,每均只有四调。详弦音旋宫转调篇。”[①]并有《附合字定宫弦图》。而《敦和录》皆无。

6.《敦和录》在《律吕正义述要》“弦音清浊二均度分”篇末附有《浊宫图》,而《赓和录》在相同位置为《清浊二宫合图》,二图基本意义相同,但是有差别,《清浊二宫合图》更为清晰明了。《浊宫图》下有注:“次弦以下度分查前表。《清宫图》各弦五声二变同此,而度分异,亦查前表。(度分虽异而皆为三,捐益所生故五声二变之位不

① 何梦瑶:《赓和录》,《丛书集成初编》,第37-38页。

异也。)”[①]而《赓和录》无此注。

7.《赓和录》在《律吕正义述要》“弦音旋宫转调”篇末加有按语:“按角调之徵,……所为与正宫调之变宫并举也。为图如左。”[②]并附图。而《敦和录》无此按语及图。

8.《赓和录》在《律吕正义述要》“弦音旋宫转调”篇后的《补图》之后,再加按语:“作表法先定宫调以立准。……以皆为二变至二正度分也。”[③]而《敦和录》无此按语。

9.《赓和录》的《律吕正义述要》的最后有《附疑问》,以一问一答的形式,阐述乐理,共有四问四答。在《附疑问》之后,另附有“三十五页补注”。[④] 以上《敦和录》皆无。

(三)《赓和录》的渊源及评价

前文已述,《赓和录》由《律吕新书训释》、《律吕正义述要》和《琴学纂要》组成。《律吕新书》的作者蔡元定(1135—1198),字季通,世称西山先生,福建建阳人,幼从其父蔡发学,及长以朱熹为师,被朱视为讲友,极重之;庆元二年(1196),沈继祖等上疏攻击朱熹,并及元定,被贬流道州,卒谥“文节”,一生博及群书,穷究义理,教人以“性”与“天道”为先,朱熹撰《四书章句集注》、《易传》、《诗传》、《通鉴纲目》,皆与之往复参订,自著《皇极经世》、《洪范解》、《西山公集》等书。元定除精研群书外,对儒学中的礼乐研究造诣极深,朱熹称赞元定曰:其律书法度甚精,近世诸儒皆莫能及;季通理会乐律,大段有心力,看得许多书云云。及其为此书作序,又曰:

---

① 何梦瑶:《敦和录》卷上,广东省立图书馆藏,第36页上、下。

② 何梦瑶:《赓和录》,《丛书集成初编》,第113-114页。

③ 何梦瑶:《赓和录》,《丛书集成初编》,第131-132页。

④ 何梦瑶:《赓和录》,《丛书集成初编》,第132-134页。

黄钟围径之数，则汉斛之积分可考；寸以九分为法，则淮南太史小司马之说可推；“五声”、“二变”之数，变律半声之例，则杜佑之《通典》具焉；变宫、变征之不得为调，则孔氏之《礼》疏固亦可见；至于先求声气之元，而因律以生尺，出尤所谓卓然者，而亦班班杂见于两汉之制、蔡邕之说，与夫国朝《会要》以及程子、张子之言。由此之言，可知此书实际上出于朱、蔡师徒两人之手。二卷中，一为律吕本原，共十三篇：黄钟第一，黄钟之实第二，黄钟生十一律第三，十二律之实第四，变律第五，律生五声图第六，变声第七，八十四声图第八，六十四调图第九，候气第十。审度第十一，嘉量第十二，谨权衡第十三。一为律吕征辨，凡十篇：造律第一，律长短围径之数第二，黄钟之实第三，三分损益上下相生第四，和声第五，五声大小之次第六，变宫，变征第七，六十调第八，候气第九，度量权衡第十。元定之说，多截竹以拟就黄钟之管，皆即以其长权为九寸，而度其围径如黄钟之法。更迭以吹，则中声可得；浅深以列，则中气可验，所以截管之法则必须本于候气。《四库全书总目》对元定诸说多有驳难，如谓候气之说最为荒渺；以圆田术起算黄钟积实，失之太大；黄钟六变，律不与本均之声相应，而不知当用清声；二变不可以为调，而不知二变之调具足五音。纵观全书，元定对五声、黄钟之宫、黄钟之长、黄钟之积、十二律，三分损益、二变声等古乐学原理作了系统分析与阐述，间或有所失当，亦在所难免，并不可求全责备。此书为奠定中国古代乐学理论贡献颇多，如元定倾力探讨了音律中的旋宫问题，首次提出了十八律的理论，用以解决古代十二律旋宫后的音程关系与黄钟宫调不尽相同的问题。这一理论，又被称作蔡氏律，对南宋以后乐学的发展，有很大的影响。

关于曹廷栋的《琴学》，原书不可见，据清代周中孚《郑堂读书记》卷四九记载:“《琴学》内篇一卷、外篇一卷。乾隆庚午刊本。国朝曹廷栋撰。廷栋,字六吉,嘉善人。四库全书存目。六吉以记传所载说琴者,固多求其能得声律,自然之应与夫徽弦制作之原者,竟不一觏。因凭器审声,撰成是书,分内外二篇。内篇分:明律、明声、变律、半律、还宫、取应、定声、审度、制弦、定徽、辨徽、原徽、定弦、律位、声位、辨变、泛律、原泛、立调、分调、调弦、谱辞二十二目;外篇分:论弦、论徽、论律、论调四目。其内篇以律合琴,即以琴证律,而知正律之外必有变律,还宫五声,必取半律,实出于琴声清浊之自然。而与蔡氏《律吕新书》互相发明,其以十分定半律,以九寸为虚数,则与蔡氏之说微有不符。至于取应,必兼三节定徽俱出均分制弦,则巨细同归,律位则分寸各具。似此之类,则又六吉之所独得也。外篇皆荟萃古今琴说,而以己意按其是非,以明其理,之必然与其用之变化,盖亦自成其为一家之学,而已前有例说一篇,即可以当自序。”①

康熙的《律吕正义》,最主要的是“康熙十四律”理论。有学者对此研究后认为:“只要懂得笛律,懂得中国箫笛制作演变的历史过程,研究过民间旧式均孔箫笛的转调方法和转调过程中音律变化情况的,就不难发现,康熙十四律乃是对朱载堉异径管律的挑战和剽窃。继康熙帝的管律理论之后,又有徐寿所谓的‘律管实验’、何梦瑶为阐述《律吕正义》而撰写的《赓和录》。这些‘理论’乃出自康熙十四律,因此必然是伪科学。”但是,由于是御制,何梦瑶等研究音律的学者必然去维护,不敢质疑其权威。

福增格则以《律吕正义》为正宗,认为:“嘉善曹君廷栋所著《琴学》一书,服共淹贯,顾仍沿旧说,主一弦为黄钟,仲吕在十徵右,终

① 周中孚:《郑堂读书记》卷49,北京:北京图书馆出版社,2007年,第969页。

属可疑,因以责之。"[①]为《赓和录》校对并作跋的何淙也发现《律吕正义》的问题,他在跋中说:"……淙窃有所疑焉,《正义》谓五音虽以三分损益取数,然依此以为箫笛孔,则不协,当变通之合阳律阴吕所得,度分折中取孔。西池又谓,当更变通。如今俗乐箫笛各孔,相去画一,其说可疑。以质福公,公曰,尝思之矣,律与历同源,日月有平行,有实行。平行如今箫笛孔之相去画一,实行如三分损益,各孔之相去不齐要之,实行由人目所见,有盈缩而,日月本平行无盈缩耳。因取所著《古音新解》一书,以示淙,盖配人工尺等字,以写琴声,其意固无西池合也。时俗箫笛,按字求音,无有弗协。"[②]

《赓和录》被收入《四库全书总目》。《四库全书总目》和《清文献通考》均对《赓和录》作了类似评价,认为何梦瑶"尚未能推阐御罅之精微,以纠正流传之舛误"。《四库全书总目》卷三九《经部三十九》:"《赓和录》二卷,……是书恭录圣祖仁皇帝《律吕正义》为述要上下二卷,又以所纂蔡氏《律吕新书》训释,曹廷栋《琴学纂要》附入下卷。谨案:正义所论琴律,据《管子》、《白虎通》诸书,以大弦为倍征,三弦为宫,与诸家云一弦为宫者迥异。蔡、曹二书尚仍旧说,梦瑶依文训释,尚未能推阐御罅之精微,以纠正流传之舛误也。"[③]《清文献通考》卷二一七《经籍考》:"《赓和录》二卷,……是书恭录圣祖仁皇帝《律吕正义》为述要上下卷,末附所纂蔡氏《律吕新书》训释,曹廷栋《琴学纂要》二篇。诸家论琴律,皆云一弦为宫。蔡、曹二书亦仍旧说。恭读御定《律吕正义》本《管子》、《白虎通》诸书,以大弦为倍征,三弦为宫,与诸说迥异。梦瑶未能据正义,以纠流传之

① 福增格:《赓和录序》,何梦瑶《赓和录》,《丛书集成初编》,第1页。

② 何淙:《跋》,何梦瑶《赓和录》,《丛书集成初编》,北京:中华书局,1985年,第314页。

③ 《四库全书总目》卷39《经部三十九》,北京:中华书局,1965年,第659页。

误，则亦乌能推阐圣制之精微乎。”[①]

清代比较科学地阐述管口校正理论的，就是曹廷栋。这反映在他所著的《琴学》一书中。可惜曹的管口校正理论由于同《律吕正义》相悖而未能广为流传。《四库提要·子目·艺术类存目》对曹廷栋《琴学》评论道：“内篇论琴律正变倍半之理，外篇则荟萃古今琴说，而以己意断其是非。”[②]评价并不高。何梦瑶发现曹廷栋的《琴学》与《律吕正义》并不一致：“兹得曹书参核，真快事也。其书规模蔡书，分内外二篇，折衷前贤琴论，其说甚辨，而于《正义》似有未合者。《正义》本管子、淮南子之说，以琴三弦为宫，而曹以一弦为宫；管律生声之理，《正义》谓气旋折出至管口即得声，而曹谓出管口尚须加分乃得声，此其不合者也。然既旋相为宫，则一弦、三弦无非宫矣，弦音全半，相应管则下一律乃相应。固无异说，则亦不害其为同矣。”[③]其中曹廷栋所谓“出管口尚须加分乃得声”值得注意，曹廷栋对于“管律生声之理”，同瑞利（Lord Rayleigh，1842—1919）对管口校正理论的解说竟出一辙，何梦瑶获得《琴学》的时间是乾隆十六年（1751），早于瑞利出生90年。当然因为《赓和录》只是收入曹廷栋《琴学》的内篇，《琴学》外篇的（论弦、论徽、论律、论调四目）现在无从查考，所以还不能说曹廷栋把“出管口尚须加分乃得声”上升到管口校正理论的高度。[④]

自古律吕之学，由数开始。故《汉书·律历志》谓“一曰备，二曰和声”[⑤]，然后是度、量、衡，以配天地之运行，岁月之终始。而《后

① 《清文献通考》卷217《经籍七》，杭州：浙江古籍出版社，1988年，第6800－6801页。

② 《文津阁四库全书提要汇编》，《艺术类存目》，北京：商务印书馆，2006年。

③ 何梦瑶：《赓和录》，第3－4页。

④ 陈正生：《我国历代管口校正研究述评》，《交响：西安音乐学院学报》1997年第3期。

⑤ 班固：《汉书》卷21上《志第一上·律历上》，北京：中华书局，1962年，第955页。

汉书·律历志》亦言:“夫一、十、百、千、万,所用同也;律、度、量、衡、历,其用别也。”[①]可见律吕乃数之用,以分声之清浊。又云:“夫音生于阴阳,分为十二律,转生六十,皆所以纪斗气,效物类也。天效以景,地效以响,即律也。”[②]律吕之学虽然汉元帝时有京房言六十律三分损益法,但到东汉后期已无人定弦缓急,辨声清浊。宋蔡元定《律吕新书》,据《四库全书简目》称,虽然“大旨皆拘于古法”,“而不通算术候气之说,尤万不可行”,只限于理论上的探讨。所以,《明史·乐志》说:“盖学士大夫之著述止能论其理,而施诸五音六律辄多未协,乐宫能纪其铿锵而不晓其义,是以卒世莫能明也。”[③]

惠士奇对于音律亦有所研究,曾撰《琴笛理数考》四卷,其略云:“十二律黄钟至小吕为阳,蕤宾至应钟为阴。阳用正,而阴用倍。蕤宾长,小吕短。黄钟中自古相传之旧法也。晋永嘉之乱,有司失传,梁武帝始改旧法。黄钟长,应钟短,小吕中。由是阳正、阴倍之法绝。汉魏律笛,小吕一均之下,征调黄钟为宫,有小吕无蕤宾,故假用小吕为变征。黄钟笛之黄钟,宫为正宫。小吕笛之黄钟,宫为下宫。征最小,而以为宫,故为下宫。隋郑译遂以黄钟正宫当之,擅去小吕,用蕤宾以附会先儒宫浊羽清之说。夫宫浊羽清者,指下征调而言,译改为正宫,是以历代之乐皆患声高。隋唐以来,惟奏黄钟一均,而旋宫之法废矣。古法尽亡,独存于琴笛,笛孔疏密,取则琴晖。琴之十二律起于中晖,笛之七音生于宫孔。黄钟笛从宫孔,黄钟始一上一下,终于蕤宾。琴自中晖,黄钟始一左一右,终于十晖。”[④]何梦瑶亦应受惠师的影响而研究音律。

---

① 范晔:《后汉书》卷91《志第一·律历上》,北京:中华书局,1965年,第2999页。

② 范晔:《后汉书》卷91《志第一·律历上》,第3016页。

③ 《明史》卷61《志三十七·乐一》,北京:中华书局,1974年,第1499-1500页。

④ 钱大昕:《惠先生士奇传》,《潜研堂文集》卷38,第26页a-26页b。

至康熙五十二年(1713 年)《律吕正义》问世,《四库全书简目》倍加称赞,谓:“皆积算析乎毫芒,叶奏通乎造化,所谓金声玉振,集万古之大成。”[①]似乎律吕之学最为完备。何梦瑶是在《律吕正义》问世 38 年之后(1751),学习了惠士奇的《琴笛理数考》而作《赓和录》的,为“述其大要”,只能以《律吕正义》为准绳,即使参以己意,也是依据《正义》指摘曹廷栋《琴学》“似有未合者”,并说《宋史·燕乐书》之“种种谬误,不可从”,以及批驳刘辰翁祖郑樵之说,“谓笙诗无辞”;或者注解五声二变施于管律与施于弦度者何以不同;如此等等。我们不应责备何梦瑶在《赓和录》中创见不多,而应充分肯定何氏通音律、乐学,并将之教授书院弟子,这是一般山长做不到的。此外,何梦瑶“恭录”御定之书,将宫、商、角、徵、羽五音,与工、凡、六、乙、上等工尺谱之声调相配,使古乐与今乐相对应、理论与管弦相一致,使“下学上达”得以贯通。所以,福增格在《赓和录》序中说:“仆窃嘉叹,何君之勤于学也。尝论音律之奥,断非臆解所能,必究其理,习其器乃克精覼毕贯。而儒者不与伶工亲,则悬空谈理,茫无考据。伶工不从儒者游,则徒抱遗器,罔识源流,朱子谓季通不能琴,只是思量得不知弹出,便不可行。龟兹琵琶不得中华引申,岂知十二律吕皆可旋转,今乐犹古,四上即是宫商,五旦原同七调。下学上达,一以贯之耳。何君少日工琴,老而好学,非空疏者可比。书简而明,足为后学指南。”[②]有此评价,亦非虚誉。

① 《四库全书简明目录》,北京:商务印书馆,2005 年。

② 福增格:《赓和录序》,何梦瑶《赓和录》,第 1 -2 页。

结　语

何梦瑶(1693—1764)是康乾时期典型的广东士人。生于南海水乡,自幼接受宗族启蒙和私塾教育,成人后经历教书、习医与做官的过程。二十九岁入惠士奇门下,三十八岁考中进士后,宦海沉浮十九年,游历南北,几任正堂,擢居府臣。其远游、交往者,多限于五岭。辞官回乡,执掌粤秀、端溪、越华书院,位至山长,饮誉学林,乾嘉五岭深被其学风。总揽何梦瑶诸种著述,涵括医学、经学、算学、音律、诗学等等。既熟知经史,也接触新近西学,可谓驳杂纷呈,异于一般正统士人。观其一生,彰显出传统士人耕读、荣辱、进退的空间与张力。本研究基于何梦瑶家世、科考、仕宦、交游、著述的考证、梳理和辨析,旨在以何梦瑶为中心,通过对康乾时期广东士人个体以及其所处社会背景的分析,窥探同时期广东士人群体与社会的特征,揭示康乾时期广东地方社会与文化的特殊面相,以达到知人论世的研究目的。

以何梦瑶为个案的研究，从微观角度看，有其个体特点；但是从中观角度看，仍然属于惠门弟子群体一员，反映了群体的特征；而从宏观角度看，何梦瑶是康乾时期广东士人耕读进退的典型，其经历与交往反映出清代康乾时期广东社会士大夫的一般性特点。下面分别从微观、中观、宏观三个层面分述之。

一、微观层面

何梦瑶作为独特的个体，呈现与其他士人不同的生活、社会、学术和思想历程。一是身份独特。何梦瑶亦医亦官亦师，堪称儒医，在医学上很有建树。二是经历独特。何梦瑶跟随惠士奇学习六年，成为广东著名的“惠门八子”之一，这一经历对其日后交往与学术思想影响甚巨；何梦瑶宦游十九载，廉洁正直，依法判案，革除旧弊，正风化俗，虽受排挤，但颇有政绩；辞官之后任书院山长十余年，与杭世骏、张汝霖、罗天尺、苏珥、耿国藩、汪后来、吴绳年、彭端淑、福增格等当时社会名流广为交往，形成了以何梦瑶等为中心的社会交往网络。三是思想独特。何梦瑶在青年时代，一如清代大多数读书人一样，深受传统儒家思想熏陶，有着修齐治平的理想，以及“不为良相，即为良医”的经世致用的态度；受教惠士奇后，对于汉学功夫有所用心，于科举更是倾力为之。雍正八年中进士后，怀抱经世济民的理想，但因为受到官场排挤和生活贫困的双重压力，而对官场心灰意冷，转而逐渐专注于医学、诗词、算学等方面的研习。晚年辞官之后，课士授徒，思想上自我反省（当然囿于朝廷在思想上的禁锢），把追求学术至更深更广的领域（如对庄子、易学、音律等方面的研究)作为自我完善的动力。

二、中观层面

何梦瑶属于惠门弟子群体一员,反映了群体的特征。何梦瑶等人诗文之中多次提及"吾党"。如何梦瑶序劳孝舆《春秋诗话》有言:"俾孝舆半生心血不致泯灭无传,且使读是书者知孝舆之善言诗,因以知孝舆之工于诗。不特孝舆之幸,亦吾党之光也。""吾党工诗者素推罗履先,仆与劳孝舆、陈圣取、苏瑞一皆不及。"[①]劳孝舆序《瘿晕山房诗钞》亦言:"鳍门夫子视学吾粤,以古学为斯文倡。吾党二三子若罗子履先、陈子海六、何子赞调、陈子圣取、苏子瑞一辈皆从之游。"[②]值得注意的是,何梦瑶、劳孝舆所谓"吾党"一方面不是诸如东林、复社等晚明时期颇具政治性的结社[③],另一方面也不是清末新型知识分子汇聚而成的"公共领域"。通过何梦瑶及其交往的个案分析,我们可以发现,康乾时期惠门弟子的交往无论是内容、形式,还是场域、效应,都是典型意义上传统士人的往来。[④] 惠门交往构筑在师生关系、同门情谊之上,随着个体身份与活动空间的转换,交往范围不断随之变化、扩展,显示出一定的积聚性与扩散性。何梦瑶在外宦游与回乡执教期间,其交往建构在同年、同僚乃至同好等情感因素的基础之上,交往内容多表现为雅聚、唱和、冶游、互访等等,总体而言依然停留于传统士人交往的范畴之内。同时,与晚清时期出现诸如报纸、学会、现代公园等新型媒介形态催生

---

① 何梦瑶:《春秋诗话序》,劳孝舆《春秋诗话》,第 506 页上。

② 劳孝舆:《瘿晕山房诗钞序》,道光《广东通志》卷 198《艺文略十》,第 3287 页上。

③ 参见何宗美《明末清初文人结社研究》,天津:南开大学出版社,2003 年。

④ 参见方平《晚清上海的公共领域(1895—1911)》,上海:上海人民出版社,2007 年。

出所谓"公共空间"不同，何梦瑶所生活的康乾时期虽然西学已经大规模输入，但基本停留在绘画、医药、天文等器物层面，政治思想、制度规范乃至哲学观念的系统输入则相对稀缺和滞后。何梦瑶及其广东士人虽然接触到西学，但其接触面、接受深度极为有限。由此可知，所谓惠门弟子群体的"吾党"，本质是构建在血缘、地缘、业缘等要素之上松散的传统社会群体。何梦瑶的交游也主要集中于惠门弟子群，而惠门又以"惠门八子"为主干，由惠门诸子及再传弟子组成。从其成员地域分布来看，是以南海、番禺、顺德为中心的广府文化区为主。广府文化区自明代以来，都是广东政治、经济和文化的中心，在康乾时期出现这些社会精英也是经济兴盛和文化传承的必然。

广东惠门由康熙末年起形成，至乾隆中期，历时四十多年。经过形成、发展、延续、重聚等阶段。总体来说，惠门组成的群体有以下特点：一是继承了传统士大夫群体交往的习行，以文酒诗会，讨论科举为主。二是组织结构相对松散。惠门不是一个完整固定的社会群体，一方面与康乾时期朝廷对士人结社的严厉控制有关，他们自觉或不自觉地去政治化也是时势之必然，另一方面与康乾时期岭南社会士人的风气有关，由明代广东前后"南园五子"延续的诗社，基本上是吟风弄月的文人聚会，何梦瑶、罗天尺诗歌中经常缅怀南园五子，惠门实际上从心态到表现都是希望达到南园五子的高度和影响。三是交往地域的区域性，基本局限在广东范围之内。虽然陈世和、何梦瑶、劳孝舆分别出粤宦游，但是惠门活动的中心仍然在广东，只是在这段时期，惠门活动分散化了。四是群体的包容性强。由于群体松散，凡是进入群体个体交往范围的"新人"较易于被群体所接纳，如杭世骏、彭端淑、张汝霖等等。五是群体交往的多元化。由于惠门成员职业、经历、学术兴趣不同,形成对群体外部多元化的交往对象和交往方式。惠士奇在粤构筑的社会网络为惠门对外交往打下基础,惠门以惠士奇为“旗帜”,在岭南树立了醒目的标识,这是当时社会名流愿意与惠门来往的首要理由。六是从交往圈层来看,惠门交往涵盖师门交往、官宦交往、书院交往,并因广东经济的兴盛,开放度较高,故士、商交往以及对西学的吸纳尤其显著。

三、宏观层面

何梦瑶是康乾时期广东士人耕读进退的典型,其经历与交往反映出清代康乾时期广东社会士大夫的一般性特点。广东僻处五岭之南,远离政治中心。一方面与正统之间存在着疏离感,另一方面正是基于这种疏离,地方与中央之关系极为暧昧,地方文化正统化实为中央之努力,亦为地方奋斗之方向。[①] 惠士奇督学广东,播经传之正统,得数十“南海明珠”,何梦瑶居其前列,名扬五岭。惠氏之功在于弥合传统岭南文化与中央文化的差距,使之纳入正统官学轨道,开创了康乾时期广东文化的新气象。何梦瑶其人以及惠门的知识构成,可以成为我们剖析清代广东地方文化与社会的一则标本。我们可以从中窥见其时广东地方社会与文化的一些基本面相。何梦瑶时在清代中期,处于陈白沙兴讲学风之后,阮元督粤创设学海堂之前,虽然就全国范围而言,其影响力实际有限,但是就广东地方社会而言,有重要影响,易形成地方性知识框架的重要部分。虽然

① 笔者尝研读《岭南古史》(胡守为著,广州:广东人民出版社,1999年)、《在国家与社会之间》(刘志伟著,北京:中国人民大学出版社,2010年)、《地域文化与国家认同:晚清以来“广东文化”观的形成》(程美宝著,上海:上海三联书店,2006年),三者皆分析了广东地方文化正统化问题。

惠士奇致力于推广经学，但从清代朴学的发展标准来看，屈大均之后广东学术衰落，直至阮元推动广东朴学发展，由此开辟了广东学术发展阶段。科大卫指出：这一时期广东学术的发展，只能说朴学这个学术潮流并没有席卷广东，主要是由于以书院为中心的知识领域，自觉地沿承了宋学的学术传统。因此，在这种传统的影响下，个别的学者在医学、算学等专门领域中大展拳脚。大约惠士奇来粤之际，伴随着政治形势的丕变，18 世纪 30 年代广东的文化学术出现裂变，“之后一代的广东文人，均自视为广东学政惠士奇的门生，而非明遗民的门生”。当然这种学风变化并非暴风骤雨式，而是潜流涌动。之所以如此，是因为“惠士奇后来被誉为常州学派朴学的中坚，常州学派在江南的确如日中天，但惠士奇的广东门生似乎没有在朴学方面做出多少成绩”，“惠士奇的广东门生，虽然奉行汉学，却也继续拥抱汉学的敌人宋学，服膺宋儒朱熹的教导”[①]。

广东与中央文化上的疏离，导致经学在粤始终不得昌盛，直至“扮演了总结 18 世纪汉学思潮的角色”[②]的阮元督粤，创设学海堂，经学方得起色。朱次琦、陈澧、康有为、梁启超、陈垣等辈继出，南学遂兴。故而，一代史学大师陈寅恪亦慨叹：“中国将来恐只有南学，江淮已无足言，更不论黄河流域矣。”[③]朱维铮先生关于明清广东学术也曾给出概观性的评述：“以粤海地区为重心的广东学术，在明代曾走向繁荣。出过王学的先驱陈献章，出过同王守仁抗衡的湛若水。从利玛窦于 1580 年进入广东，这里又成为同近世西方文化接触最早的地区。但 17 世纪后期清帝国经过反复征服终于控制整个

① 科大卫：《皇帝和祖宗：华南的国家与宗族》，第 288 –289 页。

② 侯外庐等：《中国思想通史》，北京：人民出版社，2011 年，第 577 页。

③ 陈智超：《陈垣来往书信集》，上海：上海古籍出版社，1990 年，第 377 页。

广东以后,这里的学术文化,非但没有随着战争的过去而恢复元气,相反似乎每况愈下。康熙末年,经学家惠士奇任广东学政,甚至寻访不到可充乡士楷模的'能文'之士。直到号称学术繁荣的乾隆时代末期,情形并未改变。""广东学术重有起色,转换点应说是阮元督粤。""广东学术稍成气候,已在鸦片战争以后。有'会通'特色的代表人物,一是朱次琦,一是陈澧。"[①]陈寅恪、朱维铮所言皆表明,广东地方文化至晚清及近代终于得到全国性的认可。

近来有学者提出,知识分子的社会文化史,是21世纪以来一个全新的研究路径,特别值得重视。这一研究路径重点考察的是知识分子在特定的社会语境和关系网络中,如何产生知识分子共同体,如何相互交往,影响和建构社会公共空间和关系网络。[②] 从这个意义上说,本研究从康乾时期的广东珠江三角洲地区的社会环境出发,重点考察了何梦瑶及惠门与社会的相互交往,逐渐产生的群体(亦可视为"知识分子共同体"),讨论了这一群体对社会的影响和建构。当然正如前面所说,惠门本质上仍然是传统意义上的士大夫群体,属于从乡村知识分子到都市知识分子过渡的最初形态。

---

① 朱维铮:《求索真文明——晚清学术史论》,上海:上海古籍出版社,1996年,第44-46页。

② 许纪霖等:《近代中国知识分子的公共交往:1895—1949》,上海:上海人民出版社,2008年,第2-8页。

附录一
何梦瑶年谱

何梦瑶,字赞调,一字报之,号西池,晚自号砚农,清广东南海县云津堡大沙村人(今广东省佛山市南海区西樵镇崇北村下坊自然村)[①]

下笔蕴藉,欲言者无罪,闻者足戒,以合于风人之旨。[②]

诗节安以雅,辞丽以则,杂曼倩之诙嘲,兼灵均之哀怨。其无本甚远,而畦径则甚夷。[③]

---

① 《清史稿》卷485《列传二七二》载:"何梦瑶,字报之,南海人。"《清史列传》:"国朝二百年来,粤人论撰之富,博极群书,精通艺术,未有逾梦瑶者。"《粤台徵雅录》注解称:"何西池,名梦瑶,字赞调,一字报之。"光绪《广州府志》卷128:"何梦瑶,字报之,(南海县)云津堡人。"何之蛟在《乐只堂人子须知序》言:"先君解组投林,舌耕糊口,取号砚农。"参见何之蛟《乐只堂人子须知序》,何梦瑶《乐只堂人子须知》,广州:广东科技出版社,2011年,第13页。

② 苏珥《春秋诗话序》:"报之下笔蕴藉,欲言者无罪,闻者足戒,以合于风人之旨。"

③ 杭世骏《匊芳园诗钞序》:"今来南海,南海诗人之薮也,而何监州报之为之魁。报之之诗,节安以雅,辞丽以则,杂曼倩之诙嘲,兼灵均之哀怨。其无本甚远,而畦径则甚夷。"

诗炼不伤气，清不入佻，中藏变化，不一其体。名贵卓炼，大异于词。文行并优。[①]

为人明白，勤慎小心，克称厥职。[②]

博通诸艺。能医，尤其笃嗜而专精者也。[③]

博古知今。[④]

其竹枝词清新雅隽，不减前人。[⑤]

博雅好古，勤于学。少日工琴，老而好学。[⑥]

有绝学程朱绍之咏，其论虽未知确否，而要非章句之儒所能逮也。[⑦]

出入白、苏间，略为生色，然较之五子、三家，风斯下矣。[⑧]

论诗谓：青莲独擅千古，子美未应齐名。则近于翻新好奇矣。[⑨]

著述等身，旁通百家，虽医宗、算法亦有成书。[⑩]

---

① 罗天尺《匊芳园诗钞序》："报之炼不伤气，清不入佻，中藏变化，不一其体。……报之之诗，名贵卓炼，大异于词，可谓善变者矣。"

② 据《清代吏治史料》金铁《请以学习进士何梦瑶补授岑溪县知县》："臣查学习进士何梦瑶为人明白，署理县务一年有余，勤慎小心，克称厥职。"

③ 赵林临《医碥·赵序》："予友何君西池，年三十八始成进士，其成晚，故得博通诸艺。能医，尤其笃嗜而专精者也。"

④ 吴绳年序乾隆《肇庆府志》："端溪山长何君报之，博古知今，日夕商榷，至是有事编羼，发凡起例，补缺计讹，悉以付之。何君年不敏操笔，以从其后。……"

⑤ 彭端淑《雪夜诗谈》卷下："何报之梦瑶，粤东名宿。余至肇始得订交。读其竹枝词，清新雅隽，不减前人。他诗……皆佳句也。"

⑥ 福增格《赓和录序》："兹官广州，得交越华山长何君报之，博雅好古之士也，留心乐律，……何君少日工琴，老而好学，非空疏者可比。"

⑦ 劳潼《粤台徵雅录序》："何西池前辈亦有绝学程朱绍之咏，其论虽未知确否，而要非章句之儒所能逮也。"

⑧ 檀萃《楚庭稗珠录·诗社》："何西池梦瑶《匊芳园集》，出入白、苏间，略为生色，然较之五子、三家，风斯下矣。"

⑨ 张维屏《国朝诗人征略》卷26："（何梦瑶）其生平论诗谓：青莲独擅千古，子美未应齐名。则近于翻新好奇矣。"

⑩ 黄培芳《香石诗话》卷4："惠门八子罗石湖外，则有南海何西池监州，梦瑶著有《匊芳园诗钞》，其他著述等身，旁通百家，虽医宗、算法亦有成书。"

学甚博，而才能敛。[①]

治狱明慎，宿弊革除，有神君之称。富于著述，旁通百家而尤以诗名。[②]

谳疑狱命案，摘发奸凶，出人意表。博学多通。[③]

学通百家，无所不精。生平撰述最富，诗文并有法度，以余事为词曲、声调悉谐节拍，尤讲医理洞通算法，并能推衍前人成矩。[④]

性长于诗，兼通音律、算术。[⑤]

粤东医界古今第一国手。[⑥]

康熙三十二年癸酉（1693）　何梦瑶一岁

何梦瑶为大沙何氏第十六代。[⑦]

祖父名何亘明。父亲名何体严。[⑧]

按：文林郎乃正七品文官所授散官名，何梦瑶雍正十一年初授

---

① 温汝能《粤东诗海·例言》："何西池学甚博，而才能敛。罗石湖才颇大，而气不嚣。惠门八子，是为铮铮。"

② 道光《广东通志》卷287："（何梦瑶）出宰广西，治狱明慎，宿弊革除，有神君之称。……富于著述，旁通百家而尤以诗名。"光绪《广州府志》卷128《列传十七》："梦瑶治狱明慎。义宁民梃伤所识，夺其牛。梦瑶援新例，论戍。巡抚驳改大辟。三驳不从。巡抚怒，牒部请决。部如梦瑶议。上官自是服其能。"

③ 道光《南海县志》卷39《列传八》："其谳疑狱命案，摘发奸凶，出人意表，类如此。以故六任州县，刁悍敛迹，讼狱衰歇。梦瑶博学多通，宰岑溪日，大吏以鸿博荐，不就。"

④ 梁廷枏《粤秀书院志》："学通百家，无所不精。乾隆庚午主讲席，既又迭主端溪、越华院。生平撰述最富，诗文并有法度，以余事为词曲、声调悉谐节拍，尤讲医理洞通算法，并能推衍前人成矩。"

⑤ 《清史稿》卷485《列传二百七十二》："（何梦瑶）性长于诗，兼通音律、算术。"

⑥ 两广图书局主人《汇刻何梦瑶先生医方全书全书序》："何公报之，为粤东医界古今第一国手。"

⑦ 据何梦瑶《壬午联寿序》载："瑶时与青松叔、东郊弟同受业卜俞师。"而宣统《大沙深巷何氏族谱》称："十六世东郊公，讳迎春，字昌时，广振公次子。"何称"东郊弟"，故可确定何梦瑶是大沙何氏的第十六代。

⑧ 光绪《广州府志》卷58《选举表二十七》："何亘明以孙梦瑶貤赠文林郎。""何体严以子梦瑶赠文林郎。"

广西义宁知县(七品),乾隆十年升任奉天辽阳知州(六品至从五品)。由此可知,最迟至乾隆十年(1745),何梦瑶祖父和父亲已去世。

有一胞弟何宣调。[①]

按:《哭宣调弟》自注有:"予令粤西,委弟幕事"、"予移辽阳,弟以远不行。"可知宣调随梦瑶入广西幕,因乾隆十年冬何梦瑶迁辽阳知州,故乾隆十年冬后宣调回乡。何梦瑶从乾隆十一年至乾隆十四年任辽阳知州,而《哭宣调弟》正作于辽阳时期,故宣调去世于乾隆十一年至乾隆十四年之间。

至少有三子:次子为何之蛟;其中有一子名鹄儿;第三子佣于粤西,死于酷吏诬陷。[②]

有一孙阿黄。[③]

有一曾孙名何清臣。[④]

何梦瑶交游中年岁可考者:

胡方(字大灵,号金竹)四十岁。[⑤]

惠士奇(字天牧,一字仲孺,晚号半农,人称红豆先生。)二十

① 何梦瑶《匊芳园诗钞》卷6《鹤野集》,《哭宣调弟》。

② 何梦瑶去世后,何之蛟曾为父亲何梦瑶《人子须知》作序:"先君解组投林,舌耕糊口,取号砚农,教人以行为先。"据何梦瑶《匊芳园诗钞》卷6《鹤野集》,《除夕鹄儿索金压岁书一钱字与之》:"孔方于我分无缘,实汝空囊别有钱。莫道充饥同画饼,须知一字值金千。"又据罗天尺《瘿晕山房诗删》续编《苦哉行》之序:"何十报之罢官贫甚,三郎佣于粤西,为酷吏诬陷以死,作此伤之。"

③ 辛昌五《医碥序》云:"予尝过其家,老屋数椽,仅蔽风雨,琴囊药里,外无长物。有数岁儿,破衣木履,得得晴阶间,遽前揖人,婉娈可爱。问之,则其孙阿黄也。"

④ 王福报:《乐只堂人子须知序》,何梦瑶《乐只堂人子须知》第6页有:"其曾孙清臣,惧其未成书者之易于散失也,于《人子须知》一集,录而存之,次为若干卷。"

⑤ 据《岭南学术百家》,胡方(1654—1727)。

三岁。[①]

汪后来(字白岸,号鹿冈)二十岁。[②]

罗天尺(字履先,号石湖)八岁。[③]

康熙三十三年甲戌(1694)　何梦瑶两岁

康熙三十四年乙亥(1695)　何梦瑶三岁

是年杭世骏(字大宗,号堇浦)生。

康熙三十五年丙子(1696)　何梦瑶四岁

是年陈世和(字圣取)生。[④]

是年劳孝舆(号阮斋,又号巨峰)生。[⑤]

康熙三十六年丁丑(1697)　何梦瑶五岁

康熙三十七年戊寅(1698)　何梦瑶六岁

幼学于宗族私塾,师从何玉枚、何翰先,与何迎春、冯相同学。[⑥]

康熙三十八年己卯(1699)　何梦瑶七岁

是年苏珥(字瑞一,号古侪、睡逸居士)生。[⑦]

康熙三十九年庚辰(1700)　何梦瑶八岁

康熙四十年辛巳　(1701)　何梦瑶九岁

---

① 据杨超曾《翰林院侍读学士惠公墓志铭》:"公生康熙十年辛亥八月,得年七十有一。"

② 据朱万章《粤画访古》中《汪后来与"新安画派"》,汪后来(1674—1752)。

③ 据《五山志林序》:"乾隆辛巳中秋日,书于石湖之鸡庋轩,时年七十有六。"可推出罗天尺生于1686年。

④ 据《粤东诗海》,陈世和(1696—1733)。

⑤ 据袁行云《清人诗集叙录》转录劳济《先明府诗钞纪后》:"乙丑(乾隆十年)病作,令济等护眷回粤,至临终皆在籍,不得视饭含焉。"而劳孝舆享年五十,故生卒年当为(1696—1745)。

⑥ 据宣统《大沙深巷何氏族谱》卷1《艺文》何梦瑶的《壬午联寿序》:"瑶时与青松叔、东郊弟同受业卜俞师。"《大沙深巷何氏族谱》卷1《善录》:"十六世东郊公,讳迎春,字昌时,广振公次子。性明敏,有志读书。少年与南房西池公、冯子达公同肄业。当时有三龙之目。"冯相,号达公。何梦瑶《匊芳园诗钞》卷1《煤尾集》有《冯相本传》。

⑦ 据《粤东诗海》,苏珥(1699—1767)。

康熙四十一年壬午(1702)　何梦瑶十岁

颖悟绝伦,十岁能文。[①]

此前受业于族兄何玉枚(字卜俞)。[②]

是年冯成修(字达天,号潜斋,)生。[③]

康熙四十二年癸未(1703)　何梦瑶十一岁

康熙四十三年甲申(1704)　何梦瑶十二岁

康熙四十四年乙酉(1705)　何梦瑶十三岁

十三工诗,即应童子试,屡考辄落。与宗侄何简元一起从学麦易园。[④]

康熙四十五年丙戌(1706)　何梦瑶十四岁

康熙四十六年丁亥(1707)　何梦瑶十五岁

康熙四十七年戊子(1708)　何梦瑶十六岁

是年惠士奇乡试解元。[⑤]

康熙四十八年己丑(1709)　何梦瑶十七岁

是年惠士奇成进士。[⑥]

---

① 据道光《南海县志》卷39《列传八》:“(何梦瑶)颖悟绝伦,十岁能文。”

② 据何梦瑶的《壬午联寿序》:“瑶时与青松叔、东郊弟同受业卜俞师。”

③ 据《岭南学术百家》,冯成修(1702—1796)。

④ 据道光《南海县志》卷39《列传八》:“(何梦瑶)十三工诗,即应童子试,屡考辄落。”又据《哭麦易园师》其五有注:“予年十三从师学,今五十六矣。”又《故山用陆放翁韵》其三有注:“少时从学禅山,师麦易园,馆课甚严,不得弈棋、饮酒。”又据《大沙深巷何氏族谱》卷1《善录》:“十七世朴斋公,名简元,字南最。性聪敏,好读书,有文名。少与南房西池公从麦易园先生游,易园先生器重之。”

⑤ 钱大昕《潜研堂文集》卷38《惠先生士奇传》:“(惠士奇)戊子举乡试第一。”

⑥ 钱大昕《潜研堂文集》卷38《惠先生士奇传》:“(惠士奇)戊子举乡试第一。明年成进士。”

康熙四十九年庚寅(1710)　何梦瑶十八岁

开始私塾教书。[1]

少时,妻子仆婢财十数人,有田数十亩,足供饘粥,意兴甚豪。[2]

按:何梦瑶在其诗文中从不提及其妻,颇与当时文人习惯相左。清初之屈大均、同学罗天尺以及稍晚一辈的黎简等广东名流,均有大量诗歌等文字提及妻,何氏不提,不知何故。

康熙五十年辛卯　(1711)　何梦瑶十九岁

康熙五十一年壬辰(1712)　何梦瑶二十岁

康熙五十二年癸巳(1713)　何梦瑶二十一岁

康熙五十三年甲午(1714)　何梦瑶二十二岁

康熙五十四年乙未(1715)　何梦瑶二十三岁

康熙五十五年丙申(1716)　何梦瑶二十四岁

康熙五十六年丁酉(1717)　何梦瑶二十五岁

康熙五十七年戊戌(1718)　何梦瑶二十六岁

是年沈奇玉开粤台古迹八咏诗社于白燕堂。吴世忠白燕堂社列之十一。[3]

康熙五十八年己亥(1719)　何梦瑶二十七岁

为巡抚署掾属三个月。[4]

---

① 据罗天尺在《秋日送何赞调十弟试用桂林》有言"廿年讲学西樵洞",说明何梦瑶在考中进士之前,是教了二十年左右的书。何梦瑶是雍正八年(1730)进士,时年三十八岁;即,何梦瑶大概从十八岁的时候就开始入私塾教书。

② 辛昌五《医碥序》:"西池少时,妻子仆婢财十数人,有田数十亩,足供饘粥,意兴甚豪。"

③ 据《粤台徵雅录》:"羊城沈奇玉(琦)开粤台古迹八咏诗社于白燕堂","(吴世忠)自少有谢庭兰玉之誉,诗名亦早著。白燕堂社列之十一,《峤华集》录其五首,皆杰作也。"

④ 据道光《南海县志》卷39《列传八》:"(何梦瑶)二十七充巡抚署掾属三月,郁不乐,作《紫棉楼乐府》寄意,拂衣去。"《匊芳园诗钞·罗天尺序》:"报之家西樵山下,俗多为胥。当牵率报之给事大府中,诧傺不自得,填《紫棉楼词》数阙,遂掷笔去。"

康熙五十九年庚子(1720)　何梦瑶二十八岁

是年何梦瑶老师麦在田中举。[①]

是年冬,惠士奇奉命督学广东。[②]

康熙六十年辛丑(1721)　何梦瑶二十九岁

何梦瑶、罗天尺、苏珥、陈世和、陈海六同补郡邑,入惠门。[③]

何梦瑶据惠士奇试士题作《珠江竹枝词》。

康熙六十一年壬寅(1722)　何梦瑶三十岁

何梦瑶、罗天尺等,岁考优秀,食饩。随师阅惠州试卷。[④]

雍正元年癸卯(1723)　何梦瑶三十一岁

时逢考拔贡,何梦瑶、罗天尺、苏珥和陈海六,皆参加考试,但是惠士奇都不以与选。[⑤]

是年惠士奇留任广东学使。[⑥]

是年陈世和(字圣取)、周炳(字蘧五)考获拔贡。[⑦]

---

① 据光绪《广州府志》卷43《选举表十二》);何梦瑶《哭麦易园师·其三》自注:“师登贤书后,即绝意仕进。”

② 据钱大昕《潜研堂文集》卷38《惠先生士奇传》。

③ 据道光《南海县志》卷39《列传八》:“(何梦瑶)二十九,康熙辛丑岁试,惠公士奇籍于庠。”光绪《广州府志》卷128《列传十七》记载:“年二十九受知惠士奇,称惠门四俊”。又《匊芳园诗钞·罗天尺序》:“康熙辛丑,长洲天牧惠公督学吾粤,余与何子报之、苏子瑞一、陈子圣取、海六同补郡邑。”再,《瘿晕山房诗删·惠士奇序》:“余昔视学岭南岁在辛丑。试广州,得罗生天尺、何生梦瑶、苏生珥、陈生海六等数十人,皆南海明珠也。”

④ 道光《南海县志》卷39《列传八》:“康熙辛丑,岁试惠公士奇,籍于庠。壬寅试优,食饩。命随阅惠州试卷。雍正元年癸卯考拔贡,而梦瑶不与选,僚属问故,惠公曰:‘何生必先鸣,不用此也。’甲辰,惠公再督学,举优行,特免考验,且膀曰:‘何生文行并优,吾所素悉。’”

⑤ 据道光《南海县志》卷39《列传八》:“雍正元年癸卯考拔贡,而梦瑶不与选。僚属问故,惠公曰:‘何生必先鸣不用此也。’”《粤台徵雅录》:“盖前于癸卯拔贡时,巃山与石湖、西池、古侪,皆与试,惠公悉不以与选,谓多士美不胜收,惟四子终必显,何生尤当先鸣,安用此为。”

⑥ 据江藩《国朝汉学师承记》:“雍正元年癸卯,命(惠士奇)留任三年。”

⑦ 据《粤台徵雅录》:“(陈世和)雍正癸卯拔贡。”又据宣统《东莞县志》卷67:“(周炳)雍正元年拔贡,肄业太学。”

是年四月,周炳中举。何梦瑶作《怀周蘧五》。[①]

雍正二年甲辰(1724)　何梦瑶三十二岁

举优行,惠士奇特免何梦瑶考验。[②]

劳孝舆与何梦瑶、罗天尺、苏珥和陈世和相识,结为莫逆之交。[③]

雍正三年乙巳(1725)　何梦瑶三十三岁

雍正四年丙午(1726)　何梦瑶三十四岁

最迟此年,何梦瑶作《拜石亭杂咏》。

最迟此年,向惠士奇举荐胡方。[④]

是年十一月,惠士奇任满还京师,众学子依依不舍,送行者如堵墙。何梦瑶作《送天牧师还朝六首》。[⑤]

雍正五年丁未(1727)　何梦瑶三十五岁

作《丁未纪事》。

是年五月,惠士奇奉旨修镇江城。[⑥]

是年陈世和被保荐。[⑦]

是年胡方去世。[⑧]

---

① 何梦瑶《怀周蘧五》自注:“是年四月乡试,瑶与诸子俱下第,惟周得选拔。”

② 据道光《南海县志》卷39《列传八》:“甲辰,惠公再督学,举优行,特免考验,且膀曰:‘何生文行并优,吾所素悉。’”

③ 据《春秋诗话·苏珥序》:“康熙甲辰,余应岁试,识孝舆场中。时罗履先同余寓仙湖,何报之、陈圣取朝夕相过。”按:苏珥序中的“康熙甲辰”原文有误,应为雍正甲辰(雍正二年,1724)。

④ 据何梦瑶《哭吴始亭》自注有:“学使惠天牧先生访广东名宿,瑶以胡公对。”

⑤ 据钱大昕《潜研堂文集》卷38:“(惠士奇)任满还都,送行者如堵墙。”萧奭《永宪录》卷4:“冬十二月戊午朔。督学广东翰林院侍读学士惠士奇任满。按:钱大昕《潜研堂集》、萧奭《永宪录》皆言“十二月”,但据罗天尺《瘿晕山房诗删》卷12有诗《次胥江驿忆雍正丙午十一月与何赞调陈海六苏瑞一陈圣取奉送惠夫子归舟至此》,因罗乃亲历,故“十一月”更确。

⑥ 据江藩《国朝汉学师承记》:“丁未五月,(惠士奇)奉旨修镇江城,以产尽停工罢官。”

⑦ 据罗天尺《五山志林·独漉三世诗》:“雍正五年,广东巡抚傅泰奉诏保世和优行。”

⑧ 据《岭南学术百家》。

雍正六年戊申(1728)　何梦瑶三十六岁

是年陈世和保题引见北上。[①]

雍正七年己酉(1729)　何梦瑶三十七岁

考中拔贡,并中举。榜后,同年会宴,演牡丹亭剧。[②]

是年辛昌五乡试解元。[③]

雍正八年庚戌(1730)　何梦瑶三十八岁

何梦瑶母亲约雍正八年(1730)左右离世。[④]

公车北上,考中赐同进士出身第三甲第117名。成进士分发到广西学习。[⑤]

会试后访胡定。[⑥]

作《北还将抵家赋别同舟诸友》。[⑦]

公榜后,参见同年会宴,演牡丹亭剧。[⑧]

---

① 据罗天尺《瘿晕山房诗删》卷3有诗《戊申冬月陈圣取二弟过访鸡庋轩小酌即送其荐优引见北上》。

② 据赵林临《医碥,赵序》:"己酉选拔策询水利,西池以医喻,娓娓且千言,学士顾公亟赏之,拔置第一。"又,《粤台徵雅录》:"(何梦瑶)雍正己酉拔贡,是年即领乡荐。"道光《南海县志》卷39《列传八》:"(何梦瑶)三十七选已酉拔贡,旋领乡荐。"何梦瑶《三迭前韵遥赠同年杨直廷明府》自注有:"己酉榜后,同年会宴,演牡丹亭剧。"

③ 据咸丰《顺德县志》:"昌五敦学行,能文章。雍正己酉乡试第一。"

④ 乾隆十五年(1750),何梦瑶有诗《庚午腊月罗履先寄示新刻并索和桐花诗次韵》寄赠罗天尺,内称:"忆昔我母年九十,高堂朝旭明金萱。"由"我母去我二十载"可知,距乾隆十五年二十载,其母约雍正八年(1730)左右离世。按:诗中有"忆昔我母年九十"似乎有误,如果其母雍正八年去世,而此时何梦瑶38岁,推出其母52岁生何梦瑶,似难合常理,故或"九十"有误,或者"我母"为"祖母"。

⑤ 据《粤台徵雅录》:"(何梦瑶)雍正己酉拔贡,是年即领乡荐,庚戌连捷成进士。"又据《清朝进士提名录》,何梦瑶考获赐同进士出身第三甲第117名。罗天尺《瘿晕山房诗删》卷1《春雨苏二珥过集鸡庋轩,忆西樵联句寄同游陈二世和何十梦瑶、陈大海六四十五韵》有自注:"时世和官优行引见,发浙江候补。梦瑶公车北上。"

⑥ 据《匊芳园诗钞》卷2《戊午秋闱和凌江胡太史》其二之自注:"庚戌北还,访胡梅岭,留饮。"

⑦ 据此诗自注:"时分发各省学习。"

⑧ 据《三迭前韵遥赠同年杨直廷明府》自注:"己酉榜后,同年会宴,演牡丹亭剧。"

在此年之前，与罗天尺、陈世和、苏珥、劳孝舆等众惠门弟子在广州结结“南香诗社”。[①]

分发广西学习者共十人，除何梦瑶外，其他九人是：刘瓒、徐梦凤、赵楷、张月甫、李运正、卢伯蕃、李瑜、李学周和叶志宽。[②]

在广西参修《广西通志》，作《秋日志馆作》。[③]

作《答邓炳园》。[④]

雍正九年辛亥(1731)　何梦瑶三十九岁

曾回乡为“锦纶会馆”撰《锦纶祖师碑记》。[⑤]

是年陈圣取卒于官。[⑥]

是年惠士奇奉旨修镇江城，辛亥以产尽停工，罢官。[⑦]

雍正十年壬子(1732)　何梦瑶四十岁

任广西乡试同考试官，作《壬子秋闱和范太史》。[⑧]

是年门人陈仁(字符若，一字寿山，号体斋，又号寿山)乡试考获举人。[⑨]

---

① 据罗天尺《罗天尺序》，何梦瑶《匊芳园诗钞》，第2页b；何梦瑶《春秋诗话序》，劳孝舆《春秋诗话》，第506页上。

② 据《匊芳园诗钞》卷5《寒坡集》之《九君咏》序：“庚戌榜后，分发广西候补者十人。未十载而死者三，黜者三，以忧去者二，独予与李宁明在耳。聚散无常，日月流逝，抚今追昔，深用怆怀，作九君咏。”

③ 据光绪《广州府志》卷128《列传十七》载：“(何梦瑶)庚戌成进士，分发广西，大府耳其名，至则令修省志。”以及道光《南海县志》卷39：“(何梦瑶)初至广西，未视事，充省志纂修。”

④ 此诗自注有：“时奉命学习”、“时与修粤乘，陆司马怀雅主局事。”

⑤ 据冼剑民、陈鸿钧《广州碑刻集》，《锦纶祖师碑记》为何梦瑶所撰。

⑥ 据何梦瑶《匊芳园诗钞》《读罗履先丁卯冬得劳孝舆凶问作，感赋次原韵》之注：“辛亥，漓江舟中得孝舆书，知陈圣取卒于官。”

⑦ 据杨超曾，《翰林院侍读学士惠公墓志铭》：“辛亥以产尽停工罢官。”

⑧ 据何梦瑶《匊芳园诗钞》有诗《壬子秋闱和范太史》；此外，诗《甲子试院与段桐峰别驾刘霞文明府话旧兼调吴文其明府》有自注：“壬子分校，瑶与李元瑾、刘五以学习进士。与今二人并作古。”

⑨ 据嘉庆《武宣县志》卷13，黄叔璥《国朝御史题名》。因何梦瑶是此年乡试的同考官，故陈仁亦是何梦瑶的门人。

按：民国《辽阳县志》三编："何梦瑶雍正十年任（知县）"显然有误。

雍正十一年癸丑（1733）　何梦瑶四十一岁

十一月初九日署理义宁县知县印务。[①]

罗天尺作《秋日送何赞调十弟试用桂林》。[②]

是年辛昌五考获进士。[③]

雍正十二年甲寅（1734）　何梦瑶四十二岁

作《龙胜》、《自石门隘至大加与舍弟宣调夜酌》、《桑江道中杂咏》。

援新定例定案，三驳巡抚。牒刑部请决，部如梦瑶议。[④]

谕释獞民仇杀。[⑤]

作《金钱隘纪闻》，惜遗佚。

十一月二十八日卸任义宁县知县，十二月初三日署理阳朔县知

---

① 据《清代吏治史料》第33册，雍正十三年五月十七日，金鉷"以学习进士何梦瑶补授岑溪县知县"条："先经详奉批委署义宁县知县印务，于雍正十一年十一月初九日署理，于雍正十二年十一月二十八日卸事。又于雍正十二年十二月初三日署理阳朔县印务，至今两任，共计署一年五个月零。"另外，何梦瑶《匊芳园诗钞》卷5《寒坡集》《苏桥道中》其一有注："癸丑冬，之官义宁，广文、李圣机、莫自馨，送予至此。"

② 《瘿晕山房诗删》卷8。

③ 据咸丰《顺德县志》："（辛昌五）雍正己酉乡试第一。明年登第，官检讨，工诗。"似乎言雍正八年辛昌五亦考中进士，但是查《清朝进士提名录》，辛昌五乃雍正十一年癸丑科进士。另外，鄂尔泰《词林典故》卷八亦载："雍正十一年癸丑科，辛昌五，广东顺德人。"

④ 据道光《南海县志》卷39："梦瑶治狱明慎。义宁民梃伤所识，夺其牛。梦瑶援新定例，论戍，巡抚驳改大辟，不从。巡抚怒。臬府并谕梦瑶曲从，不然且黜。梦瑶执前议，益力三驳，弗变。巡抚无如何，牒部请决。部檄如梦瑶议。上官自是服其能。"类似的记载还有光绪《广州府志》卷128："梦瑶治狱明慎。义宁民梃伤所识，夺其牛。梦瑶援新例论戍。巡抚驳改大辟。三驳不从。巡抚怒牒部请决。部如梦瑶议。上官自是服其能。"

⑤ 据道光《南海县志》卷39："大滩地，距义宁治数百里，深箐叠嶂，攀磴援萝，七月始达。官吏无敢至者。其獞民与怀远县斗。江中峝獞仇杀，数十年未已。梦瑶莅县，亲往开导，始解释相度。金钱隘为两地通途，请上官设弁兵防守，獞民械斗乃绝。"此外，光绪《广州府志》卷128亦载此事："大滩獞民地距义宁治数百里，与怀远县斗。江中峝獞仇杀数十年。深箐叠嶂，官吏莫敢至。梦瑶莅任，亲往谕释，相度金钱隘，为两地冲，请设兵防守。獞民械斗乃绝。"

县印务。[1]

按:民国《阳朔县志》载:"何梦瑶进士,乾隆三年任。"显然有误。因为据何梦瑶自己编纂的乾隆《岑溪县志》载,从雍正十三年至乾隆四年,何梦瑶在岑溪县任知县。

雍正十三年乙卯(1735)　何梦瑶四十三岁

五月,任岑溪县知县。[2]

修建岑溪县署。[3]

辞举鸿博。[4]

乾隆元年丙辰(1736),何梦瑶四十四岁

改建岑溪监狱,置学田。[5]

是年罗天尺才考获恩科孝廉。[6]

是年劳孝舆被荐博学鸿词。以拔贡廷试第五,入引见,以知县

---

① 据《清代吏治史料》第33册,雍正十三年五月十七日,金鉷"以学习进士何梦瑶补授岑溪县知县"条:"先经详奉批委署义宁县知县印务,于雍正十一年十一月初九日署理,于雍正十二年十一月二十八日卸事。又于雍正十二年十二月初三日署理阳朔县印务,至今两任,共计署一年五个月零。"

② 据《清代吏治史料》第33册,雍正十三年五月十七日,金鉷"以学习进士何梦瑶补授岑溪县知县"条:"先经详奉批委署义宁县知县印务,于雍正十一年十一月初九日署理,于雍正十二年十一月二十八日卸事。又于雍正十二年十二月初三日署理阳朔县印务,至今两任,共计署一年五个月零。"乾隆《岑溪县志》:"何梦瑶,广东南海人,庚戌进士,雍正十三年任(知县)。"

③ 据乾隆《岑溪县志》卷2:"县署旧在城西南五里旧县城中。……雍正十三年,知县何梦瑶见串堂后宅卑陋且坏,乃改建串堂一座三间,改后宅为楼一座三间,又创建东厅一座三间,西厅一座三间又改建串堂右耳房一间,后宅右耳房二间,创建西厅耳房一间。"

④ 据何梦瑶《读罗履先乙卯冬得劳孝舆凶问作感赋次原韵》:"嗣闻举鸿博,推毂兼及予。"自注:"时予己宰岑溪,辞不赴。"

⑤ 据乾隆《岑溪县志》卷2:"狱,二座,在县署头门内西偏,乾隆元年知县何梦瑶捐俸改建。"乾隆《岑溪县志》卷2:"(学)田散在各乡。……乾隆元年知县何梦瑶议详归学。批佃每亩岁收租谷一百六十斤,分六月、十月两次交收。所收租谷变价,除完粮二十五两外,其学租四十九两,听学径解藩库。遇水旱照例减租,或有余羡,留学以为诸生膏火之费。"

⑥ 据《粤台徵雅录》:"(罗天尺)丙辰恩科举于乡,一试南宫罢,归以亲老不复出,遂以终隐。"

用。再试鸿博不售。[1]

是年惠士奇被重新启用。[2]

乾隆二年丁巳(1737),何梦瑶四十五岁

守岑城狼兵原二十五名,何梦瑶详免五名。[3]

治理花洲,颁布《花洲示》。[4]

作诗《春泛花洲》。

是年六月惠士奇补侍读学士。[5]

乾隆三年戊午(1738),何梦瑶四十六岁

设獞义学。[6]

任广西乡试同考官。作《戊午秋闱和凌江胡太史》,与段桐峰、刘霞文初次相见。[7]

捐资建设岑溪公益。[8]

为南海同乡郭治《脉如》作序。[9]

---

① 据《粤台徵雅录》:"乾隆丙辰并荐鸿博。至京师,先以拔贡廷试第五,入引见,以知县用,再试鸿博不售。"

② 据钱大昕《潜研堂文集》卷3:"有旨调取来京引见,以讲读用,所欠修城银两得宽免。"

③ 据何梦瑶《匊芳园诗钞》卷4《北科前韵》自注:"国初调狼兵二十五名,守岑城,乾隆二年,予详免五名。"

④ 据乾隆《岑溪县志》载:"乾隆二年,知县何梦瑶,清出侵蚀田塘,并惩强砍竹木,给示防护(花洲)。"

⑤ 据江藩《国朝汉学师承记》。

⑥ 据乾隆《梧州府志》卷6:"国朝乾隆三年,(岑溪)知县何梦瑶奉旨设獞义学三处:一在大滋;一在水汶墟;一在南渡埠。"

⑦ 据《匊芳园诗钞》卷2《甲子试院与段桐峰别驾、刘霞文明府话旧,兼调吴文其明府》:"与君初见棘闱中"自注:"戊午。"

⑧ 乾隆《岑溪县志》:"杨柳桥,知县何梦瑶捐修。……南门渡,知县何梦瑶捐修。……排候桥,知县何梦瑶捐建。……罗许渡,知县何梦瑶捐修。"乾隆《岑溪县志》卷2:"乾隆三年,御书'与天地参'扁颁悬殿中;知县何梦瑶修殿庑照墙。"

⑨ 据郭治《脉如》,《何梦瑶序》。

乾隆四年己未(1739),何梦瑶四十七岁

秋,修《岑溪县志》。[①]

最迟此年施政除弊,颁布《革月甲示》、《革土书示》。[②]

旌表李智,以通邑风。[③]

最迟此年吴秋(字始亭)、侯靖来岑溪访何梦瑶。[④]

最迟此年作诗《春泛花洲》、《南楼晚眺》、《丁孝子祠》、《甘罗墓》、《大峝》、《北科用前韵》。

冬,改任思恩知县。[⑤]

按:因此年"孟秋望日",何梦瑶尚在岑溪,故极有可能冬天到任思恩。

重修思恩县官署。[⑥]

是年惠士奇以病告归。钱大昕《潜研堂文集》卷三八:"己未春,以病告归。"

---

① 据何梦瑶在乾隆《岑溪县志》序中说:"仆待罪岑溪将四载矣,行且调去,念无以遗我父老子弟用,与诸绅士修辑邑乘。自夏迄冬,书成凡四卷。文不加于旧志,而隶事既多且详,独地处荒僻,苦无藏书广资考订,挂漏舛误,知所不免,以是遗我父老兄弟,幸共正之。乾隆四年孟秋望日南海何梦瑶。"道光《南海县志》卷39:"在岑溪,自辑邑乘。"同治《广州府志》:"(何梦瑶)在岑溪,地僻政简,乃大修县志。"

② 据乾隆《岑溪县志·艺文志》之《革月甲示》、《革土书示》;道光《广东通志》卷287:"(何梦瑶)出宰广西,治狱明慎,宿弊革除,有神君之称。"

③ 据乾隆《岑溪县志》卷2《杂记》:"岑俗赘婿必冒妻姓,乃得承受妻父产业。于是一人有两姓,而冠妻姓于本姓之上(如赵甲赘钱家,则曰钱赵甲也)。恬然不以为怪。有诸生李姓智者,黄氏之赘婿也。食黄之田,而不更姓。后黄之族有欲夺其田者,智即归之。先是,智食黄田,即不复分受父产。至是归田于黄,遂无以糊口,而没齿无怨。此铁中铮铮者,特表而出之,以为通邑风。"

④ 据《匊芳园诗钞》《哭吴始亭》自注:"始亭访予岑溪官署","时阳朔侯明府靖亦客予岑溪署中。"

⑤ 据民国《思恩县志》第7编《文艺》:"何梦瑶,进士,乾隆四年任(知县)。"

⑥ 乾隆《庆远府志》卷2:"思恩县署在欧家山。……乾隆四年,知县何梦瑶重建大堂、二堂、书办房。……监狱三间,乾隆四年知县何梦瑶重修,另置女监一所。"另见民国《思恩县志》第3编亦载:"乾隆四年,知县何梦瑶重修大堂、二堂各一座,及书办房六间,后圮。"民国《思恩县志》第3编:"监狱三间,乾隆四年知县何梦瑶重修,另置女监一所。"

作诗《思恩》、《九君咏》。[1]

乾隆五年庚申(1740),何梦瑶四十八岁

捐买思恩学署地基。[2]

义宁苗乱,作《庚申纪事》。[3]

作诗《庚申仲夏作》。[4]

在梧州击龙寺遇到小山四兄何安舟。[5]

乾隆六年辛酉(1741),何梦瑶四十九岁

重修思恩县城隍庙。[6]

任广西乡试同考试官。作诗《辛酉秋闱次主司韵》、《辛酉秋闱次主司胡吾山太史韵》、《辛酉秋闱与段桐峰别驾吴樱坪刘霞文两明府话旧》。

是年三月,惠士奇卒,终年 71 岁。[7]

---

① 据《匊芳园诗钞·思恩》。按:诗中有"十载湘南客,移官隔荔枝"。"湘南客"乃自谓,见《匊芳园诗钞》卷 2《戊午秋闱和凌江胡太史》自注:"广西在湘江之南。"从雍正八年到乾隆四年刚好十个年头。《九君咏》有序:"庚戌榜后,分发广西候补者十人。未十载而……"从雍正八年至此年恰近十年,故推测此诗作于乾隆四年。

② 乾隆《庆远府志》卷 2:"思恩县署在欧家山。……乾隆五年,知县何梦瑶捐买地基,永为学署。"另见民国《思恩县志》第 3 编亦载:"乾隆五年,知县何梦瑶捐买地基,永为学署。"

③ 据《清高宗实录》卷 120"乾隆五年庚申闰六月"条:"广西兴安地方有楚苗纠众入境,又有粤西怀远、融县、义宁之狗猺聚集千人,欲搬往城步,知县、县丞、巡检、把总等前往抚谕。凶猺竟不受抚,伙众将知县倪国正等五员捉回巢穴。有巡检鲁器,受伤深重,未卜存亡。夫兴安义宁地方,相去广西省城不过百里,而苗猺敢于猖獗如此,则平日之漫无约束可知。"何梦瑶作《庚申纪事》,记录此事件。

④ 据《匊芳园诗钞》卷 5《庚申仲夏作》。

⑤ 据《庚午遇小山四兄安舟重读〈捣药岩集〉次壁间王书门少参韵赠之》:"追忆十年前,逢君击龙寺"、"君时年六十,四十曾不异。"自注:"击龙寺,在梧州。"

⑥ 据乾隆《庆远府志》卷 2:"(思恩县)城隍庙在县南门内。明万历三十年,知县朱家贤建,久圮。乾隆六年知县何梦瑶,十三年知县祁秉衡,十八年署知县金甲前后重修。"民国《思恩县志》第三编:"城隍庙在南门城内,县署照壁后。……清乾隆六年知县何梦瑶修。"

⑦ 据钱大昕《潜研堂文集》卷 38《惠先生士奇传》。

乾隆七年壬戌(1742),何梦瑶五十岁

作诗《五十》。

是年周炳授澄迈教谕。[①]

乾隆八年癸亥(1743),何梦瑶五十一岁

乾隆九年甲子(1744),何梦瑶五十二岁

重修思恩先农庙。[②]

任广西同考试官,作诗《甲子试院与段桐峰别驾刘霞文明府话旧兼调吴文其明府》。[③]

乾隆十年乙丑(1745),何梦瑶五十三岁

六月,离任思恩,迁辽阳州知州。岁歉赔仓谷三百石,贷舟车费乃东归。[④]

最迟此年,处置"贼乱"事件。[⑤]

---

① 据宣统《东莞县志》卷67:"(周炳)乾隆七年授澄迈教谕。"

② 据乾隆《庆远府志》卷2:"(思恩县)先农坛在县东门外。……(乾隆)九年知县何梦瑶重修。"

③ 据《匊芳园诗钞》卷2《甲子试院与段桐峰别驾刘霞文明府话旧兼调吴文其明府》。

④ 据秦国经《清代官员履历档案全编》卷16《乾隆十一年何梦瑶履历折》自称:"由广西思恩县知县烟瘴五年俸满,乾隆十年六月分籤升奉天府辽阳州知州缺。"据光绪《广州府志》卷128:"比去(思恩)县,因岁歉赔仓谷三百石。贷舟车费乃东归。"

⑤ 据道光《南海县志》卷39《列传八》:"(何梦瑶)在思恩,城守朱某日亭午,猝至厅事,屏左右,以獞民玉某密首,七里半聚贼千余,今日薄暮来攻城;耳语梦瑶,请急为牒,白郡守发兵来援。梦瑶应曰:'自此至府治,往返三日,缓不及事,且谍未确,而冒昧请,不可。'朱曰:'然则公与吾宜先遣家口走避,召百姓入保。'曰:'城土垣高不逾,仞人无固志,必鸟兽散,盗贼乘机窃发;且官眷属苟出城,是先去以为民望不可。吾两人与城为存亡者也,果有此,同骂贼死耳。'是时,家人窃听,皆哭。梦瑶叱止之。召玉至,问反贼状。玉出一纸,列首贼姓名十余。遽命户书入,以玉纸付之,曰:'此欠户,可速为檄遣役追乎。'户书愕眙曰:'此皆殷户,开征辄毕输。'复诘曰:'果殷户?素行何?'若曰:'最守分。'梦瑶笑曰:'吾别有事问,姑速呼至。'役捧檄去。朱问:'何缓视之甚。'梦瑶谓:'若辈皆富人,玉有求弗获,以此诬陷耳。有异谋,必不敢来;若无,明日当至。'朱曰:'若今夜何?'梦瑶笑谓曰:'若辈真反,已在半途矣,役往必遇,遇必疾驰报,吾将为君再计。'次日,七里半民果至。梦瑶语之故。则皆曰:'玉夙有心疾,非时为呓语,乞吾父母勿听也。'其谳疑狱命案,摘发奸凶,出人意表,类如此。"

最迟此年，思恩疫气流行，立方救疗，多所全活。策楞下其方于各邑。自编《四诊》为教材，以教邑医。[①]

最迟此年，兼任东兰州知事。作诗《自思恩赴东兰初宿蒙山堡》和《东兰道中》。[②]

最迟此年，作《乞休三十韵》，有辞官之意，好友陆炜劝慰。[③]

是年劳孝舆卒于贵州镇远县任上。[④]

乾隆十一年丙寅(1746)，何梦瑶五十四岁

作《丙寅迎春作》。

乾隆十二年丁卯(1747)，何梦瑶五十五岁

作《读罗履先乙卯冬得劳孝舆凶问作感赋次原韵》。[⑤]

---

① 据光绪《广州府志》卷128："时(思恩)疫气流行，立方救疗，多所全活。制府策楞下其方于各邑。"赵林临《医碥·赵序》："然其在思恩也，疠疫流行，西池广施方药，饮者辄起。制府策公下其方于诸邑，存活甚众。"何梦瑶《医碥·凡例》载："五卷'四诊'，宰思恩时辑以教邑医者。"

② 何梦瑶在宣统《大沙深巷何氏族谱》中的《壬午联寿序》之落款有："赐进士出身，诰授奉直大夫，原任奉天府辽阳州知州，前知广西义宁县、阳朔县、岑溪县、思恩县、东兰州事。"道光《南海县志》卷三九亦提到何梦瑶："以故六任州县，刁悍敛迹，讼狱衰歇。"根据《壬午联寿序》之落款和"六任州县"的说法，可以确认，何梦瑶在广西之时，兼任东兰州知事，但是可能时间较短，笔者未见到其他相关史料。何梦瑶的《匊芳园诗钞》卷5《寒坡集》中有诗《自思恩赴东兰初宿蒙山堡》和《东兰道中》。

③ 据《匊芳园诗钞》卷5《寒坡集》《乞休三十韵》。

④ 据据袁行云《清人诗集叙录》转录劳济《先明府诗钞纪后》："乙丑(乾隆十年)病作，令济等护眷回粤，至临终皆在籍，不得视饭含焉。"

⑤ 是年罗天尺得知劳孝舆死于贵州镇远任上，写下《乾隆丁卯仲冬病中得劳孝舆二弟镇远凶问感成二十五韵》并寄何梦瑶。何梦瑶收到罗天尺的诗，缅怀劳孝舆，遂步原韵写下《读罗履先乙卯冬得劳孝舆凶问作感赋次原韵》。按：诗名中"乙卯"应为"丁卯"之误。因罗天尺诗为《乾隆丁卯仲冬病中得劳孝舆二弟镇远凶问感成二十五韵》。

乾隆十三年戊辰(1748),何梦瑶五十六岁

冬,请告还乡。[①]

作《哭麦易园师》。[②]

最迟此年,送长儿南还回乡;作《送长儿南还》、《病榻寒消披衿起坐归思益切迭前韵》、《哭宣调弟》、《襄平杂咏用老杜秦州诗韵》。[③]

最迟此年,医治王洪。完成医著《三科辑要》。[④]

乾隆十四年己巳(1749),何梦瑶五十七岁

作《引疾候代,正苦无聊。忽辱钱遹兄,以满庭芳和章邮示,读之兴复不浅,为酬一首》。

最迟此年,《出关口号》、《辽阳寒坡岭》、《引疾移寓戏作徘体》。

获准解任回籍(详见乾隆十三年条)。

乾隆十五年庚午(1750),何梦瑶五十八岁

同学辛昌五来访。[⑤]

---

① 何梦瑶有诗《引病南归承少京兆德泉陈公赋诗宠行次韵奉酬》,其中"南还遐路独延缘"句有自注:"时,同请告,独瑶得归。"可见何梦瑶与陈治滋(字以树,一字德泉)同时告病辞官。查《清高宗实录》卷333"乾隆十四年正月己巳"条有言:"谕:据奉天府府丞陈治滋奏称,上年有胃痛之疾,近来每月数发,诸事不能查办,请解任回籍调理等语。"考虑到奏折呈递流转依照程序耗费时日,陈治滋是折应书于乾隆十三年冬季。故可以推知,何梦瑶与陈治滋同于乾隆十三年冬请告,乾隆十四年春夏,何梦瑶获准解任回籍。何梦瑶《引病南归承少京兆德泉陈公赋诗宠行次韵奉酬》还有诗句称"三载相从蓟北天",则知其前后在辽阳约三年余。

② 据何梦瑶《匊芳园诗钞》卷6《鹤野集》《哭麦易园师》其一自注:"戊辰春梦师南面,占之不吉,然远隔万里,不知师殁何时。"

③ 据《匊芳园诗钞》卷6《鹤野集》:《送长儿南还》、《哭宣调弟》、《襄平杂咏用老杜秦州诗韵》;《匊芳园诗钞》卷8《诗余》:《病榻寒消披衿起坐归思益切迭前韵》。

④ 据赵林临在《医碥·赵序》:"辽阳民王洪,病风年余,狂易多力,投入秋火中,焦烂无完肤,敷以药,数日愈。于是西池坐厅事,呼伍伯缚王洪庭柱间,且詈且歌,州人聚观如堵。西池先威以刑令怖,旋予汤液,两人持耳灌之,有顷,暴吐下,其病遽失,人咸惊为神。"又据《汇刻何梦瑶先生医方全书凡例》:"妇幼痘疹各书均服官辽左所著。"

⑤ 据《医碥·辛序》。

十一月，受聘暂代粤秀书院山长。[①]

是年为赵林临妻治病收效。[②]

作《庚午腊月罗履先寄示新刻并索和桐花诗次韵》。[③]

乾隆十六年辛未(1751)，何梦瑶五十九岁

春，刊刻《医碥》。[④]

撰《赓和录》初稿。福增格见示曹廷栋《琴学》予何梦瑶。[⑤]

受梅苍枝邀集育青堂观孔雀开屏，作《辛未春杪梅苍枝邀集育青堂观孔雀开屏因成长歌》、《辛未春集饮邱氏园林》、《辛未春杪罗履先过访粤秀书院赠诗次韵奉答》；罗天尺来访，作《辛未春杪罗履先过访粤秀书院赠诗次韵奉答》。[⑥]

乾隆十七年壬申(1752)，何梦瑶六十岁

辞去粤秀书院山长之职。[⑦]

五月，罗天尺为《匊芳园诗钞》作序。[⑧]

刊刻《匊芳园诗钞》。[⑨]

---

① 据梁廷枏《粤秀书院志》："谨案，乾隆十五年十一月，有藩使以接办之四会教谕曹傧回任，掌教乏人，请延南海何报之刺史暂代之案。"

② 据赵林临在《医碥·赵序》。

③ 据《匊芳园诗钞》卷7《悬车集》。

④ 据《医碥·自序》落款："乾隆十六年岁次辛未季春望日南海何梦瑶书与乐只堂。"

⑤ 据何梦瑶《赓和录》自序中说："辛未初秋，将军福公见示近人曹君廷栋所著《琴学》一编。梦瑶尝慨音乐之不明于世，取蔡元定《律吕新书》本原九章，训释以教门人。顾明其理，而不得其器，则无所考证。又取御制《律吕正义》，研究八音协律、和声之用，述其大要为一卷。……爰是又取曹书删注，合前所训述二书为一编，以呈福公。蒙印可谓理与器并着也。命名'赓和录'，捐俸授梓，序之以行，使就正有道焉。"

⑥ 据何梦瑶：《匊芳园诗钞》卷7《悬车集》。

⑦ 据何梦瑶《又和晚秋病起述怀寄示粤中诸同好》其三有注："芸墅濒行，醵金周予。未几杭山长至粤，予遂谢讲席。"光绪《广州府志》卷111："(杭世骏)壬申来粤，主讲粤秀书院。与何梦瑶、罗元焕、钟狮、陈华封诸君子为文字交。"

⑧ 据罗天尺《匊芳园诗钞序》落款："乾隆壬申端阳后二日，友兄罗天尺。"

⑨ 据何梦瑶《匊芳园诗钞》有"乾隆壬申镌"。

秋，杭世骏来粤，接任粤秀书院山长。何梦瑶作诗《壬申小除寄怀杭堇浦太史》、《杭太史见和长篇次韵再寄》，受到张汝霖周济。[①]

十月，杭世骏为《匊芳园诗钞》作序。[②]

乾隆十八年癸酉(1753)，何梦瑶六十一岁

春，受魏大振、魏大文兄弟之邀，何梦瑶与耿国藩、赵其昌、钟狮、陈华封等人游广州六榕寺。[③]

春，出任端溪书院(前称天章书院)山长。[④]

重新撰《算迪》。[⑤]

乾隆十九年甲戌(1754)，何梦瑶六十二岁

六月，彭端淑到任肇罗道，与何梦瑶相识。[⑥]

十月，知府吴绳年、高要知县张甄陶重修跃龙窦。何梦瑶记《重修跃龙窦记略》。[⑦]

乾隆二十年乙亥(1755)，何梦瑶六十三岁

医治罗天尺之子足疾。[⑧]

---

① 据《又和晚秋病起述怀寄示粤中诸同好十首》自注："芸墅濒行，醵金周予。未几杭山长至粤，予遂谢讲席。"

② 据杭世骏《匊芳园诗钞序》落款："岁在元黓涒滩，阳月朔，学弟仁和杭世骏。"按：元黓涒滩指壬申，阳月乃农历十月的别称。

③ 据何梦瑶《春日魏伯起昆玉招集六榕寺分得十蒸》。

④ 据傅维森的《端溪书院志》卷5的表格："院长：乾隆十七年，全祖望，……乾隆十八年：何梦瑶……乾隆二十七年：陆嘉颖。"从乾隆十八年至乾隆二十七年(1762)，何梦瑶任端溪书院山长长达九年的时间。又据《端溪砚坑志·何梦瑶跋》有："今年春忝主天章书院讲席。"杭世骏以诗《六榕寺送李卓揆还香山何梦瑶赴端州》相送。

⑤ 据道光《广东通志》卷194《艺文略六》，《匊芳园集自序》云："今引疾归里，掌教端溪，因复重事编孱而精力衰耗，不能尽录，但视旧稿所无者抄撮梗，概又得八卷，合为一书以授学徒。"

⑥ 据道光《肇庆府志》卷13："彭端淑，四川丹稜人，进士。(乾隆)十九年六月任(肇罗道)。"

⑦ 据道光《肇庆府志》卷4《舆地四·水利》。

⑧ 据罗天尺《绪儿丧经年矣，提笔作悼句辄不能成，一日独坐恍然有悟，信口得四首，命孙向灵诵之》其三有注："儿乙亥足疾就医何十于端溪。"又据罗天尺的《秋杪归鸡庋轩即事有作》其二："所喜儿归自鼎湖，身强不用倩人扶。"可见此次疗效不错。

乾隆二十一年丙子(1756),何梦瑶六十四岁

秋,扩建端溪书院斋舍。①

乾隆二十二年丁丑(1757),何梦瑶六十五岁

正月十九日作《重修端溪书院新建后楼碑记》。②

乾隆二十三年戊寅(1758),何梦瑶六十六岁

乾隆二十四年己卯(1759),何梦瑶六十七岁

春,始纂《肇庆府志》。③

乾隆二十五年庚辰(1760),何梦瑶六十八岁

秋《肇庆府志》脱稿。④

最迟此年,为彭沃《三泷诗选》作序。⑤

乾隆二十六年辛巳(1761)何梦瑶六十九岁

乾隆二十七年壬午(1762)何梦瑶七十岁

春,作《复斋诗钞序》。⑥

---

① 据道光《肇庆府志》卷6《建置二》,何梦瑶《重修端溪书院新建后楼碑记》:"(乾隆二十一年秋)今且岁增数十人矣。太守吴公虑两庑斋舍不足以容,商之梦瑶购院后民房地,建楼九间以益之;又以近光亭莲池位少偏东,并宜撤正堂舍之朽坏者宜修。请于制军杨公应琚,副宪彭公端淑皆报可。……经始于乾隆丙子秋,阅五月而告成功。"

② 据道光《肇庆府志》卷6《何梦瑶重修端溪书院新建后楼碑记》落款"乾隆二十二年春王正月十九日。"

③ 据道光《肇庆府志》卷21《钱塘吴绳年序》:"肇庆府旧志纂修于前明者,久毁兵燹。……邑乘之新修者强半,又得端溪山长何君报之,博古知今,日夕商榷。至是有事编羼发凡起例,补缺计讹,悉以付之。何君年不敏操笔,以从其后。始于乾隆己卯之春,脱稿于是年之秋。"《肇庆府志》从乾隆二十四年(1759,己卯)春开始编纂,到乾隆二十五年(1760,庚辰)秋完成。道光《肇庆府志》卷21还载有彭端淑为《肇庆府志》所做之序说:"去年秋出使西粤,逾年始归。而郡守吴君已纂订成编,请商于予。予读之而喜曰,是固余之志也。夫是志考核甚详,增删颇当,其有益于肇岂浅哉。于时相与有成者,友人南海梦瑶何君也。"

④ 据道光《肇庆府志》卷21《钱塘吴绳年序》。

⑤ 据法式善《陶庐杂录》卷3:"《三泷诗选》十卷。罗定彭沃选其一州人之诗。而以己诗与其子诗附焉。罗定建于前明。万历文教始兴。能以声律相砥厉。亦可尚也。前有何梦瑶、陈华封二序。刻于乾隆二十五年。"

⑥ 据何梦瑶《复斋诗钞序》落款:"乾隆壬午小春友兄何梦瑶。"

《赓和录》完稿。[①]

大沙村何氏宗族举办族中七十一位老人联寿,何梦瑶撰《壬午联寿序》,庄有恭书。[②]

罗天尺寄诗《春日病中寄祝何报之七十》贺何梦瑶七十寿。[③]

最迟此年完成《庄子故》,作《端溪书院同学录序》。[④]

离任端溪书院,受聘越华书院山长。[⑤]

乾隆二十八年癸未(1763),何梦瑶七十一岁

春,《皇极经世易知》八卷完稿,未及刊行。[⑥]

乾隆二十九年甲申(1764),何梦瑶七十二岁,卒

《神效脚气方》完稿。[⑦]

罗天尺作《寄哭何十梦瑶》。

苏珥闻梦瑶死,即挐舟往哭,至则已盖棺,遽令其属启而覆视,对尸大恸。[⑧]

---

① 据福增格《赓和录序》曰:"兹官广州,得交越华山长何君报之,博雅好古之士也。留心乐律,工琴,老而好学,非空疏者可比。……乾隆壬午清明松严福增格书于镇粤署之酌雅斋中。"

② 据《大沙深巷何氏族谱》卷1《艺文》,何梦瑶《壬午联寿序》。

③ 据罗天尺《瘿晕山房诗删》续编《春日病中寄祝何报之七十》。

④ 据乾隆《肇庆府志》卷26《艺文志下》,何梦瑶《端溪书院同学录序》。

⑤ 按:据何梦瑶在《皇极经世易知》的自序:"点勘两载,始有条理,随手札记,积成八卷,另为图一卷,冠诸首,名曰《经世易知》……曩忝越华书院讲席,时运使阶平梁公主院事,尝语及此,瑶感其言,爰有斯役。"由于此序的落款是"乾隆癸未孟春雨水日",即乾隆二十八年(1763),而何梦瑶说《皇极经世易知》是在任越华书院山长时候,"点勘两载"而成的,所以由此可知乾隆二十七年(1762),何梦瑶离开端溪书院的当年就被聘为越华书院山长。

⑥ 据何梦瑶《皇极经世易知》"自序":"曩忝越华书院讲席,时运使阶平梁公主院事,尝语及此,瑶感其言,爰有斯役。"落款为"乾隆癸未孟春雨水日南海何梦瑶"。按:唐良臣《皇极经世易知·校刊凡例》:"一、是书为何西池先生手自辑释,未及梓行,兹南海孔君继骧从藏书家购得,用付剞劂,以终先生之志。因属良臣细加校订。尝就正于香山黄香石夫子商定其体例云。"

⑦ 据《汇刻何梦瑶先生医方全书凡例》言:"脚气为南人时有最险之症,而又未见专书。何先生辑此书成即归道山。致未刻行于世,今用附全书之内公诸天下。"

⑧ 据《瘿晕山房诗删》续编;咸丰《顺德县志》卷25。

乾隆三十一年丙戌(1766),何梦瑶卒后二年

罗天尺去世。[①]

乾隆三十二年丁亥(1767),何梦瑶卒后三年

苏珥去世。[②]

七月二日,庄有恭卒。[③]

乾隆三十四年己丑(1769),何梦瑶卒后五年

七月八日,张汝霖卒。[④]

乾隆三十八年癸巳(1773),何梦瑶卒后九年

杭世骏卒。

乾隆四十九年甲辰(1784),何梦瑶卒后二十年

七月二十四日,袁枚到南海欲访何梦瑶,得知何已逝。[⑤]

---

① 据《粤东诗海》。

② 据《粤东诗海》。

③ 据钱大昕《潜研堂文集》卷42《巡抚福建兵部右侍郎都察院右副都御史前太子少保协办大学士刑部尚书庄公墓志铭》,庄有恭卒于是日,享年55岁。

④ 据姚鼐《惜抱轩文集》卷13《广州府澳门海防同知赠中宪大夫翰林院侍讲加一级张君墓志铭》,张汝霖卒于乾隆三十四年七月八日,享年61岁。

⑤ 袁枚《随园诗话》,《海南何梦瑶》:"苏州惠天牧先生,督学广东,训士子以实学,一时英俊,多在门墙。去后,人立生祠,如潮州之奉韩愈也。先生以《珠江竹枝词》试士。何梦瑶赋云:'看月谁人得月多,湾船唱齐浪花歌。花田一片光如雪,照见卖花人过河。'公喜,延入幕中。此雍正年间事。后吾乡杭堇蒲太史掌教粤东,与何唱和。《嘲杭病起》云:'门外久疏参学侣,帘前渐立犯斋人。'《咏史》云:'赵宋若生燕太子,肯将金币事仇人?'余慕何君之名,到海南访之,则已逝矣。"按:据郑幸《袁枚年谱新编》,袁枚于是年四月、七月到访广州,七月二十四日,游西樵山。因何梦瑶家近西樵山下,故有可能袁枚七月寻访何梦瑶。

附录二
何梦瑶交往人物表[①]

序号	姓名	字号	籍贯	科名	官职	交往时地	依据[②]
1	何士诚	子隽	南海	韶郡诸生	—	康熙四十四年前,南海云津堡大沙村	宣统《大沙深巷何氏族谱》卷一《艺文》《壬午联寿序》
2	何玉枚	卜俞	南海	康熙四十七年恩贡	—	康熙四十四年前,南海云津堡大沙村	宣统《大沙深巷何氏族谱》卷一《艺文》《壬午联寿序》
3	何青松	不详	南海	—	—	康熙四十四年前,南海云津堡大沙村	宣统《大沙深巷何氏族谱》卷一《艺文》《壬午联寿序》

① 姓名不全者未列入。

② 有多个依据者,仅取相对重要者之一。

续表

序号	姓名	字号	籍贯	科名	官职	交往时地	依据
4	何横塘	不详	南海	—	—	康熙四十四之前，南海云津堡大沙村	《匊芳园诗钞》卷四《南仪集》《苔痕追和家映波横塘两先生》
5	何映波	不详	南海	—	—	康熙四十四之前，南海云津堡大沙村	《匊芳园诗钞》卷四《南仪集》《苔痕追和家映波横塘两先生》
6	何迎春	昌时，东郊	南海	—	—	康熙四十四年前，南海云津堡大沙村	宣统《大沙深巷何氏族谱》卷一《善录》
7	何翰先	横塘主人	南海	—	—	康熙四十四年前，南海云津堡大沙村	《匊芳园诗钞》卷二《鸿雪集》《哭侄孙开将》
8	麦易园	耀三，宗道，易园	香山	康熙五十九年中举	—	康熙四十四年，佛山心性书院	《匊芳园诗钞》卷六《鹤野集》《哭麦易园师》
9	冯相	达公	南海	—	—	康熙四十四年前，南海云津堡大沙村	《匊芳园诗钞》卷一《煤尾集》《哭冯达公》
10	何汇朝	不详	南海	—	—	康熙四十四年前，南海云津堡大沙村	《匊芳园诗钞》卷一《煤尾集》《送族兄汇朝归里》
11	惠士奇	天牧，仲孺，半农	江苏长洲	康熙四十八年进士	官编修、侍读学士	康熙六十年至雍正四年十一月，广州	钱大昕《潜研堂文集》卷三八
12	周炳	蘧五，陶甫	东莞	雍正元年拔贡	澄迈教谕	雍正元年，广州	《匊芳园诗钞》卷一《煤尾集》《怀周蘧五》

续表

序号	姓名	字号	籍贯	科名	官职	交往时地	依据
13	罗天尺	履先,石湖	顺德	乾隆元年举人	—	康熙六十年以后,广州	《粤台徵雅录》
14	苏珥	瑞一,古侪	顺德	乾隆三年举人	—	康熙六十年以后,广州	《粤台徵雅录》
15	劳孝舆	阮斋,巨峰	南海	乾隆丙辰举博学鸿词	贵州锦屏等县知县	雍正二年,广州	《粤台徵雅录》
16	陈世和	圣取,时一	顺德	雍正元年拔贡	龙游县丞	康熙六十年至雍正元年	《匊芳园诗钞》卷一《煤尾集》《寄怀陈圣取》
17	陈海六	鳌山	顺德	雍正优贡	饶平训导	康熙六十年至雍正四年,广州	《粤台徵雅录》
18	吴秋	始亭,竺泉	番禺	—	—	康熙六十年至乾隆四年,广州	《匊芳园诗钞》卷四《南仪集》《哭吴始亭》
19	吴世忠	仲坡,南圃	南海	—	—	康熙六十年后,广州	《粤台徵雅录》
20	惠栋	定宇,松厓	江苏长洲	—	—	康熙六十年至雍正四年,广州	钱大昕《潜研堂集》文集卷三十九《惠先生栋传》
21	方月况	不详	不详	—	—	雍正四年之前,南海	《匊芳园诗钞》卷一《煤尾集》《方月翁画兰歌》
22	陈儒卓	不详	不详	—	—	雍正四年之前,广州	《匊芳园诗钞》卷一《煤尾集》《哭陈儒卓二首》
23	吴孟旦	旭亭	番禺	雍正元年拔贡	仁化教谕	雍正四年以前,惠士奇官署	光绪《广州府志》卷一三〇《列传十九》

续表

序号	姓名	字号	籍贯	科名	官职	交往时地	依据
24	曹懫	万为，柱峰	保昌	副榜贡生	四会教谕	雍正四年以前，惠士奇官署	梁廷枏《粤秀书院志》
25	胡定	敬醇，静园	保昌	雍正八年进士	陕西道御史	雍正四年以前，惠士奇官署	《匊芳园诗钞》卷二《鸿雪集》《戊午秋闱和凌江胡太史》
26	辛昌五	北村	顺德	雍正十一年进士	检讨	雍正四年以前，惠士奇官署	《医碥》《辛序》
27	胡方	大灵，金竹	新会	岁贡	—	雍正四年以前，三水	《匊芳园诗钞》卷四《南仪集》《哭吴始亭》
28	吴俊常	子庸	新会	拔贡	—	雍正七年以前，广州	《粤东诗海》：何西池云："子庸诗笔秀出天外，不可梯接。书法亦遒劲可喜。"
29	何开将	不详	南海	不详	不详	雍正八年前，南海云津堡大沙村	《匊芳园诗钞》卷二《鸿雪集》《哭侄孙开将》
30	邝征	不详	不详	不详	不详	雍正八年前，广州	《匊芳园诗钞》卷二《鸿雪集》《题邝征君画像》
31	关鸿猷	不详	不详	—	—	雍正八年之前，南海	《匊芳园诗钞》卷一《煤尾集》《江行怀甥关鸿猷》
32	何禧	棆士	南海	—	—	雍正八年前，南海	《匊芳园诗钞》卷五《寒坡集》《哭族侄棆士》

续表

序号	姓名	字号	籍贯	科名	官职	交往时地	依据
33	冯志言	不详	不详	—	—	雍正八年之前，南海	《匊芳园诗钞》卷一《煤尾集》《月夜过光下村与冯志言话旧》
34	何敦斯	不详	南海	—	—	雍正八年之前，南海	《匊芳园诗钞》卷一《煤尾集》《梦故侄敦斯》
35	邓彪	献升，炳园	南海	—	—	雍正八年前，广州	《匊芳园诗钞》卷二《鸿雪集》《题邓炳园梅花书屋图》
36	刘瓒	云南		雍正八年进士	广西北流知县	雍正八年，广西	《匊芳园诗钞》卷五《寒坡集》《九君咏》
37	徐梦凤	绍典	潮阳	雍正八年进士	广西修仁知县	雍正八年，广西	《匊芳园诗钞》卷五《寒坡集》《九君咏》
38	赵楷	不详	不详	雍正八年进士	灌阳知县	雍正八年，广西	《匊芳园诗钞》卷五《寒坡集》《九君咏》
39	张月甫	不详	新会	雍正八年进士	广西思恩知县	雍正八年，广西	《匊芳园诗钞》卷五《寒坡集》《九君咏》
40	李运正	不详	贵州黄平州	雍正八年进士	广西宣化县知县	雍正八年，广西	《匊芳园诗钞》卷五《寒坡集》《九君咏》
41	卢伯蕃	不详	连州	雍正八年进士	广西武宣知县	雍正八年，广西	《匊芳园诗钞》卷五《寒坡集》《九君咏》
42	李瑜	梅若	大埔	雍正八年进士	广西宁明州知州	雍正八年，广西	《匊芳园诗钞》卷五《寒坡集》《九君咏》

续表

序号	姓名	字号	籍贯	科名	官职	交往时地	依据
43	李学周	右文，菊峰	云南蒙自	雍正八年进士	广西隆安县知县	雍正八年，广西	《匊芳园诗钞》卷五《寒坡集》《九君咏》
44	叶志宽	不详	澄海	雍正八年进士	恭城知县	雍正八年，广西	《匊芳园诗钞》卷五《寒坡集》《九君咏》
45	陆纶	怀雅	浙江平湖	康熙丁酉举人	梧州知府	雍正八年至乾隆十年，广西	《匊芳园诗钞》卷三《学制集》《题徐子山梅坞舒啸图同陆司马怀雅》
46	杨仲兴	直廷，切庵	嘉应	雍正八年进士	广西兴安知县	雍正八年，广西	《匊芳园诗钞》卷二《鸿雪集》《三迭前韵遥赠同年杨直廷明府》
47	金铁	震方	汉军镶白旗人，登州	监生	广西巡抚	雍正十一年十一月至乾隆元年，广西	道光《南海县志》卷三九《列传八》
48	李圣机	不详	柳城	副榜	广西桂林府教授	雍正十一年，义宁	《匊芳园诗钞》卷五《寒坡集》《苏桥道中》
49	莫自馨	不详	融县	举人	广西临桂县教谕	雍正十一年，义宁	《匊芳园诗钞》卷五《寒坡集》《苏桥道中》
50	陈仁	符若，元若，体斋	武宣	雍正癸丑进士	翰林院编修	雍正十一年，广西	《匊芳园诗钞》卷二《鸿雪集》《阅卷不惬意四叠前韵怀门人陈元若侍御》

续表

序号	姓名	字号	籍贯	科名	官职	交往时地	依据
51	侯靖	献可,殿扬	山东堂邑	康熙壬辰进士	阳朔知县	雍正十三年至乾隆四年,岑溪	《匊芳园诗钞》卷四《南仪集》《哭吴始亭》
52	陆本仁	不详	高要	不详	岑溪教谕	雍正十三年至乾隆四年,岑溪	乾隆《岑溪县志》"修志姓氏"
53	莫疏	不详	不详	不详	岑溪训导	雍正十三年至乾隆四年,岑溪	乾隆《岑溪县志》"修志姓氏"
54	钟朝朗	亮所	番禺人,岑溪籍	康熙庚子举人	白水知县	雍正十三年至乾隆四年,岑溪	乾隆《岑溪县志》"修志姓氏"
55	吴宾选	不详	岑溪	雍正甲寅科举人	—	雍正十三年至乾隆四年,岑溪	乾隆《岑溪县志》"修志姓氏"
56	何谦	不详	岑溪	雍正十二年府学恩贡	—	雍正十三年至乾隆四年,岑溪	乾隆《岑溪县志》"修志姓氏"
57	钟昇	不详	岑溪	雍正十二年岁贡	—	雍正十三年至乾隆四年,岑溪	乾隆《岑溪县志》"修志姓氏"
58	王李民	不详	岑溪	乾隆元年恩贡	—	雍正十三年至乾隆四年,岑溪	乾隆《岑溪县志》"修志姓氏"
59	黎庸	不详	岑溪	乾隆元年岁贡	—	雍正十三年至乾隆四年,岑溪	乾隆《岑溪县志》"修志姓氏"
60	张懿	不详	岑溪	乾隆三年岁贡	—	雍正十三年至乾隆四年,岑溪	乾隆《岑溪县志》"修志姓氏"
61	高卓然	不详	岑溪	贡生	—	雍正十三年至乾隆四年,岑溪	乾隆《岑溪县志》"修志姓氏"
62	严殿直	不详	岑溪	贡生	—	雍正十三年至乾隆四年,岑溪	乾隆《岑溪县志》"修志姓氏"

续表

序号	姓名	字号	籍贯	科名	官职	交往时地	依据
63	高若侗	不详	岑溪	监生	—	雍正十三年至乾隆四年，岑溪	乾隆《岑溪县志》“修志姓氏”
64	杨世祚	不详	岑溪	生员	—	雍正十三年至乾隆四年，岑溪	乾隆《岑溪县志》“修志姓省毕”
65	莫若焕	不详	岑溪	生员	—	雍正十三年至乾隆四年，岑溪	乾隆《岑溪县志》“修志姓省毕”
66	练缴	不详	岑溪	生员	—	雍正十三年至乾隆四年，岑溪	乾隆《岑溪县志》“修志姓省毕”
67	唐圣祥	不详	岑溪	生员	—	雍正十三年至乾隆四年，岑溪	乾隆《岑溪县志》“修志姓省毕”
68	李儒松	不详	岑溪	生员	—	雍正十三年至乾隆四年，岑溪	乾隆《岑溪县志》“修志姓省毕”
69	杨大藩	不详	岑溪	生员	—	雍正十三年至乾隆四年，岑溪	乾隆《岑溪县志》“修志姓省毕”
70	郭治	符峰	南海	附贡生	—	乾隆三年，南海	郭治《脉如》，《何梦瑶序》
71	段桐峰	不详	不详	不详	不详	乾隆三年，广西	《匊芳园诗钞》卷二《鸿雪集》《辛酉秋闱与段桐峰别驾吴楼坪刘霞文两明府话旧》
72	吴毓芝	星聚，文其	浙江乌程	乾隆二年进士	广西雒容知县	乾隆三年，广西	《匊芳园诗钞》卷二《鸿雪集》《甲子试院与段桐峰别驾刘霞文明府话旧兼调吴文其明府》

续表

序号	姓名	字号	籍贯	科名	官职	交往时地	依据
73	陈于中	太常,磊峰	涪州	举人	广西庆远府知府	乾隆四年左右,广西	《匊芳园诗钞》卷七《悬车集》《挽陈磊峰副宪六十韵》
74	刘廷栋	霞文	山阴	康熙甲午举人	岑溪知县	乾隆四年后,岑溪	《匊芳园诗钞》卷二《鸿雪集》《辛酉秋闱与段桐峰别驾吴椶坪刘霞文两明府话旧》
75	陆炜	视三,砚山	浙江桐乡	生员	思恩府知府	乾隆四年至乾隆十年,思恩	《匊芳园诗钞》卷五《寒坡集》《送天河陆视三明府丁外艰归里》
76	王成李	不详	不详	不详	—	乾隆四年至乾隆十年,广西	《匊芳园诗钞》卷五《寒坡集》《怀清潭王少府成李》
77	朱彩臣	不详	不详	不详	—	乾隆四年至乾隆十年,广西	《匊芳园诗钞》卷五《寒坡集》《寿朱千戎彩臣》
78	周书升	不详	不详	不详	北流知县	乾隆四年至乾隆十年,广西	《匊芳园诗钞》卷五《寒坡集》《北流周书升明府以诗索阅一枝春院本次韵奉答》
79	柯九臣	不详	不详	不详	—	乾隆四年至乾隆十年,思恩	《匊芳园诗钞》卷五《寒坡集》《送柯少府九臣移官周坊》

续表

序号	姓名	字号	籍贯	科名	官职	交往时地	依据
80	邓思沛	不详	不详	不详	教谕	乾隆四年至乾隆十年,柳州	《匊芳园诗钞》卷五《寒坡集》《秋日偕梁明府士纶邓广文思沛张明经渭游立鱼峰迟陈秀才载思不至用东坡游寒溪西山寺韵》
81	梁士纶	不详	不详	不详	知县	乾隆四年至乾隆十年,柳州	《匊芳园诗钞》卷五《寒坡集》《秋日偕梁明府士纶邓广文思沛张明经渭游立鱼峰迟陈秀才载思不至用东坡游寒溪西山寺韵》
82	张渭	不详	不详	不详	—	乾隆四年至乾隆十年,柳州	《匊芳园诗钞》卷五《寒坡集》《秋日偕梁明府士纶邓广文思沛张明经渭游立鱼峰迟陈秀才载思不至用东坡游寒溪西山寺韵》
83	陈载思	不详	不详	不详	—	乾隆四年至乾隆十年,柳州	《匊芳园诗钞》卷五《寒坡集》《秋日偕梁明府士纶邓广文思沛张明经渭游立鱼峰迟陈秀才载思不至用东坡游寒溪西山寺韵》

续表

序号	姓名	字号	籍贯	科名	官职	交往时地	依据
84	吴王坦	楼坪，衷平	江南华亭	雍正元年进士	永福县知县	乾隆六年，广西	《匑芳园诗钞》卷二《鸿雪集》《辛酉秋闱与段桐峰别驾吴楼坪刘霞文两明府话旧》
85	胡吾山	不详	不详	不详	不详	乾隆六年，广西	《匑芳园诗钞》卷二《鸿雪集》《辛酉秋闱次主司胡吾山太史韵》
86	陈鹤亭	不详	不详	不详	不详	乾隆十年之前，梧江	《匑芳园诗钞》卷二《鸿雪集》《梧江喜晤陈鹤亭因送其赴滇候补》
87	梁成达	不详	不详	不详	不详	乾隆十年之前	《匑芳园诗钞》卷二《鸿雪集》《题梁成达行役图》
88	刘文昭	不详	不详	不详	不详	乾隆十年之前	《匑芳园诗钞》卷二《鸿雪集》《留别刘文昭》
89	江楼山	不详	不详	不详	不详	乾隆十年冬至乾隆十四年，辽阳	《匑芳园诗钞》卷五《寒坡集》《送江楼山之毕总戎幕》
90	王绶	紫缃	山东掖县	不详	祥符知县	乾隆十年冬至乾隆十四年，辽阳	《匑芳园诗钞》卷五《寒坡集》《送王紫缃兼寄吴文其明府》
91	陈纲	兼三，彝庵	江苏宿迁	雍正甲辰进士	承德知县	乾隆十年冬至乾隆十四年，辽阳	《匑芳园诗钞》卷六《鹤野集》《怀陈兼三》

续表

序号	姓名	字号	籍贯	科名	官职	交往时地	依据
92	杜峰	不详	不详	—	—	乾隆十年冬至乾隆十四年,辽阳	《匊芳园诗钞》卷七《悬车集》《次和杜上舍峰生日书怀十韵》
93	曹文煌	不详	不详	不详	不详	乾隆十年冬至乾隆十四年,辽阳	《匊芳园诗钞》卷八《诗余》《题曹君文煌小像·鹊桥仙》
94	黎式广	不详	不详	不详	不详	乾隆十年冬至乾隆十四年,辽阳	《匊芳园诗钞》卷二《鸿雪集》《寄题黎式广晓晖庐》
95	林屏侯	不详	不详	不详	不详	乾隆十年冬至乾隆十四年,辽阳	《匊芳园诗钞》卷二《鸿雪集》《寄怀林屏侯》
96	徐子山	不详	不详	不详	不详	乾隆十年冬至乾隆十四年,辽阳	《匊芳园诗钞》卷三《学制集》《题徐子山梅坞舒啸图同陆司马怀雅》
97	隐峰	不详	不详	不详	—	乾隆十年冬至乾隆十四年,辽阳	《匊芳园诗钞》卷五《寒坡集》《挽隐峰禅师》
98	顾玉山	不详	不详	不详	不详	乾隆十年冬至乾隆十四年,辽阳	《匊芳园诗钞》卷五《寒坡集》《赠顾玉山》
99	宋伟斋	不详	不详	不详	不详	乾隆十年冬至乾隆十四年,辽阳	《匊芳园诗钞》卷五《寒坡集》《题宋伟斋司马凯旋图》
100	李穆	不详	不详	不详	百顺巡检	乾隆十年冬至乾隆十四年,辽阳	《匊芳园诗钞》卷七《悬车集》《赠李巡宰穆》

续表

序号	姓名	字号	籍贯	科名	官职	交往时地	依据
101	王素斋	不详	不详	不详	不详	乾隆十年冬至乾隆十四年,辽阳	《匊芳园诗钞》卷八《诗余》《题河池司马王素斋小影·满庭芳》
102	徐楚玉	不详	不详	不详	不详	乾隆十年冬至乾隆十四年,辽阳	《匊芳园诗钞》卷八《诗余》《题徐楚玉画像·鹊桥仙》
103	吴秉礼	敬夫,复斋	福安	贡生	辽阳州知州	乾隆十年冬至乾隆十四年,辽阳	《匊芳园诗钞》卷六《鹤野集》《留别吴复斋》
104	徐少梅	不详	不详	不详	不详	乾隆十年冬至乾隆十四年,辽阳	《匊芳园诗钞》卷六《鹤野集》《留别徐少梅》
105	邱应斗	不详	不详	不详	不详	乾隆十年冬至乾隆十四年,辽阳	《匊芳园诗钞》卷六《鹤野集》《别邱应斗》
106	苏大中	不详	不详	不详	不详	乾隆十年冬至乾隆十四年,辽阳	《匊芳园诗钞》卷七《悬车集》《寿大中丞苏公》
107	张蕴德	不详	不详	不详	不详	乾隆十年冬至乾隆十四年,辽阳	《匊芳园诗钞》卷六《鹤野集》《戏赠张蕴德广文》
108	陈治滋	以树,德泉	福建闽县	康熙五十二年进士	乾隆五年任奉天府丞	乾隆十年至乾隆十五年	《匊芳园诗钞》卷六《鹤野集》《引病南归承少京兆德泉陈公赋诗宠行次韵奉酬》

续表

序号	姓名	字号	籍贯	科名	官职	交往时地	依据
109	徐尔宛	不详	不详	不详	不详	乾隆十年冬至乾隆十四年，辽阳	《匊芳园诗钞》卷八《诗余》《徐尔宛题赠紫棉楼院本次韵奉答·满庭芳》
110	钱適	不详	不详	不详	不详	乾隆十年冬至乾隆十四年，辽阳	《匊芳园诗钞》卷八《诗余》《引疾侯代正苦无聊忽辱钱適兄以满庭芳和章邮示读之兴复不浅为酬一首》
111	汪后来	白岸，鹿冈	番禺	康熙四十一年武举人	佛山千总	乾隆十五年之后，广州	《匊芳园诗钞》卷七《悬车集》《汪鹿冈弃官笔耕穷老无聊张柏园司马醵金周之凡二十五人予与焉》
112	陈华封	祝三，复斋，	顺德	—	—	乾隆十五年后，广州	《复斋诗钞·何梦瑶序》
113	耿国藩	介夫，湘门	湖南长沙	太学生	—	乾隆十五年之后，广州	《匊芳园诗钞》卷七《悬车集》《题耿湘门素舫斋次其移居原韵》
114	梁善长	崇一，夔庵	顺德	乾隆己未进士	建宁同知	乾隆十五年后，广州	咸丰《顺德县志》卷二六
115	张汝霖	芸墅，柏园	江南宣城	雍正乙卯拔贡	澳门司马	乾隆十五年后，广州	《春秋诗话·何梦瑶序》

续表

序号	姓名	字号	籍贯	科名	官职	交往时地	依据
116	方希文	不详	不详	不详	—	乾隆十五年后，广州	《匑芳园诗钞》卷七《悬车集》《读友人方希文经绿珠故里诗感赋方希文读拙集见怀次韵奉答》
117	梅苍枝	不详	不详	不详	—	乾隆十五年后，广州	《匑芳园诗钞》卷七《悬车集》《小除后一日集陈复斋新居赋得高枕乃吾庐同高于天冯彤文吴调可充可江际飞黄秋苑梅苍枝屈资统》
118	江际飞	不详	不详	不详	—	乾隆十五年后，广州	《匑芳园诗钞》卷七《悬车集》《小除后一日集陈复斋新居赋得高枕乃吾庐同高于天冯彤文吴调可充可江际飞黄秋苑梅苍枝屈资统》
119	屈资统	不详	不详	不详	—	乾隆十五年后，广州	《匑芳园诗钞》卷七《悬车集》《小除后一日集陈复斋新居赋得高枕乃吾庐同高于天冯彤文吴调可充可江际飞黄秋苑梅苍枝屈资统》

续表

序号	姓名	字号	籍贯	科名	官职	交往时地	依据
120	沈卓斋	不详	不详	不详	—	乾隆十五年后,广州	《匊芳园诗钞》卷七《悬车集》《次耿湘门韵赠沈卓斋》
121	李橘园	不详	不详	不详	—	乾隆十五年后,广州	《匊芳园诗钞》卷七《悬车集》《李橘园罗石湖见示词林禅院听圆德上人弹琴诗次其韵》
122	圆德	不详	不详	不详	—	乾隆十五年后,广州	《匊芳园诗钞》卷七《悬车集》《李橘园罗石湖见示词林禅院听圆德上人弹琴诗次其韵》
123	林良铨	衡公,睡庐	不详	不详	不详	乾隆十五年后,广州	《匊芳园诗钞》卷七《悬车集》《题泸州林刺史画像》
124	陈石樵	不详	不详	不详	不详	乾隆十五年后,广州	《匊芳园诗钞》卷七《悬车集》《又和晚秋病起述怀寄示粤中诸同好十首》
125	劳潼	润芝	南海	乾隆二十年举人	—	乾隆十五年后,广州	何梦瑶《春秋诗话序》
126	崔锟士	守锐	番禺	乾隆二十七年恩贡	阳春教谕	乾隆十五年之后,广州	《匊芳园诗钞》载"受业门人"
127	陈简在	元宾	广府	—	训导	乾隆十五年之后,广州	《匊芳园诗钞》载"受业门人"
128	李家树	敏园	广府	—	—	乾隆十五年之后,广州	《匊芳园诗钞》载"受业门人"

续表

序号	姓名	字号	籍贯	科名	官职	交往时地	依据
129	罗鼎臣	宗鹏	南海	—	—	乾隆十五年之后，广州	《匊芳园诗钞》载“受业门人”
130	龚天牧	伟贤	南海	—	—	乾隆十五年之后，广州	《匊芳园诗钞》载“受业门人”
131	李德敬	不详	从化	—	—	乾隆十五年之后，广州	《匊芳园诗钞》载“受业门人”
132	黄哲	嘉秀	番禺	—	—	乾隆十五年之后，广州	《匊芳园诗钞》载“受业门人”
133	杨荣	仁长	番禺	—	—	乾隆十五年之后，广州	《匊芳园诗钞》载“受业门人”
134	杨瑞玙	佩珩	番禺	—	—	乾隆十五年之后，广州	《匊芳园诗钞》载“受业门人”
135	莫镳	北野	商籍	—	—	乾隆十五年之后，广州	《匊芳园诗钞》载“受业门人”
136	郑修	在湄	东莞	—	—	乾隆十五年之后，广州	《匊芳园诗钞》载“受业门人”
137	杨纶	言长	番禺	—	—	乾隆十五年之后，广州	《匊芳园诗钞》载“受业门人”
138	黄宅仁	居光	新会	—	—	乾隆十五年之后，广州	《匊芳园诗钞》载“受业门人”
139	罗学焻	华觊	东莞	—	—	乾隆十五年之后，广州	《匊芳园诗钞》载“受业门人”
140	林可栋	宪臣	广府	—	—	乾隆十五年之后，广州	《匊芳园诗钞》载“受业门人”
141	黄德中	苑明	新会	—	—	乾隆十五年之后，广州	《匊芳园诗钞》载“受业门人”

续表

序号	姓名	字号	籍贯	科名	官职	交往时地	依据
142	麦麒	朝冕	三水	—	—	乾隆十五年之后,广州	《匊芳园诗钞》载"受业门人"
143	曾开科	印欢	新安	—	—	乾隆十五年之后,广州	《匊芳园诗钞》载"受业门人"
144	陈鹤鸣	茂阶	广府	—	—	乾隆十五年之后,广州	《匊芳园诗钞》载"受业门人"
145	麦怡	叶恭	香山	—	—	乾隆十五年之后,广州	《匊芳园诗钞》载"受业门人"
146	杨宗耀	纯养	商籍	—	—	乾隆十五年之后,广州	《匊芳园诗钞》载"受业门人"
147	张大进	海门	番禺	—	—	乾隆十五年之后,广州	《匊芳园诗钞》载"受业门人"
148	李况玉	善甫	南海	—	—	乾隆十五年之后,广州	《匊芳园诗钞》载"受业门人"
149	李夔班	足一	新会	—	—	乾隆十五年之后,广州	《匊芳园诗钞》载"受业门人"
150	冯成章	丽天	南海	—	—	乾隆十五年之后,广州	《匊芳园诗钞》载"受业门人"
151	杨维新	显廷	顺德	—	—	乾隆十五年之后,广州	《匊芳园诗钞》载"受业门人"
152	李咸临	统勋	三水	—	—	乾隆十五年之后,广州	《匊芳园诗钞》载"受业门人"
153	姚振先	首颖	澄海	贡生	候选训导	乾隆十五年之后,广州	《匊芳园诗钞》载"受业门人"
154	汪清	拟海	东莞	—	—	乾隆十五年之后,广州	《匊芳园诗钞》载"受业门人"

续表

序号	姓名	字号	籍贯	科名	官职	交往时地	依据
155	冯宗藩	宣文	广府	—	—	乾隆十五年之后，广州	《匊芳园诗钞》载“受业门人”
156	黄夐上	云峰	广府	—	—	乾隆十五年之后，广州	《匊芳园诗钞》载“受业门人”
157	冯凯	时公	南海	—	—	乾隆十五年之后，广州	《匊芳园诗钞》载“受业门人”
158	李若珠	连五	新会	—	—	乾隆十五年之后，广州	《匊芳园诗钞》载“受业门人”
159	苏文煓	家昱	广府	—	—	乾隆十五年之后，广州	《匊芳园诗钞》载“受业门人”
160	冯谦	配两	南海	—	—	乾隆十五年之后，广州	《匊芳园诗钞》载“受业门人”
161	李光烈	鸿业	新会	—	—	乾隆十五年之后，广州	《匊芳园诗钞》载“受业门人”
162	李材	凌远	花县	—	—	乾隆十五年之后，广州	《匊芳园诗钞》载“受业门人”
163	关志	明典	南海	—	—	乾隆十五年之后，广州	《匊芳园诗钞》载“受业门人”
164	周乾矩	万修	新会	—	—	乾隆十五年之后，广州	《匊芳园诗钞》载“受业门人”
165	陈介特	国干	南海	—	—	乾隆十五年之后，广州	《匊芳园诗钞》载“受业门人”
166	梁济川	庆远	三水	—	—	乾隆十五年之后，广州	《匊芳园诗钞》载“受业门人”
167	张启善	允贤	商籍	—	—	乾隆十五年之后，广州	《匊芳园诗钞》载“受业门人”

续表

序号	姓名	字号	籍贯	科名	官职	交往时地	依据
168	梁植	璁瑚	顺德	—	—	乾隆十五年之后,广州	《匊芳园诗钞》载"受业门人"
169	梁名杰	照临	香山	—	—	乾隆十五年之后,广州	《匊芳园诗钞》载"受业门人"
170	陈国玉	季良	南海	—	—	乾隆十五年之后,广州	《匊芳园诗钞》载"受业门人"
171	黄元举	布五	新会	—	—	乾隆十五年之后,广州	《匊芳园诗钞》载"受业门人"
172	廖命英	振雄	龙门	—	—	乾隆十五年之后,广州	《匊芳园诗钞》载"受业门人"
173	李镜江	不详	不详	不详	不详	乾隆十五年后,广州	《匊芳园诗钞》卷七《悬车集》《李镜江罗石湖诸公游六榕寺同用柳柳州晨诣超师院韵赋赠南溪唯传二上人属予和之时予以足疾未赴》
174	郑必达	槐望	香山	庠生	临安府知府	乾隆十五年后,广州	《匊芳园诗钞》卷七《悬车集》《张司马招饮西湖客邸同大尹李镜江孝廉罗履先中翰刘象山上舍罗雨三司马郑槐望迭前韵》

续表

序号	姓名	字号	籍贯	科名	官职	交往时地	依据
175	刘墫	象山	山东诸城	乾隆庚辰进士	吏部员外郎	乾隆十五年后，广州	《匊芳园诗钞》卷七《悬车集》《张司马招饮西湖客邸同大尹李镜江孝廉罗履先中翰刘象山上舍罗雨三司马郑槐望迭前韵》
176	冯公亮	石门	南海	康熙末贡生	江苏常州通判	乾隆十六年，广州	《匊芳园诗钞》卷七《悬车集》《辛未春杪梅苍枝邀集育青堂观孔雀开屏因成长歌》
177	冯公侯	彤文	番禺	乾隆十八年举人	—	乾隆十六年，广州	《匊芳园诗钞》卷七《悬车集》《辛未春杪梅苍枝邀集育青堂观孔雀开屏因成长歌》
178	黄呈兰	秋畹	南海	诸生	—	乾隆十六年，广州	《匊芳园诗钞》卷七《悬车集》《辛未春杪梅苍枝邀集育青堂观孔雀开屏因成长歌》
179	黄璞	同石	南海	太学	—	乾隆十六年，广州	《匊芳园诗钞》卷七《悬车集》《辛未春杪梅苍枝邀集育青堂观孔雀开屏因成长歌》

续表

序号	姓名	字号	籍贯	科名	官职	交往时地	依据
180	高于天	不详	不详	不详	—	乾隆十六年,广州	《匊芳园诗钞》卷七《悬车集》《辛未春杪梅苍枝邀集育青堂观孔雀开屏因成长歌》
181	梁倚玉	不详	不详	—	—	乾隆十六年,广州	《匊芳园诗钞》卷七《悬车集》《辛未春杪梅苍枝邀集育青堂观孔雀开屏因成长歌》
182	杭世骏	堇浦,大宗	浙江仁和	雍正二年举人	翰林院编修	乾隆十七年,广州	《匊芳园诗钞序》
183	罗雨三	不详	顺德	—	—	乾隆十七年至乾隆十八年间,广州	《匊芳园诗钞》卷七《悬车集》《张司马招饮西湖客邸同大尹李镜江孝廉罗履先中翰刘象山上舍罗雨三司马郑槐望迭前韵》
184	魏大振	伯起	贵州平越	—	黎平训导	乾隆十七年至乾隆十八年间,广州	《匊芳园诗钞》卷七《悬车集》《春日魏伯起昆玉招集六榕寺分得十蒸》
185	魏大文	叔明,松轩	贵州平越	乾隆二十二年进士	庶吉士,授检讨	乾隆十七年至乾隆十八年间,广州	《匊芳园诗钞》卷七《悬车集》《春日魏伯起昆玉招集六榕寺分得十蒸》
186	赵其昌	千迁	阳湖	—	—	乾隆十七年至乾隆十八年间,广州	《岭南集》之《春日魏公子招诸吟侣集六榕寺》

续表

序号	姓名	字号	籍贯	科名	官职	交往时地	依据
187	钟狮	铁桥	番禺	乾隆丁巳进士	灵宝知县	乾隆十七年，广州	光绪《广州府志》卷一一一
188	李管朗	崇朴，崇璞，冬见	顺德	太学	—	乾隆十七年至乾隆十八年间，广州	《匊芳园诗钞》卷七《悬车集》《羊城晤李太学崇朴出拟古乐府诗见示因招游一篑山房叠前韵》
189	吴鈵	调可，梅里	番禺	—	—	乾隆十七年至乾隆十八年间，广州	《岭南集》卷四“附诗话一则”
190	吴函	充可，竹屏	番禺	贡生	嘉应州训导	乾隆十七年至乾隆十八年间，广州	《岭南集》卷四“附诗话一则”
191	吴元治	不详	浙江	—	—	乾隆十七年至乾隆十八年间，广州	《岭南集》卷四“附诗话一则”
192	钟作肃	不详	仁和	—	—	乾隆十七年至乾隆十八年间，广州	《岭南集》卷四“附诗话一则”
193	高峻	不详	番禺	—	—	乾隆十七年至乾隆十八年间，广州	《岭南集》卷四“附诗话一则”
194	王臬	不详	不详	—	—	乾隆十七年至乾隆十八年间，广州	《岭南集》卷四“附诗话一则”
195	王晄	不详	不详	—	—	乾隆十七年至乾隆十八年间，广州	《岭南集》卷四“附诗话一则”

续表

序号	姓名	字号	籍贯	科名	官职	交往时地	依据
196	南溪	不详	不详	—	—	乾隆十七年至乾隆十八年间，广州	《匊芳园诗钞》卷七《悬车集》《李镜江罗石湖诸公游六榕寺同用柳柳州晨诣超师院韵赋赠南溪唯传二上人属予和之时予以足疾未赴》
197	唯传	不详	不详	—	—	乾隆十七年至乾隆十八年间，广州	《匊芳园诗钞》卷七《悬车集》《李镜江罗石湖诸公游六榕寺同用柳柳州晨诣超师院韵赋赠南溪唯传二上人属予和之时予以足疾未赴》
198	陈国栋	一隅	新会	—	—	乾隆十七年后，广州	道光《新会县志》卷一一
199	吴绳年	淞岩	浙江钱塘	监生	肇庆知府	乾隆十八年，肇庆	道光《肇庆府志》卷二一
200	彭端淑	乐斋	四川丹棱	雍正十一年进士	广东肇罗道	乾隆十九年，肇庆	彭端淑《雪夜诗谈》卷下
201	福增格	赞侯，益庵	满洲	不详	广东将军	乾隆二十七年，广州	《赓和录序》
202	梁国治	阶平	浙江会稽	乾隆戊辰状元	东阁大学士兼户部尚书	乾隆二十七年，越华书院	《皇极经世易知序》
203	庄有恭	容可，滋圃	番禺	乾隆己未状元	福建巡抚	乾隆二十七年，南海大沙村	宣统《大沙深巷何氏族谱》卷一《艺文》《壬午联寿序》

附录三
关于何梦瑶研究的学术史回顾

何梦瑶，清代广东南海县人。雍正八年(1730)进士，历任知县、知州以及书院山长等职。何氏作为经学家惠士奇的门生，著述丰富，涉猎广泛，涵盖医学、诗词、算学、易学、音律等，是广东学术史上较有影响力的人物。《清史列传》赞誉他说："国朝二百年来，粤人论撰之富，博极群书，精通艺术，未有逾梦瑶者。"[①]

清承明制，尊奉程朱理学为正统，通过各种手段，诸如提倡理学、兴文字狱、开四库全书馆等，对士大夫的生活和思想进行控制，客观上促进了考据学的发展。广东由于地理位置远离皇权中心，皇

① 王钟翰点校：《清史列传》第18册，北京：中华书局，1987年，第5847页。

权对广东的作用呈现出与其他区域不同的特点。[①] 广东为清代南方文薮，特别是康乾时期，人才辈出。惠士奇督学广东之后，门徒众多，形成“惠门八子”，他们涉猎广泛，兴举诗社，广为游历，成就一时广东的学风际会，何梦瑶是其中重要一员。之所以选择何梦瑶进行专题研究，主要基于三点考虑。

第一，通过对何梦瑶亦官亦儒亦医的成长际遇、仕宦沉浮、行医生涯、社会交游、学术活动的专门研究，以管窥康乾时期广东士人的精神风貌与生活状况。

第二，康乾时期号称“盛世”，但学界对这一时期广东士人的研究比较分散，只在涉及某时段或某方面问题时涉及相关人物而已。何梦瑶作为此时广东士人的代表之一，学术界对他的研究大多仅侧重于其医学方面，论文虽多，但重复不少。对以何梦瑶为代表的士人群体展开研究，对进一步了解康乾时期广东社会颇有意义。

第三，士人是中国古代社会的精英阶层，其内在的精神风貌和外在的行为方式最能反映一个时代的特征。尤其是士人的社会交往纷繁复杂，其动机因个体差异而存在较大悬殊。本研究以何梦瑶为主要对象，以求全面地了解士人群体之间的变化及其与社会的互动关系。

学界对清代士人的研究非常关注，成绩斐然。仅以社会史研究视角而言，有关此方面的著述即已不胜枚举，但从其研究内容而言，主要有遗民、士人群体的交往及士大夫与地方社会等方面。

明清易代，对于前朝遗民而言，面对国破家亡，他们深感“非我族类、其心必异”带来的文化危机，这一集体记忆使他们表现出共有

---

① 参见陈春声、刘志伟《经营文化：中国传统社会单元的运营与管理》，香港：香港教育图书公司，1999年。

的时代特征。因此,明末清初遗民所呈现出的“士风”问题是学界较多讨论的话题。[①] 尽管对于“士风”,学界仍有争议,我们在讨论某一时期士人文化形态时,却又不可避免地对该时期士人所表现出的共同特征加以归纳。特别是对明末清初士人研究中,不少学者倾注了大量的精力加以梳理,并试图归纳该时期的士风。赵园对明末清初的遗民问题进行详细的梳理和探讨,回应了明清之际的各种士人话题;以为积极参与政治是明末清初士风的重要面向,这种风尚有其制度的以及朝廷律令方面的根源。[②]

以上这些研究成果,基本是以明末清初对士大夫价值转变的整体分析,有的学者则以地方士人的研究,探讨地方士人与社会的具体形态。明清易代之际,岭南士人表现出了鲜明的地域个性。甲申之变发生后,岭南的士子纷纷“勤王救国”,当清王朝逐一平定各南明小王朝之后,岭南士人又纷纷选择出家与“殉道”两条道路。[③]

清朝鼎革后,加强了对士大夫的控制,试图确立王朝的正统观念,同时遗民在士大夫群体中的影响也慢慢淡化,士林精神世界开始发生变异。杨念群从清朝“正统观”经历的复杂背景和内容,考察了江南士人如何从“道统”的拥有者转变为“大一统”的胁从者的过程。[④] 清代士大夫出现异化也得益于朝廷在科举方面承袭明制,继续以科举方式控制士人。因此,从 20 世纪 90 年代以来,以清代进

① 赵园:《关于士风》,《中国文化研究》2005 年夏之卷。

② 赵园:《明清之际士大夫研究》,北京:北京大学出版社,1999 年;赵园:《士人 · 言论 · 心态——〈明清之际士大夫研究〉续编》,北京:北京大学出版社,2006 年;赵园:《任道与任事—关于明清之际士人的一种姿态分析》,《西北师范大学学报》2006 年第 2 期。

③ 吴琦、赵秀丽:《儒佛互补:明清易代之际岭南士人的行为特征》,《中南民族大学学报》2003 年第 3 期。

④ 杨念群:《何处是江南:清朝正统观的确立和士林精神世界的变异》,北京:生活 · 读书 · 新知三联书店,2010 年;杨念群:《文字何以成狱?——清初士人逃隐风格与“江南”话题》,杨念群主编《新史学(第一卷)——感觉 · 图像 · 叙事》,北京:中华书局,2007 年。

士为核心的人才问题受到了学界的重视，较突出的研究包括何炳棣《明清进士与东南人文》、范金民《明清江南进士数量、地域分布及其特色分析》和沈登苗《明清全国进士与人才的时空分布及其相互关系》。[①]

士人群体的交往问题也一直受到学界的关注。关于清代士人的交往，赵毅、秦海滢认为明清时期士人由于经济基础、政治因素等影响，其价值取向也有所不同，但是他们认同的基础要素是共同的历史记忆、生活遭遇和志趣追求，而社会交往正是这种认同的重要表征。[②] 吴琛瑜以《吴门表隐》一书的个案分析，认为清代中叶下层士人的文化交往是主要的人际交往方式，而这种文化交往是融合血缘、地缘、业缘和趣缘等关系形成的综合型的社会交往方式。[③] 李文海、赵晓华认为，清代官僚士人频繁的人际交往既是交流学问、寻求友情的重要手段，也反映了生活方式。[④] 此外，还有对独特士人群体及心态史方面的研究著作，如陈刚俊、彭洁通过对明清时期江西从医士人群体的研究认为，从医士人虽游离于士大夫群体，却又丝毫没有放弃对"士绅化"的追求。[⑤] 心态史研究方面，如赵伯陶《明清八股取士与文学及士人心态》中，认为八股取士的方式直接影响了

---

① 何炳棣：《明清进士与东南人文》，《中国东南地区人才问题国际研讨会论文集》，杭州：浙江大学出版社，1993 年；范金民：《明清江南进士数量、地域分布及其特色分析》，《南京大学学报》(哲学人文社会科学版)1997 年第 2 期；沈登苗：《明清全国进士与人才的时空分布及其相互关系》，《中国文化研究》1999 年第 4 期。

② 赵毅、秦海滢：《明清时期淄川士人的社会交往与空间转换》，《辽宁师范大学学报》(社会科学版)2008 年第 5 期。

③ 吴琛瑜：《清代中叶江南下层士人的社会文化交往圈——以〈吴门表隐〉作者顾震涛为例》，《上海师范大学学报》(哲学社会科学版)2008 年第 1 期；吴琛瑜：《清代前中期江南无功名下层士人社会生活探研》，苏州大学硕士学位论文，2005 年。

④ 李文海、赵晓华：《晚清官僚士人群体的人际交往》，《中国人民大学学报》2003 年第 6 期。

⑤ 陈刚俊、彭洁：《不为良相愿为医——明清江西从医士人群体研究》，《江西中医学院学报》2010 年第 3 期。

清代士人的心态。[①]

许纪霖等学者提出知识分子的社会文化史研究路径，重点考察的是知识分子在特定的社会语境和关系网络中，如何产生知识分子共同体，如何相互交往，影响和建构社会公共空间和关系网络。李孝悌以人物个案为研究对象，讨论了明清时期都市空间与知识群体的问题。有关该领域的研究，在国内外学界已有大量研究成果，在行文中将与之展开对话，在此不再赘述。[②]

广东地区社会的发展，到南宋政权南移后，逐步将地方精英整合在王朝之内。特别是在明代陈白沙的出现，珠江三角洲在全国文化舞台上屡领风骚。且明朝中后期的政治改革，大都是由广东文人推动。由此，改变了广东一地文化落后的情形。但是，在广东的文化活动中，主要是由诗人主导，而非由官员或学者主导。这种情形一直延续至清朝开国后的第一代文人。[③] 特别是明清时期由于商品经济的高度发展，中国社会开始发生深刻的变化。在这种时代背景下，思想领域涌现出以顾炎武、黄宗羲、王夫之为代表的思想家，他们反对清谈，提倡实学，形成注重通经致用的学术风气。这种思想也影响着广东地区，"岭南三家"乃其代表。从而，中央文化与广东本土文化在广东地方社会中进行了全方位的整合。叶汉明认为这种文化整合是士大夫在地方社会推行教化工程，以及地方族群挪用士大夫文化符号以强化自身力量的一个历史过程。[④] 刘志伟认为明

---

① 赵伯陶：《明清八股取士与文学及士人心态》，《深圳大学学报》（人文社会科学版）2009 年第 1 期。

② 许纪霖等：《近代中国知识分子的公共交往：1895—1949》，上海：上海人民出版社，2008 年；李孝悌：《恋恋红尘：中国的城市、欲望和生活》，上海：上海人民出版社，2007 年。

③ 科大卫：《皇帝和祖宗：华南的国家与宗族》，卜永坚译，南京：江苏人民出版社，2009 年，第 36、287 －288 页。

④ 叶汉明：《明代中后期岭南的地方社会与家族文化》，《历史研究》2000 年第 3 期。

清珠江三角洲的士大夫集团在文化上的主要贡献，是既将宋明理学的意识形态和伦理观念地方化，又将地方文化传统和价值观纳入宋明理学的规范中，使之伦理化和正统化；与此同时，为地方利益以及同商业化相关联的行为模式提供了合理性的根据。[①]

李绪柏认为，明代广东学术鼎盛时，便以浙、粤分派传学。当时学界以广东陈献章，浙江王阳明为大师巨子。发展至清初，广东、江浙地区均遭受战乱，而经短暂恢复之后，江浙地区的学术文化能很快再度繁荣，而广东却停滞了整整百余年之久。之所以出现这样的现象，是因为广东学术文化的积累底蕴不够深厚，比较脆弱，故一经挫折摧残便难以较快恢复元气。而广东朴学渊源，追溯起来虽很早就受惠士奇、钱大昕诸大儒启发，但直接推动却来源于阮元。[②] 这种观点是有其合理性，但从惠士奇对广东士人的影响来看，“惠门八子”对惠士奇朴学方面的继承甚少，他们更多是体现在诗学领域。如陈永正认为“惠门八子”是康乾时期广东诗坛的重要代表。[③] 1924年梁启超就在《近代学风之地理的分布》说：“康熙末，惠半农督广东学政，始以仆学励士，其季者有‘惠门四君子’之目，然仍皆文士，于学无足述者。”[④]梁认为“惠门四子”“皆文士，于学无足述”。此说影响甚大。程美宝亦认为乾嘉时期，朴学大兴，心性之学旁落，广东在学术领域有全国性地位和影响的学者如凤毛麟角。直到嘉道之际，阮元办学海堂，广东学人才渐渐在全国学术上崭露头角，摆脱过

① 刘志伟：《地域社会与文化的结构过程——珠江三角洲研究的历史学与人类学对话》，《历史研究》2003 年第 1 期；另见刘志伟《在国家与社会之间：明清广东地区里甲赋役制度研究》，广州：中山大学出版社，1997 年。

② 李绪柏：《清代广东朴学研究》，广州：广东省地图出版社，2001 年；李绪柏：《清代广东文化的结晶体——东塾学派》，《广东社会科学》1996 年第 3 期。

③ 陈永正：《岭南诗派略论》，《岭南文史》1999 年第 6 期。

④ 梁启超：《近代学风之地理的分布》，《清华学报》第 1 卷第 1 期。

去文化低落的形象，摒弃明代以来主导广东的心学传统。其影响直到咸、同年间的陈澧和朱次琦并延续到晚清的康、梁。[①]

这些观点均以清代朴学的发展为标准，认为屈大均这一代之后广东学术衰落，直至阮元推动广东朴学发展，由此开辟了广东学术发展阶段。而据科大卫的研究，这一时期广东学术的发展，只能说朴学这个学术潮流并没有席卷广东，主要是由于以书院为中心的知识领域，自觉地沿承了宋学的学术传统。因此，在这种传统的影响下，个别的学者在医学、算学等专门领域中大展拳脚。[②] 科大卫同时指出，从南宋至清末，即所谓中国历史的"晚期帝制"时期，"广东的文人传统历经三造：创造于 12 世纪，再造于 16 世纪，三造于 18 世纪。最终创造出来的广东文人，无论各自打着什么政治算盘，但都认为自己与全国文人同属一脉"[③]。本书的研究对象何梦瑶正是这一文人传统与历史影响下的佼佼者。以上这些研究无疑对本书从整体上研究何梦瑶及其群体提供方法上的指导和借鉴。

学界对何梦瑶有一定的研究。如刘小斌[④]、张荣华、沈英森[⑤]等人，对何梦瑶的生平及著作略有叙述，但并没有进行全面而深入的探讨。关于何梦瑶的医学方面，则以对《医碥》的研究最多。刘小斌对何梦瑶的医学著作考证全面。[⑥] 有不少医史学者论述了何梦瑶岭

① 程美宝：《地域文化与国家认同：晚清以来"广东文化"观的形成》，北京：生活·读书·新知三联书店，2006 年。

② 科大卫：《皇帝和祖宗：华南的国家与宗族》，第 289 页。

③ 科大卫：《皇帝和祖宗：华南的国家与宗族》，第 49 页。

④ 刘小斌：《何梦瑶生平及著作考》，《新中医》1987 年第 1 期。

⑤ 张荣华、沈英森：《何梦瑶》，毛庆耆《岭南学术百家》，广州：广东人民出版社，2004 年，第 410－422 页。

⑥ 刘小斌：《岭南医学史》（上），广州：广东科技出版社，2010 年。

南地域特色的治疗经验和中医理论。[①] 但对何梦瑶医学思想在清代乾嘉之后的影响和传播缺乏研究。

何梦瑶的诗词在岭南有一定影响，也受到了一些学者关注。朱培高、严迪昌认为，清代是广东诗歌的高峰期。但在"岭南三家"后沉寂，至"惠门八子"出，仅何梦瑶稍突出。[②] 有学者认为何梦瑶的诗词，受浙派影响，评价一般。[③] 但是学界对何梦瑶的诗论尚未有涉及和讨论。同时，陈正生对何梦瑶的《赓和录》有专业方面的探讨。[④] 另有学者对何梦瑶的《算迪》和《皇极经世易知》进行了较为初步的讨论。[⑤]

---

① 分别见刘小斌《岭南医学史》(上)，广州：广东科技出版社，2010 年；曾时新《岭南名医何梦瑶》，《新中医》1981 年第 1 期；马小兰《浅论何梦瑶〈医碥〉之脉学成就》，《中华医史杂志》2001 年第 4 期；徐复霖《从〈医碥〉看何梦瑶的学术经验》，《新中医》1980 年第 2 期；张志斌《何梦瑶〈医碥〉的岭南特色》，《广西中医药》1980 年第 5 期；田文敬《简评何梦瑶之〈医碥〉》，《中国中医基础医学杂志》2006 年第 6 期；王伟彪、郑洪《岭南人体质特点与何梦瑶火热论》，《广东医学》1998 年第 1 期；刘志英、许永周《何梦瑶的湿病论》，《新中医》1989 年第 11 期；李安民《清代名医何梦瑶的医学成就》，《中医杂志》1998 年第 11 期；吕平波《何梦瑶对气血生成来源的学术见解》，《中医研究》2001 年第 8 期；李际强、罗翌《何梦瑶治疗瘟疫病学术思想探讨》，《中医文献杂志》2009 年第 2 期。

② 朱培高：《中国文学流派史》，合肥：黄山书社，1998 年，第 391 页；严迪昌：《清诗史》(下)，台北：五南图书出版有限公司，1998 年，第 890 页。

③ 范松义：《岭南词风"雅健"辨》，《文学遗产》2009 年第 6 期；范松义：《清代岭南越台词社考论》，《暨南学报》2008 年第 3 期；朱庸斋选，陈永正注：《岭南历代词选》，广州：广东人民出版社，1987 年；广东炎黄文化研究会编：《岭峤春秋：岭南文化论集》，北京：中国大百科全书出版社，1994 年，第 459 页。

④ 陈正生：《康熙十四律乃徐寿"律管试验"之滥觞与戴念祖先生商榷》，《黄钟》1995 年第 1 期。

⑤ 近代以来，最早在杂志上提到何梦瑶的是 1926 年裘冲曼在《清华学报》发表的《中国算学书目汇编》中列入了何梦瑶撰的《三角辑要》(裘冲曼：《中国算学书目汇编》，《清华学报》第 3 卷第 1 期，1926 年)；傅大为认为受《精蕴》影响的中算书中，何梦瑶的《算迪》是讨论堆垛问题最优秀的(傅大为：《异时空里的知识追逐：科学史与科学哲学论文集》，台北：东大图书公司，1992 年，第 104 页)；严敦杰：《伽利略的工作早期在中国的传布》，《科学史集刊》1964 年第 7 期；肖运鸿：《〈算迪〉中的杠杆力学知识》，《力学与实践》2006 年第 2 期；朱伯昆：《易学哲学史》中册，北京：北京大学出版社，1988 年，第 139 页；毕群圣：《大易论集摘要》，济南：山东友谊书社，1990 年，第 104 页。

关于与何梦瑶相关人物方面的研究也较为薄弱。如，对于惠士奇的研究，非常多见，但是对于惠士奇在广东的活动以及“惠门”的研究却相当欠缺。王应宪的《惠士奇：清代广东经学的开拓者》一文中虽有涉惠士奇及部分惠门弟子的基本介绍[1]，但是对于惠门四子、八子来源和关系并未进行深入研究，也未谈到惠门的交往。《岭南学术百家》中分别介绍了“惠门八子”中的何梦瑶、罗天尺、劳孝舆、苏珥四人，以及胡方、冯成修、车腾芳、杨仲兴与惠门交往较为密切的人物，但是限于篇幅，较为简略。[2]

总之，从目前学界对何梦瑶的研究来看，研究范围主要局限于医学和诗学，其他方面仅略有涉及。而于何梦瑶及其惠门群体的经历和社会交往方面缺乏研究；研究方法上概述性的论述多，而缺少严谨的考证；研究深度上，除对《医碥》研究相对深入外，于其他著作仍然缺乏深度探讨。如此很难对何梦瑶在所处的时代及其思想有整体把握。因此，对何梦瑶这一康乾时期广东重要人物及其士人群体，需将其置于广东社会发展的脉络下，在更大的范围、深度，以不同的视角和方法进行较为全面的研究，从而更深刻地探讨康乾时期广东士人与社会的关系和互动。

---

① 王应宪：《惠士奇：清代广东经学的开拓者》，《岭南文史》2006 年第 3 期。

② 毛庆耆：《岭南学术百家》，广州：广东人民出版社，2004 年。

附录四
何梦瑶画像①

① 广州中医药大学郑洪教授据广州博物馆1980年展出的何梦瑶画像描画，由刘小斌教授提供。

附录五

何氏大宗祠[①]

① 笔者摄于2011年3月。

参考文献

一、档案、古籍

1. [南朝陈]徐陵:《玉台新咏》,北京:北京图书馆出版社,2004年。

2.《全唐诗》,上海:上海古籍出版社,1986 年。

3. [宋]张行成:《皇极经世索隐》,上海:商务印书馆,民国影印本。

4. [宋]张行成:《皇极经世观物外篇衍义》,《文津阁四库全书》,北京:商务印书馆,2005 年。

5. [元]释继洪:《岭南卫生方》,北京:中医古籍出版社,1983年。

6. [明]李时珍:《本草纲目》,北京:人民卫生出版社,1973 年。

7. [明]陈献章:《陈献章集》,孙通海点校,北京:中华书局,1993 年。

8. [明]张景岳:《景岳全书精选》,北京:科学技术文献出版社,1996 年。

9. [明]王肯堂撰,陆拯主编:《王肯堂医学全书》,北京:中国中医药出版社,1999 年。

10.《明史》,北京:中华书局,1974 年。

11. [清]何梦瑶:《匊芳园诗钞》,乾隆壬申(1752)刻本。

12. [清]何梦瑶:《敦和录》,广东省立图书馆藏,[出版时间不详]。

13. [清]杭世骏:《道古堂全集》,清乾隆四十一年刻光绪十四年汪曾唯修本。

14. [清]张汝霖:《西阪草堂诗钞》,遂初斋藏本,道光六年(1826)。

15. [清]郭元峰:《脉如》,冼沂刊本,道光丁亥年(1827)印。

16. [清]孙鼎臣:《畚塘刍论》,咸丰九年(1859)刻本。

17. [清]杭世骏:《岭南集》,学海堂光绪七年重刊本。

18. [清]钱大昕:《潜研堂文集》,长沙龙氏家塾(光绪)重刊本。

19. [清]李调元:《粤东笔记》,上海:上海会元文堂印,1915 年。

20. [清]何梦瑶:《医方全书》,两广图书局印行,1918 年。

21. [清]章学诚:《文史通义》,上海:世界书局,1935 年。

22. [清]汪辉祖:《佐治药言》,王云五《丛书集成初编》,上海:商务印书馆,1937 年。

23. [清]罗元焕撰,陈仲鸿注:《粤台徵雅录》,王云五《丛书集成初编》,长沙:商务印书馆,1939 年。

24. [清]萧奭:《永宪录》,北京:中华书局,1959 年。

25. [清]赵学敏:《本草纲目拾遗》,北京:人民卫生出版社,1963 年。

26.《皇朝经世文编》,台北:文海出版社,1972 年。

27. [清]梁廷枏:《粤海关志》,台北:文海出版社,1975 年。

28.《清史稿》,北京:中华书局,1977 年。

29. [清]陈梦雷:《古今图书集成》,台北:鼎文书局,1977 年。

30. [清]袁枚:《随园诗话》,北京:人民文学出版社,1982 年。

31. [清]法式善等:《清秘述闻三种》,北京:中华书局,1982 年。

32. [清]陈修圆:《女科要旨》,福州:福建科学技术出版社,1982 年。

33. [清]檀萃:《楚庭稗珠录》,广州:广东人民出版社,1982 年。

34. [清]江藩:《国朝汉学师承记》,北京:中华书局,1983 年。

35. [清]丹波元胤:《中国医籍考》,北京:人民卫生出版社,1983 年。

36. [清]陈康祺:《郎潜纪闻初笔》,北京:中华书局,1984 年。

37. [清]魏源:《圣武记》,北京:中华书局,1984 年。

38. [清]黄宗羲:《明儒学案》,沈芝盈点校,北京:中华书局,1985 年。

39. [清]屈大均:《广东新语》,北京:中华书局,1985 年。

40. [清]梅文鼎、梅瑴成:《勿庵历算书目》,北京:中华书局,1985 年。

41. [清]何梦瑶:《算迪》,北京:中华书局,1985 年。

42. [清]何梦瑶:《赓和录》,北京:中华书局,1985 年。

43. [清]罗天尺:《五山志林》,北京:中华书局,1985 年。

44. [清]劳潼:《救荒备览》,北京:中华书局,1985 年。

45. [清]张维屏:《国朝诗人征略初编》,周骏富《清代传记丛刊·学林类 29》,台北:明文书局,1986 年。

46. [清]徐珂:《清稗类钞》,北京:中华书局,1986 年。

47. [清]王学权:《重庆堂随笔》,南京:江苏科学技术出版社,1986 年。

48. [清]龚未斋:《雪鸿轩尺牍》,长沙:湖南文艺出版社,1987 年。

49.《清史列传》,王钟翰点校,北京:中华书局,1987 年。

50. [清]叶衍兰、叶恭绰:《清代学者像传合集》,上海:上海古籍出版社,1989 年。

51. [清]张渠:《粤东闻见录》,程明校点,广州:广东高等教育出版社,1990 年。

52. 中国第一历史档案馆:《雍正朝汉文朱批奏折汇编》,南京:江苏古籍出版社,1991 年。

53.《钦定大清会典事例》,台北:文海出版社,1992 年。

54. [清]姚鼐:《惜抱轩文集》,上海:上海古籍出版社,1992 年。

55. 中国第一历史档案馆:《雍正朝起居注》,北京:中华书局,1993 年。

56. [清]袁枚撰,王英志主编:《袁枚全集》,杭州:浙江古籍出版社,1993 年。

57. [清]彭端淑:《国朝诗话补》,《续修四库全书》编纂委员会《续修四库全书》,上海:上海古籍出版社,1994 年。

58. [清]何梦瑶:《医碥》,邓铁涛、刘纪莎点校,北京:人民卫生出版社,1994 年。

59. [清]鄂尔泰:《鄂尔泰奏稿》,上海:上海古籍出版社,1995年。

60. [清]陈修园编著,黄杰熙笺正:《〈女科要旨〉笺正》,太原:山西科学技术出版社,1995年。

61. [清]邹伯奇:《邹徵君遗书》,《中国科学技术典籍通汇物理卷 第一分册》,郑州:河南教育出版社,1995年。

62. [清]法式善:《梧门诗话八旗诗话》,《续修四库全书》,上海:上海古籍出版社,1995年。

63. [清]汪辉祖:《双节堂庸训》,天津:天津古籍出版社,1995年。

64. [清]张振鋆:《厘正按摩要术》,顾廷龙《续修四库全书》,上海:上海古籍出版社,1995年。

65. [清]朱玉振:《增订端溪砚坑志》,顾廷龙《续修四库全书》,上海:上海古籍出版社,1995年。

66. [清]蓝鼎元:《鹿洲全集》,厦门:厦门大学出版社,1995年。

67. [清]陆以湉:《冷庐医话考注》,北京:中国中医药出版社,1996年。

68. [清]梁章钜:《楹联丛话全编》,北京:北京出版社,1996年。

69. 秦国经:《清代官员履历档案全编》,上海:华东师范大学出版社,1997年。

70. [清]沈德潜:《清诗别裁集》,石家庄:河北人民出版社,1997年。

71. [清]梁启超:《清代学术概论》,上海:上海古籍出版社,1998年。

72. [清]刘渊:《医学纂要》,北京:中国中医药出版社,1999年。

73. [清]邱熺:《引痘略》,《续修四库全书》,上海:上海古籍出版社,1999 年。

74. [清]温汝能纂辑,吕永光等整理:《粤东诗海》,广州:中山大学出版社,1999 年。

75. [清]王士雄撰,盛增秀主编:《王孟英医学全书》,北京:中国中医药出版社,1999 年。

76. [清]周学海撰,郑洪新主编:《周学海医学全书》,北京:中国中医药出版社,1999 年。

77. [清]何梦瑶:《皇极经世易知》,《四库未收书辑刊》编纂委员会《四库未收书辑刊》第 4 辑,第 27 册,北京:北京出版社,2000 年。

78. [清]全祖望:《全祖望集汇校集注》,上海:上海古籍出版社,2000 年。

79. [清]罗天尺:《瘿晕山房诗删》,《四库未收书辑刊》,北京:北京出版社,2000 年。

80. [清]郑虎文:《吞松阁集》,《四库未收书辑刊》编纂委员会《四库未收书辑刊》,北京:北京出版社,2000 年。

81. [清]黎简撰,梁守中校辑:《五百四峰堂诗钞》,广州:中山大学出版社,2000 年。

82. [清]钱维福:《清秘述闻补》,《续修四库全书》,上海:上海古籍出版社,2002 年。

83. [清]钱林:《文献征存录》,顾廷龙《续修四库全书》,上海:上海古籍出版社,2002 年。

84. [清]黄叔璥:《国朝御史题名》,顾廷龙《续修四库全书》,上海:上海古籍出版社,2002 年。

85.［清］李绂:《穆堂别稿》,上海:上海古籍出版社,2002 年。

86.［清］杭世骏:《续礼记集说》,顾廷龙《续修四库全书》,上海:上海古籍出版社,2002 年。

87.［清］彭端淑:《雪夜诗谈》,顾廷龙《续修四库全书》,上海:上海古籍出版社,2002 年。

88.［清］邱炜萲:《五百石洞天挥麈》,《续修四库全书》,上海:上海古籍出版社,2002 年。

89.［清］张九钺:《紫岘山人全集》,顾廷龙《续修四库全书》,上海:上海古籍出版社,2002 年。

90.［清］刘彬华:《岭南群雅》,顾廷龙《续修四库全书》,上海:上海古籍出版社,2002 年。

91.［清］黄培芳:《香石诗话》,顾廷龙《续修四库全书》,上海:上海古籍出版社,2002 年。

92.［清］吴汝纶:《吴汝纶全集》,合肥:黄山书社,2002 年。

93.［清］王昶:《国朝词综》,《续修四库全书》,上海:上海古籍出版社,2002 年。

94.《清代吏治史料》,北京:线装书局,2004 年。

95.［清］惠士奇:《周易记》,《文津阁四库全书》,北京:商务印书馆,2005 年。

96.［清］王植:《皇极经世书解》,商务印书馆《四库全书》出版工作委员会编《文津阁四库全书》,北京:商务印书馆,2005 年。

97.《世宗宪皇帝上谕内阁》,商务印书馆《四库全书》出版工作委员会编《文津阁四库全书》,北京:商务印书馆,2005 年。

98.［清］汪中撰,田汉云点校:《新编汪中集》,扬州:广陵书社,2005 年。

99. [清]法式善:《梧门诗话合校》,南京:凤凰出版社,2005 年。

100.《雍正朝东华录》,台北:文海出版社,2006 年。

101.《四库全书》出版工作委员会:《文津阁四库全书提要汇编》,北京:商务印书馆,2006 年。

102. [清]惠周惕、惠士奇、惠栋撰,漆永祥点校:《东吴三惠诗文集》,台北:"中央研究院"中国文哲研究所,2006 年。

103. [清]江藩:《江藩集》,漆永祥整理,上海:上海古籍出版社,2006 年。

104. [清]梁启超:《中国近三百年学术史》,上海:上海三联书店,2006 年。

105. [清]陈华封:《复斋诗钞》,桑兵《清代稿钞本》,广州:广东人民出版社,2007 年。

106. [清]吴绮等:《清代广东笔记五种》,广州:广东人民出版社,2006 年。

107. [清]周中孚:《郑堂读书记》,北京:北京图书馆出版社,2007 年。

108. [清]福格:《听雨丛谈》,汪北平点校,北京:中华书局,2007 年。

109. [清]李元度:《国朝先正事略》,长沙:岳麓书社,2008 年。

110. [清]朱寿朋:《东华续录》,上海:上海古籍出版社,2008 年。

111.《清实录》,北京:中华书局,2008 年。

112. [清]劳孝舆:《春秋诗话》,陈建华、曹淳亮《广州大典》第 4 辑,《岭南遗书》第 2 册,广州:广州出版社,2008 年。

113. [清]姚鼐:《惜抱轩诗文集》,上海:上海古籍出版社,2008

年。

114.［清］丹波无坚编著，徐长卿点校：《药治通义》，北京：学苑出版社，2008 年。

115.［清］周岩：《本草思辨录校释》，张金鑫校释，北京：学苑出版社，2008 年。

116.［清］许宗彦：《鉴止水斋集》，清嘉庆二十四年德清许氏家刻本。

117.［清］法式善：《存素堂诗初集录存》，纪宝成《清代诗文集汇编》，上海：上海古籍出版社，2010 年。

118.［清］桂文灿：《经学博采录》，上海：华东师范大学出版社，2010 年。

119. 宣统《大沙深巷何氏族谱》卷一复印件（原件藏南海区西樵镇崇北村上坊自然村），2010 年。

120.［清］陈恭尹：《独漉堂诗文集》，纪宝成《清代诗文集汇编》，上海：上海古籍出版社，2010 年。

121.［清］王昶：《蒲褐山房诗话新编》，北京：人民文学出版社，2011 年。

122.［清］杨锺义：《雪桥诗话全编》，北京：人民文学出版社，2011 年。

123.［宋］马端临：《文献通考》，北京：中华书局，2011 年。

124.［清］何梦瑶：《乐只堂人子须知》，广州：广东科技出版社，2011 年。

125.［清］何梦瑶：《三科辑要》，广州：广东科技出版社，2011 年。

126.［清］何梦瑶：《伤寒论近言》，广州：广东科技出版社，2012

年。

127.［清］《豫章罗氏族谱》,(刊刻时间不详)。

二、方志

1. 康熙《南海县志》,广东省地方史志办公室《广东历代方志集成》,广州:岭南美术出版社,2007 年。

2. 雍正《浙江通志》,南京:凤凰出版社,2010 年。

3. 乾隆《绍兴府志》,清乾隆五十七年(1792)刊本。

4. 乾隆《梧州府志》,台北:成文出版社,1961 年。

5. 乾隆《福州府志》,台北:成文出版社,1967 年。

6. 乾隆《庆远府志》,清乾隆十九年(1754)刻本。

7. 乾隆《肇庆府志》,广东省地方史志办公室《广东历代方志集成》,广州:岭南美术出版社,2007 年。

8. 乾隆《潮州府志》,广东省地方史志办公室《广东历代方志集成》,广州:岭南美术出版社,2009 年。

9. 乾隆《番禺县志》,广东省地方史志办公室《广东历代方志集成》,广州:岭南美术出版社,2008 年。

10. 乾隆《长洲县志》,清乾隆十八年(1753)刻本。

11. 乾隆《元和县志》,《续修四库全书》,上海:上海古籍出版社,1997 年。

12. 乾隆《蒙自县志》,台北:成文出版社,1967 年。

13. 乾隆《富川县志》,故宫博物院《故宫珍本丛刊》第 202 册,海口:海南出版社,2001 年。

14. 乾隆《岑溪县志》,台北:成文出版社,1967 年。

15. 嘉庆《澄海县志》,广东省地方史志办公室《广东历代方志集成》,广州:岭南美术出版社,2009年。

16. 嘉庆《增城县志》,广东省地方史志办公室《广东历代方志集成》,广州:岭南美术出版社,2007年。

17. 嘉庆《武宣县志》,故宫博物院《故宫珍本丛刊》第198册,海口:海南出版社,2001年。

18. 嘉庆《山阴县志》,绍兴县修志委员会校刊铅印本,1936年。

19. 道光《广东通志》,广东省地方史志办公室《广东历代方志集成》,广州:岭南美术出版社,2007年。

20. 道光《肇庆府志》,广东省地方史志办公室《广东历代方志集成》,广州:岭南美术出版社,2009年。

21. 道光《琼州府志》,广东省地方史志办公室《广东历代方志集成》,广州:岭南美术出版社,2009年。

22. 道光《直隶南雄州志》,广东省地方史志办公室《广东历代方志集成》,广州:岭南美术出版社,2007年。

23. 道光《南海县志》,广东省地方史志办公室《广东历代方志集成》,广州:岭南美术出版社,2007年。

24. 道光《广宁县志》,广东省地方史志办公室《广东历代方志集成》,广州:岭南美术出版社,2009年。

25. 道光《新会县志》,广东省地方史志办公室《广东历代方志集成》,广州:岭南美术出版社,2007年。

26. 道光《英德县志》,广东省地方史志办公室《广东历代方志集成》,广州:岭南美术出版社,2009年。

27. 道光《佛山忠义乡志》,清道光十年(1830)本。

28. 咸丰《顺德县志》,广东省地方史志办公室《广东历代方志集成》,广州:岭南美术出版社,2007 年。

29. 同治《广州府志》,广东省地方史志办公室《广东历代方志集成》,广州:岭南美术出版社,2007 年。

30. 同治《韶州府志》,广东省地方史志办公室《广东历代方志集成》,广州:岭南美术出版社,2009 年。

31. 同治《连州志》,广东省地方史志办公室《广东历代方志集成》,广州:岭南美术出版社,2009 年。

32. 同治《番禺县志》,广东省地方史志办公室《广东历代方志集成》,广州:岭南美术出版社,2007 年。

33. 同治《河源县志》,广东省地方史志办公室《广东历代方志集成》,广州:岭南美术出版社,2009 年。

34. 光绪《广西通志辑要》,清光绪十七年(1891)刊本。

35. 光绪《广州府志》,广东省地方史志办公室《广东历代方志集成》,广州:岭南美术出版社,2007 年。

36. 光绪《高州府志》,广东省地方史志办公室《广东历代方志集成》,广州:岭南美术出版社,2009 年。

37. 光绪《重修天津府志》,《续修四库全书》第 690 册,上海:上海古籍出版社,1995 年。

38. 光绪《重修华亭县志》,清光绪四年(1878)刊本。

39. 光绪《平湖县志》,台北:成文出版社,1975 年。

40. 光绪《宁河县志》,清光绪六年(1880)刻本。

41. 光绪《海阳县志》,广东省地方史志办公室《广东历代方志集成》,广州:岭南美术出版社,2009 年。

42. 光绪《潮阳县志》,广东省地方史志办公室《广东历代方志集成》,广州:岭南美术出版社,2009 年。

43. 光绪《香山县志》，广东省地方史志办公室《广东历代方志集成》，广州：岭南美术出版社，2007 年。

44. 光绪《嘉应州志》，广东省地方史志办公室《广东历代方志集成》，广州：岭南美术出版社，2009 年。

45. 光绪《信宜县志》，广东省地方史志办公室《广东历代方志集成》，广州：岭南美术出版社，2009 年。

46. 光绪《香山县志》，广东省地方史志办公室《广东历代方志集成》，广州：岭南美术出版社，2007 年。

47. 光绪《赣榆县志》，台北：成文出版社，1970 年。

48. 光绪《嘉善县志》，台北：成文出版社，1970 年。

49. 光绪《福安县志》，台北：成文出版社，1967 年。

50. 宣统《东莞县志》，广东省地方史志办公室《广东历代方志集成》，广州：岭南美术出版社，2007 年。

51. 宣统《番禺县续志》，广东省地方史志办公室《广东历代方志集成》，广州：岭南美术出版社，2007 年。

52. 宣统《高要县志》，广东省地方史志办公室《广东历代方志集成》，广州：岭南美术出版社，2007 年。

53. 民国《顺德县志》，广东省地方史志办公室《广东历代方志集成》，广州：岭南美术出版社，2007 年。

54. 民国《思恩县志》，1933 年排印本。

55. 民国《大埔县志》，广东省地方史志办公室《广东历代方志集成》，广州：岭南美术出版社，2007 年。

56. 民国《开平县志》，广东省地方史志办公室《广东历代方志集成》，广州：岭南美术出版社，2007 年。

57. 民国《辽阳县志》，台北：成文出版社，1973 年。

58. 民国《闽侯县志》,台北:成文出版社,1966 年。

59. 民国《番禺县志》,广东省地方史志办公室《广东历代方志集成》,广州:岭南美术出版社,2007 年。

60. 民国《阳朔县志》,1936 年石印本。

61. 民国《佛山忠义乡志》,1926 年刻本。

62. 顺德市地方志编纂委员会:《顺德县志》,北京:中华书局,1996 年。

三、今人著作

1. 刘伯骥:《广东书院制度沿革》,上海:商务印书馆,1938 年。

2. 朱自清:《诗言志辨》,北京:古籍出版社,1956 年。

3. 王国维:《观堂集林》,北京:中华书局,1959 年。

4. 苏树蕃:《清朝御史题名录》,沈云龙《近代中国史料丛刊》第 14 辑,台北:文海出版社,1961 年。

5. 杨向奎:《中国古代社会与古代思想研究》,上海:上海人民出版社,1964 年。

6. 广东文征编印委员会:《广东文征》,香港:香港中文大学出版社,1974 年。

7. 谢国桢:《明清之际党社运动考》,北京:中华书局,1982 年。

8. 沈嘉荣:《顾炎武》,南京:江苏人民出版社,1982 年。

9. 中国科学院自然科学史研究所地学史组:《中国古代地理学史》,北京:科学出版社,1984 年。

10. 章太炎:《訄书原刻手写底本》,上海:上海古籍出版社,1985 年。

11. 范行准:《中国医学史略》,北京:中医古籍出版社,1986 年。

12. 周骏富:《清代传记丛刊》,台北:明文书局,1986 年。

13. 钱仲联:《清诗纪事》,南京:江苏古籍出版社,1987 年。

14. 钱仪吉、缪荃孙等:《清代碑传全集》,上海:上海古籍出版社,1987 年。

15. 叶显恩、谭棣华:《明清广东社会经济研究》,广州:广东人民出版社,1987 年。

16. 余英时:《士与中国文化》,上海:上海人民出版社,1987 年。

17. 朱庸斋选,陈永正注:《岭南历代词选》,广州:广东人民出版社,1987 年。

18. 朱伯昆:《易学哲学史》,北京:北京大学出版社,1988 年。

19. 杜维运:《清乾嘉时代之史学与史家》,台北:台湾学生书局,1988。

20. 黄爱平:《四库全书纂修研究》,北京:中国人民大学出版社,1989 年。

21. 周作人:《知堂回想录》,台北:龙文出版社,1989 年。

22. 陈智超:《陈垣来往书信集》,上海:上海古籍出版社,1990 年。

23. 陈支平:《近 500 年来福建的家族社会与文化》,上海:上海三联书店,1991 年。

24. 何冠彪:《明末清初学术思想研究》,台北:台湾学生书局,1991 年。

25. 赖力行:《中国古代文学批评学》,武汉:华中师范大学出版社,1991 年。

26. 张仲礼:《中国绅士——关于其在 19 世纪中国社会中作用

的研究》,李荣昌译,上海:上海社会科学院出版社,1991 年。

27. 南炳文等:《清代文化——传统的总结和中西大交流的发展》,天津:天津古籍出版社,1991 年。

28. 李文海:《清史编年》,北京:中国人民大学出版社,1991 年。

29. 傅大为:《异时空里的知识追逐:科学史与科学哲学论文集》,台北:东大图书公司,1992 年。

30. 王茂等:《清代哲学》,合肥:安徽人民出版社,1992 年。

31. 叶显恩:《清代区域社会经济研究》,北京:中华书局,1992 年。

32. 陈祖武:《清初学术思辨录》,北京:中国社会科学出版社,1992 年。

33. 陈祖武、汪学群:《清代文化志》,上海:上海人民出版社,1998 年。

34. 费正清:《剑桥中国晚清史》,北京:中国社会科学出版社,1993 年。

35. 仇江选注:《岭南历代文选》,广东中华民族文化促进会编,1993 年。

36. 王俊义:《清代学术与文化》,沈阳:辽宁教育出版社,1993 年。

37. 胡楚生:《清代学术史研究》,台北:台湾学生书局,1993 年。

38. 严灵峰:《周秦汉魏诸子知见书目》,北京:中华书局,1993 年。

39. 中国科学院图书馆:《续修四库全书总目提要》,北京:中华书局,1993 年。

40. 杨向奎:《清儒学案新编》,济南:齐鲁书社,1994 年。

41. 胡楚生:《清代学术史研究续编》,台北:台湾学生书局,1994年。

42. 陈鼓应等:《明清实学简史》,北京:社会科学文献出版社,1994年。

43. 袁行云:《清人诗集叙录》,北京:文化艺术出版社,1994年。

44. 徐德志等:《广东对外经济贸易史》,广州:广东人民出版社,1994年。

45. 李小松、陈泽泓:《历代入粤名人》,广州:广东人民出版社,1994年。

46. 广东炎黄文化研究会:《岭峤春秋:岭南文化论集》,北京:中国大百科全书出版社,1994年。

47. 广东炎黄文化研究会:《岭峤春秋:岭南文化论集(二)》,北京:中国社会科学出版社,1995年。

48. 陈金陵:《洪亮吉评传》,北京:中国人民大学出版社,1995年。

49. 曾大兴:《中国历代文学家之地理分布》,武汉:湖北教育出版社,1995年。

50. 艾尔曼:《从理学到朴学——中华帝国晚期思想与社会文化面面观》,赵刚译,南京:江苏人民出版社,1995年。

51. 赵所生、薛正兴:《中国历代书院志》,南京:江苏教育出版社,1995年。

52. 郭英德等:《中国古典文学研究史》,北京:中华书局,1995年。

53. 白新良:《中国古代书院发展史》,天津:天津大学出版社,1995年。

54. 朱维铮:《求索真文明——晚清学术史论》,上海:上海古籍出版社,1996 年。

55. 郭润涛:《官府、幕友与书生——“绍兴师爷”研究》,北京:中国社会科学出版社,1996 年。

56. 刘圣宜、宋德华:《岭南近代对外文化交流史》,广州:广东人民出版社,1996 年。

57. 高翔:《康雍乾三帝统治思想研究》,北京:中国人民大学出版社,1996 年。

58. 李开:《惠栋评传》,南京:南京大学出版社,1997 年。

59. 钱穆:《中国近三百年学术史》,北京:商务印书馆,1997 年。

60. 冯天瑜:《明清文化史散论》,武汉:华中理工大学出版社,1998 年。

61. 李俨:《李俨钱宝琮科学史全集》,沈阳:辽宁教育出版社,1998 年。

62. 严迪昌:《清诗史》,台北:五南图书出版有限公司,1998 年。

63. 陈春声、刘志伟:《经营文化:中国传统社会单元的运营与管理》,香港:香港教育图书公司,1999 年。

64. 赵园:《明清之际士大夫研究》,北京:北京大学出版社,1999 年。

65. 尚小明:《学人游幕与清代学术》,北京:社会科学文献出版社,1999 年。

66. 胡守为:《岭南古史》,广州:广东人民出版社,1999 年。

67. 黄爱平:《18 世纪的中国与世界 · 思想文化卷》,沈阳:辽海出版社,1999 年。

68. 冯友兰:《中国哲学史》,上海:华东师范大学出版社,2000

年。

69. 葛兆光:《中国思想史》,上海:复旦大学出版社,2000 年。

70. 陈居渊:《清代朴学与文学》,南昌:百花洲文艺出版社,2000 年。

71. 王绍曾:《清史稿艺文志拾遗》,北京:中华书局,2000 年。

72. 汪辟疆:《汪辟疆说近代诗》,上海:上海古籍出版社,2001 年。

73. 李绪柏:《清代广东朴学研究》,广州:广东省地图出版社,2001 年。

74. 严峻峻:《岭南医家妇科学术源流及临证经验整理研究》,广州中医药大学硕士学位论文,2001 年。

75. 马积高:《清代学术思想的变迁与文学》,长沙:湖南人民出版社,2002 年。

76. 颜泽贤、黄世瑞:《岭南科学技术史》,广州:广东人民出版社,2002 年。

77. 郭成康等:《康乾盛世历史报告》,北京:中国言实出版社,2002 年。

78. 黄爱平:《朴学与清代社会》,石家庄:河北人民出版社,2003 年。

79. 郭康松:《清代考据学研究》,武汉:崇文书局,2003 年。

80. 姜广辉:《中国经学思想史》,北京:中国社会科学出版社,2003 年。

81. 王日根:《明清民间社会的秩序》,长沙:岳麓书社,2003 年。

82. 何宗美:《明末清初文人结社研究》,天津:南开大学出版社,2003 年。

83. 陈来:《宋明理学史》,上海:华东师范大学出版社,2004 年。

84. 施坚雅:《中华帝国晚期的城市》,叶光庭等译,北京:中华书局,2004 年。

85. 邓洪波:《中国书院史》,上海:东方出版中心,2004 年。

86. 赖文、李永宸:《岭南瘟疫史》,广州:广东人民出版社,2004 年。

87. 毛庆耆:《岭南学术百家》,广州:广东人民出版社,2004 年。

88. 陈实:《清代珠江三角洲教育状况研究》,暨南大学博士论文,2004 年。

89. 何富贵等:《西樵大沙何氏宗谱》(手抄本),南海图书馆藏,2004 年。

90. 赵园:《关于士风》,《中国文化研究》,2005 年夏之卷。

91. 陈弱水、王汎森:《思想与学术》,北京:中国大百科全书出版社,2005 年。

92. 陈祖武、朱彤窗:《乾嘉学术编年》,石家庄:河北人民出版社,2005 年。

93. 艾尔曼:《经学:政治和宗教——中华帝国晚期常州今文学派研究》,赵刚译,南京:江苏人民出版社,2005 年。

94. 彭林:《清代经学与文化》,北京:北京大学出版社,2005 年。

95. 李治亭:《清康乾盛世》,南京:江苏教育出版社,2005 年。

96. 朱万章:《粤画访古》,北京:文物出版社,2005 年。

97. 吴琛瑜:《清代前中期江南无功名下层士人社会生活探研》,苏州大学硕士学位论文,2005 年。

98. 赵园:《士人·言论·心态——〈明清之际士大夫研究〉续编》,北京:北京大学出版社,2006 年。

99. 程美宝:《地域文化与国家认同:晚清以来“广东文化”观的形成》,北京:生活·读书·新知三联书店,2006 年。

100. 傅斯年:《中国古代思想与学术十论》,桂林:广西师范大学出版社,2006 年。

101. 蔡镇楚:《中国文学批评史》,长沙:岳麓书社,2006 年。

102. 黄侃:《黄侃手批尔雅义疏》,北京:中华书局,2006 年。

103. 刘墨:《乾嘉学术十论》,北京:生活·读书·新知三联书店,2006 年。

104. 冼剑民、陈鸿钧:《广州碑刻集》,广州:广东高等教育出版社,2006 年。

105. 保罗·肯尼迪:《大国的兴衰——1500—2000 年的经济变迁与军事冲突》,北京:国际文化出版社,2006 年。

106. 江庆柏:《清朝进士提名录》,北京:中华书局,2007 年。

107. 杨念群:《新史学(第一卷)——感觉·图像·叙事》,北京:中华书局,2007 年。

108. 罗炳良:《清代乾嘉历史考证学研究》,北京:北京图书馆出版社,2007 年。

109. 李孝悌:《恋恋红尘:中国的城市、欲望和生活》,上海:上海人民出版社,2007 年。

110. 黄仁宇:《万历十五年》(增订本),北京:中华书局,2007 年。

111. 游明:《〈匊芳园诗钞〉校注》,广西大学硕士学位论文,2007 年。

112. 许纪霖等:《近代中国知识分子的公共交往:1895—1949》,上海:上海人民出版社,2008 年。

113. 韩书瑞、罗友枝:《十八世纪中国社会》,陈仲丹译,南京:江苏人民出版社,2008 年。

114. 周琍:《清代广东盐业与地方社会》,北京:中国社会科学出版社,2008 年。

115. 王崇存:《岭南医家何梦瑶〈伤寒论近言〉残本整理及相关研究》,广州中医药大学硕士学位论文,2008 年。

116. 王业键:《清雍正时期(1723—1735)的财政改革》,《"中研院"历史语言研究所集刊论文类编(历史编,明清卷)》第 2 册,北京:中华书局,2009 年。

117. 科大卫:《皇帝和祖宗:华南的国家与宗族》,卜永坚译,南京:江苏人民出版社,2009 年。

118. 郑幸:《袁枚年谱新编》,复旦大学博士论文,2009 年。

119. 纪宝成:《清代诗文集汇编》,上海:上海古籍出版社,2010 年。

120. 刘志伟:《在国家与社会之间:明清广东地区里甲赋役制度研究》,北京:中国人民大学出版社,2010 年。

121. 刘凤云、刘文鹏:《清朝的国家认同:"新清史"研究与争鸣》,北京:中国人民大学出版社,2010 年。

122. 杨念群:《何处是江南:清朝正统观的确立和士林精神世界的变异》,北京:生活·读书·新知三联书店,2010 年。

123. 刘小斌:《岭南医学史(上)》,广州:广东科技出版社,2010 年。

124. 侯外庐等:《中国思想通史》,北京:人民出版社,2011 年。

125. 钱穆:《中国近三百年学术史》,北京:九州出版社,2011 年。

四、今人论文

1. 梁启超:《近代学风之地理的分布》,《清华学报》1924 年第 1 卷第 1 期。

2. 裘冲曼:《中国算学书目汇编》,《清华学报》1926 年第 3 卷第 1 期。

3. 何梦瑶:《伤寒论近言》,《中医杂志》1927 年第 3、4 期。

4. 严敦杰:《伽利略的工作早期在中国的传布》,《科学史集刊》1964 年第 7 期。

5. 徐复霖:《从〈医碥〉看何梦瑶的学术经验》,《新中医》1980 年第 2 期。

6. 张志斌:《何梦瑶〈医碥〉的岭南特色》,《广西中医药》1980 年第 5 期。

7. 曾时新:《岭南名医何梦瑶》,《新中医》1981 年第 1 期。

8. 刘小斌:《何梦瑶生平及著作考》,《新中医》1987 年第 1 期。

9. 刘小斌、郭世松:《〈景岳全书〉对岭南医学之影响》,《新中医》1988 年第 2 期。

10. 王跃生:《清代科举人口研究》,《人口研究》1989 年第 3 期。

11. 刘志英、许永周:《何梦瑶的湿病论》,《新中医》1989 年第 11 期。

12. 刘志伟:《祖先谱系的重构及其意义——珠江三角洲一个宗族的个案分析》,《中国社会经济史研究》1992 年第 4 期。

13. 何炳棣:《明清进士与东南人文》,载《中国东南地区人才问题国际研讨会论文集》,杭州:浙江大学出版社,1993 年。

14. 李宝峰:《〈医碥〉论痰思想初探》,《江苏中医》1993 年第 8 期。

15. 陈正生:《康熙十四律乃徐寿“律管试验”之滥觞与戴念祖先生商榷》,《黄钟》1995 年第 1 期。

16. 李绪柏:《清代广东文化的结晶体——东塾学派》,《广东社会科学》1996 年第 3 期。

17. 范金民:《明清江南进士数量、地域分布及其特色分析》,《南京大学学报》(哲学 · 人文科学 · 社会科学版)1997 年第 2 期。

18. 陈正生:《我国历代管口校正研究述评》,《交响:西安音乐学院学报》1997 年第 3 期。

19. 王俊义:《二十世纪清代学术思想史研究之回顾》,《中国社会科学院研究生院学报》1997 年第 3 期。

20. 王伟彪、郑洪:《岭南人体质特点与何梦瑶火热论》,《广东医学》1998 年第 1 期。

21. 王淑玲、洪素兰:《何梦瑶辨痰治痰要旨》,《中国医药学报》1998 年第 5 期。

22. 李安民:《清代名医何梦瑶的医学成就》,《中医杂志》1998 年第 11 期。

23. 蒋寅:《东瀛读书记》,《文献》1999 年第 1 期。

24. 沈登苗:《明清全国进士与人才的时空分布及其相互关系》,《中国文化研究》1999 年第 4 期。

25. 杨英豪等:《羽翼〈准绳〉针砭时医》,《河南中医》1999 年第 5 期。

26. 陈永正:《岭南诗派略论》,《岭南文史》1999 年第 6 期。

27. 叶汉明:《明代中后期岭南的地方社会与家族文化》,《历史研究》2000 年第 3 期。

28. 李绪柏:《明清广东的诗社》,《广东社会科学》2000 年第 3 期。

29. 吕平波:《何梦瑶对气血生成来源的学术见解》,《中医研究》2001 年第 8 期。

30. 马小兰:《浅论何梦瑶〈医碥〉之脉学成就》,《中华医史杂志》2001 年第 4 期。

31. 王献军:《端溪书院史话》,《广东史志》2002 年第 2 期。

32. 刘志伟:《地域社会与文化的结构过程——珠江三角洲研究的历史学与人类学对话》,《历史研究》2003 年第 1 期。

33. 吴琦、赵秀丽:《儒佛互补:明清易代之际岭南士人的行为特征》,《中南民族大学学报》2003 年第 3 期。

34. 李文海、赵晓华:《晚清官僚士人群体的人际交往》,《中国人民大学学报》2003 年第 6 期。

35. 朱大为:《16 至 18 世纪中国远距离贸易和全国性市场的形成》,《福建论坛》2003 年第 6 期。

36. 陈国庆:《清代学术史研究的几个问题》,《中州学刊》2004 年第 5 期。

37. 黄海妍:《〈锦纶祖师碑记〉的介绍与解读》,《华南研究资料中心通讯》第 41 期,2005 年。

38. 赵园:《任道与任事—关于明清之际士人的一种姿态分析》,《西北师范大学学报》2006 年第 2 期。

39. 肖运鸿:《〈算迪〉中的杠杆力学知识》,《力学与实践》2006 年第 2 期。

40. 王应宪:《惠士奇:清代广东经学的开拓者》,《岭南文史》

2006 年第 3 期。

41. 田文敬:《简评何梦瑶之〈医碥〉》,《中国中医基础医学杂志》2006 年第 6 期。

42. 朱汉民:《书院历史变迁与士大夫价值取向》,《湖南大学学报》(社会科学版)2007 年第 3 期。

43. 邱立新:《何梦瑶论治中风病的特色》,《中华中医药学刊》2007 年第 12 期。

44. 范松义:《清代岭南越台词社考论》,《暨南学报》2008 年第 3 期。

45. 詹石窗、冯静武:《邵雍的"皇极经世"学及其历史影响》,《文史哲》2008 年第 5 期。

46. 赵毅、秦海滢:《明清时期淄川士人的社会交往与空间转换》,《辽宁师范大学学报》(社会科学版)2008 年第 5 期。

47. 桑荟:《明清时期江南士人习医原因初探》,《中国地方志》2008 年第 5 期。

48. 刘小斌:《岭南名医何梦瑶研究》,《中华医学会医史学分会第 12 届 1 次学术年会论文集》,2008 年。

49. 赵伯陶:《明清八股取士与文学及士人心态》,《深圳大学学报》(人文社会科学版)2009 年第 1 期。

50. 李际强、罗翌:《何梦瑶治疗瘟疫病学术思想探讨》,《中医文献杂志》2009 年第 2 期。

51. 范松义:《岭南词风"雅健"辨》,《文学遗产》2009 年第 6 期。

52. 朱鸿林:《文献足徵与文献阻徵:从韩雍处置大藤峡事宜的一封奏疏说起》,《文献》2010 年第 4 期。

53. 陈刚俊、彭洁:《不为良相愿为医——明清江西从医士人群体研究》,《江西中医学院学报》2010 年第 3 期。

54. 于梅舫:《科考与经解——诂经精舍、学海堂的设置与运思》,《中山大学学报》2010 年第 6 期。

55. 安东强:《清代学政沿革与皇朝体制》,中山大学博士学位论文,2010 年。

56. 蔡灼暖:《陈白沙诗歌研究》,暨南大学硕士学位论文,2010 年。

57. 荀铁军:《〈医碥〉与〈证治准绳〉的渊源》,《安徽中医学院学报》2011 年第 3 期。

58. 邓骏捷、骆伟:《新见张汝霖〈西阪草堂诗钞〉中的澳门诗》,《澳门研究》2012 年第 3 期。

59. 荀铁军:《何梦瑶的诗论及影响》,《文艺评论》2013 年第 4 期。

后　记

此书是根据我2012年的博士论文《何梦瑶研究》修订而成。读博士的念头始于父亲(讳品高,1939—1998)的殷切希望。虽然他离开我已整整15周年,但他正直、坚韧、沉默的形象时常萦绕心中。此书的出版也算是对他的一种纪念。

2008年我考入暨南大学,师从刘正刚教授攻读博士学位。由于我有医学背景,刚开始就设想做与医学有关的题目,但却几经调整和周折。当通过方志、笔记、诗文集和田野调查等搜集出相对丰富的史料时,才开始着手构建论文的框架。史学要求做学问要从问题开始。当时萦绕的问题是,后人对清代医家的医学专业方面讨论很多,但是对医家作为一个社会个体的成长过程、知识传承、社会交往、政治经济文化和社会的互动关系等,少有讨论。我设想从何梦瑶这个个体出发,挖掘和分析康乾时期岭南士人的文化与社会关系。虽然本书做了一些尝试,但是这个设想的实现还需要下更大的功夫。年过四十始学历史的心境，正如黄仁宇所说："深感风卷云消后，我自己已入中年，自此学历史已有探询人生意义的趋向。"[①]由于久在官场蹉跎，总觉得要做些自己感兴趣，而又有人生意义的事情。

论文能够最后完成，首先要特别感谢刘师正刚教授。在漫长而痛苦的博士论文写作过程中，从论文大纲到具体内容都得到他辛勤而细致的指点。特别感谢他数年来对我的指导和教诲。

特别感谢我的母亲，她以一生的辛苦操劳，培养了我们兄妹三人。特别感谢我的爱妻杨丽容博士对我深沉的爱和体贴入微的照顾！我们相依相伴，相濡以沫。感谢拥军、剑铭、学军、文芳默默的支持、鼓励和帮助。感谢岳父岳母及智伟的鼓励和关心。亲人们的鼎力支持是我能够完成论文的不竭动力。

感谢暨大文学院的诸位老师：汤开建、范立舟、张其凡、张廷茂、勾利军；他们的学识和为人给我很多教益和启迪。感谢博士论文答辩委员会的诸位教授：黄国信、李庆新、黄志繁、王元林和马建春；他们对论文提出了非常宝贵而中肯的指导意见，给我今后的学术研究指明了方向。同时也感谢广州中医药大学的刘小斌教授的指点和帮助。

特别感谢张中鹏博士，他具有木讷刚毅近乎仁的品格，本文的写作得其鼓励和帮助尤巨，其学识和为人均使我受益匪浅。感谢南海区西樵镇崇北村主任何春华先生，他作为何梦瑶的同族后人，提供了弥足珍贵的宣统《大沙深巷何氏族谱》第一卷的复印件。感谢师弟黄建华辛苦为我查阅和收集资料，润色论文。此外，王再华、黄红卫、杨常青、江波、曾繁花、乔玉红、朱文慧、熊鸣琴、王潞、李贝贝、

---

① 黄仁宇：《〈万历十五年〉和我的大历史观》，《万历十五年》（增订本），北京：中华书局，2007年，第242－243页。

Tim Wong、陈斌、欧健等同学和朋友为本文的资料搜集、写作和修改帮助不少，在此一并致谢。

最后，特别感谢中山大学的黄国信、温春来教授的鼎力支持，将本书列入《西樵历史文化文献丛书》。黄国信教授不但在作为我博士论文答辩委员会的主席时，提出过宝贵意见，而且在本书修订出版过程中认真审阅并提出了具体的指导。同时，感谢广西师范大学出版社对本书提出中肯的修改建议。虽然得到诸多师友亲朋的帮助，但是文中错谬一定不少，恳请方家指教。

荀铁军

2014 年 6 月 4 日于广州花果山

Email：xtjeye@163.com